中華書局

香港經驗書

U0061416

香港預算與稅制

李燕　王怡璞　編著

大中華研究中心
Centre for Greater China Studies

羅金義　主編

責任編輯：馬楚燕
裝幀設計：霍明志
排　版：時　潔
印　務：劉漢舉

香港經驗叢書

香港預算與稅制

□
叢書主編
羅金義

□
本書編著
李燕　王怡璞

□
出版
中華書局（香港）有限公司
香港北角英皇道 499 號北角工業大廈一樓 B
電話：（852）2137 2338　傳真：（852）2713 8202
電子郵件：info@chunghwabook.com.hk
網址：http://www.chunghwabook.com.hk

□
發行
香港聯合書刊物流有限公司
香港新界荃灣德士古道 220-248 號
荃灣工業中心 16 樓
電話：（852）2150 2100　傳真：（852）2407 3062
電子郵件：info@suplogistics.com.hk

□
印刷
深圳中華商務安全印務股份有限公司
深圳市龍崗區平湖鎮萬福工業區

□
版次
2020 年 12 月初版
© 2020 中華書局（香港）有限公司

□
規格
16 開（230 mm×170 mm）

□
ISBN：978-988-8676-28-6

【香港經驗叢書】
出版說明

　　香港，經過幾代人數十年的辛勤努力，取得了輝煌的經濟成就，奠定了作為國際金融、貿易、航運中心之一的重要地位，並在國家現代化建設和國際經濟格局中發揮着特殊作用。在成為國際化大都會的發展過程中，香港在許多方面都有精彩之筆，不乏成功範例，積累了一系列成熟的經驗，值得認真總結，並推廣開去，供人借鑒。

　　但是，毋須諱言，香港當下也正面臨着前所未有的困境和挑戰。當今世界日趨激烈的國際和地區競爭形勢，特別是中國內地的改革開放和經濟的快速發展，給香港造成空前巨大的壓力；同時，香港社會內部始終存在着不易化解的深層次矛盾，加上紛爭不斷、內耗嚴重等因素，給香港社會造成極大困擾，並直接影響到香港經濟的可持續發展，致使香港競爭力不升反降。如何通過全面總結寶貴的「香港經驗」，重新找回香港社會對自身前途和命運的信念與信心，並主動對接國家發展戰略，謀求香港經濟持續穩定的發展，不斷提升自身競爭力，保持已有優勢，是擺在香港社會各界面前的嚴峻課題。

　　為此，我們策劃組織出版一套總結、概括香港經驗的叢書，邀請海內外香港研究專家參與，凡涉及香港社會政治、經濟、文化各方

面、各領域的先進經驗、成功案例，均可編寫成冊，列入叢書，力求全面展示海內外關於香港經驗的最新研究成果。

為便於一般讀者閱讀，並方便相關培訓課程參考使用，叢書力求結構清晰，層次分明，文字風格深入淺出，通俗易懂。既有扎實的理論功底和較高的學術含量，又有較多的典型案例和操作方法；既追求嚴謹，又力戒空談，避免煩悶、複雜的理論論證。

我們相信，無論從香港自身發展的角度，還是從提供他人借鑒的角度，出版本套叢書都具有重要意義。

本叢書的編寫出版，得到香港和內地眾多學者的熱心關注和大力支持，在此謹表感謝。

【香港經驗叢書】
序

　　法國人類學大師克勞德・李維史陀（Claude Levi-Strauss）說，所謂創意，就是介乎科學知識和神話式意念之間。一方面，我們需要重新整理既存材料，這就是科學知識的任務；另一方面，我們也需要在既存材料當中開拓新路徑，俾能前行，而神話式意念往往就是憑藉。李維史陀這提法也許滿有法式知識份子傳統的趣味，但對於深受英美實用主義訓練的社會科學工作者而言，反而引發另一番感慨，當中包括日本研究名宿布賴恩・莫倫（Brian Moeran）：以亞洲研究而言，我們是否有着太多神話式意念，科學知識卻嫌不足？（參看 Brian Moeran,"Asian Studies: Scientific Knowledge or Mythical Thought?" *Asian Studies*, September 2015, 1(1): 1-11）

　　香港研究跟莫倫心目中的亞洲研究是否有一些相似的經歷？那些年，遠在我們有意去整理什麼是「香港經驗」之前，已經有人張燈結綵似的將香港「成就」標籤為「奇蹟」，解說它是仰賴什麼「政策」促成；後來，甚至有「大香港主義」的傳奇；九七回歸前後，為「香港經驗」做「總結」的叢書巨著不一而足。然而幾番起落，香港成就又被稱為「例外主義」的一種；賴以成功的政策原來是文過飾非或者事後孔明；創造奇蹟、傳奇的範式和歷史都要被修訂和重新詮釋；今天，「香港經驗」還算得上是代表「成功」的符號嗎？

莫衷一是，人言人殊。

人們也許需要神話式意念來突破成規、考據、意識形態的深嚴條塊，但未曾深究就忙於樹碑立傳，神話往往成為政治操作的文宣罷了。於是，我們選擇了為香港研究做最謙卑的工作，為既存材料重新整理。作者們都清醒明白，為香港經驗重整一幅盡量完整的圖像，並非要來定義它是偉大還是堯倖，也不是要標榜它可供臨摹還是只供月旦；大家堅持的是有根有據的闡釋，有板有眼的論述，也會顧慮到科際知識的互用，在理論參照之下的跨社會比較。是其是、非其非要有科學基礎，當香港經驗的根據、板眼都整理完備，它算不算是個「神話」，還有多重要呢？

感謝香港教育學院大中華研究中心的支持，以及中華書局（香港）有限公司同仁的推動，當然最重要是多得諸位毫不計較功名利祿的作者，令到這種深耕細作的項目，在這個計較亮眼噱頭、排名檔次、「影響因子」的時代，依然成為可能。

羅金義
香港教育大學大中華研究中心

序

　　現代市場經濟是市場機制和政府機制、私人部門和公共部門交織在一起的混合經濟制度。理論而言，在市場調節及私人經濟活動失靈的領域，也就是政府機制調節及公共部門的主要活動領域。因此，與私人部門相比，政府及其公共部門主要提供滿足社會公共需要的公共產品及服務。政府通過政治程序或公共選擇機制獲取公眾對公共產品及服務的需求規模、結構、質量等信息，而後主要通過稅收（還包括非稅及債務等）從社會吸納一部分資源，再通過政府預算支出機制將其配置到各種公共產品及服務上。由此，因滿足社會公共需要的收入來源主要是政府對私人部門依法強制課徵的稅收，所以稅收被認為是對用來分攤公共產品及服務成本的一種社會分配機制。而政府預算，是按照一定的政治程序確定的政府及公共部門活動的財政計劃，其主要關注政府資源的配置決策或收支分配決策對整個社會公共資源的配置效率及促進、改善社會公平的影響。

　　本書主分為兩大部分，分別介紹了香港特區的預算制度和香港特區的稅收制度。第一部分，一至八章介紹了香港特區的預算制度，規範透明高效的預算制度是保證公共產品及服務有效供給的重要制度安排，預算過程則是人們向政府表達其對公共服務的偏好及監督和制約政府收支行為的最佳平台和渠道。

第二部分的九至十六章主要概述香港特區的稅收制度。長期以來，香港特區就以國際避稅地的角色聞名於世界。對內，香港特區實施以直接稅為主體的稅制體系，具有稅種較少、稅率較低、徵管較為簡便的特點；對外，香港特區實施單一地域稅收管轄權，並與其他國家和地區簽訂了一系列的稅收協定。基於此，本書將分析重點集中在香港特區的稅制體系上，從整體概況、內部稅制體系、外部國際稅收等三個層面，讓讀者對香港稅制的整體情況形成全面的認識。具體從香港特區稅收制度概覽、香港特區利得稅、薪俸稅、個人入息課稅、物業稅、應課稅品稅、其他稅種及香港特區國際稅收概況八個部分進行了分析。其中，香港特區稅收制度概覽側重於對整體情況進行描述性分析，包括稅收基本情況、稅收法律體系、稅收徵管體系和香港特區稅制改革趨勢等，並增加了特區與內地稅制環境的比較。在對單獨稅種的分析中，包括每個稅種的徵收現狀、基本稅制要素、稅收優惠與徵管要求等方面。在國際稅收概況方面，着重研究了香港特區的稅收管轄權、國際稅收協定與國際稅收徵管協作等。

　　本書是目前比較系統的介紹香港地區預算與稅收制度的書籍，也是中央財經大學預算管理研究所出版的《典型國家和地區政府預算制度》叢書中的一部，出版後將會填補相關領域的空白，有助於各方對香港相關預算和稅收政策和制度的瞭解及推動研究的開展，也可帶來一些香港經驗的借鑒，期待會起到較好的社會影響。

　　本書由中央財經大學財稅學院教授、博士生導師、預算管理研究所所長李燕，中央財經大學財稅學院副教授、經濟學博士、碩士生導師王怡璞共同編寫，博士研究生王佳文、碩士研究生石洺、碩士研究生李慧芬等參與了該書部分資料收集及彙編等工作，全書由

李燕教授負責完善及最終定稿。

在此還要特別致謝中華書局侯明女士及本書責任編輯,感謝她們為本書提供的專業指導和辛勤付出!

在編寫過程中,我們還參考了一些相關的文獻,在此一併表示感謝!同時,對於本書存在的不足之處也懇請讀者批評指正。

李燕

2020 年 8 月於北京

目錄

第二部分
香港特區的稅收制度

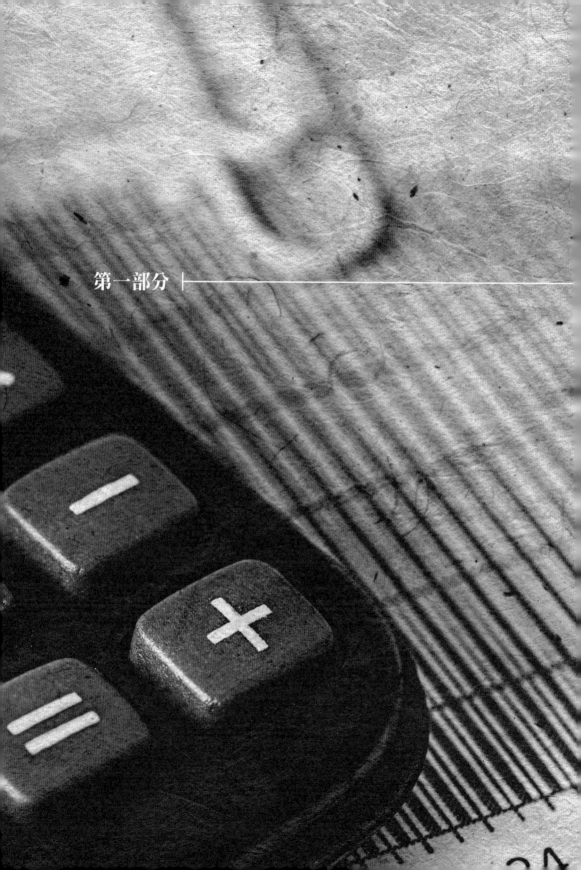

第一部分

香港特區的
預算制度

40 43 46

第一章
香港特區政治經濟及財政概覽

▎▎.▎||▎ 本 章 導 讀

1997 年 7 月 1 日，中國政府恢復對香港行使主權，香港特區成立。根據「一國兩制」方針，香港特區基本上保留了過去的政治經濟制度，其財政預算制度正是在這樣的政治經濟背景下形成並發展的。本章第一節首先簡要介紹了香港特區的政治體制，然後從以私有制為產權基礎、以自由競爭為核心理念、高度開放的自由港、獨特的貨幣金融制度、經濟干預政策的演變五個方面介紹了香港特區的經濟制度。第二節則從財政體制和收支架構兩大方面介紹了香港特區的財政狀況，為後文介紹香港特區財政預算制度做了鋪墊。

第一節
政治經濟體制

一、香港特區政治體制

　　香港回歸之前，其政治體制設立是以英皇特權立法為依據。
1843 年，為了給英國政府對香港的管治提供指引，當時的英女皇維
多利亞以英皇特權立法的形式頒發了《英皇制誥》[1] 和《皇室訓令》[2]。
其後經過數次重修，最新的版本於 1917 年頒佈，內容主要包括提供
行政局與立法局組成、職權和運作程序等細節。

　　《英皇制誥》（Hong Kong Letters Patent，1843 年 -1997 年）
是香港在被英國管治時期的重要憲治性法律文件，為皇室制誥的一
種。當中的第 24 條條文，規定了香港的行政、立法及司法機關的組
成、權力以及它們的一般事宜。《英皇制誥》對港督的權力，及對行
政、立法、司法機關都有非常嚴格的限制。例如法官的任命或罷免
都必須通過非常嚴格的程序，以維護法官於執行公義的過程中不會
因為行政機關施加壓力而不能保持獨立、客觀，同時也保持公眾對
法庭的信心。《英皇制誥》亦為立法機關提供了權力來源的確立。立
法局制定的法律不能超越制誥所授予的權限或與制誥有所抵觸，否
則一律會被法院宣佈無效。

　　《皇室訓令》（Hong Kong Royal Instructions）是香港在英國殖

民時期的重要憲制性法律文件。當中的第 37 條條文，提供了香港行政局及立法局運作的具體細則安排，訂明立法程序，並進一步明確指出及規範港督的權力，以作為《英皇制誥》的補充規定。

　　1982 年 12 月第五屆全國人大五次會議通過的《中華人民共和國憲法》第 31 條明確規定，「國家在必要時得設立特別行政區，在特別行政區內實行的制度按照具體情況由全國人民代表大會規定。」這一條文為「一國兩制」在香港的實施提供了法律依據。1984 年 12 月 19 日，中英兩國政府簽署了《中英聯合聲明》，當中載明中華人民共和國對香港的基本方針政策。根據《中英聯合聲明》，這些基本方針政策將會規定於香港特別行政區基本法內。1990 年 4 月 4 日，中華人民共和國第七屆全國人民代表大會通過了《中華人民共和國香港特別行政區基本法》（以下簡稱《基本法》[3]）。1997 年 7 月 1 日，中華人民共和國對香港恢復行使主權，設立了中華人民共和國香港特別行政區，《基本法》亦於此日正式生效，這意味着英國統治香港的百年歷史正式結束，香港重新回到了祖國母親的懷抱，而上述英皇特權立法自此也徹底由《基本法》所取代。

　　《基本法》作為香港特別行政區的憲法性法律，是一國兩制方針的法律化，更是香港特別行政區制定一切制度和政策的法律依據。《基本法》第 11 條規定，「香港特別行政區的制度和政策，包括社會、經濟制度，有關保障居民的基本權利和自由的制度，行政管理、立法和司法方面的制度，以及有關政策，均以本法的規定為依據。香港特別行政區立法機關制定的任何法律，均不得同本法相抵觸。」

　　根據《基本法》，「除國防和外交等事務外，香港特別行政區實行高度自治，享有行政管理權、立法權、獨立的司法權和終審權。」因此，在「一國兩制」條件下，香港特區的政治體制既不同於內地，

又與英國殖民統治時期有明顯不同，突出地表現在以下幾個方面：

1. 香港特區的政治體制是「一國兩制」下的一種嶄新的地方政治體制，與之對應的是單一制國家中享有高度自治權的一個地方行政區域和地方政權。香港特區享有的高度自治權來源於中央的授權，這種地方政治體制的定位和屬性，以及在特別行政區行政、立法、司法三權之上之外存在的中央的權力，也決定了三權分立這種通常建立在主權國家完整權力形態基礎上的政治體制，對香港特區只有一定的參考和借鑒價值，而不可能完全適用於香港特區。

2. 行政長官在特別行政區整個政治體制中處於核心位置，是香港特區行政主導體制最大的特徵。在「一國兩制」下，中央不直接管理香港特區自治權範圍內的事務，不介入特區政府的日常運作。中央對香港特區實行管治的主要途徑都是通過行政長官這個環節進行的。根據基本法的規定，香港特區行政長官具有雙重身份，既是香港特別行政區政府的首長也是香港特別行政區的首長，同時對中央人民政府和香港特別行政區負責。行政長官是特別行政區行政機關的最高首長，享有行政決策、人事任免等廣泛權力。同時，行政長官還負責聯結立法機關，對立法會的產生辦法有同意權；對涉及公共開支、政治體制和政府運作的特殊政策法案有專屬提案權；對立法會通過的不符合香港特別行政區整體利益的法案有一定的發回權；對拒絕通過政府提出的財政預算案或其他重要法案的立法會有一定的解散權，等等。

3. 行政管理權相對於立法權處於主導地位。香港特區的行政管理權涉及社會政治、經濟、文化、民生等方方面面，關係到市民的衣食住行，相對於立法權涵蓋面更大，影響更直接，作為更主動。行政管理權的主動和主導地位體現在很多方面，顯示了行政管理權

自身具有的主動性，顯示了香港特區三權配置中行政權的主導作用。此外，行政會議協助行政長官決策等機制，也有利於加強行政主導。

4. 行政權與立法權相互制約、相互配合，司法獨立。行政機關享有較大的決策制定權，同時受到立法會的制約和監督；立法會享有立法權，行政要對立法負責，但不是立法主導。

二、香港特區經濟制度

「一國兩制」方針的提出為香港順利回歸和保持社會經濟穩定與繁榮奠定了基礎，《基本法》則為「一國兩制」的實施提供了法律保障。經濟制度是整個社會制度的基礎，《基本法》作為一部具有憲法性質的法律，對香港經濟制度作出的相關規定，確保了香港基本經濟制度的穩定。

《基本法》對香港經濟制度的規定廣泛且豐富，其第五章是專門就經濟領域的立法。此外，在《基本法》總則及第三章、第七章等章節也涉及經濟活動的諸多方面。根據《基本法》，香港特別行政區在回歸後仍然實行原有的資本主義經濟制度，五十年不變。香港回歸以來的經濟發展歷程表明，其原有經濟制度的暫時保留對於香港特別行政區的經濟穩定、繁榮和發展起到了重要作用。香港特別行政區憑藉其高度發達、自由的市場經濟制度成為了世界上最發達的國際貿易金融中心和世界物流中心之一，實現了經濟的騰飛。

香港的經濟制度有這樣幾個特徵：

（一）以私有制產權為制度基礎

私有制是資本主義經濟制度的基礎，私有財產權則是私有制在法律上的表現形式，具有神聖不可侵犯的地位。

《基本法》中關於保護私有財產權的規定是相當完備的。首先，《基本法》第 6 條規定：「香港特別行政區依法保護私有財產權」。這項規定確立了對私有財產權進行保護的基本原則，其他從屬規定也是在這一基本原則下展開的。其次，《基本法》第 105 條從三個層次上對保護私有財產權的具體內容進行了規定：

1. 規定「香港特別行政區依法保護私人和法人財產的取得、使用、處置和繼承的權利」。簡言之，即法律保護私人完整的財產權利。

2. 規定「依法徵用私人和法人財產時被徵用財產的所有人有得到補償的權利。徵用財產的補償應相當於該財產當時的實際價值，可自由兌換，不得無故遲延支付」。可以看出，法律為了保護被徵用的財產權利，詳細、全面且明確地規定了徵用必須是因公共利益需要且依法進行，同時，徵用必須是有償的。

3. 規定「企業所有權和外來投資均受法律保護」。企業所有權可看作私有財產權的延伸。作為一個國際大都會，香港的本地資本和外來投資均對香港的經濟發展起着決定性作用。因此，《基本法》關於「企業所有權和外來投資均受法律保護」的規定為當地資本和外來投資提供了法律保障，也是促進香港經濟繁榮與穩定的基礎。

（二）以自由競爭為核心理念

香港信奉自由競爭的經濟理念，是世界上自由度最高的經濟體，這不僅是由於其優越的地理位置，更緣於其特殊的歷史背景。

英國殖民統治時期，為激發香港貿易活力，港英政府實施了資

本主義經濟制度，按照資本主義私有制的方式處置香港的一切資源並實施自由港制度。自此香港的經濟體制便帶上了資本主義經濟制度的色彩。當時的西方社會，自由資本主義經濟思潮盛行。以亞當·斯密為鼻祖的古典經濟學家認為，自由市場機制或「看不見的手」基本上可以保證個人利益和社會利益的有機結合、資源的有效配置和經濟發展所需的資本統一。隨着英國的殖民統治，這種自由競爭的經濟理念也進入香港。事實證明，自由經濟制度的建立對於當時地域狹小、資源貧乏的香港來說，的確調動了各類資本積極性和潛能、促使當地資源配置得到了優化。直到現在，儘管香港政府對於經濟的干預力度逐漸有所加強，但從貿易、投資、金融、營商、貨幣等各個方面來說，香港仍沒有打破以自由競爭為核心內容的經濟理念。

自由競爭的經濟理念主要體現在香港歷來遵循的「小政府，大市場」原則上。具體來說，就是最大限度地維護自由企業制度和保障、發揮市場自動調節的機能，在各個領域都採取自由競爭的經濟政策，將最大限度的市場調節與最小限度的政府干預相結合。

香港自由市場的運行主要是通過市場機制實現的。市場機制是香港市場經濟的靈魂，包括市場供求、價格和競爭，三種機制共同作用，調節資源流向，把資源配置到高效率的部門。供求機制是市場的基本反應機制，它通過影響市場價格來引導社會資源的配置。香港所奉行的價格理論認為，價格由市場供求進行調節從而自發形成，在微觀上，普遍由企業以需求或競爭為導向自由定價。

在以自由經濟著稱的香港，優勝劣汰的自由競爭機制幾乎作用於資本、勞動力、土地、產品和服務等一切市場。這種機制不僅是香港經濟長久以來保持活力的源泉，也是香港經濟高效運行的核心

動力。

（三）高度開放的自由港

香港是世界上經濟最開放的地區和著名的國際貿易中心，對外貿易一直以來都是香港經濟增長的「發動機」，對香港經濟發展起着舉足輕重的作用，直接帶動了香港經濟結構的轉型。可以說，包括自由對外貿易、自由匯兑和企業經營自由等在內的自由港政策對維持香港經濟的繁榮與穩定是功不可沒的。

從開埠至今，香港對外貿易發展可劃分為三個不同的階段：第一階段是 1841 年香港開埠到 1951 年，香港作為以轉口貿易為主的遠東轉口港；第二階段是 1952 年到 1984 年，香港作為以港產品出口為主的世界貿易中心；第三階段是 1985 年至今，香港作為轉口港再度興起。

1997 年香港回歸後，根據《基本法》香港特別行政區仍然保持其自由港和獨立關稅區的地位。具體來說，《基本法》第 115 條規定：「香港特別行政區實行自由貿易政策，保障貨物、無形財產和資本的流動自由。」《基本法》第 116 條則規定：「香港特別行政區為單獨的關稅地區。香港特別行政區可以『中國香港』的名義參加《關稅和貿易總協定》（後該組織發展為「世界貿易組織」，WTO）、關於國際紡織品貿易安排等有關國際組織和國際貿易協定，包括優惠貿易安排。香港特別行政區所取得的和以前取得仍繼續有效的出口配額、關稅優惠和達成的其他類似安排，全由香港特別行政區享有。」

《基本法》為維護香港特別行政區自由貿易制度不動搖、鞏固其獨立關稅區和國際貿易中心的地位提供了法律層面的保障，給香港特別行政區經濟的穩定與發展提供了廣闊的空間。

2003 年 6 月 29 日，為了應對世界經濟增長放緩等不利因素帶來的影響，進一步提高經貿交流與合作水平，中國內地與香港簽訂了《內地與香港關於建立更緊密經貿關係的安排》（CEPA），此後十年又陸續簽署了十份補充協議，不斷完善並擴大了兩地合作的領域。CEPA 的簽訂是中國內地與香港特別行政區經貿交流與合作的重要里程碑，為香港經濟貿易的發展提供了新的保障和契機。而 2015 年兩地在 CEPA 框架下簽署的《服務貿易協議》則基本上實現了兩地服務貿易自由化。

從總體上看，香港特別行政區自回歸以來，對外貿易總額整體上呈現出持續上升的趨勢。香港商品進出口貿易總額從 2001 年的 3,936.4 億美元增加至 2018 年的 1,1967.6 億美元，十多年間總體上增長了近 204.02%。這期間雖然中間經歷了「非典」、金融危機等有所波動，但是整體上增長勢頭較好。其中商品進口額從 2001 年的 2,024.0 億美元增至 2018 年的 6,275.2 億美元，增長了 210.04%；整體出口額從 2001 年的 1,912.44 億美元增長到 2018 年的 5,692.4 億美元，增長了 297.65%。

（四）獨特的貨幣金融制度

根據香港《基本法》第 110 條規定：「香港特別行政區的貨幣金融制度由法律規定。香港特別行政區政府自行制定貨幣金融政策，保障金融企業和金融市場的經營自由，並依法進行管理和監督。」

1. 貨幣制度

香港在經歷了銀本位制、英鎊匯兌本位制、掛鈎美元、自由浮動後，最終確定實行以「聯繫匯率」為核心的貨幣制度。具體來說，香港貨幣政策的主要目標就是維持貨幣穩定，即確保港元匯價穩

定，使港元在外匯市場兌美元的匯率保持在 7.75 至 7.85 港元兌 1 美元的區間內。該貨幣體制主要是採用貨幣發行局制度，規定由外匯基金所持的美元儲備向貨幣基礎提供最少百分之百的支持；貨幣基礎若有變動，美元儲備亦必須作出相應增減，與貨幣基礎的變動百分之百配合。聯繫匯率制是香港貨幣和金融穩定的基石，香港的貨幣管理體制正是圍繞聯繫匯率制的形成和演變而建立發展起來的。

（1）貨幣地位

《基本法》第 111 條規定：「港元為香港特別行政區法定貨幣，繼續流通。」作為香港的法定貨幣，港元在香港的經濟和金融活動中發揮了重要的作用。《基本法》第 111 條還規定：「香港特別行政區政府，在確知港幣的發行基礎健全和發行安排符合保持港幣穩定的目的的條件下，可授權指定銀行根據法定權限發行或繼續發行港幣」。這一規定則使港元有了穩定的基礎和健全的發行機制，其具體表現為港元的發行權屬於香港特別行政區政府以及政府可授權指定商業銀行（滙豐銀行、渣打銀行、中國銀行香港分行）發行港元。此外，《基本法》第 112 條規定：「香港特別行政區不實行外匯管制政策。港幣自由兌換。繼續開放外匯、黃金、證券、期貨等市場。香港特別行政區政府保障資金的流動和進出自由。」這進一步保證了港幣的貨幣地位。在穩定聯繫匯率制下，港元對內對外幣值相對穩定，能夠自由兌換成世界上的主要貨幣，是香港成為國際金融中心的重要因素之一。

（2）貨幣管理機構

香港實際上一直沒有中央銀行。在香港金融管理局成立之前，聯繫匯率制已運作了十年之久，而香港也已確立了國際金融中心的地位。當時，中央銀行的職能由政府部門、同業組織和商業銀行共

同承擔。1993 年 4 月 1 日，香港金融管理局成立，它直接隸屬於財政司司長，接管外匯基金在聯繫匯率制框架下穩定幣值的職能，同時也承擔起規管銀行系統和提供中央結算的職能，擔當了類似中央銀行的角色。金融管理局作為香港政府架構中負責維持貨幣及銀行體系穩定的機構，其主要職能為：維持港元匯價穩定；通過穩健投資策略，管理外匯基金（即香港的發鈔準備金）；促進香港銀行體系穩健；發展香港金融市場基礎設施，使貨幣暢順流通等等。

（3）外匯基金

《基本法》第 113 條規定：「香港特別行政區的外匯基金，由香港特別行政區政府管理和支配，主要用於調節港元匯價。」實際上，香港的外匯基金最早於 1935 年根據《貨幣條例》（今《外匯基金條例》）設立，目的是持有儲備以支持香港紙幣發行，管理機構是外匯基金管理局。1976 年，用以支持香港政府發行硬幣的硬幣發行基金資產、香港政府的財政儲備與政府的大部分外幣資產均轉撥至外匯基金。硬幣發行基金在 1978 年 12 月 31 日與外匯基金合併。

上文提到，1993 年香港金融管理局吸收了外匯基金管理局，成為外匯基金的實際管理機構。根據聯繫匯率制，金融管理局會透過自動利率調節機制及履行兌換保證的堅決承諾來維持港元匯率的穩定。若市場對港元的需求大過供應，令市場匯率轉強至 7.75 港元兌 1 美元的強方兌換保證匯率，金融管理局會向銀行沽出港元、買入美元，使總結餘增加及港元利率下跌，從而令港元匯率從強方兌換保證匯率水平回復至 7.75 到 7.85 的兌換範圍內。相反，若港元供過於求，令市場匯率轉弱至 7.85 港元兌 1 美元的弱方兌換保證匯率，金融管理局會向銀行買入港元，使總結餘減少及推高港元利率，港元匯率隨之由弱方兌換保證匯率水平回復至兌換範圍內。1998 年

11 月 1 日，由政府賣地所得的土地基金資產亦併入至外匯基金。

香港特別行政區外匯基金的資產主要包括外幣現金和短期存款、外國政府債券、股票、黃金、衍生金融工具等。2018 年底，外匯基金總資產達 40,548.99 億港元，與 2017 年底的 40,152.57 億港元相比增加了 396.42 億港元，其主要原因是財政儲備的存款增加。本年度由於全球金融市場波動，股市下跌、債息上升和美元強勢三大不利情況同時出現，香港特別行政區的外匯基金總收入為 － 113.68 億港元，相比於 2017 年收入 2,313.20 來說減少了 2,426.88 億港元，總支出 920.96 億港元，相比於 2017 年支出 646.93 億港元來說增加了 274.03 億港元，整體虧損 1,034.64 億港元[4]。

2. 金融制度

金融業是香港經濟的「中樞神經」，經過 100 多年的發展，香港已經成為一個享譽世界的國際金融中心。香港以其自由開放的姿態和日益發展壯大的規模躋身於國際各大金融中心的行列，並與紐約、倫敦等國際金融中心齊名。在世界經濟相互依存和全球金融不斷一體化的趨勢中，香港的國際金融地位更加舉足輕重。根據 2019 年 9 月倫敦金融城公佈的全球金融中心指數（GFCI）顯示，香港以 771 分，排在紐約（790 分）和倫敦（773 分）之後，成為全球排名第三的國際金融中心。該指數是根據金融人才的可得性、監管環境、對國際金融市場的參與程度、商業基礎設施的便利程度、對顧客的便利程度、公平公正的商業環境等 14 項指標對世界主要金融中心城市進行評價得到的。由此可以看到，儘管遭受了全球金融市場波動的衝擊，但香港仍穩居世界金融中心第三的位置。

（1）金融市場發展史

香港的金融市場是伴隨着香港地區經濟社會的演變而不斷發展

起來的。1845 年，英國人在香港開設了第一家銀行「金寶銀行」，1853 年英國渣打銀行取得香港的貨幣發行權，英國人主導香港金融市場發展從此開端。到了 1865 年，英、美、德等國家在香港合創滙豐銀行，該銀行後來成為香港銀行市場的主導者並把業務擴展到世界多個角落。1891 年，香港歷史上第一個證券交易所「香港會」成立。香港金融市場的第一個黃金時代出現在上世紀 40-50 年代，當時中國內地金融體系由於戰爭原因遭到破壞，大批銀行家、商人與富人紛紛南下，內地資本多年持續的湧入使得香港金融市場迎來首次大發展。香港金融市場的第二次大發展始於 20 世紀 70-80 年代的「自由化」浪潮。1973 年香港解除匯率管制，次年放開黃金進出口，1977 年建立商品期貨市場，1978 年開放銀行牌照，至此，香港基本成為名副其實的「自由港」。1983 年由於政治經濟的困境與動盪，港府決定放棄實施多年的浮動匯率制度，實行釘住美元的聯繫匯率制度。1986 年，幾大交易商會正式合併為香港聯合交易所（聯交所），成為香港唯一的證券交易所，並獲接納成為國際證券交易所聯合會的正式成員。1993 年，香港金融管理局的成立很好地促進了香港銀行體系穩健成長，維持和發展了香港金融市場的基礎設施，鞏固了香港的國際金融中心地位[5]。1997 年香港回歸，《基本法》第 109 條規定：「香港特別行政區政府提供適當的經濟和法律環境，以保持香港的國際金融中心地位。」這是世界各國和地區中僅見的以憲制性文件的形式對一個地區國際金融中心地位加以確認的規定，對香港回歸後金融市場的發展以及國際金融中心地位的鞏固和發展起到了重要作用。

（2）市場類型

香港金融市場按其業務性質可分為七種類型，分別為：貨幣市

場、股票市場、債券市場、外匯市場、黃金市場、保險市場及衍生品市場。這幾種交易市場各自獨立，又相互有一定關聯。

①股票市場

香港證券交易的歷史可追溯到 1866 年，但直至 1891 年香港經紀協會設立，香港才成立了第一個正式的股票市場。發展到現在已經是全球重要的股票市場之一。香港的股票市場是一個開放的、高度國際化的市場，只要符合條件世界各地的企業都可以來港發行上市。2014 年，滬港通（滬港股票市場交易互聯互通機制）的正式開通加強了中國內地與香港的資本市場聯繫，使得香港特別行政區發展成為內地投資者重要的境外投資市場，鞏固和提升了香港的國際金融中心地位。

香港股票市場分為主板和創業板兩個層次。其中主板居於主導地位，截至 2018 年年底主板共有 1,713 家上市公司，市值逾 24.45 萬億港元。主板中，金融行業為市值佔比最高的行業，其市值佔比高達 29.57%；消費類公司為上市公司數量最多的行業，數量約 36%。油氣服務、金融業特色公司（如交易所、資產管理公司等）、可選消費（如電影與娛樂、專賣店、博彩、餐飲等）、電信和科技（電信公司、互聯網與軟件）等行業也佔比較大。

②債券市場

香港債券市場直至 20 世紀 70 年代才啟動。1971 至 1974 年，怡和香港國際地產和亞洲航空等公司發行了港元債券，拉開了香港債市的帷幕。而較快發展則緣於香港金管局在 1990 年設立債務工具中央結算系統，為外匯基金票據及債券，香港政府債券以至私營機構發行的債務證券提供結算和託管服務。雖然香港的債券市場起步較晚，但發展較快，截至 2018 年 12 月，香港由中央結算系統託管

的未償還的債務工具期末總額為 7,879.13 億港元，平均每日成交額 30.51 億港元。2019 年 2 月 22 日，「債券通」一級市場信息平台上線儀式在香港舉行。「債券通」將互聯互通機制由股票延伸至債券，提升了香港在定息產品市場的地位，也為香港交易所進一步發展定息及貨幣產品市場奠定了基礎，將有力推動香港債券市場的進一步發展。

③其他市場

除了股票債券，香港的保險市場、貨幣市場、外匯市場、衍生品市場、黃金市場等都十分成熟活躍。

保險方面，香港是全球最開放的保險業中心之一。幾乎所有的國際知名保險集團都在香港設立了分支機構或地區管理總部。香港保險業在總保費、保險密度、保險深度（保費佔 GDP 比重）上都成績斐然。貨幣方面，香港貨幣市場主要包括短期存款、同業拆借、商業票據、外匯基金票據和歐洲貨幣市場幾大部分。其中銀行同業拆息市場，規模龐大，交投活躍。香港銀行同業拆放利率及借入利率是金融市場資金流動性的重要指標，而對港元信貸的定價也起着重要的作用。外匯與衍生品方面，由於沒有外匯管制且位於有利的時區，香港的外匯市場發展成熟，買賣活躍。香港特別行政區與海外的外匯市場緊密聯繫，香港的投資者可以 24 小時在世界各地的市場進行外匯買賣。此外，香港期貨交易所（期交所）及聯交所提供一系列期貨及期權產品，品種繁多，包括指數期貨、股票期貨、利率期貨、債券期貨、黃金期貨、指數期權及股票期權等等。根據 2019 年國際結算銀行（BIS）每三年一度的外匯與衍生工具市場成交額調查結果，香港外匯交易量總額排名躍升全球第三。黃金方面，1974 年香港取消了對黃金進出口的管制，加之香港黃金市場

在時差上剛好填補了紐約、芝加哥市場收市和倫敦開市前的空檔，可以連貫亞歐美，形成完整的世界黃金交易市場，因此得以較快發展，與倫敦，蘇黎世及紐約並列為世界四大黃金市場。除了上述市場之外，2000 年 12 月香港特別行政區推行的強制性公積金（以下簡稱「強積金」）制度也憑藉其滾存的大量退休資產促進了金融市場的進一步發展。

（3）市場特點與監管

香港特別行政區是目前世界上少數實行混業經營、分業監管的地區，這與其經濟、金融發展的特殊性是分不開的。

香港金融管理制度的最大特點是以法治為中心，即以法律為根本手段，致力於為金融業發展提供有利的環境。香港政府對金融業運作的監管，主要是通過銀行、證券、期貨和保險方面的專門法律和監管機構來進行。具體來說，香港的金融監管法律包括《銀行業條例》、《證券與期貨條例》、《保險業條例》等法律條例及相關規例、規則。而金融監管架構則具體由金融管理局（以下簡稱「金管局」）、證券及期貨事務監察委員會（以下簡稱「證監會」）、保險業監理處（以下簡稱「保監處」）及強制性公積金計劃管理局（以下簡稱「積金局」）四大監管機構以及相應的行業自律協會構成，分別負責監管銀行業、證券和期貨業、保險業和退休計劃的業務。香港特別行政區的金融嚴監管對於降低整體金融風險，促進市場的公平、開放與效率，提高香港金融服務的國際競爭力從而促進經濟長期健康發展意義重大。

（五）經濟政策的演變

根據亞當・斯密的理論，政府的職責應當只充當「守夜人」，

不必過多地干預經濟。這正是香港以「自由放任」為核心的經濟政策的起源，也是港英政府時期香港經濟體制以及政府角色定位的理論指導。然而，隨着現代世界經濟競爭日趨激烈，完全「自由放任」會危及經濟的穩定性。因此，港英政府開始採取一定的政策干預來補救因實行「自由放任」政策所帶來的缺陷，即「積極不干預」政策體系。所謂的「積極不干預」政策體系是 20 世紀 70 年代由時任香港財政司司長的夏鼎基正式提出並建立起來的，其繼任者大多對「積極不干預」政策進行了繼承和延續。

「積極的不干預」政策，即是指除非有明確證據證明市場失效，否則政府對私營企業不作任何干預。它主要包括兩個方面：一是政策實施的主導方面是不干預主義，強調維護市場機制自由運價的重要性，即自由放任仍是經濟政策的基礎；二是在市場失效的情況下，不排除必要的合理的干預。即政府不特別扶持或資助企業，而是讓市場的力量來配置資源，並使市場上的競爭者優勝劣汰，適者生存。但與完全的自由放任不同的是，當市場調節出現不足或偏差，以致對經濟總體產生不良影響時，政府要採取積極態度，施之以必要的干預。由此可見，積極不干預政策雖然並不完全否認政府干預的價值，但干預往往受到嚴格的限制從而相當保守。

香港政府對經濟的「積極不干預」主要表現在：

1. 香港政府在經濟中的角色主要表現在為市場運作創造條件。硬件方面，主要是提供基礎設施；軟件方面則是為營商創造穩定的社會環境和法制環境。

2. 除了為市場運作創造條件外，政府在經濟中的角色很有限。主要表現在，一是除了燃油、香煙和酒以外，其他商品進出香港基本上都沒有關稅；二是沒有外匯管制，無論是何種貨幣、多少金額

均可自由進出香港；三是企業自由，不僅成立企業的手續簡單、費用很低，資本金的要求也少；四是課稅制度盡可能維持簡單、低稅率；五是政府從不設法通過規管、課稅政策或補貼去影響產業結構；六是出入境管理高效便捷。

3. 香港政府或半官方機構很少介入本地公司的事務，屬政府的企業只有四家，即九廣鐵路公司、地下鐵路公司、香港國際機場和外匯基金投資有限公司，而且這些企業基本上都屬公共事業性質。

隨着經濟全球化和區域經濟一體化的發展，以及內外經濟環境的變化，人們開始逐步思考「積極不干預政策」的內涵是否應該相應作出調整。尤其是隨着香港與內地的經貿關係日益密切，兩地因經濟政策和財政體制的差異而引發的矛盾越來越顯著。例如，2008年底以來為應對國際金融危機的衝擊，內地越來越強調政府對戰略性新興產業發展的財政扶持作用，可是香港則沒有政府直接用財政資金支持產業升級轉型的傳統。因此近年來香港社會不少有識之士已經提出，在特別行政區政府已經提出了要大力發展醫療保健產業、創意產業等香港的「戰略性新興產業」的背景下，應借鑒內地經驗，推出一系列支持新興產業發展的財政支出政策。另外，香港回歸以來，越來越多的香港工商界人士也提出，香港應該把握國家長期發展的重大戰略機遇期，香港特別行政區政府要適度有為，把香港納入國家的中長期發展規劃之中。

2012 年，時任香港特別行政區行政長官梁振英提出了「適度有為」的施政理念，他在上任後的首份《施政報告》中指出：「在市場可以發揮優勢的時候，政府不應干預，只要提供公平競爭的平台。但當市場失效、未能發揮功能，政府一定要有所作為。」他認為，如果市場運行出現有違港人利益和社會整體利益的情況時，政府必

須有所作為。2015 年，國家提出「十三五」規劃建議，其中有專門的章節論述香港的獨特作用，香港給予積極回應，這是對「積極不干預政策」的一項重要調整和突破。

近年來，香港特別行政區政府在施政中始終堅持「適度有為」：一是深化香港與內地合作，積極參與「一帶一路」建設。國家「十三五」規劃設港澳專章，確立了香港在國家發展中的功能定位，提出鞏固和提升香港作為國際金融、航運、貿易三大中心地位。香港抓住機遇，不斷強化自身的全球離岸人民幣業務樞紐地位，推動融資、商貿、物流、專業服務等向高端、高增值方向發展。此外，香港特別行政區政府還大力推進兩地合作，為港人就業、港企創業創造了新機遇。二是在引領經濟轉型方面，特別行政區政府針對香港創新科技發展停滯不前的狀況，成立創新科技局，積極統籌政策資源，締造有利的創新科技發展環境，以推動香港經濟轉型。三是制定長遠規劃，改善民生，在房屋、環保、扶貧、安老、助弱等方面做了大量工作。

截至 2019 年，香港特別行政區連續 25 年被美國傳統基金會評為全球最自由經濟體。這一評價説明香港特別行政區政府「適度有為」的施政方針與自由經濟可以並行不悖，也再次證明了「一國兩制」在香港的成功。

第二節

財政概況

一、財政管理組織架構和基本職責

香港特區實行單一層次的政治架構,在財政管理架構上不存在縱向的政府間財政關係,只存在橫向的財政配置關係。直接隸屬於特別行政區長官的財政司司長從行政上負責全區的資源分配與管理。

在港英政府時期,總督之下的主要行政官員為市政司、財政司和律政司。香港回歸後香港特區仍沿襲了以往「三司」的設置,只是稱謂改成政務司司長、財政司司長與律政司司長,這三位即為行政長官之下的主要行政官員。

財政司司長是特區政府總攬財金政策的官員,直接向行政長官負責,也是可以於行政長官休假或出缺時署理其職務的官員之一,其支援部門為財政司司長辦公室。

總體而言,財政司司長需要負責貨幣制度、外匯基金、公共財政、金融體系以及維持香港國際金融中心地位等方面的工作,其主要職責是協助行政長官進行財經、金融、經濟、貿易和就業等政策的制定和實施,按照《公共財政條例》的規定編制政府財政預算案。此外,財政司司長還是外匯基金諮詢委員會主席,在金融管理專員的協助下管理外匯基金。

在貨幣制度和外匯基金方面，財政司司長須負責制定本港貨幣政策目標及貨幣體制，以及根據《外匯基金條例》（第66章）行使對外匯基金的控制權。在公共財政、金融體系及維持國際金融中心地位方面，財政司司長須負責制定相關宏觀政策目標，而財經事務及庫務局局長則負責制定具體政策，以實現這些目標並適當地透過監管機構和其他組織落實這些具體政策，及監察有關的推行情況。

根據《公共財政條例》，財政司司長負責每年向立法會提交政府的收支預算案。財政司司長在每年發表財政預算案演辭中，概述政府對可持續經濟發展的理念和政策，提出財政預算建議，並動審議通過《撥款條例草案》，使每年預算案中各項開支建議具有法律效力[6]。

財政司司長分管四個決策局，分別為商務及經濟發展局、發展局、財經事務及庫務局、創新及科技局。同時分管兩個直屬機構，分別為香港金融管理局和政府經濟顧問辦公室。

（一）商務及經濟發展局

1. 組織架構

商務及經濟發展局由工商及旅遊科及通訊及科技科組成。工商及旅遊科負責的政策範疇，包括香港對外商貿關係、促進外來投資、保護知識產權、為工商業提供支援、旅遊、保障消費者權益及促進競爭。通訊及科技科負責的政策範疇，包括廣播、電影、電訊業發展、創新科技及淫褻和不雅物品管制。

除上述的政策事宜外，該局還同時負責監督轄下八個行政機關的運作，包括投資推廣署、知識產權署、工業貿易署、香港天文台、香港郵政、電影、報刊及物品管理辦事處、香港電台、通訊事務管理局辦公室及駐海外的香港經濟貿易辦事處。

2. 主要職責[7]

商務及經濟發展局的職責主要包括：

（1）提升香港作為卓越國際貿易及商業中心的地位；

（2）致力締造方便營商的環境，吸引外來投資；

（3）建立和促進香港作為亞洲首要的國際城市，以及世界級的渡假和商務旅遊目的地；

（4）發展香港成為亞洲領先的電訊樞紐；

（5）憑藉香港與珠江三角洲（珠三角）兩地服務業及製造業的強大優勢，推動發展高增值及具創意的活動；

（6）善用香港與珠三角的經貿聯繫，致力使香港成為大珠三角經濟融合區的首要城市。

（二）發展局

1. 組織架構

發展局是負責規劃、土地及樓宇發展以及基建發展的決策局。其中規劃地政科負責規劃、發展、土地使用和供應、土地行政、土地註冊、市區更新及樓宇安全等方面的政策；工務科則主要負責制定各項工務政策，並統籌和監察工務計劃的推展工作。發展局轄下有十個部門，包括建築署、屋宇署、土木工程拓展署、渠務署、機電工程署、地政總署、規劃署、水務署、土地註冊處和古物古跡辦事處。

2. 主要職責[8]

發展局的職責主要包括：

（1）透過有效的土地用途規劃及穩定而充足的土地供應，促進香港持續發展；

（2）盡量善用土地資源，使土地管理制度保持高效率；

（3）使土地註冊制度以有效率的方式運作；

（4）推廣和確保樓宇安全與適時維修；

（5）透過改善舊區的建築環境和居住條件，全面落實市區更新政策；

（6）確保有效規劃、管理和落實公營部門的基建發展和工務計劃，同時確保計劃能以既安全又符合成本效益的方式依時進行，並維持高質素和標準；

（7）確保有可靠、充足和優質的食水供應，並提供有效率的供水服務；

（8）負責制訂與發展有關的文物保管政策。

（9）為政府部門提供政策指引，就綠化、園境及樹木管理，採用「綜合管理方式」；以及

（10）督導九龍東轉型為另一個具有吸引力的核心商區。

（三）財經事務及庫務局

　　財經事務及庫務局由財經事務科和庫務科兩個部門組成，主要任務是確保政府有效履行具體政策。其作為具體政策的制定者，須在履行職能時與政府內部及外部有關方面聯繫並諮詢其意見，並讓財政司司長知悉有必要依據法定或其他權力採取行動的相關事宜。

　　1.財經事務科[9]

　　（1）主要職責

　　①維持並提高香港作為主要國際金融中心的地位；

　　②維持香港貨幣及金融體系的健全及穩定；

　　③確保金融市場和金融服務業有效和有秩序地運作，並受到審

慎而適當的監督和規管；以及

④營造公開、公平及有利市場發展的營商環境。

（2）具體工作

①就銀行制度、證券及期貨市場、資產財富管理業、保險業、強制性公積金（強積金）計劃及職業退休計劃、公司法、信託法、放債、公司清盤、個人破產、會計事宜，以及與內地的金融合作事宜，制定政策及／或提交立法建義；

②協助財政司司長監督有關的規管機構，包括證券及期貨事務監察委員會、保險業監管局、強制性公積金計劃管理局及財務匯報局；

③統籌及促進推行有關金融基礎設施的新措施，以加強香港的競爭力；

④促進市場創新，以增加市場的深度和廣度；以及

⑤監督政府統計處、公司註冊處及破產管理署的運作。

（3）下轄部門

財經事務科下轄政府統計署、公司註冊處、破產管理署三個行政機關。政府統計處主要負責提供有關香港社會及經濟方面的充足、切合需要、可靠和及時的統計數據，以協助政府及社會各界進行研究、討論、計劃和決策。公司註冊處主要負責依據《公司條例》註冊本地和非香港公司，為法例所規定交付的文件辦理登記，並提供服務及設施讓公眾查閱和取得備存於公司登記冊內的公司資料。此外，公司註冊處還負責處理放債人的牌照申請，並備存放債人登記冊以供公眾查閱。自2018年3月1日起，公司註冊處還擔任信託及公司服務提供者的發牌機構。破產管理署則主要負責執行各項與破產和清盤相關的法定職務。

2. 庫務科 [10]

（1）主要職責

庫務科是財政事務的行政主管部門，其職責主要分為政府收入及財政管理和部門服務兩個方面。

政府收入及財政管理方面，庫務科須依循政府的審慎理財原則和其他施政方針，管理資源分配，監督政府的稅收及其他徵集收入政策，協助政府就投資項目作出決定，以及推廣公開、公平和具競爭性的招標安排。具體來說，庫務科的工作包括制定、統籌及支援下列各項政策和計劃：

①確保政府開支的增長，在一段期間內與經濟增長率走勢相適應；

②因應政府的負擔能力和公共財政的可持續性，確保資源能用在最有利於社會的用途上；

③投資大型基建項目，以提高香港的競爭力及改善居住環境；

④維持簡單低稅制，藉此鼓勵投資和方便經營；

⑤提升稅務透明度，打擊逃稅行為，並儘量減少避稅的機會；

⑥提倡在合乎經濟效益和恪守「收回成本」與「用者自付」的原則下提供政府服務；

⑦維持充足的財政儲備，來應付政府日常運作需要、保障投資收益、應付無撥備負債及承擔，並提供保障，應付不時之需等。

部門服務方面，庫務科則須確保各政府部門獲得所需的中央支援服務，令其能以既有效率又符合成本效益的方式，維持並提高服務水平及質素，為市民提供服務。具體來說，庫務科的工作是制定及統籌下列各項政策和計劃：

①確保以既有效率又符合成本效益的方式，提供轄下的中央支

援服務（即財務資料管理、採購、物料供應管理、車輛管理、印刷，以及提供宿舍及辦公地方）；以及

②確保轄下服務部門能提供優質的支援服務，滿足各用戶決策局和部門的需要。

（2）下轄部門

庫務科下設庫務署、政府物料供應處、稅務局、政府產業署和差餉物業估價署五個部門。其中庫務署是財政資金集中支付和公共會計核算機構，主要負責具體執行政府預算，直接撥付財政資金，管理政府主要帳目。政府物料供應處是專門為特別行政區政府採購物品和有關服務的機構。稅務局主要負責稅收執行，政府產業署主要負責政府物業，差餉物業估價署則主要負責差餉及地租徵收及物業估價相關事宜。

（四）創新及科技局 [11]

1. 組織架構

創新及科技局由創新科技科、創新科技署、政府諮詢科技總監辦公室和效率促進辦公室等機構組成。此外，還包含創新、科技及再工業化委員會，就有關推動香港創新及科技（以下簡稱「創科」）發展的方向、工作重點及其優次，以及關鍵績效指標；有關優化本地創科生態系統的策略和措施；有關加強主要持分者之間的合作和協調的策略和措施，以發揮協同效應，帶動香港的創科發展；及有關推動香港「再工業化」的策略和措施等方面向政府提供建議。

2. 主要職責

創新及科技局通過為政府、業界、學術界及研究界締造一個充滿活力及具備優質軟件及硬件支援的生態系統，決意發展香港成為

一個知識型經濟體系，以及在科技及其應用上成為區內的創新樞紐。為此目標，創新及科技局的職責主要包括：

（1）加強對創新及科技界的支援；

（2）促進資訊及通訊科技業的蓬勃發展；

（3）加強各持份者之間的聯繫以產生更大的協同效應；

（4）鼓勵私營機構參與研發及推動研發成果商品化；

（5）協調各決策局就研發及科技事宜的政策制定工作；

（6）加強與其他經濟體系的合作以推動科學及科技交流；

（7）加強對培育創新及科技人才的支援；

（8）促進創新及科技發展以推動高端製造業的發展。

（五）金融管理局 [12]

1.金融管理局概況

香港金融管理局（金管局）於 1993 年 4 月 1 日成立，由外匯基金管理局與銀行業監理處合併而成，是香港政府架構中負責維持貨幣及銀行體系穩定的機構，直接向財政司司長負責。根據《外匯基金條例》，財政司司長委任金融管理專員協助維持貨幣及銀行體系的穩定。金融管理專員即為金管局的總裁，其權力、職能及責任於《外匯基金條例》、《銀行業條例》、《存款保障計劃條例》、《結算及交收系統條例》及其他有關條例內有明文規定。比如《銀行業條例》賦予金融管理專員規管及監管銀行業務與接受存款業務的職責及權力。根據《銀行業條例》，金融管理專員的職責包括處理香港持牌銀行、有限制牌照銀行及接受存款公司認可資格的事宜。《結算及交收系統條例》定下法定架構，讓金融管理專員可指定及監察對香港貨幣或金融穩定或對香港發揮作為國際金融中心的功能是至關重要

的結算及交收系統。《存款保障計劃條例》則規定金融管理專員負責執行香港存款保障委員會的決定,以及決定應否根據該條例向無力償付成員的存款人作出賠償。金管局作為政府架構的一部分,其日常運作具有高度問責性和透明性。金管局總裁承諾每年三次向立法會財經事務委員會簡報金管局各項工作和政策,並回答有關查詢。金管局代表亦會不時出席立法會事務委員會和小組委員會闡釋及商討特別事項,並協助議員審閱條例草案。

金管局包括兩個委員會,即外匯基金諮詢委員會和總裁委員會。

(1)外匯基金諮詢委員會

外匯基金諮詢委員會根據《外匯基金條例》第3(1)條成立。該項條文規定財政司司長行使對外匯基金的控制權時,須諮詢外匯基金諮詢委員會的意見。財政司司長為外匯基金諮詢委員會的當然主席,其他委員(包括金融管理專員)則以個人身份加入,由財政司司長根據香港特別行政區行政長官的授權委任。委員各以本身的專業知識及經驗獲得委任,使外匯基金諮詢委員會廣受裨益。這些專業知識及經驗涉及貨幣、金融、經濟、投資、會計、管理、商業及法律等範疇。

外匯基金諮詢委員會就外匯基金的投資政策與策略,以及發展金融基建等以外匯基金撥款進行的項目,向財政司司長提供意見。由於金管局的運作成本及員工支出亦是由外匯基金撥款支付,因此該委員會亦會就金管局的年度行政預算及金管局員工的服務條款與條件,向財政司司長提供意見。外匯基金諮詢委員會定期開會,如有需要徵詢特別意見,亦會召開會議。

外匯基金諮詢委員會轄下設有五個專責委員會,負責監察金管局特定環節的工作,並透過外匯基金諮詢委員會向財政司司長報告

及提出建議。專責委員會及職能劃分如表 1-2-1 所示。

表 1-2-1　專責委員會及其職能劃分

專責委員會	主要職責
管治委員會	監察金管局的表現,以及就薪酬、人力資源政策及財政預算、行政及管治事務提出建議。
審核委員會	檢討金管局的財政匯報程序及內部管控制度是否足夠與具成效,並提交報告。檢視金管局的財務報表及編制該等報表所用的組成項目與會計原則,並聯同外部及內部審計師查核其所進行的審計範疇與結果。
貨幣發行委員會	監察及匯報作為香港聯繫匯率制度支柱的貨幣發行局制度的運作情況。具體包括確保貨幣發行局制度按照既定政策運作、提出改進該制度的建議,以及確保該制度的運作維持高透明度。
投資委員會	監察金管局的投資管理,並就外匯基金的投資政策及策略,以及風險管理與其他有關事項提出建議。
金融基建及市場發展委員會	就進一步發展香港的國際金融中心地位及加強香港金融服務國際競爭力的措施提出建議,包括促進香港金融基建的發展、優良運作表現、安全性及效率;以及推動香港作為離岸人民幣中心和促進有關條件的發展。委員會亦就金管局的措施提出建議,並監察金管局的工作。

資料來源:根據香港特別行政區外匯基金諮詢委員會官方網站資料整理。
https://www.hkma.gov.hk/gb_chi/about-us/the-hkma/advisory-committees/the-exchange-fund-advisory-committee/

（2）總裁委員會

總裁委員會每星期開會一次,目的是向總裁匯報金管局各部門主要工作的進度,並就與金管局運作有關的政策事務向總裁提供意見。

2. 主要職責

（1）在聯繫匯率制度的架構內維持貨幣穩定

香港的貨幣政策目標由財政司司長釐定,金管局負責達成有關目標,包括決定有關的策略、工具及執行方式,以及確保香港貨幣制度的穩定與健全。

香港的貨幣政策目標為貨幣穩定,即保持港元匯價穩定,在外匯市場港元兌美元的匯率保持在 7.80 港元兌 1 美元左右的水平。香

港的貨幣體制採用貨幣發行局模式，規定港元貨幣基礎由外匯基金持有的美元儲備按 7.80 港元兌 1 美元的固定匯率提供最少百分百的支持；而港元貨幣基礎的任何變動亦要百分百與該等美元儲備的相應變動配合。

（2）促進金融體系，包括銀行體系的穩定與健全

金管局負責監管香港的銀行業務及接受存款業務，以及授予香港的持牌銀行、有限制牌照銀行及接受存款公司認可資格。上述三類機構統稱為認可機構。

（3）協助鞏固香港的國際金融中心地位

為推行有關保持及進一步鞏固香港的國際金融中心地位，以及維持香港金融體系穩定與健全的政策，包括維持與發展香港的金融基建。金管局在履行其維持香港的貨幣與金融體系穩定與健全的職責時，須與其他有關機構與組織合作，具體包括：透過積極參與國際及中央銀行論壇，促進對香港貨幣及金融體系的信心；推行發展市場措施，以協助加強香港金融服務的國際競爭力（包括有關促進香港離岸人民幣中心地位的發展的措施）；維持及發展香港的金融基建。

（4）管理外匯基金

金管局根據財政司司長所轉授的權力，以及按照轉授權力的條款，就外匯基金的運用及投資管理向財政司司長負責。根據《外匯基金條例》，外匯基金的主要目的是直接或間接影響港幣匯價。此外，外匯基金亦可用於保持香港貨幣金融體系的穩定健全，以及保持香港的國際金融中心地位。

（六）政府經濟顧問辦公室 [13]

政府經濟顧問辦公室直接隸屬於財政司司長，為市民提供香港

經濟的最新資訊和分析；該辦公室亦根據以實證為本的經濟分析為政府政策局和部門提供專業意見，以協助制定政策和措施。

1. 主要職責

政府經濟顧問辦公室具體職能如下：

（1）監察經濟發展和定期編制經濟報告和預測；

（2）在制訂財政預算時提供資料和分析；

（3）就經濟事宜向政府各局和部門提供專業意見；以及

（4）評估政府各項政策、措施和計劃對經濟的影響。

此外，政府經濟顧問辦公室亦負責更新香港經濟近況網頁，詳述最新經濟狀況。

2.組織架構

辦公室採用小組制，在政府經濟顧問和副政府經濟顧問之下設了六個小組，由六位首席經濟師分別負責不同領域的經濟問題，具體如表1-2-2所示。

二、財政收支分析

香港特區具有其獨特的財政收入和支出框架。其財政收入的特徵主要表現在財政總收入倚重經營收入，經營收入倚重稅收收入，而稅收收入倚重直接稅；財政支出特徵則體現在以經常開支為主，且着重控制公共支出的增長。

根據《公共財政條例》[14]，香港特區政府收支由一般收入帳目和基金帳目組成。政府一般收入帳目是香港特區政府的主要帳目及提供資源的主要機制，負責記錄政府各部門的日常開支及收入。基金帳目則是指立法會根據《公共財政條例》第29條規定，為政府理財

表 1-2-2　政府經濟顧問辦公室小組分工

組別	主要職責
第一小組	1. 監察香港經濟及香港主要海外市場的發展。
	2. 編制經濟報告及政府經濟預測。
	3. 就公共財政事項提供資料及分析。
	4. 就宏觀經濟發展與金融發展的相互作用與香港金融管理局聯絡。
	5. 就個別經濟課題進行深入研究。
第二小組	1. 就土地房屋及物業發展、釐定全港發展策略、基礎設施、電子通訊及廣播、旅遊業、金融服務、交通及物流和醫療融資方面的政策及措施的經濟影響進行分析及提供意見。
	2. 監察物業市場的發展及分析其對宏觀經濟和金融穩定的影響。
第三小組	1. 就商務及工業、環境保護、民政事務和文化及康樂服務以及公用事業方面的政策及措施的經濟影響進行分析及提供意見。
	2. 監察內地經濟發展，以及分析這些發展對香港經濟的影響。
	3. 監察亞太區經濟合作體系的發展及國際貿易及經濟關係（例如與亞太區經濟合作組織、太平洋經濟合作會議、經濟合作與發展組織、世界貿易組織等有關方面）的發展；以及分析這些發展對香港經濟的影響。
第四小組	1. 就香港經濟的結構及產業方面進行分析。
	2. 監察勞工市場的發展及分析有關勞工法例和其它關於勞工界事宜的經濟影響。
	3. 就人力資源事宜和教育政策及措施的經濟影響進行分析及提供意見。
第五小組	1. 分析有關收入分佈及福利事宜的經濟影響。
	2. 分析有關人口老化及其它與人口政策相關的經濟影響。
	3. 分析有關扶貧及其它與扶貧政策相關事宜的經濟影響。
第六小組	1. 提供本地及國際競爭力分析。
	2. 加強與國際評級機構專業交流。
	3. 提供有關新經濟增長點的深入課題研究。

資料來源：根據香港特別行政區政府經濟顧問辦公室官網組織架構部分整理。
https://www.oge.gov.hk/sc/aboutus/organization.htm

及特定用途而通過決議設立的基金（又稱法定基金），包括基本工程儲備基金、資本投資基金、賑災基金、貸款基金、公務員退休儲備基金、創新及科技基金、土地基金、獎券基金和債券基金，但債券基金並不納入到政府預算裏。

一般收入帳目和法定基金帳目在管理上各有特點而分別進行，但是在資金的流動上卻保持着必要的聯繫。各個基金都從一般收入帳目取得資金，而一些基金的利息收入或結餘，又往往返回到一般收入帳目。這些基金並不是分散在有關部門分別進行管理而是由財政司按照規定統一進行管理。

（一）香港特區財政收入

1. 經營收入和非經營收入

香港特區的財政收入可分為經營收入與非經營收入。其中，經營收入指記入政府一般收入帳目（不包括視作非經營收入的項目）和土地基金的所有收入。具體來說，一般收入帳目裏的經營收入包括應課稅品稅項、罰款、沒收及罰金、投資收入、租金及差餉、專利稅及特權稅、稅項以及公用事業及各項收費，土地基金的經營收入就是土地基金的投資收入。非經營收入是指政府一般收入帳目內的部分收入項目，以及所有記入除土地基金之外的七個法定基金帳目的收入。政府一般收入帳目裏的非經營收入包括出售政府宿舍及其他資產所得收入、遺產稅（已於 2006 年廢除）、已收的償還貸款和從房屋委員會收回的款項。

香港特區財政收入以經營收入為主，回歸以來佔財政收入的比重維持在 80% 上下。《2019-20 年度財政預算演辭》中香港特區的財政收入總計 6,261 億元，其中經營收入為 4,670 億元，佔財政收入

的 74.6%，相當於本地生產總值的 15.7%。而非經營收入為 1,591 億
元，僅佔財政收入的 25.4%，相當於本地生產總值的 5.3%。

香港特區政府收入結構具體如表 1-2-3 所示。

表 1-2-3　政府收入（一般收入帳目及各基金）　　　單位：億港元

	項目	2013/14	2014/15	2015/16	2016/17	2017/18	2018/19
	直接稅						
	入息稅及利得稅	1835.06	2049.50	2058.83	2069.07	2087.29	2363.53
	間接稅						
	博彩及彩票稅	180.66	194.79	201.27	211.19	219.59	221.94
	酒店房租稅	-	-	-	-	-	-
	印花稅	415.15	748.45	626.80	618.99	951.73	799.79
	飛機乘客離境稅	22.44	23.47	25.16	25.98	27.37	28.81
	應課稅品稅項	97.20	100.10	107.12	102.54	107.01	106.36
	一般差餉	149.11	222.72	227.33	212.50	222.03	171.67
	車輛稅	83.38	95.49	93.11	78.14	85.94	94.32
	專利稅及特權稅	44.26	29.16	29.55	105.45	32.42	35.00
經營收入	各項收費（含徵稅成分的費用）	49.51	74.80	76.51	53.90	81.50	80.29
	其他收入						
	罰款、沒收及罰金	19.57	13.28	14.09	14.96	23.27	28.37
	物業及投資	208.50	234.18	197.01	301.12	274.03	171.78
	貸款、償款、供款及其他收入	37.90	40.58	41.68	39.95	37.99	38.40
	公用事業	38.85	39.72	40.10	42.56	43.73	44.40
	各項收費（不包含徵稅成分的費用）	70.13	70.99	74.98	73.29	77.43	81.99
	投資收入						
	政府一般收入帳目	196.56	2.11	1.78	167.63	156.26	277.51
	土地基金	104.64	-	-	-	-	-
	經營收入總額	3552.92	3939.34	3815.32	4117.27	4427.59	4544.16

	間接稅						
	遺產稅	3.88	1.78	0.30	0.19	0.31	0.89
	的士專營權稅	-	-	-	1.41	-	-
	其他收入						
	其他	29.24	14.35	23.23	240.49	12.98	92.10
	從房屋委員會收回的款項	0.94	2.14	1.36	0.90	2.43	12.34
	基金						
	基本工程儲備基金（不包括債券收入）	891.79	779.90	609.90	1299.97	1687.68	1258.34
	資本投資基金	16.10	14.61	14.09	14.37	8.96	14.01
非經營收入	賑災基金	0.03	0.02	0.01	0.04	0.03	0.03
	貸款基金	26.47	20.75	21.86	23.85	27.01	28.52
	公務員退休金儲備基金	12.87	-	-	9.70	9.30	16.56
	創新及科技基金	1.65	0.57	0.69	2.07	2.88	7.18
	獎券基金	17.57	13.22	13.31	20.98	19.20	23.46
	非經營收入總額	1000.54	847.34	684.75	1613.97	1770.78	1453.43
政府收入總額		4553.46	4786.68	4500.07	5731.24	6198.37	5997.59

資料來源：根據《2019 中國財政年鑑》整理。
http://data.cnki.net/Yearbook/Single/N202006026

2. 稅收收入和非稅收收入

就財政收入的來源而言，香港特區的財政收入又可分為稅收收入和非稅收收入兩大部份。稅收收入為政府主要的財政收入，而其中又以利得稅、印花稅、薪俸稅為主。從香港特別行政區《2019-20年度預算案》來看，利得稅（25.50%）、印花稅（12.14%）和薪俸稅（10.64%）三者合計佔整個政府收入的 48.28%。非稅收入中的地價收入（22.84%）和投資收入（7.65%）也在政府財政收入中佔據較大比重。1997 年香港回歸以後，稅收收入佔香港特別行政區政府財政收入的比重從 50% 逐步上升至 70% 左右；而非稅收收入則從

香港預算與稅制

50% 逐步下降至 30% 左右。

（1）稅收收入

香港現行稅種主要有 11 種，按徵稅對象可以分為四大類：所得稅類（利得稅、薪俸稅、物業稅）；財產稅類（差餉）；行為稅類（印花稅、博彩稅、飛機乘客離境稅、酒店房租稅、商業登記費、汽車首次登記稅等）；消費稅類（應課稅品稅）。其中以利得稅、薪俸稅為主的直接稅是稅收收入的主體稅種，佔稅收總收入的 60% 左右。

①直接稅

香港的直接稅包括所得稅和遺產稅兩大類，前者為經營收入，後者為非經營收入。在所得稅制模式上，香港基本上採用分類綜合的模式，對個人所得的課稅涉及利得稅（公司所得稅）、薪俸稅、物業稅、遺產稅和利息稅五個稅種。目前，由於利息稅和遺產稅已先後取消，直接稅實際上只剩下三種。

一是利得稅。利得稅是指根據課稅年度內的應評稅利潤（即一個財政年度的淨利潤）而徵收的，是直接稅中的入息稅。香港《稅務條例》第 14 條規定，凡在香港經營任何行業、專業或業務而從該行業、專業或業務獲得於香港產生或得自香港的所有利潤（出售資本、資產所得的利潤除外）的人士，包括法人或團體（以下簡稱「法團」）、合夥商號、信託人或團體、均需繳稅，徵稅對象並無分香港居民或非香港居民。香港特別行政區政府規定公司等法團的利得稅率為淨利潤的 16.5%。非法團的利得稅率為淨利潤的 15%。若公司該年無經營或經營虧損以及海外盈利，則無需納稅。2018 年 3 月 29 日，《2018 年稅務（修訂）（第 3 號）條例》刊憲成為法例。此修訂條例旨在實施《2017 年香港特別行政區行政長官施政報告》中宣佈的「利得稅兩級制」，自 2018/2019 課稅年度起（2018 年 4 月

1日起）降低法團及非法團業務首200萬元應評稅利潤的稅率至原來的50%。即法團首200萬港元的利得稅稅率將降至8.25%，其後的利潤則繼續按16.5%徵稅。至於獨資或合夥業務的非法團業務，兩級的利得稅稅率相應為7.5%及15%。納稅法團或非法團業務每年分別最多可節省16.5萬元和15萬元港幣稅款。

利得稅兩級制會惠及有應評稅利潤的合資格企業，不論其規模。為確保受惠企業以中小企為主，有關連企業只可提名一家企業受惠。特別行政區政府表示，政府的目標是在維持簡單低稅制的同時，實行具競爭力的稅制以促進經濟發展。利得稅兩級制可減輕企業（尤其是中小企及初創公司）的稅務負擔、締造有利的營商環境、推動經濟增長、創造就業機會，以及提升香港的競爭力。

二是薪俸稅。按《香港法例》第112章，《稅務條例》第8條，除非條例另有規定，任何自然人在每個課稅年度產生或得自因為香港的雇傭所得，均須報及支付薪俸稅。薪俸稅是納稅人為在香港工作所賺取的入息所繳交的稅款，其納稅人是指在香港受雇而得工資或長俸收入的個人，該「個人」與香港人士與否並無關係。如果不是香港人士，但其在訪港期間受雇或者提供服務超過60天，也被視為薪俸稅的納稅人。薪俸稅的徵收範圍主要包括工資薪金、假期補薪、傭金、獎金、酬金、額外津貼、雇主免費提供住所的「租值」（相當於住房租金），以及任何人因運用在公司任職、受雇而有權獲得該公司的股份，並因運用或轉讓該權利而獲取的收益。薪俸稅的稅率採用標準稅率和超額累進稅率，香港的標準稅率雖經常進行調整，但一般維持在15%左右，此外香港特區政府會對薪俸稅納稅人提供各種免稅額，扣除免稅額後會按一個累進的徵稅率徵稅（2018/2019年度開始，薪俸稅率分為2%、6%、10%、14%和17%

五個等級）。總體來説，所徵收的薪俸稅款不會超過按標準稅率（即
未扣除免稅額的應課稅入息的某一個固定百分比）所徵收的稅款。
香港特別行政區每年的財政預算案都會根據香港的經濟形式和財政
儲備對薪俸稅的免稅額和邊際稅率進行一定的調整。

　　三是物業稅。物業稅是納稅人為在香港持有物業並出租賺取利
潤所繳交的稅款。物業稅的納稅人是擁有應課稅物業的業主，包括
直接由政府批租的房產持有人、權益擁有人、終身租用人、抵押
人、已佔有房地的承押人、向註冊合作社購買樓宇者等，但香港把
物業租金作為稅基，物業稅只向有租金收入的業主徵收，沒有租金
收入的業主不是物業稅的納稅人。只持有物業不須繳交物業稅，但
仍須繳交差餉（部份物業更須繳納地租），物業稅稅額按實際所收
租金減去 20% 作為維修及保養費，再以標準稅率 15% 計算。物業
稅實行暫繳稅制度。在香港營業的有限公司，其名下物業免徵物業
稅，但來自物業業權的利潤則須繳納利得稅。

　　四是個人入息課稅。香港特區採用分類綜合的所得稅制模式，對
個人所得的課稅涉及薪俸稅、利得稅和物業稅三個稅種。其分類綜
合所得稅制主要體現在上述三個稅種，無論應納一種或幾種，納稅
人都可以分開就利得稅、薪俸稅以及物業稅三個稅種進行繳納，也
可以就個人各項綜合所得合併納稅，即個人入息課稅（又稱「綜合
所得稅」）。從而選擇最佳的計稅方式完稅，以減輕所得稅的負擔。

　　個人入息課稅，以個人營業事業所得、工資薪金所得、物業所
得、利息所得總額為徵稅對象，以取得所得並經申請批准的香港
永久居民或暫時居民為納稅人，以納稅人的全部所得總額，扣除
個人、妻子、子女等的免徵額後的餘額，即應納稅所得額為計算依
據，實行超額累進稅率，依率計徵。如果納稅人的某項所得已按分

類所得稅課徵辦法繳了稅，在計算個人入息課稅時，其繳納的稅額可以抵扣。可以發現，個人入息課稅不是一個單獨的稅種或稅項，而只是一種個人所得稅的特殊的計算方法。

五是利息稅。在 1982 年以前，香港各項利息均按標準稅率徵收利息稅，並實行預扣制度，由支付利息者預扣稅款。1989 年 4 月 1 日，香港完全取消利息稅。

六是遺產稅。香港的遺產稅只對遺囑執行人轉讓財產管理人和受益人，就其接受的香港或位於香港的財產徵收。遺產稅作為直接稅，被列作非經營收入，稅率為 6 至 18%，適用於價值在 600 萬港元以上的遺產。出於鞏固香港低稅率稅制的目的，財政司從 1997 年以來就一直調整遺產稅的免稅額和稅階，同時降低其稅率。2006 年 2 月 21 日，該稅種取消。

②間接稅

香港的間接稅主要包括博彩稅、酒店房租稅、印花稅、飛機乘客離境稅、應課稅品稅、差餉、地租及地稅、汽車首次登記稅，專利及特權稅等。

一是博彩稅。博彩稅是香港向賽馬投注，合法足球博彩投注及六合彩收益所徵收的稅項。

二是酒店房租稅。酒店房租稅是對酒店及賓館就酒店房租所徵收的稅項。自 2008 年 7 月 1 日起，香港特別行政區政府已免收酒店房租稅。

三是印花稅。印花稅是香港政府向所有涉及任何不動產轉讓，不動產租約及股票轉讓所徵收的稅款。其納稅人通常是簽訂證件、文件的人士。其稅額按固定稅額或比例稅額徵收。

四是飛機乘客離境稅。飛機乘客離境稅是旅客使用香港國際機

場或以直升機從港澳碼頭離境時需繳交的稅項。經海路從港澳碼頭、中港碼頭或屯門碼頭離境的旅客亦有類似收費，但不歸類於此稅項中。

　　五是應課稅品稅。香港一般不徵收商品稅，但烈酒、煙草、碳氫油、甲醇和化妝品例外，進口或於香港製造此等商品均須繳稅。一般稱為「關稅」和「商品稅」。此等稅種由香港海關徵收。20 世紀 90 年代初廢除針對化妝品及藥物的商品稅；2008 年 2 月廢除多種酒精飲料（包括葡萄酒、啤酒及非烈酒）等的商品稅。

　　六是差餉、地租及地稅。差餉是香港政府為香港境內地產物業徵收的稅項，可由業主和住客協議分擔，徵稅的根據是「應課差餉租值」（該租值是假設物業在指定的估價依據日期空置出租時，估計可取得的合理年租而計算得來的），由差餉物業估價署編制估價冊，據以徵收。以 2019/2020 財政年度來說，差餉徵收率為 5%。應課差餉租值每三年重估一次。差餉是香港稅制的主要稅種之一，個人和企業均需繳納差餉稅，可以說是對整個社會影響最廣的一種稅項。除差餉外，按土地契約的不同，土地使用者另須繳交地稅或按《基本法》的規定向政府繳納地租。香港特別行政區的私人土地一般由政府以「批地」形式，即以政府租契租出。承租人（業主）須向政府繳付地租，以換取在租契文件所指明的年期（即租賃期）內擁有和佔用土地的權利。地租適用於新界和新九龍（界限街以北）的物業，或是在 1985 年 5 月 27 日或以後獲批或獲續期土地契約的港島和九龍物業。地租徵收額相等於物業應課差餉租值的 3%，日後也會按照應課差餉租值的變動而調整。同一物業的地租和差餉一般須於每季季初同時預繳。地稅即原有地租，適用於在 1985 年 5 月 27 日以前獲批土地契約的港島和九龍物業；或業主為新界原有鄉

村原居村民或合資格的祖或堂，並根據《地租（評估及徵收）條例》（第 515 章）獲豁免繳交新地租的新界鄉郊物業。此等稅種由差餉物業估價署（差餉及地租）和地政總署（地稅）徵收。

七是汽車首次登記稅。因政府鼓勵市民使用公共交通工具，減低汽車增長，汽車首次登記時，須向政府繳交汽車首次登記稅。首次登記稅是以該車的應課稅值及根據汽車（首次登記稅）條例（第 330 章）附表內就該類別的汽車所指明的百分率計算。一般來説，車輛的應課稅值的釐定基準，須根據該車輛的公佈零售價或根據香港海關評估的臨時應課稅值來計算。

八是專利及特權稅。專利及特權稅是香港政府對某些專利行業營運者或所徵收的稅項，如專利公司所繳付的專利稅、政府停車場、橋樑及隧道和汽油站繳納的稅款、的士專營權稅等均納入專利及特權稅。

（2）非稅收入

香港特區的非稅收入由投資收入、地價收入、罰款、沒收和罰金以及各項收費，如商業登記費、公司註冊費、銀行等金融機構的牌照費及註冊費、車輛牌照費及駕駛執照費、物業收益、公用事業收入、各項補償收入、政府提供的各樣貨品與勞務的收費等組成。不同政府部門根據相關條例和法令收取對應的有關款項。比如水務署負責收取水費；地政總署負責收取賣地收益；其他有關部門則負責收取政府經營的公用事業收入、物業及投資收入等。例如，香港運輸署牌照事務處負責收取車輛牌照及駕駛執照費，法律援助署負責收取分擔費、賠償／贍養費和訴訟費。而香港特別行政區的罰沒收入是由香港警務處、香港房屋委員會和食物環境衞生署等不同的部門分別上繳財政金庫的。罰沒收入的管理十分嚴格，以交通違章

罰款為例，交警只能對違章行駛者開具罰款單，不可收取罰款，司機須憑此罰款單在規定時間內到指定的違章處理部門交款。

（二）香港特區財政支出

在香港特區的財政體系中，關於財政支出有兩個重要概念：一是政府開支，二是公共開支。

1.政府開支

香港特區的政府帳目由一般收入帳目和法定基金（前文提到的八個基金）帳目組成，其開支即政府開支。政府開支可分為經營開支和非經營開支兩大類。經營開支是指計入政府一般收入帳目中「經營帳目」的所有開支，包括經常開支和非經常性開支。經常開支包括個人薪酬、與員工有關聯的開支、退休金、部門開支和其他費用以及經常資助金。非經常開支則用於每項開支超過 20 萬港元的一次性項目，但不包括購買和興建實體資產。非經營開支是指記入政府一般收入帳目中非經營帳目的所有開支，以及資本投資基金、基本工程儲備基金（包括政府債券及票據的利息支出，但不包括債券及票據的償還款項）、賑災基金、創新及科技基金、貸款基金和獎券基金各帳目的開支。非經營開支具體包括一般收入帳目裏的機器設備、小型工程、小額非經常資助金以及轉撥上述六個基金的款項等。香港特別行政區政府開支結構具體如表 1-2-4 所示。

近些年香港特區政府支出總額整體呈上升趨勢，2018-19 年度政府總支出預算額為 5,578.88 億港元，2019-20 年度政府總支出預算額更是上升至 6,077.58 億港元。據《2019-20 年度財政預算案演辭》的統計圖表來看，1997 年以來香港特區的政府開支名義增長一直高於本地生產總值的名義增長率，且近幾年來差距有擴大的趨勢，這

表 1-2-4　政府支出（一般收入帳目及各基金）　　　單位：億港元

項目		2013/14	2014/15	2015/16	2016/17	2017/18	2018/19
經營支出	經常支出						
	個人薪酬	607.10	645.81	681.52	717.75	745.67	792.64
	與員工有關聯的支出	47.89	53.69	59.79	67.25	74.45	83.35
	退休金	239.13	264.12	294.33	319.48	344.10	367.84
	部門支出	252.68	273.55	285.67	301.63	313.66	347.25
	其它費用	567.20	594.82	635.65	690.52	693.07	832.95
	資助金						
	教育	349.58	375.71	398.56	415.84	472.83	522.20
	衛生	460.48	494.62	512.49	530.91	560.44	642.47
	社會福利	108.65	122.83	134.02	145.37	150.94	166.84
經營支出	大學	149.89	159.83	174.65	184.95	188.82	196.79
	職業訓練局	22.48	23.36	24.40	25.63	25.77	26.98
	雜項	38.81	42.56	44.25	47.05	48.37	50.59
	非經常支出	533.25	112.27	228.33	86.18	90.85	294.55
	經營支出總額	3377.14	3163.17	3473.65	3532.56	3708.97	4324.45
非經營支出	機器、設備及工程 資助金	12.05	13.16	22.40	22.15	23.19	33.45
	教育	6.12	6.66	7.32	8.27	8.91	12.30
	衛生	6.64	7.74	7.64	8.37	8.84	9.42
	職業訓練局	0.34	0.42	0.58	0.45	0.61	0.69
	雜項	0.46	0.47	0.52	0.73	0.71	1.17
	基金						
	基本工程儲備基金	873.97	814.01	791.82	872.94	868.87	818.96
	資本投資基金	0.12	0.12	0.17	101.94	10.56	39.87
	貸款基金	41.44	34.92	31.90	46.69	47.90	44.12
	賑災基金	1.71	0.47	0.82	0.54	0.65	0.65
	創新及科技基金	7.32	8.82	10.14	12.58	14.83	15.75
	獎券基金	8.12	8.75	9.37	13.30	14.59	17.27
	非經營支出總額	958.29	895.54	882.68	1087.96	999.66	993.65
政府支出總額		4335.43	4058.71	4356.33	4620.52	4708.63	5318.10

資料來源：根據《2019 中國財政年鑒》整理。
　　　　　http://data.cnki.net/Yearbook/Single/N2020060262

與近年來的經濟社會形勢有很大關聯。從支出結構來看，香港特區的政府支出以經營開支為主體，一般佔政府支出的 75% 到 80% 左右。政府經營開支方面，可以看到政府的經營開支整體也呈現持續上升狀態，2019-20 年度的政府經營開支預計為 5,015 億港元，比 2018-19 年度預算增加 600 億港元，即 13.59%。在經營開支中，經常開支佔經營開支的比例超過九成且連年上升，反映政府對民生服務的持續承擔。

除上述分類外，財政支出還可以按照政策組別分為公共及對外事務、經濟、教育、環境及食物、衛生、房屋、基礎建設、保安、社會福利和輔助服務十大類。從政策組別來看，2019-20 年度的政府開支總額預算裏，教育、社會福利和醫療衛生方面的開支規模最大，佔政府開支總額的比例分別 20.40%、15.99%、14.58%，但從實質增幅上看排名前三位的依次是經濟、環境及食物和房屋，這充分體現了香港特別行政區政府維穩香港社會經濟的強大決心。

2019-20 年度的政府經常開支預算中，教育、社會福利和醫療衛生仍然是規模最大的開支，三方面開支合計約 2,555 億港元，大約佔到政府經常開支的六成，且近幾年這三個經常開支範疇的累積增幅高達 40% 以上。其中，教育方面，2019-20 年度的經常開支為 905.84 億港元，佔政府經常開支的 20.54%，是政府最大的開支範疇。其次是社會福利，2019-20 年度社會福利方面的的經常開支預算為 842.95 億元，比上一年修訂預算增加 5.2%，佔政府經常開支的 19.11%。最後，醫療衛生方面，2019-20 年度的醫療衛生經常開支預算總額為 806.02 億元，比上年度修訂預算增加 10.9%，佔政府經常開支的 18.28%。

2. 公共開支

公共開支不僅包括政府開支（即所有記入政府一般收入帳目的開支及由政府法定基金所支付的開支），還包括各營運基金的開支、房屋委員會的開支（由 2003 年開始，公共開支不包含由獎券基金支付的款項）。

1993 年 3 月，香港制定《營運基金條例》。根據該條例，政府六大部門（土地註冊處、公司註冊處、電訊管理局、郵政署、機電工程署和渠務署）先後成立一個營運基金，即土地註冊處營運基金、公司註冊處營運基金、電訊管理局營運基金、郵政署營運基金、機電工程署營運基金和渠務署營運基金（渠務署營運基金 1996-97 財政年度虧損嚴重，已於 1997 年 9 月終止運作）。香港引入營運基金的目的是想通過體制轉變找到適當的公營部門運作模式，以更有效的方式提供政府服務。營運基金採取商業或准商業、自負盈虧的方式運作，收入來源於向社會提供服務所收取的費用，員工成本及其他開支均由基金的收入支付。營運基金無需就每年的運作經費向立法會要求撥款，它通常向政府繳納相當於稅後盈利約 30%-50% 的款項作為紅利，以代替繳納利得稅，其營運盈餘可作為儲備金自行保留，無需將有關款項交回政府再作分配。但其員工仍由政府控制，工作範圍和條件也由政府作出規定，因此從本質上來看，營運基金仍屬政府基金的一部分，營運基金同房屋委員會基金均財務獨立且依法自行管理，所以並不列入政府預算中，其開支不屬政府開支，但屬公共開支的一部分。

從公共開支總額來看，與政府開支類似，近些年香港特區公共開支整體也呈上升趨勢，2018-19 年度公共支出預算總額為 5,985.83 億港元，2019-20 年度公共支出預算總額更是上升至 6,463.96 億港元。

　　從公共開支佔本地生產總值的比重來看，香港公共開支佔比較為穩定，多在 16% 至 22% 之間波動，2019-20 年度該比值為 21.6%。這體現出了香港作為一個較為成熟的經濟體，政府對市場的干預具有一定的穩定性。公共開支在年度之間的波動不會太大，這些年公共開支佔本地生產總值的比重僅出現過少數幾次峰值，如 1998-99 財政年度，香港特區為應對亞洲金融危機擴大了公共開支的規模；2003-04 財政年度，為應對「非典」帶來的相關影響，也擴大了其公共開支的規模；2008-09 財政年度，為應對世界範圍的經濟危機，其也擴大了支出規模。近幾個財政年度來看，由於經濟社會形勢原因該比重強勢上升，有創造新峰值的趨勢，但據政府預測不會超過 23%。

　　從增長率來看，1997 年以來香港特區的公共開支名義增長大多數時間也高於本地生產總值的名義增長率，且近幾年來差距有擴大的趨勢，但總體來說，差距略小於政府支出與本地生產總值的增長差距。

　　從政策組別來看，在 2019-20 財政年度，香港特別行政區公共開支中從規模上看排名前三位的依次是教育（1,239.75 億港元）、社會福利（972.19 億港元）和衛生（886.05 億港元），三者佔公共開支總額比例依次是 19.18%、15.04% 和 13.71%。而經濟開支所佔的比重始終在 5% 至 8% 之間波動，維持在一個較低的水平，這也反映了香港以私營經濟為基礎的經濟結構和財政政策重點。從實質增幅上看排名前三位的則依次是經濟、環境及食物和衛生，由此可以發現香港政府公共開支的重點和該階段較為關心的領域。

　　公共經常開支作為公共開支的主體部分，其支出情況與公共開支總額類似。首先總體也呈現逐年上升的趨勢，2019-20 財政年度

公共經常開支預算額為 4,628.44 億港元，比上一年修訂預算增長
8.9%。其次，從政策組別來看，近年來香港特區公共經常開支規模
最大的三項依然是教育、社會福利和衞生，2019-20 財政年度公共
經常開支預算裏這三項支出佔比分別為 19.57%、18.2% 和 17.41%，
這很好的體現了其「民生財政」的鮮明特點。另外，2019-20 預算
中，公共經常開支中的所有項目都比上一年修訂預算實現了不同程
度的增長，其中增幅最大的是基礎建設（15.8%），這也體現了政府
在努力通過基建改善香港的投資、經營環境，以達到吸引境外資本
來提高私營市場經濟的效率，同時改善香港居民生活質量並吸引境
外遊客的目的。

註 釋

1. 英皇制誥（香港）：http://zh.wikipedia.org/wiki/ 英皇制誥 _（香港）。
2. 皇室訓令（香港）：http://zh.wikipedia.org/wiki/ 皇室訓令。
3. 《中華人民共和國香港特別行政區基本法》：http://www.gov.cn/test/2005-07/29/
   content_18298.htm。
4. 《香港金融管理局 2018 年年報》：https://www.hkma.gov.hk/gb_chi/data-
   publications-and-research/publications/annual-report/2018/。
5. 根據網站：資料整理：https://www.sohu.com/a/192803685_99950449。
6. 香港特別行政區財政司司長辦公室官方網站：https://www.fso.gov.hk/。
7. 香港特別行政區商務及經濟發展局官方網站：https://www.cedb.gov.hk/。
8. 香港特別行政區發展局官方網站：https://www.devb.gov.hk。
9. 香港特別行政區財經事務科官方網站：https://www.fstb.gov.hk/fsb/simpchi/
   aboutus/welcome/index.htm。
10. 香港特別行政區庫務科官方網站：https://www.fstb.gov.hk/tb/sc/。
11. 香港特別行政區創新及科技局官方網站：https://www.itb.gov.hk/zh-cn/index.html。
12. 香港特別行政區金融管理局官方網站：https://www.hkma.gov.hk/eng。
13. 香港特別行政區政府經濟顧問辦公室官方網站：https://www.oge.gov.hk/。
14. 《公共財政條例》2017 修訂版：https://www.elegislation.gov.hk/hk/cap2。

第二章
香港特區政府預算制度概述

▁▁▍▍▌▌ 本 章 導 讀

本章主要從香港特區的預算管理法律體系、預算管理組織架構、財
政預算原則和理財理念、財政收支分類以及預算管理流程和週期五
個方面介紹了香港特區的基本預算管理制度。第一節全面介紹香港
特區《基本法》、財政基本法案、撥款類法案、財政責任類條例、
財政管理類法案和其他法律法規等預算管理法律體系。第二節從行
政機關、立法機關和司法機關等三個方面介紹預算管理組織架構。
第三節梳理香港特區政府預算的嚴格管制到獨立自主；審慎理財、
量入為出；簡化稅制、降低稅率；市場主導、政府促進；公開透明、
接受問責等財政預算原則和理財理念。第四節從一般收入帳目和基
金帳目兩方面介紹香港特區政府預算收支分類。第五節梳理了預算
的規劃與決策、編制與審批、執行與決算、控制與監督、審計和評
價等管理流程及預算週期。

第一節
預算管理法律體系

───────●───────

一、《中華人民共和國香港特別行政區基本法》

《基本法》第 11 條規定，「香港特別行政區的制度和政策，包括社會、經濟制度，有關保障居民的基本權利和自由的制度，行政管理、立法和司法方面的制度，以及有關政策，均以本法的規定為依據。香港特別行政區立法機關制定的任何法律，均不得同本法相抵觸。」毫無疑問，《基本法》作為香港特區的憲法性法律，是香港特區制定一切制度和政策的法律依據。《基本法》和以此為基礎制定的其它預算管理相關的法律法規共同構成了香港特區的預算管理法律體系。

《基本法》裏對於財政、預算等管理問題的相關規定，首先體現在對行政、立法和司法等機構的預算權力的規定上。

（一）香港特別行政區行政長官的預算權力

《基本法》第 43 條規定，「香港特別行政區行政長官是香港特別行政區的首長，代表香港特別行政區。香港特別行政區行政長官依照本法的規定對中央人民政府和香港特別行政區負責。」《基本法》第 48 條規定，行政長官的預算相關職權包括「簽署立法會通過的財政預算案；將財政預算、決算報中央人民政府備案以及批准向立法

會提出有關財政收入或支出的動議」等。

（二）香港特別行政區行政機關的預算權力

香港特別行政區政府是香港特別行政區行政機關，根據《基本法》第 60 條，其首長是行政長官，且「政府設政務司、財政司、律政司和各局、處、署來進行各項政府工作」。《基本法》第 62 條規定香港特別行政區政府的預算相關職權包括制定並執行相關政策；編制並提出財政預算、決算等。

（三）香港特別行政區立法機關的預算權力

香港特別行政區立法會是香港特區的立法機關。《基本法》第 73 條規定，立法會的預算相關職權包括「根據政府的提案，審核、通過財政預決算；批准稅收和公共開支；聽取行政長官的施政報告並進行辯論；對政府的工作提出質詢；就任何有關公共利益問題進行辯論」等。

此外，《基本法》對於財稅及預算方面的相關規定還體現在第五章針對經濟的部分法律條文上。其中第 106 條和第 108 條共同規定了香港特別行政區的財稅獨立。具體來說，第 106 條規定，「香港特別行政區保持財政獨立，其財政收入全部用於自身需要，不上繳中央人民政府。中央人民政府不在香港特別行政區徵稅。」第 108 條規定，「香港特別行政區實行獨立的稅收制度，其參照原在香港實行的低稅政策，自行立法規定稅種、稅率、稅收寬免和其他稅務事項。」而第 107 條則指出，「香港特別行政區的財政預算以量入為出為原則，力求收支平衡，避免赤字，並與本地生產總值的增長率相適應」。

二、財政基本法案

（一）《公共財政條例》[1]

1983 年 4 月 1 日，為了對公共財政的控制及管理和附帶及相關的事宜加以規定，香港特區頒佈了《公共財政條例》。該條例主要包括了以下幾個部分：

一是對本條例中提到的法律以及財政、預算方面的名詞進行統一解釋，具體包括「公幣」、「分目」、「總目」、「政府一般收入」、「開支」、「核准開支預算」、「撥款條例及草案」、「追加撥款條例及草案」、「管制人員」、「審計署署長」和「財務委員會」。

二是對收支預算及撥款相關事項加以規定，比如周年預算、開支預算及撥款的批准、未撥款前開支的批准、核准開支預算的修改、追加撥款等。

在周年預算方面，本條例點明由財政司司長須在每一財政年度內，安排擬備下一財政年度的政府收支預算，並在有關財政年度開始前儘快將之提交立法會省覽。

在開支預算方面，本條例規定開支預算應將各項開支按總目及分目分類並說明每一總目所涵蓋的範圍和預算開支總額、每一分目所需的備付款額、職位編制（如有）及對非經常開支所作承擔的限額（如有），此外還應列明每一總目及分目的管制人員。

在撥款批准方面，本條例規定財政年度的各開支預算總目須包括在撥款條例草案中，而撥款條例草案須與該預算一同提交立法會。而撥款條例一經頒佈後，其所涉及的財政年度政府開支預算應視作已獲批准，並於該財政年度的首日開始生效。

在未撥款前的開支批准方面，本條例規定立法會可在撥款條例

制定前藉決議批准將某財政年度的政府服務開支記在政府一般收入上，撥款條例實施後按該條例所規定的各項備付款額對照抵銷即可。

在核准開支預算的修改方面，本條例首先指出除本條例規定外不得修改已獲批准的開支預算，但在財政司司長建議下由財務委員會核准的不在此限，接着條例列明了准予修改的幾種情形，比如開立新總目或分目、在經核准的分目或新分目中的追加備付款項、變更職位編制以及提高非經常開支的承擔限額。最後條例規定在一定條件限制下，財務委員會可將核准修改的權力轉授財政司司長，財政司司長也可進一步將其核准修改的權力轉授任何公職人員。在有關財政年度的每一季度終結時，財政司司長應將本季度預算修改情況向財務委員會報告並將修改撮要提交立法會省覽。

在追加撥款方面，本條例規定在結算任何財政年度的帳目時，記在任何總目上的開支如超過撥款條例撥予該總目的款額，超額之數須包括在追加撥款條例草案內，而該條例草案須在出現該超額開支的財政年度終結後，於切實可行範圍內儘快提交立法會。

三是對財政預算管理機構及人員的權利和職責加以規定，比如財政司的一般權力和職責以及制訂規例並發出指示等的權力、管理人員遵守規例及服從指示的義務以及承付開支和緊急開支的權力等。

四是對公幣的收支與保管加以規定。具體包括庫務署署長的職責、款項的迅速徵收、公幣付款、須得令授權的付款、墊款追收、緊急墊款、預墊備用金、存款、捐款及資助、銀行事宜、投資、借貸權及借款、保證、基金設立、特別暫記帳和撥款及令狀的失效情形。

五是對附加費的徵收進行了規定。所謂附加費是指財政司司長向現時或以前受聘的公職人員就其不收取款項、不當支付、未具恰當憑證而支付、不當地承付開支、短缺、遺失、毀滅或損壞公幣、

印花、證券、物料或其他政府財產的情形而徵收的罰款性質的附加費用。這部分主要對附加費的徵收權、通知權、上訴權、撤銷權和附加費徵收細節等做了規定。

六是對其他相關雜項加以規定。具體來説，這部分首先對放棄申索、公帑及物料的撇帳[2]、仍可使用的物料等的處置、費用的減少等所涉及的主體和相關權力進行了規定。其次，對行政長官的指示權以及庫務署署長對收受某些款項的公職人員的指示權進行了規定。最後，對相關過渡性條文、信託條款與本條例的獨立性、以及立法會解散與本條例的獨立性進行了説明。

整體來看，《公共財政條例》對香港特別行政區財政預算的相關法案條例、主體、時間、範圍、開支分類設計、管理職權與義務等都做了比較詳細的規定，它是香港特別行政區財政預算最主要的法律依據。不過從內容上看，《公共財政條例》比較側重對香港政府特別行政區開支預算的規定。

（二）《公共收入保障條例》[3]

1997 年 6 月 30 日，為保障香港特別行政區的公共收入，香港特別行政區頒佈了《公共收入保障條例》，包括以下幾個方面：

1. 稅收法例的臨時修訂。該條例規定，行政長官批准條例草案或決議提交立法會，而該條例草案或決議一旦成為法律，會使：

（1）任何稅項、費用、差餉或其他稅收項目（及其寬免）得以徵收、撤銷或更改；或

（2）使與稅項、費用、差餉或其他稅收項目有關的行政或一般條文得以制定、更改或撤銷；

則行政長官可作出命令，使該條例草案或決議的所有條文在該

命令有效期內具有十足法律效力。

2. 應課稅貨物的交付限制。本條例規定行政長官可在任何時間藉命令授權海關關長，於特定期間內覺得繳付關稅後交付供本地使用的應課稅貨物或商品的數量超出合理范圍的，可拒絕容許自船邊或貨倉交付該等貨物或商品供本地使用。

3. 命令的生效期限。首先，本條例規定如行政長官根據本條例就某條例草案或決議作出命令，則在該命令有效期內，條例草案或決議內對本身的生效日期或開始實施日期的提述，須解釋為對該命令的生效時間的提述。其次，本條例規定根據本條例作出的每項命令，一經行政長官簽署立即生效，但如在該命令中指明其他生效時間，則該命令在所指明的時間生效。此外，條例還列明了命令有效期滿並停止生效的幾種情形，包括香港特別行政區政府憲報公佈立法會已否決相關條例草案或決議、香港特別行政區政府憲報公佈該條例草案、決議或命令已被撤回、該條例草案或決議按一般方式成為法律或自該命令生效日期起計的四個月屆滿等。

4. 多付的稅項等的退還。本條例規定，按根據本條例作出的命令繳付的稅項、費用、差餉或其他稅收項目，如超過在緊接該命令有效期屆滿後須繳付的稅項、費用、差餉或其他稅收項目的各自的款額，則多付的款額須付還付款人。

5. 稅項等原有稅率的恢復。凡根據本條例就某條例草案或決議作出的命令，有減低稅項、費用、差餉或其他稅收項目的效力，而該命令已停止生效和沒有被該條例草案或決議所取代（不論有否修改），則在緊接該命令生效前須繳付的稅項、費用、差餉或其他稅收項目，在緊接該命令停止生效之後即變為須全數繳付。

整體來看，該條例的主要作用是使行政長官有權作出公共收入

保障命令，使得財政司提出的收入預算相關的條例草案或附屬法例得以即時生效，從而有效保障香港特別行政區的稅收。本條例為香港特別行政區政府的收入預算提供了基本的法律依據。

三、撥款類法案

香港特區的撥款類法案包括《撥款條例草案》、《撥款條例》、《追加撥款條例草案》和《追加撥款條例》。

《撥款條例草案》與《撥款條例》分別指，規定政府在有關財政年度由政府一般收入中劃分給已獲批准的政費開支預算的條例草案或條例。《撥款條例草案》經立法會批准通過後即成為指導政府開支的具有法律效力的《撥款條例》。

以香港特區公佈的《2019 年撥款條例》為例，它首先交代了此條例旨在從政府一般收入撥出一筆不超逾 515,794,785,000 港元的款項，以用作自 2019 年 4 月 1 日起至 2020 年 3 月 31 日止的財政年度的政府服務開支，接着附上一張附表，附表內容即是按編號排序的開支預算總目及對應撥款額，具體信息見本書附錄 1。

《追加撥款條例草案》及《追加撥款條例》則分別指在根據撥款條例撥款以外再規定從政府一般收入增加撥款的條例草案或條例。在財政年度結束時，若任何一項政府開支超出《撥款條例》為其撥出的款額，則超出的數額須列入一項《追加撥款條例草案》，並在該財政年度結束後儘快提交立法會，立法會批准通過後即成為《追加撥款條例》。

以 2018 年 12 月 7 日公佈的《追加撥款（2017-2018 年度）條例》為例，它首先點明了本條例旨在從政府一般收入撥出一筆

4,722,520,549.17 港元的款項，以用作截至 2018 年 3 月 31 日為止的財政年度政府服務開支，接着附上一張附表，附表內容即是按編號排序的開支預算總目及對應追加撥款額，具體信息見本書附錄 2。

整體來看，撥款類法案的主要內容是有關財政年度的開支預算總目及對應撥款或追加撥款數額。與《公共財政條例》和《公共收入保障條例》相比，撥款類法案與財政預算的關係更近，是各財政年度開支預算最直接的法律依據。

四、財政責任類條例

（一）《核數條例》[4]

香港特區的財政責任類條例中，《核數條例》是一個比較重要的條例，其對於香港特別行政區政府決算的審計具有重要意義。《核數條例》大體分為以下幾個方面：

一是相關的名詞解釋。比如「公帑」、「主席」、「會計人員」、「署長」等。

二是對審計署署長的委任、任期和薪金等與職位相關的規則進行了明確。

三是對審計署署長的職責和權力進行了規定。

在審計署署長的職責方面，本條例首先規定了審計署署長必須審核、查究及審計所有會計人員與公帑、印花、證券、物料和任何其他政府財產有關的帳目以及附表所指明的帳目或基金對應的公職人員就該帳目或基金而備存的帳目、報表及紀錄。其次審計署署長還應對條例中列示的幾種情況進行確認，比如所有公帑或附表指明的帳目和基金的款項是否均按照恰當權限發放及支付；所有付款均

為恰當地可予徵收的款項並有足夠付款憑單或付款證明作為佐證（或以其他方式經恰當地入帳）等。

在審計署署長的權力方面，本條例列示了審計署署長在執行職責擁有的幾項權力，包括以書面授權其他公職人員進行查究、審核或審計並作出報告；要求任何公職人員作出解釋或提供資料以便署長履職；安排無償翻查摘錄任何政府部門的任何簿冊、文件或紀錄；要求適當的人解釋任何與政府帳目或財產等有關的事宜以及向律政司司長報告其認為適當的任何事宜。

四是對周年報表的呈送和審計程序進行了規定。這部分首先規定了庫務署署長向署長呈交周年帳目的時間和帳目種類，其次規定了審計署署長審核和審計周年報表並向主席呈交報告的時間和呈送資料種類。此外，本條例還規定了署長可以向主席報告嚴重不當事件的情形。

五是對審計署對除周年帳目之外的其他人或法人團體進行審計的事宜進行了規定。比如條例授權或總督授權審計署署長審計、審核或查究法人團體等的帳目的相關權力及相關費用釐定事宜。

最後則是兩個附表。附表1列示了須由審計署署長審計的「帳目及基金」、「對應的公職人員」以及「依據的相關法例條文」。附表2則列示了審計署署長履職所指明的公職人員，包括審計署副署長、審計署助理署長以及首席核數師。

整體來看，《核數條例》主要是對審計署署長的委任、任期、職責及權力，政府帳目及指明的人、法人團體及其他團體的帳目的審計及報告，以及附帶或相關事宜進行了明確的規定。該條例特別指出審計署署長執行職務時享有廣泛權力，不受任何其他人或主管當局指示或控制。《核數條例》是香港特別行政區政府決算的審計工作

最直接的法律依據。

（二）《立法會議事規則》[5]

《立法會議事規則》是由立法會根據《中華人民共和國香港特別行政區基本法》第 75 條訂立，主要規定了立法會議員及立法會人員權責、與會程序、會期及休會期的安排、事項編排、質詢與議案規則、發言規則、法案處理程序、財政程序、委員會事宜及其他事宜。其中財政程序詳細地規定了立法會對撥款法案（或稱《撥款條例》）的「三讀」制度，主要內容如下：

1. 撥款法案的提交

所謂「撥款法案」即載有香港特別行政區政府本財政年度或下一財政年度全部服務開支的財政需求預算的法案。《議事規則》規定，載有上述財政需求詳情的預算案，須在該法案列於立法會議程以進行首讀的會議開始之前，提交立法會。

2. 撥款法案的二讀

撥款法案二讀議案的待議議題提出後，有關辯論即告中止待續，不得早於其後第七天恢復辯論。恢復辯論時，辯論範圍須限於香港特別行政區的財政及經濟狀況，以及法案及預算案內所顯示政府政策及行政的一般原則。

3. 全體委員會處理撥款法案的程序

全體委員會審議撥款法案首先審議其各附表，之後才開始審議該法案的條文。在審議附表時，每一開支總目均須與有關預算一併考慮。首先，全體委員會主席須提出「下述各總目的款額納入本附表」的待議議題，並指示立法會秘書讀出該等總目的編號，編號一經讀出即當作提出將該總目或該組總目的款額納入該附表的待議議

題。除非有議員根據下一條規則動議作出修正，否則可就該議題進行辯論。辯論的範圍只限於需要撥款服務的政策而非任何子目或分目的詳情，但可提述該項服務所涉及的收入或款項的詳情。附表內所有總目獲得處理後，全體委員會主席須隨即提出「該附表（或該經修正的附表）納入本法案」的待決議題，付諸表決，該議題不容修正，不容辯論。

附表獲得處理後，全體委員會主席須提出「下述各條文納入本法案」的待議議題，具體流程與附表審議類似。需注意的是，除因附表的撥款總額改變而須相應修正者外，不得動議對任何條文作出修正。此等相應修正只限由獲委派官員動議，且可無經預告，而有關議題須立即付諸表決，不容修正，不容辯論。當修正最後一條條文的議題表決後，全體委員會主席須隨即提出「經修正條文納入本法案」的待決議題，付諸表決，該議題不容修正，不容辯論。就法案各條文提出的議題均已表決後，全體委員會須恢復為立法會，並由負責法案的官員就法案向立法會作出報告。

4. 全體委員會處理撥款法案預算總目的修正案

這部分詳細地敍述了關於全體委員會處理撥款法案預算總目的修正案的相關規定，包括修正案的動議人員、優先次序、動議格式、不合規情形、審議次序以及辯論範圍等內容。

5. 全體委員會就撥款法案作出報告的程序

全體委員會就撥款法案作出報告後，負責法案的官員須動議採納根據本議事規則作出的報告。此議案不容修正或辯論而須隨即付諸表決。如該議案獲通過，立法會即當作已命令將該法案進行三讀，如議案遭否決，即不得就該法案再進行任何程序。

6. 撥款法案的三讀

撥款法案三讀議案不容修正或辯論而付諸表決。

可以看出，《立法會議事規則》中財政程序這部分對立法會審議撥款進行了詳細的規定，是香港特別行政區政府開支預算審批通過流程的直接法律依據。此外，立法會帳目委員會對於香港特別行政區政府決算的審議通過也須按照《立法會議事規則》進行。

五、財政管理類法案

（一）《公開資料守則》[6]

香港特區政府頒佈的《公開資料守則》（以下簡稱《守則》）是政府各局及部門提供資料以及市民獲取政府信息所遵循的正式法律依據，由香港資訊科技署負責貫徹實施。《守則》對適用範圍、所能夠提供資料的範圍和內容、公開和獲取資料的程序、第三者資料的利用程序以及政府可拒絕披露的資料範圍和內容都做了詳細全面的規定。具體來說《守則》共分為四個部分：

1. 立法宗旨

1995 年制定、2009 年 2 月修訂的《守則》的立法宗旨是：政府應該運用可供使用的資源，為市民提供優質服務。為達致此目的，政府明白到市民是需要充分認識政府及其提供的服務，以及對個人和整個社會均有影響的政策和決定的依據。

2. 適用範圍

資料公開的適用範圍包括政府各部門，如審計署、政府統計處、香港海關、財經事務及庫務局、政府物流服務署、廉政公署、稅務局、地政總署等 70 多個政府機構以及司法機構政務長轄下所有法院與審裁處的登記處及行政辦事處。但《守則》對法庭、審裁處

或調查小組所保存的資料不適用。

3. 執法主體的職責

依據《守則》，特區政府各部門每年均會公佈其組織結構的詳情、所提供服務的資料、其服務表現承諾及履行各項承諾的情況等。此外，每當政府首次推出或更改某項公共服務時，負責的部門會公佈足夠的資料，說明新增服務的性質或服務有何改變，以及哪些人會受影響。各部門亦會應要求就其政策、服務、決定及職責範圍以內的其他事宜，提供本守則載列範疇內的額外資料。依據《守則》要求，各部門還需指派一位人員擔任公開資料主任，負責促進和監督《守則》的執行。

4. 相關主體的法定權利和義務

《守則》保護市民查閱資料的既有法定權利，同樣亦不會影響有關公開資料方面的既有法定限制。市民可以視情況以口頭或書面方式索取資料，其中書面要求可以書函或以《守則》附件所載的申請表格提出，並應寄交有關部門的公開資料主任。

政府當局會儘快響應索取資料的要求。一般會在接獲書面要求後的 10 日內提供有關資料，特殊情況也可適當延期，但再延長期限通常不得超過 30 日。倘若口頭答覆或提供標準單張、表格等方式均不能充分滿足要求，則可通過提供有關記錄或其部分的副本、抄本、給予合理機會查閱、聆聽或察看有關記錄或其部分內容，或提供有關記錄或其部分的摘要等方式提供資料。資料會儘量以原來的形式提供。記錄內若有些資料不可以披露，其餘部分通常仍可公開。

與此同時，本守則不會強制部門提供該部門沒擁有的資料、編制從來沒有存在的紀錄、應要求提供已公佈的資料或提供可透過收費服務獲得的資料。在這些情況下，會儘量向申請人指出適當的資

料來源處。不過，某部門若接獲索取資料的書面要求，而資料是由
另一部門所持有，則會代為轉介，並通知申請人有關情況。若第三
者不會披露但相關公務員認為需要披露這些資料，那麼有關人員會
要求該第三者及時作出響應，否則有關人員有權決定應否披露資料
並會通知該第三者有關的決定。

5. 收費與覆檢

由於處理索取資料的要求需要使用資源，因此各部門可能會按
照提供所需資料的成本，向使用這項服務的人士收取費用，而有關
資料會在所需的費用繳清後才發放。公民如認為某部門沒有遵照執
行《守則》的規定，可要求該部門覆檢有關情況。如認為某部門未
有適當執行《守則》的規定，亦可向申訴專員投訴，申訴專員的地
址亦列入《守則》中，以方便及時投訴。

6. 政府可拒絕披露的資料

當所披露的資料實際造成以及可能或有理由預期會造成傷害及
損害，政府各部門可考慮拒絕披露資料，或拒絕證實或否認是否有
該等資料，比如涉及「防務及保安」、「對外事務」、「執法、法律訴
訟程序及公眾安全」、「損害環境或經濟」以及「個人隱私」等內容
的資料。

《公開資料守則》是香港特區政府政務信息公開的法律保障，也
是政府財政預算公開的直接法律依據。其於 1995 年起開始歷經修訂
運作至今，儘管實行有效並符合成本效益原則，但法律地位較低，
約束力不夠。因此 2018 年 12 月 6 日，香港特別行政區法律改革
委員會就公眾索取政府所持資料的現行制度是否需要改革發表了諮
詢文件，如認為需要的話，則採用何種改革方案為佳，並邀請公眾
提出意見。試圖通過立法實施具有法定地位的公開資料制度來進一

步保證公眾獲取更多公共機構資料的需要得到滿足，使公眾的私隱權、資料保障權及第三者權利等相關權力得到應有的保障。

（二）《檔案法》

實際上香港特區政府至今仍無正式的《檔案法》。目前政府檔案和歷史檔案的管理與服務仍由政府檔案處負責，由行政制度規管。然而，檔案部門只起一個行政指導的作用，其行政制度的約束力也難以實現，因此亟需一部明確規定檔案管理的法律。2018 年 12 月 6 日香港特別行政區法律改革委員會就現行公共檔案管理制度是否需要改革發表諮詢文件，如認為需要的話，則採用何種改革方案為佳，諮詢公眾意見，試圖訂立一部《檔案法》以實現對檔案更好的保存、管理與利用。屆時《檔案法》將是公開資料制度的有力補充，二者將共同為財政預算信息公開提供有效的法律依據。

六、其他法律法規

《常務會計指令》和《物料供應及採購規例》等也是香港特區政府預算管理的主要法律依據。這些規例或指令大多根據《公共財政條例》所制定，用以對具體部門的預算相關事務進行規管，比如《常務會計指令》是政府財務及會計事務處理的直接法律依據。而《物料供應及採購規例》則直接規管着香港特別行政區政府的採購程序。當規例和指令出現不適用等情況時，財經事務及庫務局會根據實際情況發佈「財務通告」[7]、「會計通告」[8] 或「財經事務及庫務局通函」等做出補充。

第二節
預算管理組織架構

　　根據《基本法》可知，香港特別行政區行政、立法及司法相互制衡，實施行政主導的管治模式，並制定了由行政長官和行政會議領導的管治體制和代議政制架構。即行政機關享有較大的決策制定權，同時受到立法會的制約和監督；立法會享有立法權，行政要對立法負責，但不是立法主導。

一、行政機關

（一）行政機關基本架構

　　行政方面，行政長官是香港特區政府的最高領導人，香港特區政府的行政體系由行政長官直接負責，並設三司、十三局及處、署等行政執行部門，整體呈現典型的三層次行政架構特徵[9]。具體如圖2-2-1 所示：

圖 2-2-1　行政機關組織架構圖

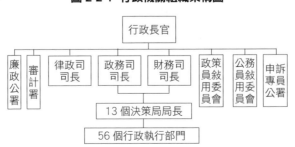

在香港特區的三層次行政體系裏，三司屬第一個層級，即「決策層」。所謂「三司」即指政務司司長、律政司司長和財政司司長，其中政務司司長沿襲香港殖民地時代布政司司長的職務，統領政府總部和全體政府公務員，執行行政長官的指令；律政司司長主管刑事檢察工作；財政司司長則從行政上負責全港的經濟資源分配與管理，在香港特區政府預算管理上起統籌作用。

香港特區行政體系的第二個層級是由 13 個決策局（或稱為政策局）組成的「政策或資源管理層」（Policy & Resources Management）。決策局顧名思義，是主要負責制訂特定範疇政策（如運輸、保安、衛生等）的行政單位，同時也負責監督轄下部門的工作。13 個決策局分別為：公務員事務局局長、政制及內地事務局局長、教育局局長、環境局局長、食物及衛生局局長、民政事務局局長、勞工及福利局局長、保安局局長、運輸及房屋局局長、商務及經濟發展局局長、發展局局長、財經事物及庫務局局長以及創新及科技局局長。其名義首長是政務司司長。

香港特區行政體系的第三個層級是由政府各部門組成的行政執行層（Executive Agency Branch），主要包括決策局下的 56 個提供具體服務的部門。這些部門大多以處、署命名。其中「處」指負責執行行政事務但不具體制定政策的部門，如政府統計處、政府新聞處、公司註冊處等。而「署」指具有特定職權且工作性質較為獨立的部門，如民政事務總署、庫務署、政府產業署等。決策局下除了處、署外，還有一些部門也屬第三層級，如政府化驗所、香港天文台、香港海關、政府飛行服務隊等。此外，直屬於三司的人力資源規劃及扶貧統籌處、行政署、法律援助署、香港金融管理局和政府經濟顧問辦公室也屬第三層級。

　　在三層級主體行政架構之外，還有一些直接向行政長官負責的法
定組織也屬香港特區行政體系的重要組成部分，如廉政公署、審計
署、政策創新與統籌辦事處公務員敘用委員會以及申訴專員公署等。

　　總體來說，三司、十三局以及各部門之間層級分明，相互分工
合作，共同構成了香港特別行政區政府的行政體系，執行香港特區
政府的主要施政和行政工作。作為政府行政機關的組成部分，這些
機構和部門都或多或少地與財政預算管理有關。

（二）財政司司長基本架構

圖 2-2-2　財政司司長組織架構圖

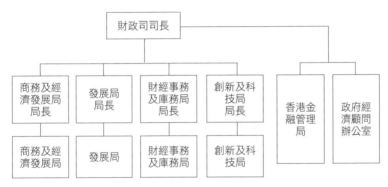

　　根據《公共財政條例》規定，財政司司長管理政府財政，並對
與政府財政事務有關的一切事宜做出監管控制及指示。財政司司長
分管商務及經濟發展局、發展局、財經事務及庫務局、創新及科技
局四個決策局和香港金融管理局、政府經濟顧問辦公室兩個直屬機
構。其中，財經事務及庫務局是負責香港特區政府預算管理的部門。

（三）財經事務及庫務局基本架構

圖 2-2-3　財經事務及庫務局組織架構圖

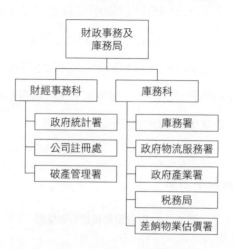

其中庫務科是負責財政事務的行政主管部門，其具體職責包括：

1. 為上司提供財政政策及年度預算方面的協助；

2. 監察資源分配工作和編制政府年度預算；

3. 維持恰當的財政收支平衡；

4. 評估各項政策建議的財政影響，以及與土地有關的財政事宜；

5. 制訂收入政策，維持有效稅制；

6. 監管政府的投資、貸款和政府產業管理；聯繫政府與立法會財政相關部門（如政府帳目委員會和財務委員會）的所有事宜；

7. 協助下設機構制定相關政策等。[10]

庫務科下設庫務署、政府物流服務署、政府產業署、稅務局和差餉物業估價署五個部門。具體如下：

1. 庫務署

庫務科下的庫務署是負責執行政府預算的部門，主要職責是財政資金集中收付和公共會計核算。其具體職責包括：

（1）編制及備存政府帳目。

（2）對各政府部門進行物資和服務費用的支付以及資助金的發放。此外還提供集中收款服務，收取差餉、地租、地價、水費和排污費及其他收入。

（3）發放公務員的薪金、津貼、公積金、退休金和其他福利以及退休公務員等人士的撫恤金。

（4）管理和維持政府的財會系統並提供編制政府帳目所需的財務資料，協助各局及部門進行收支預算管制以及計算運作和服務成本，並為其提供全面的財會計支援和諮詢。

（5）管理政府各項基金，並為基金安排支付款項。

庫務署的諸多事項分別由庫務署下屬的行政部、人事部、庫務會計部、基金管理部等部門來負責。[11]

2. 政府物流服務署

除庫務署外，政府物流服務署也是與政府預算管理關係密切的一個部門。

政府物流服務署於 2003 年 7 月 1 日成立，前身是政府物料供應處。它致力於為特別行政區政府提供採購和物料供應、運輸和車輛管理以及印刷服務，以便其能為香港市民提供更優質的服務。政府物流服務署下設六個部門，分別是行政科、管理服務科、採購科、物料供應管理科、印務科和車輛管理科，其中採購科負責具體的政府採購相關工作，除了採購外，還負責進行市場調查、尋覓貨源、招標、投標協商及合約管理的工作。值得注意的是，政府公共工程修建的招標採購事務由發展局下設的工務科負責，而不在政府物流服務署管轄範圍內。[12]

3. 稅務局

稅務局是一個管理香港特區稅收以及相關規章制度的政府機構，在政府預算管理中主要負責根據稅務等條例及相關稅收政策等來徵稅，是組織預算收入的主要執行部門。稅務局致力於以高效率及合乎成本效益的方式徵收稅款並透過嚴謹的執法、教育及宣傳，促使納稅人遵守稅務法例。香港特區的大部分稅種的收入由稅務局負責徵收。

4. 差餉物業估價署

差餉物業估價署也是組織財政預算收入的執行部門之一。其主要負責房產物業的差餉及地租估價、管理有關帳目及發單，以徵收差餉及地租。此外，差餉物業估價署亦向政府決策局及部門提供房產物業估價服務、編制適時和可靠的物業市場統計數字，以及就住宅租務事宜向市民提供諮詢及調解服務。

5. 政府產業署

政府產業署於 1990 年 4 月成立，主要工作是滿足各局及部門對一般用途聯用辦公室和宿舍的需求、以有效率和具成本效益的方法管理政府物業，以及善用政府土地和物業。具體來説包括辦公室及宿舍的租售和編配、管理優化土地應用、物業管理、工程策劃、管理參議、行政參議以及相關法律諮詢。

（四）其他決策局

財政預算管理並非是某一個部門的職責，而是需要各部門之間相互分工配合的複雜工作。在香港特區政府預算管理過程中，其他各決策局也需要承擔本部門預算建議計劃編制和經批准的部門預算執行任務，並對預算執行結果和資金使用效益負責。

香港預算與稅制

　　總得來說，在行政機關中，財經事務及庫務局統管政府預算管理，庫務科負責年度預算資源分配、統籌工作及中期預測等預算編制工作，庫務署負責預算執行和決算工作，政府物流服務署和發展局工務科共同負責政府採購工作，稅務局、差餉物業估價署等部門負責組織財政收入的徵收工作。此外政府還有其他機構負責預算相關環節，比如發展局轄下的地政總署負責地稅的徵收工作；香港海關負責關稅徵收相關事宜；直屬於行政長官的審計署針對政府理財活動獨立行使其監督、檢查職能；廉政公署也為實現政府的廉潔自律和高效運行發揮着重要作用。

　　正是由於各個部門的相互配合，香港特區的財政預算管理才得以有條不紊地進行。

二、立法機關

　　根據《基本法》第 73 條，香港特別行政區立法會通過委員會制度行使審批財政預算、批准稅收和公共開支及監察政府工作等財政預算相關職權。《公共財政條例》第 2 章也載明，有關政府收支的周年預算必須提交立法會核准的安排。

　　立法會轄下有三個常設委員會，分別是財務委員會、政府帳目委員會及議員個人利益監察委員會。其中財務委員會和政府帳目委員會是立法會履行監管公共開支職能的主要組織。

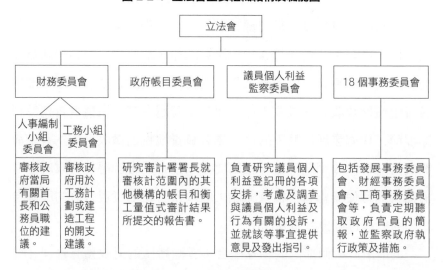

圖 2-2-4 立法會主要組織結構及職能圖

財務委員會又稱財委會,其成員包括立法會主席以外的全體立法會議員。議員透過互選推選出財委會主席及副主席。財務委員會多數在每星期五下午舉行會議以審查及批准政府提交的公共開支建議。其一項重要工作,就是審查財政司司長每年提交立法會的開支預算草案及撥款條例草案,此外財務委員會還負責審核核准預算的更改和批准各基金項目下的承擔款項。

政府帳目委員會則主要負責審議審計署署長的審計報告以保證公共開支的流向和效果。具體來說就是研究審計署署長就審核政府及屬公開審計範圍內的其他機構的帳目及衡工量值審計結果所提交的報告書,在認為有需要時可邀請政府官員及公共機構的高級人員出席公開聆訊,提供解釋、證據或數據,並就上述解釋、證據或資料邀請任何其他人士出席公開聆訊提供協助。

三、司法機關

　　除了立法會負責香港特區政府預算的審批監察工作外，擁有獨立檢控權的司法機關也履行政府預算的監督工作。香港特區的司法機關是香港特區各級法院。司法機關通過對公務人員與香港公民是否遵守財經法律法規進行監督、對嚴重違法財經紀律的行為提起公訴以及對其他預算監督機關的執法行為是否合法進行監督來履行財政預算相關的職責。這種通過追究預算主體違法行為的法律責任而實行的監督屬事後監督。

　　總體來看，香港特區政府預算管理的各參與主體之間相互分工配合，構成了一個完整的管理組織體系。這使得香港特區財政預算的決策編制、審查批准、執行調整、決算評價、控制監督等流程緊密聯接，為政府理財提供了堅實的管理基礎。

第三節
預算原則和理財理念

一、從嚴格管制到獨立自主

　　二戰之前，香港的財政一直由英國殖民地部嚴格監管。英國制定過一套極其嚴格的殖民地法規，清楚地規定了殖民地政府在財政管理上必須遵循的程序和方法。根據相關法規，香港的財政預算和追加預算必須經過英國政府批准後，才能送交香港政府立法局正式通過，當時香港的財政缺乏獨立性。二戰之後，英國為了恢復海外殖民地經濟，逐步改變傳統的殖民統治策略，開始實施諸如殖民地開發和提高福利計劃等一系列財政援助計劃。從 1947-48 財政年度後香港財政收支開始出現穩定盈餘的情況。1950-51 財政年度結束時香港已積累了 1.78 億港元的財政儲備，以後年年盈餘。因此 1958 年，英國將財政權力下放給香港政府，香港可自行決定財政預算和追加預算，也可自行決定發行公債或者借款，無須事先得到英國政府的同意。據《香港史》的記載：「1958 年，柏立基爵士接替葛量洪爵士，他的政府平靜地處理各種事務，避免發生衝突，穩定了對華關係……香港的工業和人口計劃也備受稱讚。費舍爾熱情地稱道香港，『它的經歷是有史以來的成功範例之一』，並感慨：『我發現我一提到香港，就連財政部官員也面露微笑，它是不要英國納

稅人大把掏錢的少數殖民地之一。」」[13]1972 年，港元與英鎊脫鈎，在脫離「英鎊區」後，香港政府可以自主處理外匯資產、自由選擇儲備方式，不必將全部外匯資產結存於英國。[14] 香港的財政自主權進一步擴大，這對於香港健全財政制度，加強財政管理，促進社會穩定和經濟發展無疑具有重要的意義。

然而，香港財政自主權的擴大並不意味着香港財政的獨立。當時的香港任命財政司[15]、核數署（審計署）署長仍須報經英國政府批准，香港財政部門仍須向倫敦報告有關香港財政事宜，制訂財政政策時也須考慮英國政府的意見，香港的財政體制仍須遵守英國殖民地章程的精神。到 1983 年，香港制定的《公共財政條例》取代了英國的殖民地法規，但依然沒有改變香港財政受制於人的根本局面。原因有三：首先，香港財政司歷來由港督任命，又是行政及立法兩局的當然議員，他在制定每年預算案和稅收修正案中扮演着舉足輕重的角色；其次，香港在殖民統治時期並沒有實行真正意義的選舉制度，政府無須面對選民壓力；第三，香港是採用英聯邦普通法體系的地區，成文法（statutory law）不過是一些抽象的概念而已。到 1997 年 7 月 1 日之前，香港各項法例終審解釋權仍歸英國樞密院的司法委員會。因此，儘管賦予了港府財政自主權，英國仍可以通過人事任免、政治和法律構架等手段干預香港的公共財政政策。

1997 年香港的回歸徹底結束了英國對於香港的財政控制，不過中國對香港恢復行使主權後仍保留了香港特別行政區的財政獨立。《基本法》第 106 條規定，「香港特別行政區保持財政獨立。香港特別行政區的財政收入全部用於自身需要，不上繳中央人民政府。中央人民政府不在香港特別行政區徵稅。」第 108 條規定，「香港特別行政區實行獨立的稅收制度。」這些規定表明香港特別行政區財

政由香港特別行政區政府自行管理，不屬國家財政的組成部分，不列入國家財政的整體預算。香港特別行政區可自行支配和利用本區全部的資源和收入，自行決定本區的支出，自行制定財政政策，管理自身的財政事務。此外，香港特別行政區不受國家財政部的領導和指導，也不受國家財政部的監督，其自行制定的財政預算，只須向中央人民政府備案，不須經中央人民政府批准。這正是「港人治港、高度自治」在財政稅收方面的體現。

二、審慎理財、量入為出

（一）政策回顧

香港一直以來奉行「審慎理財、量入為出」的財政預算原則，這同樣跟其歷史背景有關。上文提到，英國針對殖民地制定過一套《殖民地章則》（以下簡稱《章則》），它對殖民地政府在財政管理上的核心要求就是「審慎理財、量入為出」，以避免殖民地政府因財政赤字而需要英國國庫的津貼。儘管殖民地法規並沒有不准殖民地編制財政赤字預算的規定，但殖民地政府的財政預算案必須得到英國殖民地部及財政部的審批，方能通過。《章則》還特別規定殖民地政府發行公債而需要由英國政府擔保時，必須首先得到英國的批准。自 1843 年以來，香港一直恪守這一理財原則，1997 年回歸後仍然沒有改變。

事實上，從 20 世紀 50 年代中期以來，香港歷任財政司克拉克、郭伯偉、夏鼎基、彭勵治、翟克誠等一脈相承，都堅持「量入為出、收支平衡。略有盈餘、稅制輕簡」的財政方針。他們都認為，赤字財政不適用於香港。對於財政預算準則的發展，最為著名

的是 20 世紀 60 年代的郭伯偉及 70 年代的夏鼎基兩位財政司，他們既確立了香港公共財政的基礎，更使香港公共財政成為審慎理財的典範。郭伯偉在 20 世紀 60 年代初出任香港財政司後，十分重視財政預算準則的制定與應用，他在其首份預算案中做出會計上的改革，強調經營帳目盈餘的重要性，認為經營開支乃政府作出長期承諾的開支，較非經營開支更重要。1963 年，郭伯偉對凱恩斯主義表示明確反對：「它完全不適合我們的經濟情況。凱恩斯寫書時並沒有考慮到香港的情況。」[16] 繼任的夏鼎基也認同郭伯偉的理財思想，他表示：「我們承擔了要避免持續赤字的義務，這是基於下列信念，即只有這樣才能避免 …… 破壞香港經濟維持一個令人滿意的增長率的能力。」[17] 在實際措施上，夏鼎基在提出其第一份預算案（1972-73 年度）時，指出經營開支不應多於經營收入的 70%，而經營帳目盈餘應能支付 75% 或以上的非經營開支。夏鼎基亦明確地訂明非經營收入最少應能支付 25% 的非經營開支。另外，他還基於 1976-77 年度預算案提出公營部門規模（公共開支佔國民生產總值的比例，又稱公營部門體積）上限（20%）的看法，將審慎理財的思想進一步具體化、制度化。夏鼎基之後的財政司彭勵治、翟克誠、麥高樂等也都一脈相承，一致堅持審慎理財的精神並不斷完善財政預算準則體系。彭勵治認為「社會愈富裕，花費愈要有節制 …… 赤字財政是揮霍無度的人所樂用的權宜之計。」[18] 翟克誠也表示：「本港的財政政策，是不允許以赤字預算為永久的財政方針，不過我承認，赤字的出現，有時或許是無可避免的，當赤字出現時，我們也必從速謀求對策，好讓我們儘快恢復收支平衡。…… 即使我們是處於最佳境況，也須持審慎態度。」[19]

　　港英政府最後一任華人財政司曾蔭權也表示了對香港傳統的理

財思想和財政政策的肯定態度。他強調：「政府在管理公共財政時，將會繼續恪守的各項理財原則，其中以量入為出這一原則最為重要。」另外，曾蔭權在其 2011 年行政長官施政報告中也指出：「目前政府在審慎理財原則下，公共開支以不超過本地生產總值 20% 為指標。我認為這財政紀律要保持下去。從實踐可見，這有助保持香港長遠的競爭力和應對世界經濟的急速變化 ⋯⋯」不難發現，從港英政府到回歸後的特別行政區政府，香港政府都秉持着審慎理財的思想，堅定不移。

從實際數據上看，香港的這套財政方針基本適應了戰後香港經濟發展和社會穩定的需要。1958 年以來，隨着香港經濟的持續增長，香港政府的財政狀況穩步向好。據統計，1958-59 年度香港政府財政收入僅 6.3 億港元，財政支出 5.9 億港元，到 1988-89 年度分別增加到 824 億港元和 731 億港元（以當年價格計算），分別增長 130 倍和 123 倍。即使剔除通脹因素後，實質增長仍非常高：在 1970 至 1986 年間，政府支出實質增長約 4 倍，年均增長 9.4%：政府收入實質增長約 3 倍，年均增長 7.2%。[20] 戰後香港政府的財政收支絕大多數年份內保持平衡並略有盈餘。從 1946-47 年度至 1995-96 年度的 50 個財政年度中，僅於 1946-47 年度、1959-60 年度、1965-66 年度、1974-75 年度、1982-83 年度、1983-84 年度，以及 1984-85 年度這 7 個財政年度出現了赤字。

進入過渡時期，特別是隨着 1997 年香港回歸中國的臨近，當時的香港政府為了實現英國人「光榮撤退」的戰略，政府的財政預算案呈現日趨「政治化」的傾向：

首先，政府展開多項大型基礎設施建設，大幅擴大公共開支規模，大派福利，超常規的大幅減免稅收，表示要「還富於民」。時

任財政司麥高樂在以《共享繁榮建未來》為題的 1993-94 年財政預算案演辭中，談到為實施總督公佈的「多項雄心萬丈的新政策目標」時，表示要推出大量新開支項目，包括兩個經常開支項目和十大非經常開支項目。他宣稱，「我建議增加非經常開支、以處理十個重大社會經濟範圍內的長期問題」，「這套新措施，加上總督去年十月宣佈大幅增加社會福利、衛生及教育方面的經常撥款，代表着一項重要的財政承擔」。這一時期，香港政府的公共開支總額從 1990-91 年度的 951.98 億港元增加到 1995-96 年的 1,952.45 億港元，年均增幅高達 17.52%，超過同期本地生產總值 15.13% 的年均增長率，致使公共開支佔 GDP 的比重從 1990-91 年度的 16.3% 上升到 1995-96 年度的 17.6%。

香港政府改變「量入為出」的審慎理財方針，翟克誠在 1990-91 年度財政預算案二讀演辭中明確表示：「要實現上述目標，開支便要暫時超越預算準則，在某種情況下，有違預算準則是可以有理由支持的。」1993-94 年度，香港政府甚至提出了 33.60 億港元的赤字財政預算案。按照原來打算，是要準備在 1997 年回歸之前大規模動用財政儲備，只是後來遭到中方的強烈反對才沒能實施。

（二）回歸後政策特點

香港自主、審慎的財政政策原則在回歸後得到了中央政府的高度認可。《基本法》第 107 條規定：「香港特別行政區的財政預算以量入為出為原則，力求收支平衡，避免赤字，並與本地生產總值的增長率相適應。」上述規定能通過香港特區的財政預算赤字 / 盈餘、財政儲備、公營部門體積、政府債務以及貨幣發行幾項指標具體來反映。

1. 財政預算赤字盈餘

從 1985 年到 1997 年，香港財政一直保持盈餘。然而，1998 年亞洲金融危機對香港經濟產生了嚴重的負面影響。雖然特區政府動用 1,100 億港元外匯基金捍衛了香港股市和聯繫匯率制度，但是金融危機造成了香港的樓市股市暴跌及經濟持續下滑，從而導致政府財政收入特別是政府賣地收入銳減。為了維護香港的繁榮穩定，特區政府採取了一系列積極的擴張性財政政策拉動經濟增長。伴隨着財政收入的下滑，以及支出的大幅上升，加之「非典」對香港經濟的影響，香港連續四年出現財政赤字。但 2004 年以後香港經濟又有三年保持了超過 6% 的高速增長，香港財政又轉為盈餘。從香港政府的財政儲備來看，至 1997 年財政儲備達到了 3,707 億港元，佔本地生產總值的 35%。雖然隨後幾年由於財政赤字，財政儲備有所下降，但之後連續盈餘使 2011 年累計財政儲備達到了 5,954 億港元，充裕的財政儲備反映了香港政府長期以來力求財政盈餘的財政政策。另外，從香港回歸以來各個財政年度的財政預算及其執行結果來看，期間香港特區政府財政司共提出了十個赤字預算案，但實際執行的結果只出現了五次財政赤字。其主要原因是香港政府在提出預算時，往往採用高估開支、低估收入的策略，以避免財政赤字，這也是香港政府審慎理財的重要體現。因此長期來看，除去經濟危機等不可預知因素造成的影響，香港政府切實貫徹了「量入為出，力求收支平衡，避免赤字，維持充足的財政儲備」的財政預算原則。

2. 公營部門體積 [21]

香港財政預算的準則之一就是總支出增長準則，即控制政府支出的增長，使其不致持續不斷上升令公營部門過度膨脹，從而避免公營部門佔用過多的本港資源影響私營市場經濟的運作效率，同時

降低由於政府決策失誤而使財政支出加劇香港經濟波動的風險。上文提到 20 世紀 70 年代香港財政司夏鼎基曾提出需將公營部門體積限制在 20% 以內。雖然 20% 這一數字備受爭議，但控制政府總支出增長的觀點被廣泛接受，在他之後的歷任財政司也致力於將香港的公營部門體積控制在 20% 以內。《基本法》所規定的財政預算「與本地生產總值的增長率相適應」也是對公營體積的要求。香港特區政府在回歸後也成功地將公營部門體積保持較為穩定，多在 16% 至 22% 之間波動，大部分年份均不高於 20% 的上限，這說明在這一點上香港政府也很好地落實了《基本法》的規定。

3. 政府債務方面

管理政府債務一向是香港特區財政當局的重要任務。在香港，政府每年從財政結餘中撥出一億港元作為財政儲備基金，以供收入短缺時使用。

政府認為，擁有充足的儲備基金可為以下幾方面提供保證：應付一般收入帳目的週期性赤字；應付任何不可預測的短期緊急困難；為預算開支提供支持而避免舉債；支持政府的長期「或有負債」，即允許當局為某些貸款項目提供擔保，從而使若干法定基金能夠承擔其特定職能。無論是回歸前的港英政府還是回歸後的香港特區政府都儘量避免舉債，迫不得已時發行一些公債，但數額儘量壓低。舉債時，制訂了一套嚴格的借款準則，如規定借款必須用作有收益的資本投資，而不能用於經常費用支出；非經常帳戶的差額，由借款所彌補的數量不應高於其一半；舉債費用不應超過本港準備金所賺取的利息等等。

4. 貨幣發行方面

香港特區政府雖擁有一定的貨幣發行權，但規定除因經濟生活

發展的需要而發行貨幣外，不安排財政性發行。即不為彌補財政赤字而發行貨幣。近年來，雖然特區政府安排香港金融管理局發行了少量的外匯基金票據和債券，但其目的並非為了彌補財政赤字，而是作為貨幣政策工具來調節貨幣供應量，確保港元對美元聯繫匯率制度的正常運作，以維護港元的穩定。此外，中央政府財政部近年來多次在香港發行人民幣債券，香港特區政府予以積極配合，其目的也只是為了發展香港作為人民幣離岸金融中心的地位，推動人民幣國際化進程，為人民幣真正實現資本項目下的自由兌換做準備。

總體來看，香港特區經濟體量小而且高度開放，極易受外界政治經濟形勢的影響。香港使用的「審慎理財，量入為出」的財政預算原則使得其保持了穩健的公共財政，對於保持香港的國際競爭力、維護香港經濟的長期繁榮穩定至關重要。保持審慎的理財態度，以收定支是具備全域意識的正確選擇。不過，儘管香港特區政府需要努力維持收支平衡，但並非不可變通，基本法裏也只是用了「力求平衡」和「避免赤字」等字眼，從歷年來的實際情況來看，香港特區審慎的財政原則是剛性與彈性並存的。

專欄 2-3-1：香港特區獨特理財理念下的特色財政支出 —— 派糖

依《基本法》第 107 條規定，香港特別行政區政府是以收定支，有多少錢辦多少事，原則上不搞赤字財政。自香港回歸以來，在這一原則的指導下，香港特別行政區每年都會根據上年度的財政收入情況，來制定下一年度的財政預算。如果財政有盈餘，則通過稅收減免或者是直接發紅包等方式返還民眾。港人稱這種變相的稅收返還和直接發紅包的舉措為「派糖」。對每年的政府預算案，香港永久居民最關注的莫過於是否有「派糖」。按道理講，「開倉放米」的

惠民政策應該受到一致擁護，但在香港特別行政區，「派糖」措施近年來卻受到越來越多的質疑。目前，是否以及如何「派糖」已經成為每年香港特別行政區財政預算案討論的主要內容之一。

其實，量入為出，避免赤字的平衡預算原則在現代是非常罕見的。「二戰」以後，現代國家職能不斷擴大，醫療、養老、教育、公共住房等沉重負擔對政府財政開支造成的壓力越來越大，迫使目前世界上的主要國家或經濟體都在採用適度赤字的財政政策，沒有財政盈餘用於「派糖」。那麼，香港特別行政區為什麼可以制定量入為出的財政原則，「糖」又從哪來呢？

從收入方面看，香港特別行政區寸土寸金，地價收入是香港特別行政區政府重要的財政來源，也是平衡財政預算的保障。在香港特別行政區《2019-20 財年政府財政預算案》中，地價收入約佔全部預算收入的 22.84%。對香港特別行政區政府而言，地價收入是一筆非常豐厚的「意外之財」，不但使財政司有「糖」可派，而且多年來為香港特別行政區積累了巨額的財政儲備。財政司司長在《2019-20 財年預算案演辭》中指出財政儲備在 2019 年 3 月 31 日達到 11,616 億港幣左右。充足的財政儲備成為派糖的資金保證。當然除此之外，還有簡單稅制、總部經濟效應等其他因素能夠支撐香港特別行政區的平衡財政預算原則。

從支出方面看，香港特別行政區傳承自強不息、頑強拼搏的文化傳統，時常警惕步歐美國家債台高築的後塵，並不傾向於普遍的福利主義。因此，香港特別行政區沒有推行全民退休保障計劃，財政負擔相對較輕。目前，香港特別行政區政府只負責公務員的退休金，因此有餘力利用財政盈餘「派糖」。

在這種背景下，香港特別行政區政府「派糖」似乎已變成預期

的「恆常」政策。但對香港特別行政區政府的多次「派糖」，越來越多的香港特別行政區評論界人士認為這只是小恩小惠，無益於解決香港特別行政區的深層次問題。對於香港市民反映強烈的房價畸高、養老保險覆蓋率低、貧富差距過大等一系列社會經濟問題，香港特別行政區政府手上並沒有太多政策工具應對，「派糖」實屬權宜之計，因為無論撥款多少，都不代表政府對此有任何長遠承擔。實際上，這種做法是以臨時的政治管理手段來替代需要長遠考慮及規劃的政策決定。

對於「派糖」的不同意見，還源於對香港特別行政區長期財政潛在危機的擔憂。香港別行政區稅制簡單，稅基相對狹窄，收入來源有限，地價收入亦有乾涸之日，連年財政盈餘並非必然。按照香港特別行政區地區預算案提供的相關資料，香港特別行政區人口老齡化速度加快，勞動力資源萎縮。在這種情況下，公共開支逐步增加，將形成沉重的財政壓力。在《2012-13財年預算案》提出後，其多項「派糖」措施曾遭到數名立法會議員的反對甚至進行「拉布」來阻止財政預算案被通過，這險些導致港版「財政懸崖」的發生。

綜上，如果香港特別行政區政府未能利用目前的巨額財政儲備、連年盈餘的社會環境，及時優化稅基和進行退休保障的制度設計，而是僅靠「派糖」來維繫社會團結，調節經濟結構，恐怕難以為繼。

資料來源：根據「高陽，王惠姍（2013）。『派糖』難以解決財稅結構問題 —— 芻議 2013-2014 財年香港預算案。國際稅收，（08）頁 72-75。」完善。

三、簡化稅制、降低稅率

香港由於自身條件的局限，經濟的繁榮與發展在很大程度上要依賴於境外資金、原材料、能源、市場以及本港工商業人士的投資與經營熱情。特區政府相應制定了以稅率低、稅種少為特點的稅收制度。

香港特區現行稅制由《稅務條例》及其附例和香港稅務規則構成，它規定了香港稅收和稽徵事項，香港的稅收和稅務處理都是依此規則並結合有關判例進行的。香港特區稅制特點包括：

（一）以收入為基礎的稅收制度

香港稅制中稅額負擔的界限以有利於取得足夠的經營收入為限，可支付政府一般帳目總開支的大部分，並將財政儲備維持於一個合適的程度。香港歷次稅改的指導思想都以 1976 年第三次稅務條例檢討委員會的討論重點為依據：「就香港現時的經濟環境而言，所需要的是較低水平的直接稅；按特定稅率制定的稅制應盡可能收取最多的稅款；有關法例的施行應該是簡單而不昂貴的；研究現行香港稅務條例中有關溢利和其他人息的稅收制度⋯⋯」可見，香港稅收制度以收入為基礎，稅制的調控意識較弱，這與其長期奉行的「積極不干預」的經濟政策是密切相關的。

（二）低稅率、簡稅制的稅收政策

香港稅收政策的制定盡可能不影響香港內部的成本、價格結構以及投資決定，並且最大限度地吸引外資。為此，香港採取了低稅率、少稅種的做法。

稅制方面，香港特區稅制比較簡單，分為直接稅與間接稅，其中直接稅三種，包括物業稅、薪俸稅、利得稅；間接稅有八種，較重要的有一般差餉稅、印花稅、汽車稅、博彩稅等。關稅則只對煙草、化妝品、甲醇、碳氫油等幾種特殊商品徵收，對一般進口貨物不設關稅。另外，香港不設投資利得稅，對保護投資者積極性和激發企業進取精神具有重要作用，2006 年香港特區政府宣佈取消遺產稅也是為了鼓勵更多的人士在香港投資。

稅率方面，香港特區除薪俸稅和利得稅實行累進稅率外，基本上採取易於計算的單一標準稅率，盡可能不採用累進制。標準稅率的存在意味着任何收入（無論是分開還是合併）都不用繳納超過該比例的稅款，這無疑對高收入人士是極為有利的。此外，直接稅的稅率始終控制在 20% 以下，標準稅率最高也只達到過 17%。比如公司利得稅的標準稅率為 16.5%，明顯低於亞洲其他國家和地區的同類稅率，更低於世界平均水平。此外，香港特區的稅收政策一向以穩定著稱。徵稅範圍和稅率的變化受到嚴格控制，即使某年出現財政赤字也不輕易擴大稅收範圍和大幅度提高稅率。

香港的簡單稅制和低稅率的特點，使香港贏得了「低稅天堂」和「投資樂園」的美譽，不但調動了本地投資者的積極性，而且吸引了大量外地投資者，對於促進香港經濟的發展也起了很大的作用。但狹窄的稅基和過度依賴公司所得稅與房地產相關稅收的收入結構也引發了一系列問題。例如，一旦外部經濟形勢發生逆轉，企業經營情況每況愈下，房地產市場前景不樂觀，可能會直接影響香港特區政府的財政收入。因此，為了改善這一狀況，2005 年時任香港特區政府財政司長的唐英年提出在香港徵收「商品及服務稅」的建議，並在香港社會廣泛徵求民意，但是此舉受到了香港各界「一

邊倒」的反對，不少批評聲音擔心此舉會破壞香港低稅率、簡稅制的投資環境。

（三）屬地制的課稅原則

香港稅制一直堅持來源地原則而不是居住地原則，因此，只有在香港賺取或獲得的收入才需課稅。對於在香港境外產生的收入，除非被視為來源於香港，否則無論是否匯款到香港，均無需納稅。該原則避免了國際性公司在香港雙重納稅問題，刺激了公司經營離岸業務的積極性，有利於香港經濟的國際化。

（四）以直接稅為主的稅制結構

無論是稅種結構還是稅負結構，香港一直採用的是有利於投資的低稅率政策，並不斷調整之間的比例，在減少所得稅的同時，開徵間接稅種，擴大稅基。但總的來看，香港稅制結構是以直接稅為主體的。

（五）政府和民眾共同影響稅制修訂

為適應經濟環境的變化和發展需要，香港的《稅務條例》時有修訂。《稅務條例》的歷次重要修訂均是首先公佈，讓市民發表意見，政府適當考慮民眾的建議進行修改和完善，並且逐漸增加諮詢渠道，同時也鼓勵市民提出批評和建議。

稅收是香港財政收入的主要來源，其長期以來形成和實施的簡單稅制、低稅率也是促進其經濟騰飛和持續繁榮的重要因素。香港長期採取低稅政策，稅制簡單且開徵稅目穩定，使其具有較強競爭力。為維持香港「自由港」和「購物天堂」的特有優勢，《基本法》

第 108 條規定：「香港特別行政區實行獨立的稅收制度。香港特別行政區參照原在香港實行的低稅政策，自行立法規定稅種、稅率、稅收寬免和其他稅務事項。」這項規定也強化了這種競爭優勢。實踐證明，實行低稅政策的確有利於吸引外資、改善投資環境，也有利於增強本地產品的國際競爭力。

　　香港特區稅收總額中利得稅、薪俸稅和物業稅三個稅種佔比較大。下面通過對回歸以來這三個稅種標準稅率變化的分析來反映香港低稅政策實施情況。

　　從回歸以來香港最主要的三個稅種標準稅率的變化情況可以看出，從 1997 年至 2002 年，三種稅的標準稅率都保持了回歸之前的水平。但從 2003-04 財政年度起，三種稅率都發生上調，利得稅（法人團體）從 16% 一次性上調到了 17.5%，而利得稅（非法人團體）則從 15% 分兩年上調至 16%，薪俸稅和物業稅的標準稅率也都分兩年從 15% 上調至 16%。香港政府之所以提高稅率，直接原因是在 2003 年之前的連續四個財政年度綜合帳目赤字，連續五個財政年度經常帳目財政赤字，2002-03 年度的綜合帳目財政赤字達到了本地生產總值的 5.5%。鑒於此種情況，特別行政區政府認為：「如果情況繼續變壞，有可能導致資金外流，帶動利率抽升，打擊經濟復蘇勢頭，甚至觸發金融危機。」因此，此次標準稅率的提高主要目的是彌補過去幾年巨額的財政赤字，考慮到普通民眾的承受能力，利得稅（非法人團體）、薪俸稅以及物業稅都是分兩期進行提升。另外，隨着經濟形勢好轉，時任財政司長曾俊華在 2008-09 年度的政府財政預算案中提出了藏富於民的建議，將之前提高的稅率又全部調回到 2002 年的稅率水平。

　　從回歸以來主要稅種的稅率調整來看，香港特區政府的稅收政

策旨在達到收支平衡，在能夠滿足政府支出的前提下設置儘量低的稅率。香港長期以來的「小政府、大市場」以及「積極不干預」理念令政府支出儘量保持在一個較低的水平，這也是香港能夠一直堅持低稅政策的重要原因。

四、市場主導、政府促進

所謂的「市場主導、政府促進」，是在積極不干預政策的基礎上，確保公共部門不過度佔用社會資源的同時保證政府可以正常履行公共責任，可以隨着經濟的增長不斷投資於科教文衛和基建等公共領域，提高公共服務質量和資源分配效率，從而促進香港特區經濟發展可持續。香港特區的這項財政預算原則蘊含了以下基本信念：

1. 注重公共責任的承擔。財政預算安排要為政府在經濟、社會及文化等領域的責任承擔分配足夠的資源。

2. 注重可持續性發展。財政預算安排力求政府在收入與支出、社會短期與長期效益，以及增加經常開支與採取一次性措施上均維持適當的平衡。

3. 注重務實，任何預算支出必須用得其所，措施也要有針對性。

自回歸以來，香港特區政府秉承香港財政體制的歷史傳統，在預算支出安排上嚴格區分政府開支和公共開支[22]，堅持經常支出增長不超過經濟增長的原則，因為經常支出一旦增加成為基數，今後則很難再壓縮，這將不利於政府對公共責任的承擔，不利於市場經濟的可持續發展。與此同時，香港特區長期以來把完善社會基礎設施、改進投資條件與社會經濟生活環境作為財政支出的重點，強調為投資和經濟活動提供一流水平的服務。

具體來看，在香港財政支出的五大類項目（一般行政服務、公共服務、社會服務、保安服務、經濟服務）中，社會服務所佔比重和累計增幅均較高。在 2019-20 年度的經常開支預算中，教育、社會福利和醫療衞生共佔約五成，即超過 3,000 億元。其中，教育支出所佔份額最高，約佔公共開支總額的 20%，而近兩年福利和醫療經常性開支上升了 29%，至 2019-20 年度的預算已達 1,649 億港元。可以看到近年來，特區政府不斷加大對基礎教育和職業教育的投入力度，力求通過提高就業人口的素質來實現消除貧窮的目的，並為社會提供素質較高的勞動力和管理人才，從而營造一種經濟可持續發展不可或缺的優良「軟環境」。其次，自 2005 年以來，特區政府還十分重視香港醫療保健體系的完善和為低收入階層提供更多的公共房屋。2010 年特區行政長官在施政報告中明確提出要建立公私營合作的醫療保健網絡，並投入財政資金為有意投保商業醫療保險的市民提供保費補貼，目的在於讓醫療資源能夠在公營和私營醫療部門之間得到更好的配置，從而提升香港醫療保健體系的效率。2019 年香港特區行政長官在施政報告中再次重申要讓資源發揮更大效益，推進跨界別、跨專業和公私營合作，透過醫社合作及公私營合作模式提供基層醫療健康服務。

　　總體來說，香港特區政府的諸項財政支出措施都着眼於保護勞動力、增進社會福利和穩定廣大社會成員的情緒，對在全球金融危機的背景下維護香港經濟和社會的均衡、協調發展起到了積極的促進作用。

五、公開透明、接受問責

　　香港回歸以來，其財政預算體制一直保持公開透明、接受公眾問責的做法。財政司司長按照特區行政長官施政報告的要求和內容提出下一個財政年度的需要花錢的項目和數目，然後由相關的職能局、署對預算初稿提出修訂和建議。在此基礎上，財政司司長及其團隊廣泛徵求社會各界人士對預算案的意見和建議，從而形成下一個財政年度香港財政的支出報告。與此同時，財政司司長領導下的庫務署根據上一個年度的財政收入情況以及來年經濟形勢的可能變化編制下一個財政年度香港的財政收入報告，並向社會公開。而財政司司長則根據未來一年的財政收入和支出預算情況確定是否存在收支缺口，若存在缺口，是否需要通過加稅或是調整現有的稅種或稅率來達到預算收支平衡的目的。

　　財政司司長在香港立法會上宣讀下一個財政年度的財政預算案後，整份預算案的文本隨即公佈在政府網站上，而其紙質版本也通過政府民政事務署在全港各區的辦事處乃至香港地鐵站免費派發給市民。公佈預算案的第二天，財政司司長還會出現電台、電視台的節目，親自回答聽眾、觀眾的就預算案的提問，也會擇日前往立法會回答議員的質詢。在預算案文本中會將未來一年政府財政的收入、支出情況與上兩個財政年度的數字做比較，使讀者一目了然。由此可見，香港財政預算和收支情況是非常透明的，有些做法非常值得內地地方政府在預算公開和建立參與式預算體制的過程中參考。

第四節
預算收支分類

香港特區政府帳目由一般收入帳目和基金帳目組成。

一、一般收入帳目

政府一般收入帳目是香港特別行政區政府的主要帳目及提供資源的主要機制,負責記錄政府各部門的日常開支及收入。

(一)財政開支

財政開支可以按不同的分類方法進行分類,本書將按照政策組別與部門來對財政開支進行分類。

1. 按政策組別的開支分類

預算開支可以按某些政策包括的領域和影響的範圍來進行區別與劃分。具體如表 2-4-1 所示。

表 2-4-1　按政策組別列出的開支分類

政策組別		政策範圍(註)
社區及對外事務	19	地區及社區關係
	18	康樂、文化、設施及娛樂事務發牌

	3	海空交通及物流發展
	6	工商業
	8	就業及勞工
	1	財經事務
經濟	17	資訊科技及廣播
	34	人力發展
	4	郵政、競爭政策及保障消費者權益
	7	公眾安全
	5	旅遊
教育	16	教育
	2	漁農事宜及食物安全
環境及食物	32	環境衛生
	23	環境保護、自然護理、能源及可持續發展
衛生	15	衛生
房屋	31	房屋
	22	屋宇、地政、規劃、文物保育、綠化及園境
基礎建設	21	陸路及水上交通
	24	水務、渠務及斜坡安全
	12	司法
	13	肅貪倡廉
	10	出入境管制
保安	9	內部保安
	11	法律行政
	20	法律援助
社會福利	14	社會福利
	33	婦女權益
	26	由中央管理的公務員事務
	30	行政失當投訴
	28	政制及內地事務
輔助服務	27	政府內部服務
	25	政府收入及財政管理
	29	給予立法會議員的支援

資料來源：香港特別行政區《2019-20 年度財政預算案》。

在各個政策組別的資金分配上，香港特區政府傾向於嚴格控制政府行政開支，而在科教文衞等公共領域加大資金投入力度，在實現財政支出結構的優化的同時注重確保政府公共責任的履行。例如 2019-20 年度預算案中，香港特區在教育、社會福利、衞生以及基建領域的財政預算預計開支分別為 1,240 億港元、972 億港元、886 億港元、791 億港元，分別佔政府總支出的 20.40%、15.99 %、14.58% 和 13.01%。

2. 按部門的開支分類

實際上，上述政策範圍涵蓋的開支是由具體各部門承擔的。政府轄下的一個局、局之下的科或部門都對應一般收入帳目中的一個開支總目。香港特別行政區政府一般收入帳目的開支總目合計有 84 個，具體如表 2-4-2 所示。

表 2-4-2　按部門列出的開支分類

開支總目	實際開支	開支總目	實際開支
21	行政長官辦公室	42	機電工程署
22	漁農自然護理署	44	環境保護署
25	建築署	45	消防處
24	審計署	49	食物環境衞生署
23	醫療輔助隊	46	公務員一般開支
82	屋宇署	166	政府飛行服務隊
26	政府統計處	48	政府化驗所
27	民眾安全服務處	59	政府物流服務署
28	民航處	51	政府產業署
33	土木工程拓展署	143	政府總部：公務員事務局
30	懲教署	152	政府總部：商務及經濟發展局（工商及旅遊科）
31	香港海關		
37	衞生署	55	政府總部：商務及經濟發展局（通訊及創意產業科）
92	律政司		

開支總目	實際開支	開支總目	實際開支
39	渠務署	144	政府總部政制及內地事務局
138	政府總部發展局規劃地政科	62	房屋署
159	政府總部發展局工務科	70	入境事務處
156	政府總部：教育局	72	廉政公署
137	政府總部：環境局	121	獨立監察警方處理投訴委員會
148	政府總部：財經事務及庫務局（財經事務科）	74	政府新聞處
147	政府總部：財經事務及庫務局（庫務科）	76	稅務局
		78	知識產權署
139	政府總部：食物及衛生局（食物科）	79	投資推廣署
140	政府總部：食物及衛生局（衛生科）	174	公務及司法人員薪俸及服務條件諮詢委員會聯合秘書處
		80	司法機構
53	政府總部：民政事務局	90	勞工處
135	政府總部：創新及科技局	91	地政總署
155	政府總部：創新科技署	94	法律援助署
141	政府總部：勞工及福利局	112	立法會行政管理委員會
47	政府總部：政府資訊科技總監辦公室	95	康樂及文化事務署
		100	海事處
142	政務司司長辦公室及財政司司長辦公室	106	雜項服務
		180	電影、報刊及物品管理辦事處
96	政府總部：海外經濟貿易辦事處	114	申訴專員公署
		116	破產管理署
151	政府總部：保安局	120	退休金
158	政府總部：運輸及房屋局（運輸科）	118	規劃署
		136	公務員敍用委員會秘書處
60	路政署	160	香港電台

資料來源：香港特別行政區《2019-20 年度財政預算案》卷一的開支預算摘要。

　　各開支總目的撥款額通常又細分成經營帳目和非經營帳目。經營帳目包括經常開支（經常性的開支）和非經常開支（用於每項開

支超過 20 萬港元的一次性項目，但不包括購買和興建實體資產）。

經常開支分為不同的傳統分目，具體如表 2-4-3 所示。

表 2-4-3　經常開支傳統分目

傳統分目		開支性質
個人薪酬	薪金	員工薪金及津貼。
	津貼	
	工作相關津貼	
與員工有關聯的開支	強制性公積金供款	除薪金及津貼外，與聘用員工有關的支出。例如強制性公積金供款、公務員公積金供款及 外調補助津貼。
	公務員公積金供款	
部門開支	一般部門開支	部門日常運作開支，例如燃料、交通及維修費。
其他費用		因應個別部門的運作而須支付的開支。
經常資助金		支付予外間或受資助機構的款項，以資助這些機構的經常開支。

資料來源：香港特別行政區《2019-20 年度財政預算案》卷一的簡介。

非經營帳目則涵蓋了每項超過 20 萬港元的非經常開支項目，以及不在基本工程計劃內的小型基本工程、汽車、小艇和汽艇的撥款。具體包括：機器、設備及工程；非經常資助金以及轉撥各基金的款項。

（二）財政收入

香港特別行政區的財政收入共分為 11 個總目，具體如表 2-4-4 所示。

表 2-4-4 財政收入分類及來源簡介

總目	收入	收入來源簡介
1	應課稅品稅項	就碳氫油類、含酒精飲品、其他酒精產品及煙草所繳納的應課稅品稅。
2	一般差餉	向所有應課差餉樓宇的佔用人徵收的一般差餉收入。
3	內部稅收	就入息及盈利徵收的直接稅，包括利得稅、物業稅及薪俸稅。另有多項間接稅亦記入，包括博彩及彩票稅、商品稅、印花稅等。
4	車輛稅	就《汽車（首次登記稅）條例》附表所列的若干類型汽車於首次登記時所徵收的稅項。（這些汽車包括私家車、電單車、機動三輪車、貨車、的士、巴士、小型巴士及特別用途車輛）。
5	罰款、沒收及罰金	法院裁定的罰款及法定罰金。 法庭頒令沒收或因違反與政府簽訂的合約及協議而遭沒收的財物。 按《定額罰款（交通違例事項）條例》（第 237 章）、《定額罰款（刑事訴訟）條例》（第 240 章）及《汽車引擎空轉（定額罰款）條例》（第 611 章）所規定的違例定額罰款制度所收取的罰款。 按針對公共場所違例停放車輛所制定的定額罰款制度而收取的罰款。 公務員因紀律處分及違反合約而繳付的款項。
6	專利稅及特權稅	專利公司所繳付的專利稅；政府停車場、橋樑和隧道、汽油站繳納的稅款以及其他專利稅和特權稅。
7	物業及投資	自政府土地牌照所得的收益、地租及短期租約、政府宿舍和物業的租金等收入。此外，政府一般收入帳目結餘所賺取的投資收入、政府一般收入帳目的其他利息收入、自法定機構及法團的股本投資所獲取的回報（記入資本投資基金的回報除外），以及從房屋委員會收回的資助出售單位的土地成本亦記入本總目。
9	貸款、償款、供款及其他收入	償還的貸款及墊款、退休金供款、從香港房屋委員會及醫院管理局等機構收回的薪金及職員附帶福利成本、政府建築物的電燈及燃料收費、收回的多繳及損失款項（包括向公職人員徵收的附加費）以及來自營運基金的收入。
10	公用事業	自政府營辦的公用事業（政府收費隧道及橋樑除外）所獲取的收入。
11	各項收費	由於政府各局、部門及機構提供服務或因某些政策目標而向公眾徵收的費用（除政府公用事業收取的費用）。政府的一般政策是提供各類服務所收取的費用，應十足收回有關成本。某些必需服務則由政府資助，或免費提供。
-	由各基金轉撥的款項	——

資料來源：香港特別行政區《2019-20 年度財政預算案》卷一的收入預算摘要。

在財政收入裏，利得稅、地價收入、印花稅、薪俸稅和投資收入是最主要的政府收入。在香港特區《2019-20 年度預算案》中，香港特區政府本財政年度總收入預計為 6,261 億港元，而其中這五項收入分別達到了 1,596 億港元、1,430 億港元、760 億港元、666 億港元和 479 億港元，佔政府總收入的比例為 25.50%、22.84%、12.14%、10.64% 和 7.65%，而其他收入合計僅佔政府總收入的 21.24%。

二、基金帳目

政府一般收入帳目是香港特區政府最主要的帳目，其支出主要是人員經費和公用經費，至於政府建設性的開支則主要是通過相關的基金帳戶安排。

根據《公共財政條例》，「立法會可通過決議設立各種基金，為該決議所指明用途而供基金用的撥款以及為該決議所指明政府用途而收受的其他款項，均可記入有關基金帳戶的貸項。此外，基金中的資金可在財政司司長發出的基金支付令授權下，按符合該決議所指明的條件、例外情況及限制的規定，為設立該基金的目的而予以支用。」政府一般收入帳目和基金帳目（不含債券基金）的總收支構成了政府的收入和支出，二者的總結餘則構成了政府的財政儲備。

香港特區納入財政預算的基金帳目一共有八個，分別是：基本工程儲備基金；資本投資基金；公務員退休金儲備基金；賑災基金；創新及科技基金；土地基金；貸款基金以及獎券基金。這些基金均由財政司按規定進行統一管理。從基金名稱可以看出，除了用於政府建設性開支，部分基金還具有備付金性質。不同基金帳目包含的

總目種類及對應用途如表 2-4-5 所示。

表 2-4-5　基金帳目總目分類

基金帳目	總目分類	資金用途
基本工程儲備基金	總目 701 －土地徵用	為工務計劃及徵用土地提供資金。
	總目 702 －港口及機場發展	
	總目 703 －建築物	
	總目 704 －渠務	
	總目 705 －土木工程	
	總目 706 －公路	
	總目 707 －新市鎮及市區發展	
	總目 708 －非經常資助金及主要系統設備	
	總目 709 －水務	
	總目 710 －電腦化計劃	
	總目 711 －房屋	
資本投資基金	總目 951 －房屋	資助政府在地下鐵路公司、九廣鐵路公司、香港房屋委員會、新香港隧道有限公司及財務委員會指定的其他機構所作的投資。
	總目 957 －九廣鐵路公司	
	總目 962 －工業	
	總目 965 －亞洲開發銀行	
	總目 967 －香港鐵路有限公司	
	總目 969 －機場管理局	
	總目 972 －營運基金	
	總目 973 －旅遊業	
	總目 974 －市區重建局	
	總目 975 －在香港國際機場興建國際展覽中心	
	總目 977 －亞洲基礎設施投資銀行	
公務員退休金儲備基金	---	為公務員退休金提供一筆準備金。
賑災基金	總目 800 －賑災	為香港外的受災地區提供人道援助。

創新及科技基金	總目 111 －創新及科技	資助有助促進製造業和服務業創新及提升科技水平的項目。
土地基金	---	接收和持有香港政府土地基金在扣除開支後的所有資產,包括所有應收帳項。
貸款基金	總目 251 －房屋	貸款及墊款形式為本港發展計劃提供資金,學生貸款基金則為選定的專上院校學生提供貸款。
	總目 252 －給予學校 / 教師的貸款	
	總目 254 －給予學生的貸款	
	總目 255 －為因工作而受傷的僱員及因與工作有關意外而死亡僱員的遺屬提供免息貸款	
	總目 262 －漁農礦產	
	總目 269 －樓宇安全	
	總目 274 －旅遊業	
	總目 275 －中小型企業	
	總目 276 －供水事宜	
	總目 280 －私家醫院發展	
	總目 281 －物業管理業監管局	
獎券基金	總目 341 －非經常補助金	以補助金、貸款及墊付款項形式為社會福利服務提供資助。
	總目 361 －額外承擔	

資料來源:香港特別行政區《2019-20 年度財政預算案》卷一的基金帳目。

　　從收支規模來看,一般收入帳目的收支數額遠大於八個基金帳目的收支數額。比如《2019-20 年度財政預算案》中,2019-20 年度的總預算收支分別為 6,260.59 億港元和 6,077.58 億港元,而一般收入帳目預算收入為 4,702.23 億港元,佔總預算收入的 75.11%,一般收入帳目預算支出為 5,087.21 億港元,佔總預算支出的 83.70%,這說明香港特區政府的主要支出在於日常性開支,建設性開支的比例相對較低,這充分體現了香港特區政府一直貫徹的「大市場、小政府」的原則。

第五節

預算管理流程和週期

一、預算管理流程

　　實際上，香港特區政府的財政預算擁有一套完整的管理流程來確保財政預算資金的規範運行，主要包括預算的規劃與決策、預算的編制與審批、預算的執行與決算、預算的控制與監督以及預算的審計與評價幾個階段。各階段關係如圖 2-5-1 所示。

圖 2-5-1　財政預算管理各階段關係圖

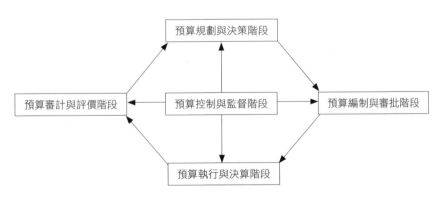

（一）預算的規劃與決策

　　作為一個具有管理、政治、經濟和社會等多重屬性的問題，財政預算的安排要受到法律法規、政策制度、公眾意願等各方面的制

約。因此在正式編制預算案前，香港特區財政司司長會在政府經濟顧問辦公室的協助下預先分析中長期的政治經濟形勢和社會發展狀況等重要信息，並主動尋求大眾的意見，據此對下一預算年度的各項開支以及多年期的預算進行預測和規劃。之後，財政司司長會就此向各決策局徵求意見，並召開高層資源會議討論預算相關問題，同時就預算開支向立法會進行諮詢，確定開支預算的初步安排。各決策局依據初步安排提出正式的資源申請，上報高層資源會議後由會議結合各決策局意見正式確定資源分配安排。接着由財政司司長以「營運開支封套」的形式將撥款安排下達給各決策局及部門。至此，預算規劃與決策階段的工作基本完成。

（二）預算的編制與審批

在規劃與決策階段完成後，預算進入編制與審批階段。香港特區政府採用「自下而上」的編制理念，按照「一上兩下」的流程進行財政預算的編審工作。《公共財政條例》第5條規定，「財政司司長須在每一財政年度內，安排擬備下一財政年度的政府收支預算，並須安排在預算所關乎的財政年度開始之前，或該年度開始之後的切實可行範圍內，盡快將之提交立法會省覽。」

在編制預算時，財經事務及庫務局會發出通告，要求各部門首長呈交《管制人員報告》（Controlling Officer's Report），詳述部門收支預算以及來年工作重點和目標。各部門收到通知後會盡快進行部門收支預算的草擬，草擬的預算經部門首長認可後連同相關資料呈交財經事務及庫務局。財經事務及庫務局將預算匯總調整後提交財政司司長，之後財政司司長根據行政長官的施政報告及政策方針、社會的經濟狀況、各部門的收支預算及工作計劃，並且透過公

眾諮詢收集民眾意見，草擬出下一年度的《財政預算案》並連同《撥款條例草案》一併提交立法會。立法會通過「三讀」制度對預算草案和撥款條例草案進行審議和表決。

（三）預算的執行與決算

《財政預算案》和《撥款條例》一經通過就具有法律效力，各部門首長必須嚴格按照既定內容落實執行。財經事務及庫務局轄下的庫務署是預算執行的具體管理部門，負責提供集中收付、發放公務員薪資津貼及管理基金等服務。各部門則在自己的職責範圍內進行財政開支的支取和財政收入的實際徵收。在預算收入的執行過程中，所有財政收入都需集中到庫務署，再由庫務署集中劃解到財政帳戶。在預算支出的執行過程中，各部門提出財政支出計劃後要由庫務署按照集中支付方式進行統一資金撥付並登記管理部門帳目。此外，在預算執行過程中各部門首長必須按照有關規定（比如《物料供應及採購規例》等）制訂適當監控措施（比如採購環節中應規定採購和付款的批核權限、詳細記錄收支帳目等），從而在不超過預算限額的前提下保證資金使用效率。

每年財政年度終結後，庫務署會負責編制周年帳目（政府決算），周年帳目編制完成後須按法定程序由庫務署署長提交審計署進行審計，審計結果由審計署署長呈交給立法會審議。政府當局就審議結果進行回復後，立法會將開會表決，正式批准通過周年帳目。通過的周年帳目須由行政長官簽署並報中央人民政府備案。至此，預算的執行與決算階段的工作正式完成。

（四）預算的控制與監督

在預算的編制、執行、決算等過程中有關主體會依法依規對其進行檢查、督促和制約。香港特區財政預算監督主體不僅來自政府內部，還包括立法會、司法機關及廣大市民等，其控制與監督功能的發揮貫穿整個預算管理過程。

政府內部，庫務署就承擔着監督控制預算的職責，如監管政府帳目並監督各部門的編制執行情況，確保各部門在執行公共財政管理時遵從預算安排並符合有關的會計財務規例。政府外部，其他監督主體也各司其職，如立法會通過相關立法、審批表決以及對執行與決算的質詢進行預算控制與監督，各級法院通過對財經紀律的維護等實現事後監督。除此之外，社會公眾也是香港特區財政預算的有力監督主體。在預算編制前後，香港特區政府會階段性地通過網絡、媒體報道、專家解讀、召開諮詢會等多種方式向社會公眾諮詢，公眾可以對預算提出意見並要求政府予以反饋修改。財政預算案通過後，公眾可以從官方網站、通過預算案演説辭、插圖漫畫、預算案小冊子等多種途徑來瞭解預算詳情。財政預算實施後，公眾還可以透過香港特區政府憲報和互聯網等查看政府周年帳目。

可以看出，財政預算的控制監督具有多主體性和全過程性，正是由於嚴格的預算控制與監督的存在，財政預算管理流程才得以順利實施。

（五）預算的審計和評價

作為財政預算審計的主管機構，香港特區審計署會根據相關財會指標與預算規定對預算實施結果進行獨立的審核、檢查與評價。審計署署長對於財政預算實施情況的審計包括常規周年帳目審計和

衡工量值式的審計。所謂的常規周年帳目審計是指預算年度結束後，審計署署長按照每年預先制訂的工作程序表以抽查方式及深入審查的方法對個別部門的內部管制制度和帳目進行的考察與審計，其目的是為政府的財政及會計帳項是否準確妥當提供一個總體性保證。每年 10 月，審計署署長會將審計報告書呈交給立法會由立法會帳目委員會進行審議。而衡工量值式的審計是指審計署署長根據衡工量值原則就任何決策局、政府部門、專責機構、其他公眾團體、公共機構和帳目須受審核的機構在履行職務時所達到的節省程度、效率和效益進行的審查。審計署署長會分別於每年 4 月和 10 月向立法會呈交兩份衡工量值式審計報告書。[23]

審計署按照相關指標與規定對政府預算實施的結果進行的審計與評價有助於政府掌握預算規律，及時發現問題，矯正偏差，從而提高預算的科學性、效率性並維護財經秩序。

二、預算週期

香港特區政府預算年度採用的是跨年制，由每年的 4 月 1 日起至次年的 3 月 31 日止，而政府預算從編制、審批、執行、決算再到最終審計這一系列環節構成的預算週期長達 24 個月。每一個預算年度開始前，本預算年度的政府收支預算的編制與審批工作就已經完成，在本年度的預算案進入執行階段時，次年的預算案也開始着手編制。相比於中國內地歷年制的預算年度與標準預算週期之間時間的不匹配，香港特區政府的採用的跨年制，使預算週期與財政預算年度良好嵌合，使得預算過程更具科學性與合理性。總的來看，香港特區政府預算週期大體可分為五個階段[24]：

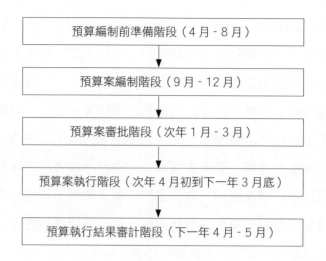

預算編制前準備階段（4月 - 8月）

預算案編制階段（9月 - 12月）

預算案審批階段（次年1月 - 3月）

預算案執行階段（次年4月初到下一年3月底）

預算執行結果審計階段（下一年4月 - 5月）

註釋

1. 《公共財政條例》2017 修訂版：https://www.elegislation.gov.hk/hk/cap2。

2. 撇帳：香港特別行政區在財務上的說法，意思和內地沖銷壞帳相若，即將帳面上確定已無法收回的資產業務予以核銷。

3. 《公共收入保障條例》2015 年修訂版：https://www.elegislation.gov.hk/hk/cap120。

4. 《核數條例》2018 年修訂版：https://www.elegislation.gov.hk/hk/cap66。

5. 《香港特別行政區立法會議事規則》2019 年修訂版：https://www.legco.gov.hk/general/chinese/procedur/content/rop.htm。

6. 《公開資料守則》2009 年版：https://www.access.gov.hk/tc/home/index.htm。

7. 財務通告內容包括說明各項程序細節、轉授權力、在採購貨物和服務方面制訂準則、制定部門間或政府與其他公共機構之間的收費以及為財政監察的具體事項制訂準則等。

8. 「會計通告」的主要內容是就某個事項的會計處理提出意見或詳細的要求。

9. 蔣敏娟（2015）。〈新時期香港行政體系的特徵及面臨的挑戰〉，《重慶社會主義學院學報》，18（03），頁 25-30。

10. 香港特別行政區庫務科官方網站：https://www.fstb.gov.hk/tb/sc/。

11. 香港特別行政區庫務署官方網站：https://www.try.gov.hk/sc/chabou_services.html。

12. 香港特別行政區政府物流服務署官方網站：https://www.gld.gov.hk/sc/about_2.htm。

13. [英] 弗蘭克．韋爾什（FrankWelsh）（2007）。《香港史》，中央編譯出版社，頁 460。

14. 香港原是「英鎊區」成員，英鎊區成員須將各自財政收入中的外匯資產按官方價結

售給英國財政部或指定銀行，作為英鎊區的共同儲備，即「英鎊結存」。成員國、地區動用英鎊結存須得到英國的批准。1979年，英鎊區正式瓦解。

15. 香港回歸前的「財政司」是主要官員，這點與澳門當時的「財政司」只相當於一個局的情況，有所不同。

16. Hong Kong Hansard 1963，p.50。

17. 夏鼎基：《香港政府對某些方面的政策的制定》，載 [英] 戴維 · 萊思布里奇編著、楊力義等翻譯（1984）：《香港的營業環境》，上海翻譯出版公司，頁 8-9。

18. 港英政府：《1985-86 年財政年度收支預算案》二讀演辭。

19. 港英政府：《1987-88 年財政年度收支預算宰》二讀演辭。

20. 楊奇主編（1990）：《香港概論》，三聯書店（香港）有限公司，頁 223。

21. 公營部門體積指公共支出總額佔本地生產總值的比例，它代表了政府所佔用的公共資源佔整個社會產出的比例。

22. 公共開支：政府開支加各營運基金及房屋委員會的總開支。

23. 香港特別行政區審計署官方網站：https://www.aud.gov.hk/sc/home/home.htm。

24. 河北省財政集中支付考察團，齊守印，張振川，曹春芳（2002）。〈香港的公共財政管理及借鑒〉，四川財政，（02），頁 44-46。

第三章
香港特區政府預算編審制度

▮▮.▮.▮▮▮ 本章導讀

本章介紹了香港特區政府的預算編制和審批制度，主要包括預算編審主體；預算編制依據；預算編制模式以及預算編審程序。第一節介紹高層資源會議及其策動小組、財政司、決策局和部門首長、立法會及政府經濟顧問辦公室等香港特區政府預算編審主體。第二節從法律法規、政策制度、經濟社會發展規劃、多年期預算規劃、預算限額等五個方面闡明預算編制依據。第三節詳細梳理預算編制結構、方法、導向及預算作用時限等香港特區政府的預算編制模式。第四節從預算編制前準備、編制和審批等環節介紹預算編審程序。

第一節
預算編審主體 [1]

　　香港特區財政預算的編制審批階段需要眾多機構與人員的廣泛參與，各機構人員各司其職，相互配合或制約，共同促成財政預算案的形成。

一、高層資源會議及其策動小組

　　香港特區政府行政體系的縱向運作是依靠其自上而下的三層架構完成的，而其橫向運作則依靠的是「高層資源會議」（Star Chamber）和跨部門小組等協調機制。涉及多部門合作的財政預算管理工作，其最初的資源分配環節就是在高層資源會議的主導和協調下才得以順利進行的。實際上，高層資源會議是由政務司司長主管的一個高層小組。其成員包括財政司司長、公務員事務局局長和財經事務及庫務局局長。而高層資源會議策動小組隸屬於高層資源會議，由財經事務及庫務局局長出任主席，成員為公務員事務局。

　　政府高層資源會議的主要職責就是管理政府資源，決定財政資源分配，直接負責經常開支和基本工程開支的總額和具體流向並從宏觀上監督財政資源使用效率。財政司司長的綜合建議是會議決策的主要依據，但高層資源會議還會通過與各決策局的一系列會議溝通來獲取相關信息。每年的 5 月和 9 月，高層資源會議及其策動

小組將與各決策局舉行會議，共同商討各部門在資源管理方面的表現、開支所受的壓力和資源重新調配的可能性。

二、財政司司長

香港特區財政司司長是高層資源會議與各決策局溝通的橋樑，其負責向各決策局發出通知，接納各決策局的資源申請並對這些申請進行詳細審察，然後將建議意見呈報高層資源會議。具體來説，財政預算編制的統籌機構是財政司司長分管的財經事務及庫務局裏面的庫務科，其直接負責財政資源分配的監察工作及政府周年開支預算的編制工作。根據《公共財政條例》，編制的政府財政預算案由財政司司長負責向立法會呈交，財政司司長也負責在每年發表的財政預算案演辭中概述政府對可持續經濟發展的理念和政策，提出財政預算建議，並動議通過《撥款條例草案》，使每年預算案中各項開支建議具有法律效力。

三、決策局和部門首長

在預算編制階段，各部門首長主要負責提出資源申請並在本部門草擬的預算提交財經事務及庫務局前對其進行初步審核，而各決策局局長則負責對其轄屬的資源申請進行初步篩選，並附上自己的意見一併報財政司審批。此外，為使申請獲得高層資源會議通過，決策局有權對轄下資源結構進行合規調整，也可將管理範圍內的基本工程結餘自主分配給其他基本工程項目。

四、立法會

香港特區立法會轄下的財務委員會是立法會參與政府預算編審、履行監管公共開支職能的主要組織。財務委員會的主要職責是審核開支預算草案、審核核准預算的更改和批准各基金項目下的承擔款項。在財政預算的編審階段,立法會是最後決定編制的財政預算草案是否通過、財政預算是否能具備法律效力並成功實施的關鍵一環。

五、政府經濟顧問辦公室

香港特區財政司司長分管的政府經濟顧問辦公室在預算編制階段尤其是中期預測部分也起着重要作用。該辦公室除了向市民提供香港特區經濟的最新資訊外,還會監察經濟發展,運用實證等手段進行經濟分析和預測,並用經濟報告等形式為政府的政策發佈和財政預算的編制提供資料分析和專業意見同時評估政府各項舉措對經濟的影響。政府經濟顧問辦公室的相關工作為財政司的年度預算編制和中期預測提供了非常有力的幫助。

第二節
預算編制依據

　　財政預算關乎公共資源的流向、整體經濟和社會的發展、公眾的根本利益。因此預算的編制必須依法依規,反映政府的政策制度和調控意圖,反映政治、經濟和社會發展的要求,符合預算管理的安排。

一、法律法規

　　香港特區預算編制環節要嚴格依據相關的法律法規,其中《公共財政條例》是最主要的法律依據,條例中對預算編制的主體、時間、範圍、開支分類設計、管理職權與義務等都做了要求。《公共財政條例》第3條規定,「除本條例或任何其他成文法則另有規定,或根據本條例或任何其他成文法則而另作規定外,所有為政府而籌集或收受的款項均為政府一般收入的一部分」,但不包括以信託形式而持有的款項。《公共財政條例》第5條規定,「凡任何成文法則規定開支須由政府一般收入撥支,則用以支付該開支的備付款額須包括在為本部而擬備的開支預算內。」這意味着政府的收入與開支均需嚴格按條例列入預算。

二、政策制度

　　政府制定的宏觀政策都是根據特定時期的政治經濟形勢提出的，因此預算編制一定要考慮到本時期的政策取向，尤其是與預算密切相關的財稅政策。政府根據當前的經濟社會狀況制定的新政策或者對原有政策的調整往往指引着整個社會資源配置的流向，這就需要財政預算的收支範圍以及收支結構等與之呼應。比如，面對人口快速老化和其他經濟體的激烈競爭，香港特區政府需要優化經濟結構、加強醫療和安老服務、培育人才、造地建屋、促進勞工福利等，這些政策目標的實現均需要財政資金的支持，而這也指引着財政預算在醫療、養老、土地房屋等方面的傾向性安排。自 1997 年起，香港特區行政長官每年 10 月都會在立法會發表《行政長官施政報告》來闡述次年的施政重點。報告中會闡明本屆政府的施政理念並詳細交代本屆政府在各政策範疇的願景和措施，這份材料提到的政策信息將成為預算編制的重要依據。

專欄 3-2-1：香港特別行政區《行政長官 2018 年施政報告》四個亮點

　　2018 年 10 月，香港特別行政區行政長官林鄭月娥在特別行政區立法會正式發佈題為「堅定前行 點燃希望」的《行政長官 2018 年施政報告》。這份報告涵蓋良好管治、房屋與土地、多元經濟、人才培育、民生改善等領域，有效回應了香港社會的關切。報告提出近 250 項新措施，強調香港特別行政區要融入國家發展大局，抓住「一帶一路」和粵港澳大灣區建設機遇，對於香港特別行政區繼續發揮其獨特優勢，進一步提升其城市國際競爭力具有很強的戰略意義，將對香港特別行政區未來社會經濟發展產生深刻長遠影響。

總體來看，這份施政報告具有四個亮點。

第一，在土地和房屋方面。報告強調特別行政區政府將增加公營房屋的比例，調撥更多土地作公營房屋發展。作為具體實施措施，施政報告中提出了以「明日大嶼」為代表的幾項土地供應重點計劃。「明日大嶼」願景涵蓋約 1,700 公頃土地，提供 26 至 40 萬個住房單位，可供 70 至 110 萬人口居住，其中七成為公營房屋。這充分體現出香港特別行政區政府「發展要以人為本」的施政理念。改善民生是香港特別行政區保持繁榮穩定的基礎，為民眾紓困解難，切實提升民眾在謀發展過程中的獲得感和幸福感，是香港特別行政區政府施政的第一要務。

第二，在多元經濟發展方面。報告中公佈了進一步改善教育質素和回應教師、校長和家長訴求的具體措施，涉及額外 47 億港元經常開支。同時，報告提出將加大推進創新及科技發展的力度，繼本年度財政預算案預留的 500 億港元外，再投放 280 億港元在大學研究、再工業化、公共服務應用科技和加強創科氛圍等工作。加大教育資源投入，提升創新科技，是推動香港特別行政區在生物科技、人工智能、智慧城市、金融科技等優勢領域有所突破，提高香港特別行政區經濟多元化水平，從而更好地解決香港特別行政區結構性失業問題，促進人員彈性就業的有效措施。

第三，在加強與內地合作方面。報告強調特別行政區政府將加強「促成者」和「推廣者」的角色，抓緊「一帶一路」倡議和粵港澳大灣區建設帶來的機會，為香港特別行政區經濟注入新動力。內容包括簽訂更多雙邊及多邊協議，成立「粵港澳大灣區建設督導委員會」等。在貿易保護主義抬頭，全球經濟依舊不確定因素增多的背景下，香港特別行政區作為開放型經濟體，外部環境將直接影響

香港特別行政區經濟發展。抓住「一帶一路」和粵港澳大灣區建設的機遇，對香港特別行政區鞏固傳統優勢，培育新的增長點將起到關鍵作用。

第四，在良好管制方面。報告特別強調行政長官對中央人民政府和香港特別行政區負責的「雙責任」，和香港特別行政區政府對任何鼓吹「港獨」，危害國家主權、安全及發展利益的行為採取零容忍態度。這彰顯了香港特別行政區堅守「一國」原則的堅定決心，也表明要在香港特別行政區增強「一國」意識的鮮明態度。提升管制能力，讓「一國兩制」行穩致遠，意味着特別行政區政府要與時俱進，積極應對複雜外部環境挑戰的同時，在致力於改善民生、發展經濟方面要主動作為。

資料來源：http://news.sina.com.cn/c/2018-10-18/doc-ihmrasqr8953316.shtml。

三、經濟社會發展規劃

在預算編制前，財政司司長需要對中長期的宏觀經濟與發展和財政進行預測，以此為依據來對預算進行規劃從而實現對政府財政行為的約束。因此在香港特區的年度預算案中，除了列示來年的政府財政收支與債務等信息，還要求在信息前提供經濟與財政規劃的相關內容。比如《2019-20 年度政府財政預算案》中就闡述了對未來經濟發展的預測（如環球經濟格局的把握）、對 2018 年度經濟的回顧以及對 2019 年度的經濟前瞻與中期展望（包括經濟增速、通脹率、利率、股市等各方面），這些預測與規劃跟行政長官的《施政報告》裏提到的施政理念與措施是完全銜接的。

四、多年期預算規劃

　　除了上述內容，一份多年期的預算規劃也是預算編制的重要依據。香港特區的多年期預算規劃其實是財政司司長會同政府各部門在分析未來三至五年的財政收支情況並研究經濟發展和政策目標的基礎上，根據對 GDP 增長趨勢和通貨膨脹率的既定假設，在預測期內對支出和收入進行中期平穩的預算規劃。對於香港特區來說，多年期預算規劃的時間跨度是五年。其中第一年對應年度預算，後四年屬預測規劃，用以指引對應的年度預算。多年期的預算規劃對預算編制具有較強的約束力，有利於政府研究開支重點並保證政府政策的連續性。比如《2019-20 年度政府財政預算案》在列明本年度預算內容後還有專門一章陳述 2020 年至 2024 年間的中期財政規劃，內容豐富，涉及了未來幾年的開支數額及增長、收入來源及依據、收支盈餘以及財政儲備等諸多內容。

五、預算限額

　　預算限額作為預算編制的重要依據，不僅對預算編制所涉及的財政資源總量構成約束，而且對整個預算執行階段也有強大的約束力。

（一）平衡限制

　　香港特區財政預算最明顯的限額形式就是平衡限制。《基本法》中規定的「量入為出，力求收支平衡，避免赤字」這種以收定支的預算原則就是最基本的平衡限制。當然，這個限制並不嚴格，政府可在某一時期產生赤字或盈餘，但前提是維持較為充足的財政儲備。

（二）總量限額和部門限額

前文提到在預算編制前準備階段，政府高層資源會議會制訂總體的資源規劃以及各部門的具體資源分配。編制的總預算不得超出總體資源規劃的範圍，而各部門編制的預算也不得超出分配給各部門的資源，這就是預算總量限額和部門限額的體現。具體來說，資源安排決定好後財政司司長會以「開支封套」的形式下達給各決策局及部門，各部門需以開支封套中給定的撥款額為上限草擬部門預算。草擬好的預算經本部門首長認可後連同相關的資料一起呈交到財政司，財政司司長收到各部門草擬的預算後，也須在總量限額下對預算進行匯總平衡，草擬出下年度總預算。由此可見預算限額在預算編制階段對於預算的指導和強約束力。

（三）收支限制

收支限制是預算限額的重要內容。香港特區政府一直奉行審慎理財的預算原則，而這充分體現在了其財政預算的限制性安排上。在支出方面，香港特區政府的大原則是開支增長率在一段期間內不應超過經濟增長率。此外，公共開支總額佔本地生產總值的比例（公營部門體積）不超過 20% 是香港特別行政區政府一直以來追求的目標。而收入方面，香港特區政府認為應合理設置稅額及各項收費的負擔，以有利於取得足夠的收入為限並將財政儲備維持於一個合適的程度。[2]

（四）政府債券限額

香港特區政府發行債券的計劃也是有限額的。2009 年 4 月 28 日，為發展香港的本地債券市場，香港特別行政區政府決定實施政

府債券計劃，用以發行機構債券（香港特別行政區政府面向指定交易商通過競爭性投標的方式發行的債券）和零售債券（香港特別行政區政府面向全港公眾人士發行的債券）。香港特區政府財政狀況穩健，因此發債並非為應付政府開支而是為了促進香港債券市場的可持續發展。在政府債券計劃下，香港特區政府不受任何嚴格的發行目標限制，可按照市場情況和實際需求在不超出發行總限額的情況下，靈活管理每批政府債券的發行額及期限。2013 年 5 月 22 日立法會根據《借款條例》第 3 條通過決議，授權政府可借入任何時候最高未償還本金總額不超過 2,000 億港元或等值款項。

第三節
預算編制模式

一、預算編制結構

　　在預算編制結構上，香港特區政府採用複式預算，即不同性質的收支反映在兩個及以上的預算中。前文收支分類部分已經提到，香港特區的整個財政預算包括一般收入帳目和基金帳目兩大部分。其中，一般收入帳目是香港特區政府的主要帳目及提供資源的主要機制，主要處理政府各部門的日常收支。基金帳目則包括基本工程儲備基金、資本投資基金、公務員退休金儲備基金、賑災基金、創新及科技基金、土地基金、貸款基金以及獎券基金八個基金，主要用以支付建設性開支，如基本工程建設、管理投資及政府貸款等用途。

　　政府一般收入帳目與八個基金帳目是相互流動的，政府可以按需要把資源從一般收入帳目轉撥入基金，而基金帳目在一定的條件下也可以回撥到一般收入帳目裏。從八個基金帳目的預算收入數額來看，除主要依賴地價收入的基本工程儲備基金和主要依賴六合彩獎券收入的獎券基金外，其他幾個基金帳目的收入都有相當大一部分來自於一般收入帳目轉撥的款項，由此可見一般收入帳目在政府帳目體系中的重要地位。

　　複式預算相比於單式預算來說，更能夠體現不同預算收支的性

質與特點，更清晰地反映財政預算資金的流向和流量，全面展現資金性質與收支結構。

二、預算編制方法

目前香港特區財政預算的編制方法並非零基預算，而是採用了「基數加增長」的增量預算法。具體來看，香港特區政府在編制支出預算時，財經事務及庫務局會根據對經濟發展的預測以及政府實際財力和支出需要等因素，確定下一個預算年度經常開支指標。同時，財經事務及庫務局會預測維持現有政府服務水平的暫定支出基線[3]和改進或提高服務水平的額外支出[4]，並向各部門通報。經過反覆討論、協商，最終確定下年度經常支出的分配方案。而收入預算的編制基本上則是根據對經濟發展的預測和政府準備採取的收入政策，確定在下一個預算年度各收入項目的增長幅度。

從實際編制和執行情況看，由於各部門法制意識較強且香港特別行政區的外部審計和監督機制比較健全，這種「基數加調整」的增量預算法並未導致預算浪費或低效的惡劣情況。

三、預算編制導向

香港特區財政預算目前採用的是以結果為導向的績效預算。衡工量值（Value for Money）是香港特區政府預算績效理念的核心體現。所謂的衡工量值追求的是橫向比較，其關注的重點是政府的產出與投入之間的關係以及政府提供公共產品及服務的結果。在香港特區，績效理念貫穿了整個財政預算過程。比如在預算編制時，

財政司會要求各預算部門必須提供過去兩年的撥款及來年要求的撥款、宗旨、簡介、服務表現目標及指標、來年需要特別留意的事項等信息。這些內容體現在《管制人員報告》，載於年度財政預算案「政府一般收入帳目」中每一項開支總目的分析裏，其中部門服務表現的目標基本上都是被量化的。財政司通過考核各預算單位提出的具體服務量化指標並對預算資金的投入與產出進行對比，權衡輕重緩急后最終將財政資金下達至最有效率的部門。這個過程就是績效預算理念的體現。

專欄 3-3-1：香港特區財政預算單位管制人員報告 —— 以審計署為例

　　香港特別行政區的審計署的運作雖獨立於政府架構，但其運作也依賴於財政的撥款，因此其收支自然也被囊括在財政預算當中。審計署同其他政府部門一樣，需要在預算編制前以管制人員報告的形式向財政司提供過去兩年的撥款及來年要求的撥款、宗旨、簡介、服務表現目標及指標、來年需要特別留意的事項等信息，以便財政司考察其服務提供的效率，從而明確預算資金的劃撥。這是績效預算理念在預算編制階段的充分體現。

　　為了進一步瞭解《管制人員報告》的信息，本文以香港特別行政區《2019-20 年度財政預算案》為例，詳細地分析了當年度《審計署管制人員報告》的內容構成。

　　《審計署管制人員報告》主要分為以下幾個部分：

　　1. 綱領及預算詳情

　　這部分主要介紹了審計署的兩條最主要的職責（報告中稱為「綱領」）及對應的財政撥款情況。其主要職責是：

　　（1）審核帳目是否妥善

（2）衡工量值式審計

以第一項職責為例，報告以表格形式列示了 2017-18 年度的實際撥款額、2018-19 年度的原預算撥款額和修訂後撥款額以及 2019-20 年度的預算撥款額，具體如表 1 所示。

表 1　審計署第一項主要職責預算詳情

	2017-18（實際）	2018-19（原預算）	2018-19（修訂）	2019-20（預算）
財政撥款（百萬元）	57.2	62.9	62.3（-1.0%）	65.2（＋4.7%）
				較上年度預算增加 3.7%

2. 宗旨

審計署在綱領（1）下的宗旨是向立法會提供總體保證，確保政府的財政及會計帳項、公幣或半公幣性質基金或款項的財政及會計帳項均屬妥善並符合公認的會計標準。

3. 簡介

簡介部分對審計署綱領（1）下的審核對象範圍、核證帳目總數和撥款額佔比進行了介紹。具體如下：

（1）審核對象範圍。審計署審核所有政府決策局、部門和機構、香港房屋委員會、外匯基金、各營運基金，以及根據《公共財政條例》（第 2 章）第 29 條設立的基金的帳目。非政府基金的帳目和資助金開支，也在審計署的審核範圍之內。

（2）核證帳目總數。2017-18 年度經核證的帳目總數為 83 個，預計 2018-19 年度及 2019-20 年度將會核證的帳目總數均為 85 個。

（3）撥款額佔比。用於審核帳目是否妥善的工作的撥款佔審計署撥款總額的百分率，在 2017-18 年度約為 34%，預計在 2018-19

年度及 2019-20 年度分別增加至約 35% 及 36%。

4. 目標

目標是衡量審計署審核帳目年度工作的服務表現的一項準則。報告中列示了具體的兩個目標標準、過去兩年的目標完成情況及下年度的計劃。具體如表 2 所示。

表 2　審計署第一項主要職責目標詳情

	目標	2017-18（實際）	2018-19（修訂）	2019-20（計劃）
向立法會提交的審計署署長報告書份數	1	1	1	1
在每個財政年度結束後核證香港特別行政區政府帳目結算表所需時間（月數）	7	7	7	7

5. 指標

指標是衡量審計署審核帳目年度工作的服務表現的另一項準則。報告中列示了具體的四個指標項、過去兩年的指標完成情況及下年度的計劃。具體如表 3 所示。

表 3　審計署第一項主要職責指標詳情

	2017-18（實際）	2018-19（修訂）	2019-20（計劃）
已核證的帳目（個）	83	85	85
所用人時（小時）	94,352	96,837	103,415
審核帳目是否妥善的工作所需撥款佔政府開支總額的百分率 (%)	0.012	0.012	0.010
為經審計帳目內的合併實際收支提供保證（十億元）	1,562	不適用 #	不適用 #

註：＃代表無法預算。

6. 2019-20 年度特別留意事項

這部分相當於備註，可以把上述未包含的但需要特別註明和補充的內容寫在這裏。比如本報告的特別留意事項裏，審計署署長註明，「2019-20 年度內，審計署將會按照最新的國際標準，繼續加強有關業內工作方式和審計方法的研究。」

可以看出，管制報告對於本署在 2019-20 年度的預期工作、所需資源、服務表現衡量準則等內容作了充分的闡述，這將有助於財政司按績效導向作出合理的預算編制安排，提高了財政預算編制的科學性和合理性。

資料來源：根據香港特別行政區《2019-20 年度財政預算案審計署管制人員報告》整理。

四、預算作用時限

預算作用時限就是預算編制所安排的收支計劃的執行期限。目前香港特區主要編制「年度預算」，即當年四月便開始着手編制下一年度的預算，每個預算年度都從 4 月 1 日起至次年 3 月 31 日止，每年的預算編制審批通過的時間與預算執行開始時間恰好銜接。預算只編制一年期的好處是便於根據實際經濟社會等情況更準確地預測預算收支目標，合理配置資源，同時也利於立法會的審批與監督，但是缺乏連續性是年度預算的一大弊端。因此香港從 1986 年起便開始進行為期五年的收支中期預測，集中推算政府的綜合財政狀況。收入方面的推算反映政府的財政政策、經濟概況展望以及估計的收款情況。至於開支方面的推算，則會考慮到政府服務供求方面預期的增長。從性質上看，這種中期預測類似於某些西方國家

編制的「多年滾動預算」。其優點在於能夠在預算安排中做到「長
計劃、短安排」，運用成本 —— 效益法選擇項目，便於安排財政支
出順序並可適時對項目預算進行調整。

第四節
預算編審程序

　　香港特區政府採用部門預算的編制方法。預算編審流程基本上可以概括為「一上兩下」。

　　「一下」是指在預算編制開始後，政府決策層及相關財政部門根據政府開支指引對下一財政年度開支進行討論並就非經營開支的資源分配作出正式決定。決定好的下一財政年度分配結果將由財政司司長以「營運開支封套」（支出大盤子）的形式交到各決策局局長手上，決策局再將整體撥款向下級分派。

　　「一上」是指各預算單位在資源分配安排下，按預算編制要求編制開支預算草案，經各部門首長審察後逐層匯總至各決策局。再由各決策局將本局開支預算草案提交財經事務及庫務局，財經事務及庫務局收到各決策局提交的預算草案後對其進行審定調整。最終匯總出香港特別行政區政府總預算草案後連同《撥款條例草案》一同由財政司司長呈交立法會。

　　「二下」是指立法會收到總預算草案和《撥款條例草案》後通過「三讀」程序對其予以審議，審議通過後將預算案正式批覆下放的過程。[5]

　　「一上兩下」的財政預算編審流程具體如圖 3-4-1 所示

圖 3-4-1　「一上兩下」財政預算編審流程圖

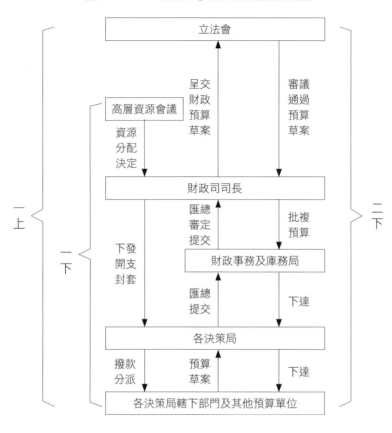

根據香港特區財政預算週期來看，香港特區財政預算編審程序具體可以分為三部分：預算編制前準備階段（4月－8月）、預算編制階段（9月－12月）和預算審批階段（次年1月－3月）。具體如圖 3-4-2 所示：

圖 3-4-2　香港財政預算編審程序圖

4 月	本年度預算案通過後，開始着手下年度開支預算編制工作。
5 月	財經事務及庫務局通告各部門提出資源分配建議。
6 月	召開政府商層資源會議，暫定撥款約數安排。
7 月	各局向政府高層資源會議提出正式資源申請。
8 月	高層資源會議會見各決策局局長後正式作出資源分配安排。

預算編制前備階段

9、10 月	正式資源分配後各部門編制年度開支預算。
10 月下旬	財經事務及庫務局着手收入預算編制。
11 月	各部門編制年度收入預算。
12 月	財經事務及庫務局修訂調整預算，完成財政預算案編制。

預算編制階段

次年 2 月	財政司司長向立法會提交撥款條例草案和開支預算。 · 撥款條例草案的首讀和二讀

立法會主席將開支預轉交財務委員會審核。

財務委員會審核開支預算。

立法會辯論及通過撥款法案
· 撥款法案恢算二讀辯論及三讀

通過撥款法案後財務委員會審核當局對核准開支預算提的修改建議。

次年 3 月 31	財政年度結束。

預算審批階段

次年 6、7 月	財政司司長或財經事務及庫務局提出《追加撥款條例草案》以尋求批准有關政府服務的追加撥款。

一、預算編制前準備階段

本年度的財政預算草案獲得通過後（理論上是每年 4 月 1 日之前，但實際上大多在每年的 4 月中下旬），財政司司長就開始着手進行下一年度財政預算草案的編制工作。5 月，財經事務及庫務局根據對經濟發展的預測，確定下一個預算年度經常開支指標，同時預測維持現有政府服務水平的暫定支出基線和改進或提高服務水平的額外支出，並向各部門通報，請各決策局對次年財政資源的分配工作提出建議。6 月，政府高層資源會議開始召開，預算相關問題將被納入議事日程。會議會就開支項目的輕重緩急諮詢立法會的意見（首輪諮詢）並考慮多項不同因素，包括政府的整體財政狀況、現有服務的預計需求、提供新增及額外資源的需要以及未用盡撥款的百分比和總數等，然後確定初步總撥款策略以及各決策局在經常開支和基本工程開支方面的暫定總撥款約數。7 月，各局準備正式的資源申請，經財經事務及庫務局審議後提交政府高層資源會議。8 月，政府高層資源會議會見各決策局局長，考慮決策局的意見後對安排給各局經常開支和基本工程開支的撥款安排（包括新增撥款）作出正式決定。

二、預算編制階段

9 月，各決策局若對撥款安排仍有異議可向高層資源會議上訴，高層資源會議對此再進行研究並作出決定。接着財政司司長會將撥款安排以「營運開支封套」的形式下發給各決策局局長，然後各決策局局長將所得整體撥款再分派給轄下各部門。資源分配工作

基本完成後，財經事務及庫務局就會發出有關預算編制的通告，各部門開始草擬下年度開支預算，各部門首長會將過去兩年的撥款數及本預算年度要求的撥款數（草擬的預算）、部門綱領宗旨及簡介、公共服務目標、服務量化指標及來年需要特別留意的事項等資料以《管制人員報告》的形式上報財經事務及庫務局。

10月，新立法會會期開始，行政長官也會發佈下年度的施政報告。10月下旬，收入預算的編制工作開始提上日程。財經事務及庫務局發出通知要求各部門提供編制收入預算的必備資料，財政司司長也就各項收入措施諮詢立法會的意見（第二輪諮詢）。11月，各部門在給定的資金限額內依據上年決算和下年度實際需要來編制預算建議計劃，經部門首長認可後轉呈財政司審核。12月，財經事務及庫務局和各決策局局長一起根據最新情況對收入預算進行修訂並依據即將實施的政府收入措施（如徵稅或寬減等）作最後的調整，最終確定下一個預算年度各收入項目的增長幅度。在考慮法律法規的要求、行政長官的施政報告及政策方針、社會的經濟狀況、民眾的意見等各方面因素後，財經事務及庫務局對各部門的收支預算及工作計劃進行調整審定並匯總編制完成總預算草案，詳細報告政府未來一年的整體收支預算及重點工作。編制好的財政總預算草案應上交給財政司司長。

三、預算審批階段

預算審批階段指的是財政司司長將《撥款條例草案》連同政府預算草案一起提交給立法會審閱，立法會通過「三讀」程序對《撥款條例草案》和預算草案進行審議和批准的過程。具體來看，預算

的審批程序是：

（一）首讀

　　次年二月，財政司司長會將《撥款條例草案》連同政府開支預算草案一起提交給立法會審閱。財政司司長每年會在立法會的會議席上發表財政預算案演辭，概述政府的財政建議，即「首讀」，目的是使立法會初步瞭解當年年度預算收支的一般情況和政策。

（二）二讀

　　「首讀」後，財政司司長再在立法局全體會議上作「二讀」。「二讀」時也是由財政司司長進行全文宣讀。撥款法案「二讀」議案的待議議題在立法會提出後，有關該法案的辯論即告中止待續，不得早於其後第七天恢復辯論。立法會主席在全體委員會考慮撥款法案之前，會先將載於財政預算案內及納入開支預算的開支建議，交由財務委員會詳細審核。

　　財務委員會召開為期五天的特別會議審核開支預算，以確保政府所要求的撥款不會超過執行核准政策所需的款項。特別會議的召開全程公開透明，廣大市民也可以透過互聯網和電視直播瞭解有關的討論內容。為了讓各位議員在休會前有充分時間考慮有關建議和進行辯論，財經事務及庫務局往往會在特別會議舉行前數周提交財政預算案，財務委員會也會提前就直接與開支預算有關的事項提出書面形式的問題。此外，各決策局局長連同其負責的政策範疇內的管制人員都必須出席財務委員會特別會議，各首長需要簡要說明其政策範疇內的最新發展及變化、來年的主要工作和在開支預算提出的資源需求並就涉及各部門的政府預算提供書面答覆，此外還要當

面回答議員在收支預算、來年工作重點和目標等方面的質詢。在特別會議後，財務委員會主席會向立法會提交一份報告。

在撥款法案恢復「二讀」辯論時，全體議員可就香港特別行政區的財政及經濟狀況，以及撥款法案及預算內所顯示政府政策和行政的一般原則作出評論。為使全體議員均有機會就法案發表意見，立法會會一連兩日舉行會議。議員發言完畢後，政府會在其後的立法會會議上對議員就撥款法案的致辭作出回覆，之後議員將會在「二讀」階段就撥款法案進行表決。

接下來是全體委員會審議撥款法案的階段。本階段由全體委員會對撥款法案的各附表及法案條文進行依次審議，這期間任何議員均可動議通過削減開支總目內子目的款額以削減該總目所獲分配款額的修正案。如果全體委員會主席認為某項修正案會令任何開支總目所獲分配款額增加，則該修正案只可由獲委派官員動議。針對法案提出的議題均已表決後，全體委員會須恢復為立法會，並由負責法案的官員就法案向立法會作出報告。

（三）三讀

全體委員會就撥款法案作出報告後，採納全體委員會就該法案作出的報告的議案隨即動議。如議案獲得通過，立法會即當作已命令將撥款法案進行「三讀」。如「三讀」議案獲得通過，撥款法案即告通過。《撥款條例草案》將成為具有法律效力的《撥款條例》，各部門必須嚴格執行，若表決不通過，則進行新一輪的質詢與辯論。

值得注意的是，香港特區政府的收入預算並不需要像開支預算一樣經嚴格的「三讀」程序審議通過，它本質上其實是對預算年度收入的最佳估計，僅供立法會參考。具體來說，收入預算會由財政

司司長在財政預算案演辭中以各類收入建議的形式提出，並分別以條例草案或附屬法例的形式提交給立法會審議。根據《公共收入保障條例》，為保障公共收入，行政長官有權作出公共收入保障命令，使須在宣讀預算案當日或有關的賦權法例制定前生效的收入建議（例如增加煙草稅的收入建議），可實時生效。如有需要，立法會可成立法案委員會及小組委員會審議有關收入的建議。

本年度的撥款法案經立法會審議通過後即具有法律效力，對應的開支預算便會被視作獲得批准。預算年度開始後，各部門收支須嚴格按預算案執行，通過合理組織收入和有序安排支出實現既定目標。

根據《公共財政條例》規定，在該財政年度內，若想對核准預算進行任何修改，均須由財政司司長提交財務委員會批准。因修改核准開支預算而導致的開支，會由有關的開支總目支付。在本財政年度結束時，若任何總目所支付的開支超出該財政年度的《撥款條例》為該總目所撥出的款額，超出的數額須列入一項《追加撥款條例草案》，並在該財政年度結束後由財政司司長或財經事務及庫務局局長盡快（一般是 6 月或 7 月）提交立法會。[6]

專欄 3-4-1：香港特別行政區財政預算案編審階段的諮詢與宣傳

由於香港特別行政區財政年度為每年 4 月 1 日至次年 3 月 31 日，因此關於預算案的諮詢和宣傳活動早在前一年的年底便已全面展開。

按照香港特別行政區的財政預算制訂規則，財政司司長在向立法會正式發表財政預算案前三到四個月（前一年年底），便須向社會公眾展開諮詢。其間政府部門通過開設熱線電話、宣傳網站、發佈廣告、舉辦民意調查、收集市民信函等方式搜集市民對香港經濟的看法。同時，包括財政司司長在內的政府官員，也要通過對商

戶、企業和社團的走訪，親身感受經濟政策調整的影響。

　　一位叫「日仔」的小男孩「誕生」於 2009 年，是香港特別行政區財政司為了吸引青少年關注本年度的政府預算案，而邀請著名漫畫家所畫的一部名為《明日，今天的未來》漫畫故事的主角。故事巧妙地將政府預算與家庭開支進行類比，既提醒香港特別行政區市民在金融危機期間要學會「量入為出」，同時將政府本年度的預算理念有效地傳達給了讀者。實際上以漫畫方式進行諮詢宣傳的效果遠遠超出了年輕人的範疇，據香港特別行政區政府新聞處統計，在推出漫畫故事後，當年度財政預算案宣讀當天，財政司司長辦公室便接到了 6,750 份有關預算案的建議書，比上年整整多出 6 倍。

　　預算案制定出來之後會在市區的各主要街道免費向廣大市民發放。此外，自 2009-10 年度開始，香港特別行政區財政司網站上還公佈了詳細的聯繫方式（包括電子郵箱和傳真）來接受意見與反饋。隨着時間的推移，香港特別行政區財政預算案的諮詢和宣傳方式也在不斷地豐富，比如財政司司長出席財政預算案諮詢論壇和電視台諮詢會、親自拍攝財政預算案諮詢宣傳短片甚至請明星來邀請公眾參與諮詢，比如 2012-13 年度財政預算案就邀請了林志祥唱《數字歌》拍攝宣傳片。此外香港特別行政區市民還可以去官網上玩「如果我當財爺」的遊戲，來體會財政司司長設定預算的感覺。2018年，香港特別行政區政府考慮到國際貿易摩擦以及其他因素的重要影響，還特別增設社交媒體平台，以方便公眾發表意見。

　　在主動宣傳和諮詢互動的過程中，通過有關政府部門的解釋說明、媒體的充分報道、專業人士的解讀、民眾的質詢，針對預算案所有的問題都會清晰明了，民眾也會對預算中自己關心的部分了然於胸。這種在預算案正式生效前的諮詢宣傳很好地保障了群眾對財

政預算的知情權、參與權和監督權，是促進政府預算公開的有力措施。

資料來源：根據「〈香港政府怎樣做預算〉（2010），《上海人大月刊》，（04），頁 46。」完善。

專欄 3-4-2：香港特別行政區預算案審議的「拉布」與「剪布」

所謂「拉布」就是「拖延」的意思，來源於英文 Filibuster，原是美國國會的術語，指在 1957 年，美國前參議員瑟蒙德曾連續演說了 24 個小時以拖延民權法案的通過。

在香港特別行政區，「拉布」特指一些議員在立法會以消耗議事時間的方式。這種方式包括發表冗長演說或質詢，提出大量修正案來拖延立法程序的做法，以阻止或拖延政策和法案草案通過。根據香港特別行政區立法會的議事規則，在委員會審議法案的階段，只要議員發言不重複，不離題，就可以不限次數地發言和發問。因此，在香港特別行政區立法會，拉布的手法往往是針對一項議案提出上千條修訂意見，每一條修訂都需要經過議員辯論然後逐一表決，令這項議案遲遲不能通過。

《撥款條例草案》作為香港特別行政區財政預算的直接法律依據，能否順利通過、及時實施，關係到有關部門能否正常運作，更涉及基層民生。近年來，香港特別行政區一些反對派議員一再癱瘓議事、阻撓投票，玩「拉布」虛耗開會時間，導致預算案遲遲不能通過。由於預算案幾乎涵蓋港府所有政策範疇，如果不能按期通過會造成政府部門「無錢出糧（支薪）」，公共服務難以維持並帶來「癱瘓香港正常運作」的嚴重後果。如 2012 年，香港特別行政區政府推動「長者生活津貼計劃」時，儘管獲得近八成香港市民的支持，卻

因反對派的「拉布」而未能通過，逾40萬符合規定領取津貼的老人因此蒙受損失。此後，「拉布」愈演愈烈，似乎成了反對派為某種政治訴求每年必打的「例牌」。曠日持久的「拉布」會癱瘓立法會運作，造成巨額公帑白白流失。依慣例，立法會行政管理委員會每年獲政府撥款6億多港元，簡單換算，即議會每月開支約為5000萬港元，「拉布」1個月就損失5000萬港元。

2013年，香港特別行政區立法會上演多次「拉布」，立法會主席曾鈺成強行終止《財政預算案》辯論，此事件被評為當年香港十大新聞之一。此後，立法會主席依《議事規則》，結束議程拖拉、長期無法完成的有關辯論，就被媒體稱為「剪布」。

有香港輿論指出，長久之策是將「拉布」與「剪布」依法納入規管，應早日修訂《立法會議事規則》限制「拉布」。此外，目前立法會主席雖有「剪布」的權力，然而必須在「拉布」已出現，公眾已付出巨大代價之後才可採取行動。「剪布」權限的相關細則也需以法律條文加以明晰化，以避免爭議。

資料來源：http://www.chinanews.com/ga/2014/06-09/6256764.shtml。

專欄 3-4-3：關於香港特區財政預算案通過日期的問題

本節在預算編制前準備階段提到，本年度的財政預算草案獲得通過的時間大多在每年的4月中下旬甚至更晚，這時候本財政年度已經開始了，預算案與財政年度之間的銜接出現了空白。這是為什麼呢？理論上，年度預算案確實應在新預算年度開始前（即4月1日之前）審議通過，但由於議員拉布或其他不可抗因素等，每年的預算案往往無法按時通過。下表是近15年來香港特別行政區財政預

算案的通過日期。

表 1　歷年財政預算案通過時間一覽表

歷屆立法會	對應財政年度	預算案審議通過日期
第六屆立法會	2019-20	2019 年 5 月 16 日
	2018-19	2018 年 5 月 10 日
	2017-18	2017 年 5 月 18 日
第五屆立法會	2016-17	2016 年 5 月 13 日
	2015-16	2015 年 4 月 30 日
	2014-15	2014 年 6 月 4 日
	2013-14	2013 年 5 月 21 日
第四屆立法會	2012-13	2012 年 3 月 29 日
	2011-12	2011 年 4 月 14 日
	2010-11	2010 年 4 月 22 日
	2009-10	2009 年 4 月 22 日
第三屆立法會	2008-09	2008 年 4 月 23 日
	2007-08	2007 年 4 月 18 日
	2006-07	2006 年 3 月 29 日
	2005-06	2005 年 4 月 27 日

註：根據香港特別行政區歷屆立法會會議正式記錄整理。

　　由上表可知，近 15 年來能在 4 月 1 日之前審議通過的香港特別行政區年度財政預算案數量寥寥無幾。僅 2006 年和 2012 年成功於下一個財政年度開始之前三讀通過預算案，其餘年份的預算案均是 4 月中下旬甚至 5 月或 6 月才通過。針對《撥款條例草案》通過之前的預算空白期，《公共財政條例》給出了解決辦法。根據《公共財政條例》第 7 條「撥款前開支的批准」的規定，立法會可在撥款條例制定前藉決議批准將某財政年度的政府服務開支記在政府一般收入上，依據經根據本條所作的決議而記在政府一般收入上的開支，須按照呈交立法會省覽的開支預算所示的總目及分目編排，而本條

例的條文同樣適用於該預算，猶如該預算為核准開支預算一樣。簡單來說，就是在這段預算空白期內，立法會可以通過批准臨時撥款決議案來應付政府開支，使政府服務得以維持。而這部分開支只須在《撥款條例》實施後，按該條例所規定的各項備付款額對照抵銷即可。

資料來源：根據香港特別行政區立法會官網資料整理。
https://www.legco.gov.hk/general/chinese/timeline/council_meetings_1216.htm

註 釋

1. 草西（1997）。〈香港財政預算草案編制的決策程序〉，《預算管理與會計》，（06），頁 44-45。

2. 陳廣漢（2013）。〈《香港基本法》與香港經濟制度〉，《當代港澳研究》。第 9 輯：中山大學港澳珠江三角洲研究中心，頁 17。

3. 支出基線：以前年度的政府開支水平。

4. 額外支出：以基期開支水平為基礎，在分析預算期政府服務水平及有關影響因素的變動情況後對支出作出的調整。

5. 金軼（2008）。〈香港公共財政管理的特點及對我們的啟示〉，江蘇科技信息，（06），頁 45-47。

6. 香港特別行政區立法會官方網站立法會小百科：https://www.legco.gov.hk/education/chinese/resources/teach_sheets.html。

第四章
香港特區政府預算執行制度

▎▎▎▎▎▎ 本 章 導 讀

目前香港特區已建立起公開、高效的預算執行體制。本章主要從預算執行組織架構、財政金庫集中收付制度、法定調整程序、政府採購制度以及電子化管理系統五個方面介紹了香港特區政府的預算執行制度。第一節介紹由授權執行機構、組織領導機構、執行管理機構、具體執行機構、專門機構和參與機構等構成的預算執行組織架構。第二節從香港特區財政金庫、國庫集中收付制度兩個方面介紹財政金庫集中收付制度。第三節從香港特區政府已批准的開支預算的五種修改類型介紹預算法定調整程序。第四節從政府採購的基本原則、法律依據、組織體系、招投標管理制度和採購人員管理等角度介紹香港特區政府採購制度。第五節從預算管理全過程電子化、特別機構電子化系統應用兩方面介紹預算管理電子化系統。

第一節
預算執行組織架構

一、授權執行機構

香港特區政府的立法機構是立法會。政府預算案經其審議批准後即進入執行階段。預算的執行要嚴格按照立法會的預算授權並接受立法會的嚴格監督。

二、組織領導機構

香港特區只有一級財政，政府的所有稅費收入以及各項支出都由特別行政區政府統一收支。香港特區政府即為香港特區政府預算執行的組織領導機關。

三、執行管理機構

《公共財政條例》第10條規定「香港特別行政區政府的財政司司長在符合本條例及任何其他法規規定的原則下應管理政府財政，並應監管、管制及指示所有與政府財政有關的事項。」因此財政司司長是香港特區政府預算執行的核心管理部門，其轄下財經事務及

庫務局的庫務署則負責香港特別行政區政府預算執行的具體組織管理工作。

四、具體執行機構

各決策局及轄下部門單位是香港特區政府部門預算和單位預算的執行主體。各部門單位要嚴格按照經批准的部門預算執行任務，並對預算執行結果和資金使用效益負責。

五、專門機構和參與機構

除財政司的庫務署外，香港特區政府還根據預算收支的不同性質和不同管理辦法設立或指定了專門的管理機構來負責參與組織政府預算的執行工作。比如財政司下的稅務局和香港海關都屬組織預算收入執行的機關，而香港金融管理局和滙豐、渣打等各大銀行則屬參與預算執行的機構。

第二節
國庫集中收付制度

一、香港特區財政金庫

從世界範圍來看，現代國庫制度主要可分為獨立國庫制、委託國庫制和銀行存款制三種基本類型。

獨立國庫制是指政府財政機關自行設立國庫機構，專司政府預算收支的出納、保管和劃撥等事項。由於設立獨立國庫成本過高，且易造成財政資金的閒置，故極少國家（法國、芬蘭等）採用該制度。

委託國庫制（也稱銀行經理制或代理制）是國家政府不獨立設置國庫機構，而是委託銀行代理國庫業務，負責財政收支的出納、保管和劃撥等工作。由於成本費用低，因此世界上大多數國家（英、德、日、韓等）採取這種制度。

銀行存款制是指政府財政部門既不設置獨立金庫機構，也不委託銀行代理財政金庫，而是由財政機關設置的會計體系來負責財政收入的收納、劃分、報解以及資金的融通調撥。其資金一律按存款方式存入在銀行開立的帳戶，財政機關將通過銀行帳戶辦理財政收支業務，存入銀行的預算收入將按照正常存款進行利息積累與結算付費。美國的州和地方財政以及蒙古國實行銀行存款制，香港特別

行政區的財政金庫制度也屬銀行存款制。

　　香港特區財經事務及庫務局下轄的庫務署是香港特區政府的財務機關，履行政府財政出納和總會計的職責，發揮着財政金庫的職能。如編制和備存政府帳目、為各政府部門提供集中收款與付款服務、管理財政撥款及多種公共基金等。[1] 該署下設的庫務會計部是具體負責財政金庫業務的部門。其他各部門、機關、公共服務單位大多屬報帳單位，少數單位比如政府物流服務署、郵政總署則屬分會計單位。[2]

二、國庫集中收付制度 [3]

　　香港特區政府財政金庫的收支管理採用集中收付制度，即所有財政性資金都要集中收繳和支付。香港特區政府負責財政資金集中收付的部門是庫務署。在香港特別行政區，各部門並沒有自己的用於存放財政資金的帳戶，政府的所有銀行帳戶都由庫務署管理及控制。所有納稅單位和個人的稅費最終都必須集中到庫務署，再由庫務署集中劃解到在幾家主要的大銀行（如滙豐銀行、渣打銀行）開立的財政帳戶，而財政支出計劃提出後也要由庫務署按照集中支付方式進行統一資金撥付並登記管理部門帳目。

　　香港特區政府的主要往來銀行是滙豐銀行。滙豐銀行作為香港特區獲香港金融管理局授權的三大發鈔行之一，其發鈔份額佔港幣發行量的 80% 左右，與香港金融管理局、庫務署、共同發揮香港特別行政區政府銀行（類似於內地的中央銀行）的職能。作為香港特區政府的主要往來戶，滙豐銀行為香港特區政府辦理當局的財政收支和儲備、資金調撥等業務，有關數據表明香港特區政府存於香港

的存款被滙豐銀行包攬一半以上。

（一）預算收入的執行

香港特區政府的財政收入可以分為稅收收入與非稅收入。

香港特區在稅收收入的管控方面十分嚴格。香港特區的稅務徵管權力分配明確，相互分離又相互制約。律政司是稅法的制定者，財政司、庫務局是財政稅收政策的制定者和解釋者，稅務局是主要執行者。稅務局面向市民辦理交稅事宜，大部分稅種都由其負責徵收，少部分由預算執行的參與機構徵收。例如差餉及地租由差餉物業估價署徵收、地稅由地政總署徵收、商品稅（應課產品稅項）則由香港海關徵收。這些徵收機構在稅收政策上自主掌握的餘地很小。整個稅收徵管過程中嚴格遵守徵、管、查三種職責分開的規則，從而形成互相儲備監督與制約的徵管機制，基本上避免了「人情稅」、「關係稅」等問題。

香港特區的稅收方式是評稅制度。根據《稅務條例》[4] 有關規定，評稅主任有權按照稅務委員會規定的報稅表的格式，向任何有報稅義務的人士發出報稅表，要求有關人士在報稅表或通知書所註明的合理時間內填好，並向稅務局交回報表（無論是否需要繳納稅款均需交回）。之後稅務局根據納稅人提交的納稅申報表評估其應納稅額、發出繳稅通知書，通知書的主要內容包括所評定的應課稅額、應繳稅款和繳稅期限等，納稅人收到繳稅通知書後須以此為依據在指定期限前自行納稅。在稅單過期時，納稅人會收到追稅及加收 5% 附加費的通知單。在稅單超過六個月仍未清繳時，納稅人則會收到加 10% 附加費的追稅通知書。報稅、評稅、收稅、追稅這一系列流程既方便了納稅人納稅，又可以督促納稅人按時申報納稅，

減少申報的失誤，並且可以降低納稅人僥倖逃稅的心理，從而幫助稅務局提高徵管效率降低成本，從制度上有效地保障了香港特別行政區的稅收徵繳。

為便於稅務檢查，香港規定納稅人的商業記錄和物業的租金收入記錄至少要保存七年。稅務局收到報稅表後如發現納稅人有欺詐瞞稅和蓄意逃稅行為的，輕則處以罰款，重則給予刑事處罰。香港還在全社會範圍內建立起完善的誠信體系和金融體系，大大壓縮了納稅人灰色收入帳戶存在的可能性。通過信息化建設，香港正努力減少評稅中的人為因素，減少納稅人與稅務人員的接觸，引入完善的會計、稅務中介機制，以減少出現腐敗的機會。此外，香港存在強大的外部監督機構，主要有獨立的廉儲公署對稅務部門腐敗問題的監督和處理，言論自由的媒體對稅務局的監督儲備以及香港民眾的監督。[5]

香港特區的非稅收入包括投資收入、罰款、沒收和罰金以及各項收費等。不同政府部門根據相關條例和法令收取對應的有關款項。比如水務署負責收取水費，地政總署負責收取賣地收益，其他有關部門則負責收取政府經營的公用事業收入、物業及投資收入等。例如通訊事務管理局辦公室負責收取車輛牌照及駕駛執照費，法律援助署負責收取分擔費、賠償／贍養費和訴訟費。而香港特別行政區的罰沒收入是由香港警務處、香港房屋委員會和食物環境衛生署等不同的部門分別上繳財政金庫的。罰沒收入的管理十分嚴格，以交通違章罰款為例，交警只能對違章行駛者開具罰款單，不可收取罰款，司機須憑此罰款單在規定時間內到指定的違章處理部門交款。

《公共財政條例》第 17 條規定，各部門必須在其職責之內儘快收取應收的稅費等款項，未經庫務署署長批准不得延遲或分期收

款。各部門首長收款困難時應及時向庫務署署長報告。對於逾期未收款項收款部門必須盡力收回並定期向庫務署報告拖欠繳款情況。若負責人認為某筆欠款無法追繳或者追繳成本過高，則可申請「撤帳」。在財政司、庫務署授權下，各部門首長可以在不涉及欺詐、疏忽或重要原則下，處理 5 至 25 萬港元款項的「撤帳」。但涉及欺詐或疏忽行為或欠款數額超過 50 萬港元則必須獲立法局財務委員會批准才可「撤帳」。

庫務署作為安排集中收付服務的部門，其官網詳細列示了稅務局及其他收取稅費等收入的部門的收款方式。繳款者可以在官網「收款及付款」欄下點擊「繳納政府帳單[6]」或「一般繳款單」[7]來進行繳款。其中政府帳單指庫務署以搜索欄和表格的形式列出了政府收款部門和帳單類型以及可選的繳款方式。具體如表 4-2-1 和表 4-2-2 所示。

表 4-2-1　部分政府收款部門和帳單類型

部門	帳單
差餉物業估價署	徵收差餉通知書
	徵收地租通知書
水務署	水費單
稅務局	稅單
	商業登記費
	購買儲稅券
	電子印花繳款通知書
	印花稅（其它）
	法院費用
	判定債項利息
香港警務處	定額罰款（交通違例）
香港房屋委員會	

在職家庭及學生資助事務處	資助專上課程學生資助計劃繳款單
	免入息審查貸款繳款單
	專上學生資助計劃繳款單
地政總署	繳納地稅通知書
	繳納地價通知書
食物環境衞生署	街市檔位租金
	定額罰款（公眾地方潔淨或阻礙罪行）
環境保護署	化學／醫療廢物繳費單
	廢物傾倒／轉運按金繳費單
	塑膠購物袋（定額罰款）
	汽車引擎空轉（定額罰款）
通訊事務管理局辦公室	牌照費用
衞生署	定額罰款（吸煙罪行）
	香港中醫藥管理委員會： 註冊申請費用／執業證明書申請費用／ 執業資格試申請費用／執業資格試考試費用（筆試）／ 執業資格試考試費用（臨床考試）
法律援助署	分擔費／賠償／贍養費／訴訟費

資料來源：香港特別行政區政府庫務署官方網站：https://www.try.gov.hk/sc/chcoll_payment.html。

表 4-2-2　政府帳單繳費方式

序號	繳費方式
1	自動轉帳
2	自動櫃員機
3	電子帳單及繳費服務
4	電子支票
5	網上銀行
6	電話理財
7	繳費靈
8	郵寄繳款
9	便利店
10	郵政局

資料來源：香港特別行政區政府庫務署官方網站：https://www.try.gov.hk/sc/chcoll_payment.htm。l

繳款者可以在庫務局的網站上方便地查詢到各種政府帳單的繳款方式，每個繳款方式都附有繳款操作步驟及相關網站鏈接。這種一站式的收款服務為繳款者帶來了很大的便利，同時節約了收款方和繳款方的人力物力與時間。

各部門收取的款項大部分都是通過庫務署中央管理的「電腦具印收據系統」或專為主要收款部門設立的其他「電腦具印收據系統」收取的。政府提供的各繳費處均備有聯線終端機以記錄和確認收款。各部門必須每日把所收款項全部存入政府的銀行帳戶，並向庫務署轄下的任何一個繳費處呈交一份收訖的銀行存款單。而庫務署負責在每天結束前把所有收取的款項記入收款記錄內並核對將發出收據與收款記錄是否匹配，以及收款銀行發出的存款單與銀行存款是否一致。

（二）預算支出的執行

香港特區政府的預算支出中，列入「政府一般收入帳目」的支出分為經常支出和非經常支出。經常支出包括個人薪酬、與職員有關的支出、部門開支、其他費用、經常資助金。非經常開支包括機器、設備及工程開支、其他非經常開支、非經常補助費和轉撥各基金款項。

政府支出預算由立法會批准後授權財政司實施。政府進行支出預算撥款時，先由財政司發出撥款令授權庫務署署長支付款項（撥款令有效期為本財政年度），庫務署接到撥款令後將履行政府財政出納的職責，為政府各部門所需的物資和服務提供集中支付的服務。需要注意的是列入「政府一般收入帳目」的部門和單位的帳目均實行「收支兩條線」管理，即各項收費和服務收入全部繳入庫務

署，支出由庫務署按批准的支出統一撥款。各項收支沒有預算內外之分，更沒有部門收支之說。

支出撥款根據支出性質的不同分為兩種方式：

1. 薪餉及退休職員津貼的付款方式。這部分支出是香港特別行政區政府預算開支的主體部分。庫務署對此建立了一套全面電腦化系統。該系統儲存所有公務員薪餉津貼方面的資料並與各政府部門聯網。庫務署通過嚴格的程序保證信息錄入的準確性和及時性並安排獨立核對人員核實資料檔案。此外，庫務署還會不定時派遣職員查訪部門開支辦理程序是否合理。至於庫務署本身的薪餉津貼撥款程序則由其內部審計小組及審計署署長核對。月末該系統則會計算出應向每位公務員或退休人員支付的款項金額並將款項存入其銀行帳戶。

2. 「一般付款方式」，即除薪餉津貼以外的其他支出的付款方式。作為集中支付部門，庫務署在其官網上「收款及付款」欄下設置了「付款予債權人[8]」分欄，這個分欄列示了政府對債權人的兩種付款方式。其中最方便快捷的是直接存帳，即由庫務署直接存入債權人的銀行帳戶。選用直接存帳方法的債權人可在頁面上直接下載「款項付予銀行授權書」的表格，填妥後交回庫務署或其通常遞送發票的局或部門，然後選擇以電子郵件、傳真或者郵寄的方式收取領款通知書。「款項付予銀行授權書」可以證明該單位委託政府物流服務署購置的物品符合開支範圍，沒有超出批准預算，可以申請撥款。此外，經郵遞收取劃線支票也是債權人可選擇的收款方式。庫務署將在採購貨物或服務的局或部門收到貨物、獲得服務或收到發票後於 30 個曆日內付款。

值得注意的是，在預算執行過程中，庫務署作為預算執行的具

體管理部門還會向各政府部門派駐首長級庫務主任進行近距離監管。各部門每一個用款項目從提出用款申請到實際支付都要經過庫務主任對照預算並同意後方可實施,由此可見香港特別行政區財政預算管理的嚴格性。[9]

第三節
預算法定調整程序

　　香港特區政府的財政預算具有較強剛性。預算在批准時，立法會已經對各項支出的數字和用途都作了具體的限定和界定，因此在預算的執行過程中，預算資金一般不可隨意調整。各部門須按照《公共財政條例》的規定和《撥款條例》中所示的條文嚴格執行，無論總目還是分目都不得改動。僅有少數不可預見的情況發生時，才可調整預算。

　　香港特區政府的預算調整程序十分嚴格。根據《公共財政條例》，香港特區政府已批准的開支預算的修改分為以下幾種類型[10]：

一、加列新總目

　　香港特區開支預算中「一般收入帳目」下的每個總目都對應了一個部門。在預算執行過程中部門可能發生組織變更導致部門數量增加，這種情況下就需要開立對應的新「總目」。凡開立新支出「總目」的均需要向立法局財務委員會申請批准。

二、加列新分目

　　政府部門經常支出加列新「分目」的申請由財政司司長審批，

其他單位的申請則須經立法局財務委員會批准。非經常支出開立新「分目」的申請由庫務署審批，但申請部門必須在《撥款條例》中列有該項支出指標，否則要等量減少非經營支出其他方面的支出指標。

三、追加撥款

在現有分目或新分目下追加撥款必須經立法會財務委員會或財政司司長核准。其中小規模的追加撥款由立法會授權給財政司司長審批。具體來看，在立法會和財政司授權下相應負責人有權批准追加「設有現金限額」部門的其他費用撥款，其追加撥款額以原核准撥款額的 10% 為限，且最高不超過 400 萬港元。不過對於薪餉補貼方面的追加撥款則無限額控制，但必須符合核准的支付率及薪級。至於超過轉授權力範圍內的較大規模追加撥款則需要立法會財務委員會審批。

追加撥款的流程大體是由部門向財經事務及庫務局提出追加撥款的請求，經財經事務及庫務局審核認為可行後，由財政司司長向立法會提出修改預算的建議，再由立法會財務委員會召開例會審核。為保證撥款的及時性，立法會如果同意追加則財經事務及庫務局可以先執行，正式的審批手續在年度追加撥款案中統一反映和審批即可。

四、職位編制之更改

更改人事編制開支限額、增設新職位以及更改薪級表都須由立法會批准。流程具體是先交由財務委員會轄下有關的小組委員會審

核，然後再提交財務委員會核准。不過經授權財政司司長管制人員可以在不超過人事編制開支限額的前提下增減非首長級職位或常額非首長職位。

五、提高非經常支出的限額

政府部門非經常支出限額的變更必須經立法會財務委員會授權，但財政司司長指定人員可以獲授權批准提高不超過 800 萬港元的非經常支出限額。若某部門原未列非經常支出預算的，經批准可以增列。上年度已批准的某個非經常支出項目，因種種原因未列入當年預算內或未預留指標的可再撥入當年預算內，如預算本年度需要動用此項開支則可批准追加撥款，但數額不得超過原批預算或結餘數字。

按照《公共財政條例》第 8 條規定，在預算執行過程中，財政司司長每季度都要向立法局財務委員會提交一份報告來說明預算支出的更改細節。報告內容主要包括四個部分：經常帳目和非經常帳目「分目」下的追加撥款額；新增非經常「分目」的支出指標（包括已核項目的增加額）；上年已批項目（包括結轉項目）重新撥付的支出指標、公務員編制的職位變動情況。

通常情況下，香港特區一般不存在預算追加現象，如果政府部門隨意提出預算追加申請，其首長將會受到立法會財務委員會質詢。當然一般也不會有大量部門預算結餘出現，因為如果當年某分目的撥款在沒有合理原因的情況下出現較大結餘，則下年度本項目撥款將會被削減，削減程度為當年結餘的一半。經瞭解，香港人對「預算追加」等概念感到莫名其妙，這也側面驗證了香港特區財政預算的嚴肅性。

政府採購制度

一、基本原則

　　自 1979 年起，香港一直是關稅及貿易總協定所議定的「政府採購協定」的締約成員。1979 年 5 月 20 日，香港加入了新達成的《世界貿易組織政府採購協定》（以下簡稱《世貿採購協定》）。1997 年 7 月 1 日後，香港特區以「中國香港」的名義繼續其《世貿採購協定》成員身份。根據「一國兩制」的原則，香港特區實行獨立的政府採購，其採購原則與《世貿採購協定》的精神及目標一致，具體如下：

（一）向公眾負責

　　香港特區政府認為政府採購資金來源於納稅人，因此使用資金首先應該向公眾負責（包括立法會、納稅人以及有意參與政府採購的供應商等），此外政府有責任就採購決定作出解釋。

（二）公開公平競爭

　　香港特區政府在提供招標材料、制定招標規定等方面對所有投標者一視同仁，保證貨品和服務不會因原產地、廠商規模等受到歧視，也不會阻礙國際貿易，盡力為廣大投標者提供公開公平的競爭

環境。

（三）清楚明確

香港特區政府要求各項採購程序和方法必須清晰明確，且招標文件資料齊全，確保供應商和承包商對政府採購的交易程序等充分瞭解，從而能夠根據實際情況提交切合要求而又具競爭力的投標書。

（四）合乎經濟效益（物有所值）

香港特區政府要求各項採購事務要取得最佳的經濟效益，換句話說就是政府採購要選擇物有所值的貨品及服務。為此，政府在進行投標評審時不僅考慮價格水平，貨品和服務的品質、供應商的表現、用戶需求的滿足、使用期內的全部費用以及售後服務等因素也都是重要指標。[11]

二、法律依據

《物料供應及採購規例》是政府採購制度的直接法律依據。其適用於為政府購買或取得的物料（土地及建築物除外），由公司或機構為政府和代表政府提供的服務，以及為政府和代表政府帶來收入的收入合約。所有政府部門在採購貨品及服務和招商承造各類工程時，均須依循《物料供應及採購規例》訂明的招標程序，若干例外情況（如專營權和特許權）則受其他程序規管。

三、組織體系

香港特區政府主要實行中央採購制度。財政司司長職責包括制定政府採購的規章和政策（《物料供應及採購規例》等）、負責政府採購相關管理事務（包括人員培訓、信息發佈、資格審查及投訴受理等）和各政府部門通用物品的集中採購和供應。財政司司長組織架構中財經事務及庫務局是負責制定採購和招標事宜的決策局，其主要職責就是保證上述的政府採購原則在採購活動中能夠得到貫徹。其轄下的庫務科中有政府物流服務署，於 2003 年 7 月 1 日成立，其前身是政府物料供應處。政府物流服務署負責各政府部門採購貨品和有關服務的具體執行，為特別行政區政府提供採購和物料供應、運輸和車輛管理以及印刷服務。主要負責為 80 多個政府部門、補助機構和某些非政府公共團體提供一般物品的採購與供應服務，亦負責為各政府部門及醫院管理局等公共機構預購、儲存及分發多類通用物品，管理整個政府的物料供應體系。具體來說，其職責主要包括：

1. 集中採購通用物品並存放於中央倉庫，由政府物流服務署的車隊負責運送。

2. 代理採購物品，特指各部門的特殊物品以及超過部門直接採購上限的物品。

3. 協助各部門採購物品。政府物流服務署的專業採購隊伍經驗豐富，可以協助其他部門的物品管理和採購。

除了為政府服務外，政府物流服務署還可為非政府機構和公務員等提供物品的處理、退回、索賠、維修、運送和暫存等服務。[12]

當然，並非所有物資和服務均由政府物流服務署負責採購。隨

着香港特區政府採購理念的轉變，用戶單位被賦予了部分自主採購權。如 500 萬港元以下的貨品採購由用戶根據《物料供應及採購規例》自行安排採購，對採購額少於 143 萬港元的，由用戶部門自行索取報價並由指定人員審批，採購額在 143 萬港元至 500 萬港元之間的，由用戶部門進行公開招標，並由該部門的投標委員會審批。此外，部分專用物料貨品也由部門自行採購，例如政府車輛管理處自行採購車輛、海事處採購汽艇等。而合約價值低於 500 萬 SDR[13]的建造工程則是在發展局的工務科總體監督下自行雇用承造商，顧問服務和一般服務也是由各部門自行採購。[14]

四、招投標管理制度 [15]

（一）採購方式

　　根據《物料供應及採購規例》規定，政府採購一般須採取公開競投的招標程序。公開招標的公告會在香港特區政府憲報和互聯網上公佈，同時為了貫徹政府採購公平公正的原則，能使海內外潛在供應商都能獲取招標信息，本地報章及部分外國雜誌刊登有時也會成為招標公告的載體，此外香港駐海外商務專員公署和各國駐港領事館也會接到招標通知。

　　除公開招標外，選擇性招標和單一招標也是政府採購可選的方式，不過二者都有嚴格的適用條件和前提。選擇性招標適用於採購複雜或貨源稀少的物品。為了保證供貨能力與供貨質量，選擇性招標的對象是符合若干資格準則或通過技術評估的供應商或承包商。相關招標信息會公佈在香港特區政府憲報上或者直接向有資格的供應商或承包商以郵遞、傳真或電郵的方式發邀請信函，有意投標者

也可向政府物流服務署或發展局工務科索取資料。單一招標（局限性招標）則適用於時間緊迫的情況或是出於安全性、專利性、配套性等方面的考慮前兩者都不適用的情況。單一招標顧名思義就是只邀請一個或數個獲得財經事務及庫務局局長或政府物流服務署署長批准的供應商或承包商參與投標。

（二）遞交投標書及開標

有意投標者必須在招標公告所指定的截標日期及時間內將投標書準確投入指定投標箱，逾期不予受理。截標後由指定開標小組開啟有關投標箱，並將投標書開封和認證，已認證的投標書會記錄在案之後送交到採購部門進行評審。

（三）投標書評審

採購部門會成立評標小組，根據投標書是否符合招標文件中開列的條件及規格來對投標書進行評審，評審標準包括履約時間、貨物質量、售後服務等多個方面。本着向公眾負責和物有所值的政府採購原則，採購部門會評選出符合要求同時報價最低的投標書並向投標委員會推薦。如果除價格外尚有其他預定的評審準則，採購部門則應根據綜合條件進行評分，把得分最高者作為中標候選人推薦給相關投標委員會，同時以投標評審報告的形式將部門建議提交投標委員會審批。

（四）定標

財政司司長委任一系列三人以上組成的投標委員會（包括中央投標委員會、政府物流服務署投標委員會、工務投標委員會、海事

處投標委員會和政府印務局投標委員會）負責定標工作。評標小組
推薦的中標候選人經各投標委員會批准後才能與有關採購機關簽訂
合同。在評審過程中，投標委員會將對應部門的意見與想法納入考
慮範圍內並有權要求該部門對其建議與意見作出解釋。此外，投標
委員會有權作出不接納任何投標書的決定。投標委員會審批通過
後，對應採購部門會給中標者發信通知並向其邀約同時通知落選者
投標結果及落選原因。在這過程中相關人員要確保通知內容不會泄
露商業機密信息。所有中標者及合約數額都會在 1 個月後於香港特
別行政區政府憲報及互聯網上公佈。

（五）投訴

為貫徹公共公正的政府採購原則，香港特區政府為投標商提供了
完善的投訴渠道。投標商認為投標評審不公的可向政府物流服務署
或其它招標機構的首長投訴；認為採購活動中涉嫌腐敗的可以向廉
政公署投訴；認為採購程序選擇不當的則可以向申訴專員公署投訴。
此外，1998 年 12 月香港特區成立了一個獨立的投標投訴審裁組織，
專門負責對採購實體涉嫌違反《世貿採購協定》的投訴作出審裁。

（六）供應商管理制度

為了淨化政府採購招投標的市場環境，香港特區採用多種方式
對政府採購的供應商進行規範管理。首先是實行註冊管理制度，禁
止表現卑劣的供應商參與投標或對其實行降級懲罰。其次是設立行
業協會，通過協會內部互相監督來發現和處罰擾亂市場秩序者並對
其他投標商進行補償。若類似情況再次出現，行業協會有權決定吊
銷該公司的執照以整治不正之風，並且該公司將由競爭對手收購，

以避免由處罰帶來的人員、廠房等社會資源的浪費。此外香港特區還設有獨立的反貪機構來調查供應商的賄賂和失信行為，一經發現，將按照反貪法嚴肅處理。

五、採購人員管理

如上所述，政府物流服務署是負責香港特區政府採購的部門，其具體工作由該署的採購人員來負責。香港特區實行統一、規範的政府採購職業資格制度和採購官制度。所謂職業資格制度是指採購人員按專業能力分為多個級別。比如只有拿到公認的物料採購與供應文憑才有資格任職物料供應主任。此外採購人員的晉升也與專業資格和平時表現嚴格掛鈎。所謂採購官制度是指採購人員的採購權限與級別對應。如總物料供應主任負責最高 20 萬港元的採購事務，高級物料供應主任為 12 萬港元以下，物料供應主任為 7.5 萬港元以下，主任級別以下的為 5 萬港元以下。為了不斷提高採購水平，香港特區政府還會為採購人員提供持續的教育和培訓。如資助主任進修專業課程並為職員提供採購、審計、會計等方面的課堂培訓等，不斷提高採購人員專業化水平，保證政府採購的高效運作。

此外，為了增強對政府採購的管理和引導，保證採購規範合理，政府物流服務署向各個政府部門和公共機構採購單位均派遣了採購人員負責所派單位的採購事宜。但機構的小額採購只需簡單詢價即可，政府物流服務署下設的監督統計科室負責核查價格並簽字證實，之後財經事務與庫務局就可對此次購買進行支付。當然，外派採購官員的晉升與考核也由政府物流服務署統一調度、協調和管理、監督，這種兼具集中採購與分散採購特徵的採購模式大大提高

了香港特別行政區政府的採購效率。

專欄 4-4-1：香港特別行政區政府政府採購新政策

香港特別行政區行政長官林鄭月娥在 2018 的《施政報告》宣佈，政府會推出支持創新的政府採購政策。新政策的目的是希望創造更有利的環境，鼓勵政策局和部門為政府採購時採納創新建議，以及便利初創企業和中小企參與政府採購。新的採購政策已於 2019 年 4 月 1 日起執行。

香港特別行政區政府的採購一向公平、透明且具競爭性。在此原則上，新的政府採購政策還將考慮購買貨品和服務所投入的資源是否取得最佳的成效，而並非無視質素、單純追求「價低者得」。

特別行政區政府將鼓勵採購部門更廣泛地採用評分制度，同時將技術評分一般可佔的比重由現時的三至四成上調至五至七成；並規定部門在採用評分制度時，須最少預留若干百分比的技術分數，用於評審投標者提交的創新建議，讓具創新建議的標書有更大的中標機會。

為降低入場門坎，便利初創企業參與採購，特別行政區政府將建議有關部門除非有絕對需要，否則不應將投標者經驗方面的要求列為必要條件。如果投標者經驗需要列入評分制度內加以考慮，一般的設定比重亦不應超過總技術分數的 15%。

特別行政區政府還將推出利便中小企和初創企業參與政府採購的措施，並加強與創科業界的交流和信息發放。如物流署會公佈政府採購計劃，並參與招標前簡介會，藉以協助中小企和初創企業擬訂其計劃及熟習政府採購的程序。

資料來源：http://www.sohu.com/a/272387064_276597。

第五節
預算管理電子化系統

一、預算管理全過程電子化

香港特區政府在預算管理的整個過程中充分使用了現代科技手段來提高管理效率。在預算編制階段香港特區政府就大量運用了電子信息技術，比如預算編制前利用網絡收集民眾意見，建立專門的官方網站對預算進行公示等。在預算編制階段，財經事務及庫務局使用周年預算編制系統，將管制人員遞交預算草稿、各局局長審批及確認預算草稿的最初和最終版本的程序電子化，既提高了編制效率，還大幅度減少了辦公用紙。在預算執行階段，香港特區政府則構建了多個計算機系統來輔助預算執行管理。正如上文提到的，香港特區政府自主研發了電腦化會計及財務資料系統來方便庫務署進行日常資金撥付。該系統可以按時對政府公務員的薪餉津貼進行撥款，也可以接受政府其他部門通過在線電腦終端向庫務署發出的合理支付申請，庫務署審核無誤後通過系統直接撥付給債權人並予以登記。此外，該系統還負責管理公積金帳目和直接撥款發放公積金福利給基金會或供款人。

二、特別機構電子化系統應用

（一）稅務局

　　除庫務署擁有發達的計算機系統外，其他政府部門也運用了電子化系統進行辦公。比如稅務局就擁有自己的一套電腦系統。所有納稅人的資料檔案都是通過電腦系統管理，稅務人員與納稅人一般往來通過書面形式並不直接接觸。該系統還可以實時記錄稅款繳納情況，並對拖延繳稅行為作出反映再依據法律對其進行罰款。如在稅單過期時，電腦便會發出追稅及加收 5% 附加費的通知單。在稅單超過六個月仍未清繳時，電腦會發出加 10% 附加費的追稅通知書。此外，香港特別行政區稅務局還可以向任何第三者發出代扣稅款通知書。電子系統的使用提高了香港特別行政區政府的徵稅效率，大大降低了香港人的欠稅水平。[16]

專欄 4-4-2：

香港特別行政區稅務局推出嶄新優化服務 ── 電子報稅方式

　　近日，香港特別行政區稅務局優化雇主電子報稅服務，推出嶄新混合模式的電子提交方法，為雇主提供一個簡單又方便的方法完成提交雇主報稅表／通知書。

　　透過新推出的混合模式提交方法，雇主只須指派一位人士將 IR56B 或 IR56F 表格的資料檔案上載至稅務局而不需要登入「稅務易」帳戶。當成功上載資料檔案後，系統將會匯出一份附有交易參考編號及二維碼（QR Code）的核對表，獲授權簽署人只須簽妥及交回該紙張形式的核對表，便可完成整個提交程序（詳情請參閱香港特別行政區稅務局）。為協助雇主擬備 IR56B 或 IR56F 資料檔案

經混合模式上載至稅務局，香港特別行政區稅務局亦已推出新的網絡版 IR56F 表格擬備工具（擬備工具）。新的擬備工具容易使用及備有以下特點及好處：

    1. 簡單的屏幕流程；

    2. 備有數據驗證以確保輸入資料完整；

    3. 能夠從舊有的資料檔案匯入雇員的個人資料；

    4. 方便列印個別的文本或匯出電子版的 IR56 表格；

    5. 資料檔案獲加密保證以防止未獲授權的取閱；

    6. 減少用紙。

資料來源：香港特別行政區稅務局官網：https://www.ird.gov.hk/chi/welcome.htm

（二）政府物流服務署

政府物流服務署作為政府採購的具體執行部門，其特殊的業務性質決定了該署對信息網絡技術的巨大需求。

早在 1996 年，香港特別行政區政府物料供應處（政府物流服務署前身）就購置使用了「在線計算機系統」。各部門可以在電腦上連線申請通過物料供應處採購通用物品，待驗收後物料供應處給予付款指示，向供貨商發出支票，並通過迎接系統通知庫務署把開支金額入帳。計算機系統的使用大大簡化了線下採購流程，縮短了訂貨、送貨時間，提高了政府物料供應處的服務效率。1999 年，該處進一步加強了「貨倉運作存貨管理及物料提取計算機系統」的電腦條形碼功能，這使得查核存貨、驗貨和收貨以及查詢和轉移貨架更加準確可靠，提高了倉庫運作的整體效率。此外政府物料供應處還

改良了「採購管理系統」，為遠端用戶和採購科建立連線聯繫，方便彼此交換信息，提高了採購管理效率。2000 年，「電子投標系統」的投入運作實現了供應商註冊、招標文件下載、投標報價傳送和採購合同簽訂的電子化，保證了招投標資料的真實準確、安全完整，縮短了採購時間，節約了雙方的人力物力成本。[17] 2010 年「電子投標箱」又取代了「電子投標系統」，目前香港特別行政區政府物流服務署主要利用採購及合約管理系統（PCMS）和電子投標箱（ETB）兩套計算機系統處理電子政府採購工作。這些電子化管理系統的使用大大改善了原來繁瑣粗糙的採購模式，使政府採購更加公開透明、方便快捷，甚至在減少腐敗行為上也發揮了巨大作用。

註 釋

1. 劉偉（1988）。〈香港的財政管理及其對深圳特別行政區的借鑒意義〉，《財政研究》，（08），頁 18-23。

2. 林志成，袁星侯（2002）。〈從香港預算管理看內地預算改革〉，《中國財政》，（06），頁 26-27。

3. 雁秋（1997）。〈香港的政府收支預算管理與政府會計管理〉，《預算會計》，（07），頁 23-28。

4. 《稅務條例》2019 年修訂版：https://www.elegislation.gov.hk/hk/cap112。

5. 劉群（2009）。《香港特別行政區財稅體制的特點與經驗借鑒》，涉外稅務，第 4 期，頁 49-52。

6. 政府帳單：政府各部門／局為收取其負責的稅收收入或非稅收入而發出的廣義的帳單。

7. 一般繳款單：某些部門／局就相關收費項目發出的繳款單，屬政府帳單的一類。

8. 債權人：這裏指為各局／部門提供所需物資和服務而尚未收取費用的主體。由於國庫集中收付制度，獲得物資和服務的部門／局無法直接付款，因此這些主體與政府之間會存在債權債務關係，所以稱這些為政府提供物資服務但未獲收取費用的主體為政府的債權人。

9. 吳曉華，盧哲宇（2012）。〈淺析香港財政運行及其對內地財政的啟示〉，《商場現代化》，（10），頁 90-91。

10. 雁秋（1997）。〈香港的政府收支預算管理與政府會計管理〉，《預算會計》，（07），頁 23-28。

11. 麻志華（2002）。〈香港特別行政區的政府採購制度〉，《經濟研究參考》，（78），頁 21-24，頁 38。

12.〈香港特別行政區的政府採購管理〉（2002），《開放潮》，（01），頁 70-71。

13. 特別提款權（SDR），是國際貨幣基金組職設立的國際貨幣單位。在計算 2020 至 2021 年的採購門檻金額時，1SDR 大約相當於 10.9839288 港元。

14. 林宏（2002）。〈香港特別行政區政府的採購制度〉，《中國政府採購》，（05），頁 44-47。

15. 白積洋（2016）。〈香港特別行政區政府採購制度的可取之處〉，《中國政府採購》，（03），頁 66-69。

16. 樊靜（1998）。〈香港稅法與大陸稅法的比較研究〉，《煙台大學學報：哲學社會科學版》，（03），頁 37-41。

17. 河北省財政集中支付考察團，齊守印，張振川，曹春芳（2002）。〈香港的公共財政管理及借鑒〉，四川財政，（02），頁 44-46。

第五章
香港特區政府會計及決算制度

▮▮▮▮▮▮ 本 章 導 讀

本章主要介紹了香港特區的政府會計制度、政府財務報告制度以及
政府決算的審計、審議和批准等一系列管理流程。第一節從政府會
計主管機構和發展歷程、政府帳目分類和匯報體系等方面介紹香港
特區政府會計制度。第二節將香港特區政府的決算管理流程劃分為
三個步驟，分別從審計署審計、政府帳目委員會審議、立法會批准
這三個環節詳細介紹香港特區政府的決算管理流程。

政府會計制度

一、政府會計主管機構

《公共財政條例》第 16 條規定，香港特區的政府會計由庫務署署長統一管理。庫務署署長除了負責編制及監管政府帳目外，還管理會計的操作及程序並確保相關規則或指令獲得遵從。庫務署下設眾多部門，其中庫務會計部是專門負責政府財務匯報和中央會計及收付事項的部門。具體來說，其職責包括彙編監察政府收支帳目，確保政府財政收支及時並準確記入帳內；負責收入繳庫和撥款；定期報告和分析預算收支執行情況；制定政府會計操作程序並進行管理。目前庫務署通過中央會計電腦系統（會計及財務資料系統）來進行政府會計帳務的處理和記錄。該系統包括現金收訖系統、應付帳款支付系統及薪俸記錄系統等多個子系統，並與各部門的電腦終端機相連，實現了政府會計帳務的電子系統化處理。

二、政府會計發展歷程

20 世紀 90 年代之前，香港的政府會計模式一直以現金收付制為核算基礎，其主要職能是通過帳目的記錄檢查現金開支是否在現

金預算之內，其主要目的則是顯示當局的支出不會超出已獲批准的範圍及限額，顯示由庫務署署長撥款的款項不超出撥款令所定的限額。這種模式對準確反映預算收支情況，加強預算管理與監督發揮了重要作用，但隨着經濟社會的發展，現金收付制會計的單一職能無法全面科學地反映政府財政信息，已經越來越不能滿足現實的需求。

1993 年，經濟合作與發展組織（OECD）公佈的一項研究闡述了它對政府會計的主要目標及其具體內容的看法，它認為政府會計反映的信息應當包括四點：資源運用是否合規，資源管理是否妥善；政府整體及各部分的財政狀況；財政表現，如是否節省成本並實現效率與既定目標；以及政府工作的經濟影響。

同年，當時的港英政府成立工作小組對當局實行的傳統收付實現制政府會計進行了評價與研究，1994 年港英政府提出應計制並逐步在各部門進行試驗，但由於各方意見分歧，此次工作不了了之。香港回歸後，1999 年引入應計制會計的建議得到重新提上議程，為此庫務局局長成立了檢討政府帳目匯報政策專責小組對應計制會計的應用條件、處理方式及可行性均進行了深入研究。該小組提出的政府帳目匯報的五個主要目標與 1993 年經合組織的看法基本吻合，只是將經合組織提出的第四點內容修改為「幫助作出決策」和「具有資源運用的問責性」。很顯然，依據傳統收付實現制會計編制的報表僅能滿足五項目標中的第一項，其他四項均無法體現，引入應計制會計成為滿足日益增長的政府信息需求的一劑良方。在公開徵詢得到各界廣泛支持的背景下，香港特區政府從 2002 年至 2003 年度開始增加了以應計制為基準的政府帳目編制，實行起「現金收付制和應計制並行」的政府會計模式。[1]

三、政府帳目分類

按照期間長短，香港特區政府帳目分為以下三種：

（一）月度帳目

每月末，政府的會計及財務資料系統都會歸結上月份帳目，然後於下月底編制成月度報表呈交財經事務及庫務局，新聞公報上也會及時刊登月報信息。其主要內容包括本月收支和本財政年度截至本月的總收支情況、截至本月的政府債務以及本月和本財政年度截至本月的財政儲備情況。

（二）季度帳目

在一個財政年度內，每逢 6 月、9 月、12 月及次年 3 月，庫務署都會編制季度報表，並將有關帳目在《香港特別行政區政府憲報》上刊登。其主要內容包括截至本季度末的「政府綜合、政府一般收入帳目以及各項基金」的資產負債表、收入支出表以及收支結餘附表。

（三）周年帳目

按照《核數條例》第 11 條規定，庫務署署長須於每一財政年度完結後的五個月內向審計署署長送交本年度的周年帳目，由審計署署長對其進行審計。但從 2002-03 年度起，庫務署開始對每一項業務分別按兩種會計處理方式進行確認、記錄與計量，因此預算年度結束後庫務署既按現金收付制編制一份政府周年帳目，又要按應計制編制一份政府綜合財務報表。

四、政府帳目匯報體系

　　庫務署編制的現收現付制周年帳目和應計制政府綜合財務報表共同構成了香港特別行政區政府帳目匯報體系。具體如下：

（一）現金收付制周年帳目

　　為滿足對政府提交帳目的需求，實現對預算執行情況的考察，庫務署每年 8 月底之前都會以現金收付制為基礎編制好上一財政年度的周年帳目。依照《核數條例》的規定，周年帳目主要內容與季度帳目類似，包括：

　　1. 政府綜合帳目

　　這部分主要包括資產負債表、收支表和財務報表附註。其中財務報表附註詳細說明了資產、負債、收入、支出、結餘等科目的具體分類和本年度及上一年度的金額，且收入、開支和盈餘（赤字）這三個附表還列示了原預算數字來與實際數字作對比。

　　2. 政府一般收入帳目和除債券基金之外的其他各項基金帳目

　　這部分的財務報表附註內容跟綜合帳目基本一致，也包括資產負債表、收支和財務報表附註等。只是收入和開支附表內容更豐富，不僅包含本年度原預算數字和實際數字，還包括二者差額及差異百分比。值得注意的是，在政府一般收入帳目和各項基金的帳目前邊還分別附有審計署署長的審計報告。

　　3. 附表

　　這部分主要包括政府一般收入帳目和各項基金的分析報表以及收支差異分析。分析報表是對前兩項帳目附註裏的收支附表的進一步細化，如政府一般帳目細化到各項分目，即各部門的各項收支均

得到反映。收支差異分析則是對報表裏的實際收支與預算收支的差異進行了原因分析。以政府一般收入帳目為例，差異分析主要是對實際收支與預算收支相差超過 10% 的帳目進行了原因剖析。如 2017 到 2018 年度政府一般收入帳目總目三「內部稅收」的實際收入多了 424.871 億港元，主要原因是物業市場和股票市場遠較預期活躍，使印花稅的收入與預期相比較多。

現金收付制模式下的周年帳目屬預算會計範疇，具有鮮明的「為預算管理服務」的特點。具體如下：

（1）以預算撥款為核算範圍，並未涵蓋政府全部財政事務。

（2）編制的資產負債表不夠規範。比如不涉及基建資產、建築物、機器及設備；投資、貸款和暫支款項均按成本列示且不計提減值；固定資產不計提折舊。

（3）編制的年度報表中包含預算收入和支出附表來反映原預算金額、詳細收支分析、實際與預算差異分析等信息。由此可見，現金收付制周年帳目其實就相當於中國內地的政府決算。

（二）應計制政府綜合財務報表

與現金收付制政府帳目的服務對象不同，以應計制為基礎編制的綜合財務報表主要服務於社會公眾。其目的在於可以完整反映政府為提供公共服務擁有的資源、各類負債、運行成本和費用，從而對政府財政能力和財政責任進行科學有效的會計記錄、分析評價和報告披露，實現專責小組提出的目標中現金收付制會計報告所不能實現的幾項目標。政府綜合財務報表須在財政年度的次年 12 月底之前編制完成，且無需立法會審批，備案即可。

應計制政府綜合財務報表主要內容如下：

1. 綜合財務報表

這部分包括綜合財務表現表、綜合財務狀況表、綜合現金流量表和財務報表附註。綜合財務報表裏還特別的給出了「應計制下的一般儲備與收付實現制下的綜合結餘（財政儲備）對帳表」和「應計制與收付實現制下的盈餘對帳表」。兩份對帳表均採用「調整項目」的方式，在應計制帳目上加減資產負債或收入開支等科目明細得出相應的現收現付制帳目。例如 2017 到 2018 年度政府綜合財務報表裏的綜合結餘對帳表，就是在應計制帳目金額 8,301.74 億港元的基礎上，加上「按應計制須入帳但現金收付制不須入帳的負債金額共計 11,204.98 億港元」，減去「按應計制須入帳但現金收付制不須入帳的資產金額共計 4,723.85 億港元」，再減去「應佔政府企業的未派發儲備和應佔其他單位的淨財務資產共計 3,753.53 億港元」，最終準確得到了本年度現金收付制帳目的金額 11,029.34 億港元。

2. 資產保管報表

這份報表是有關政府擁有的建築物、基建資產及土地的非財務資料，如建築物和土地的面積以及各項基建資產的數目、長度等。其編制目的在於補充政府在應計制綜合財務報表中對建築物、基建資產和土地這幾類資產所提供的財務資料。

應計制政府綜合財務報表屬資源會計範疇，其主要特點如下：

（1）核算範圍較全面。除了包括現金收付制周年帳目裏涵蓋的政府一般收入帳目以及幾項基金帳目外，還包括政府為特定目的設立、提供財政支持並就其用途負責的其他基金，政府控股不少於20% 並分享淨收益的政府企業，香港防務委員會，香港五隧一橋有限公司以及外匯基金的帳目。

（2）核算內容較全面。應計制政府帳目裏包含了大部分的政府

固定資產且按期計提了折舊。

（3）重大問題單獨列示。為顯示香港特區政府對民生等重大問題的重視，政府綜合財務報表列示了備受關注的「地價」和「退休金計劃」的帳目。其中地價收入的帳目按科目明細進行了單獨列示，由政府出資管理的退休金計劃的帳目明細則出現在報表附註中，內容包括退休金計劃資產的預期回報率、未來薪酬增幅和運行成本以及退休金承擔額現值等。[2]

（4）編制資產保管表。該表專門用來記錄並報告政府資產相關的非財務資料，這是現金收付制周年帳目所沒有的。

應注意，兩種會計模式並非是絕對對立的關係，而是會根據政府實際需要等原因產生交叉。比如現金收付制帳目裏，有些現金收支不記收支反而記作資產或負債，且應計制帳目下的少數科目也使用了現金收付制進行核算。總體來看，兩種會計模式下的政府帳目互為補充，科學、全面、準確地反映了香港特區政府資源運用、財政狀況、財政表現等重要信息，基本達到了政府帳目編制的目標，這種做法非常具有借鑒意義。

第二節

政府決算管理流程 ³

從實際內容上來看，現金收付制周年帳目其實就是香港特區的政府決算。上文提到周年帳目由庫務署負責編制，從編制完成到產生法律效力還需以下幾個步驟：

一、審計署審計

《核數條例》第 12 條規定，周年帳目（政府決算）編制完成後須按法定程序由庫務署署長提交審計署。審計署將依據《核數條例》和審計署審計準則對其進行審計。具體來説，審計署署長會按照每年預先制訂的工作程序表以抽查方式及深入審查的方法對個別部門的內部管制制度和帳目進行考察與審計。需注意，審計署審計帳目的目的是提供總體保證，即確保政府的財政及會計帳項都準確妥當，而非旨在揭露會計上的每個錯處或財政上的每個流弊。因此其採用「以風險為依據」的方法，測試集中於有可能出現重大錯誤之處而非逐項審計。在審計過程中，審計署會定期檢討政府的工作，發現財務管理存在欠妥、不當或違規的重大風險。

每年 10 月，審計署署長會將審計報告書呈交給立法會主席。審計報告書主要是為了證明審計署署長已審核及審計政府財務報表，並表明其對上年度政府周年帳目的審核意見，即帳目在各重大方面

是否均按照《公共財政條例》（第 2 章）及《核數條例》（第 122 章）第 11（1）條擬備，從而確保政府的財政及會計帳項編制妥善且符合公認的會計標準。

除了提交上述審計報告書，審計署還會於 10 月向立法會提交一份衡工量值審計結果。即就任何決策局、政府部門、專責機構、其他公眾團體、公共機構或帳目須受審核的機構，在履行職務時所達到的節省程度、效率和效益進行的審查，相當於我們常說的政府績效審計，屬政府績效預算管理的一部分。[4]

二、政府帳目委員會審議

審計署署長的報告書呈交立法會主席後，立法會政府帳目委員會將按照《核數條例》第 12 條和《立法會議事規則》第 72 條的規定進行審議。政府帳目委員會的主要職責之一就是負責研究審議審計署署長提交的政府帳目審計報告書並在審計署署長報告書提交後三個月內，完成審查報告提交立法會。在認為有需要時，委員會可以邀請政府官員及公共機構的高級人員出席公開聆訊，提供解釋、證據或資料；委員會也可以就該等解釋、證據或資料，邀請任何其他人士出席公開聆訊提供協助。

對於委員會的審議結果，政府當局必須在三個月內作出正式的書面回應，即「政府覆文」。「政府覆文」應當說明政府對於委員會指出的問題擬採取甚麼措施去糾正，若認為不應採取措施則要詳細解釋原因。此外，政府還要向委員會提交一份「周年進度報告」詳細列出「政府覆文」尚未解決的事項。「政府覆文」及「周年進度報告」均由庫務署署長負責編制。

三、立法會批准

上述審計和審查等法定程序完成後，立法會即開會表決，正式批准通過周年帳目。之後由行政長官簽署立法會通過的周年帳目（決算）並報中央人民政府備案。至此，該財政年度的香港特別行政區政府預決算工作正式完成。

註 釋

1. 李雷（2012）。〈香港政府會計體系及其借鑒〉，《財會通訊》，（07），頁 49-50。
2. 荊新，何淼（2015）。〈香港政府綜合財務報告體系建設的借鑒與啟示〉，財務與會計，（15），頁 66-68。
3. 雁秋（1997）。〈香港的政府收支預算管理與政府會計管理〉，《預算會計》，（07），頁 23-28。
4. 李瑛，崔曉雁，李陽（2007）。〈香港衡工量值審計與深圳政府績效審計的比較研究〉，《會計之友（上旬刊）》，（07），頁 85-86。

第六章
香港特區政府財政儲備及財政中期預測

本 章 導 讀

本章主要從香港特區政府財政儲備管理制度的演變與發展、財政儲備制度建立的原因、財政儲備金管理原則、財政儲備金的風險管理、變化分析和作用等六個方面介紹了香港特區政府的財政儲備管理制度。然後從香港特區政府中期預測的內涵、內容、編制原則和過程等方面介紹了中期預測制度。

第一節

財政儲備管理制度

　　財政儲備是指政府為了應對預算中出現赤字或應對臨時出現的不可預測的困難等而在預算中設置的一種貨幣基金。財政儲備是在每年財政預算之外單獨列出有關帳戶，以每年財政收支的實際盈餘撥入或者從每年的財政收入中預提一部分款項。財政儲備並不是一個固定的、通行的財政概念，各國各地區有不同的做法，可根據自己的實際情況和需要決定是否設立財政儲備。

　　香港特區的財政儲備是政府的財政盈餘減去赤字之後的累積結餘。由於香港特區政府未設立中央銀行亦不採取積極的公債政策，所以財政儲備在公共財政系統中就極為重要。香港的財政儲備制度在其財政管理中發揮着蓄水池的作用。這些財政儲備存入儲備外匯基金，成為外匯基金一個重要組成部份，並由香港金融管理局（以下簡稱「金管局」）管理。由此，財政儲備不僅能夠得到投資回報而成為政府的一項重要收入來源，還可用於維持外匯儲備率穩定，保證香港經濟發展不會出現太大的波動。

一、香港財政儲備管理制度的演變與發展

（一）香港財政儲備的設立

　　由於歷史的原因，在 1958 年之前，香港的財政制度沿襲了英國

的財政模式。英國在 1837 年已開始制定《殖民地章則》，強調審慎管理、量入為出，作為管理殖民地的指引，通過《殖民地章則》中有關財務預算及預算管理的條文來監管其殖民地政府的公共財政。香港在 1837 年成為英國的殖民地並建立港英政府後，均嚴格遵守《殖民地章則》的要求，達到了審慎理財、財政穩定的基本要求。

在英國佔領香港的初期，由於建設費用較大，以稅收為主的香港財政入不敷出，其不足部分由英國政府以財政津貼形式補足。隨着收入增加，香港財政收支漸趨平衡，英國政府取消了對香港的財政補貼。1855 年之後，港英政府逐漸累積歷年財政盈餘，當時稱之為盈餘結存（Surplus Balance）。根據 1936 年的立法局資料，當時的港英政府以持有不少於 1,000 萬港元的盈餘結存為目標，若以當時的政府總開支計算，則盈餘結存應相當於政府總開支的一半（即相等於六個月的政府總開支），可見當時的港英政府已經逐步建立起財政儲備制度。在相當長的時間裏，香港的財政政策不是獨立的，一些重大的財政政策必須通過英國政府有關部門的批准。從1952-53 財政年度起，香港建立財政儲備基金，逐年由一般收入帳目的盈餘中撥款歸入基金，不斷累積增加。1958 年，香港獲得英國賦予財政自主權。通過梳理歷史，在回歸前，港英政府獲得財政自主權的歷程如下表 6-1-1 所示：

表 6-1-1　港英政府獲得財政自主權歷程

年份	主要內容
1855 年	港英政府首次錄得財政盈餘，故當年宣佈財政達到自給自足。
1870 年	港英政府積累財政儲備，英國財政部遂解除對港英政府財政開支的管制。
1930 年	英國殖民地解除對香港預算開支審批安排，港英政府預算案由香港立法局負責審議。
1952 年	建立財政儲備基金，財政盈餘撥入基金，累計增加。
1958 年	英國殖民地部宣佈給予港英政府財政自主權。

（二）香港財政儲備的發展

1985-86 年度以後，除將一般收入帳目的盈餘撥款歸入財政儲備基金外，一般收入帳目之外的各項基金也加入財政儲備基金。目前香港特區政府的財政儲備基金來源主要包括政府一般收入帳目的結餘、基本工程儲備基金、資本投資基金、公務員退休金儲備基金、賑災基金、創新及科技基金、土地基金、貸款基金和獎券基金等的結餘。財政儲備中各項基金含義如下[1]：

1. 基本工程儲備基金。

根據當時的臨時立法會於 1997 年 12 月 17 日根據《公共財政條例》（第 2 章）第 29（1）條提出的決議，基本工程儲備金的來源包括：從土地交易所收受的地價收入、為基金的目的而進行的工程或承擔的責任而收受的一切款項、經臨時立法會或立法會核准由政府一般收入撥入的款項、根據《借款條例》[2]（第 61 章）第 3 條借入的款項，而該借款是核准借款的臨時立法會決議或立法會決議所如此規定記入者、所有來自基金所持款項賺得的已收受利息或股息和為基金而收受的捐獻或其他款項。

基金的支出主要包括：以作為政府公共工程計劃的用途、以購置和安裝為實施公共工程計劃而致必需的設備、以發展、購置和安裝政府所用的主要系統及設備、以用作非經常補助金、以收購土地及以支付根據《新界土地交換權利（贖回）條例》（第 495 章）須就土地交換權利支付的贖回款項以及須就該等贖回款項支付的利息。

2. 資本投資基金。

設立於 1990 年 4 月 1 日，初始資本是由發展貸款基金（截至 1990 年 3 月 31 日）所作的部分貸款和墊款、政府投資於亞洲發展

銀行的股份、地下鐵路基金和發行給財政司司長法團並由財政司司長法團代表政府持有的地鐵有限公司股份等資產注入而成。之後基金的資金來自所做投資的股息、利息、償還的貸款及政府一般收入帳目轉撥的款項。基金除承擔由於資產轉入帶來的法律責任外，財政司司長還須按照財務委員會指明的條款及條件，向獲得財務委員會核准的人提供資金，作為貸款、墊款及投資之用。

3. 公務員退休金儲備基金。

設立於 1995 年 1 月 25 日，旨在為政府所需支付的公務員退休金提供一筆儲備金，基金主要來自於政府撥款及基金以財政司司長決定的方式投資而收受的利息或股息。若在財政年度的任何 1 個月份終結時，財政司司長認為在考慮所有預期的收支後，本財政年度結束時政府一般收入帳會出現虧欠，則可從該基金支用款項支付按照《退休金條例》、《退休金利益條例》或《退休金利益（司法人員）條例》所應付的退休金、酬金或其他津貼，以履行其法定職責。

4. 賑災基金。

設立於 1993 年 12 月 1 日，旨在使香港能夠對國際的援助要求迅速反應，從而對在香港以外發生的災難提供賑濟。基金主要來自於立法會為基金目的批准的一般收入撥款，此外還包括為基金目的收到的捐款和為基金投資的款項所賺取的利息或股息而收到的所有款項。賑災基金須在某政府或救援機構為本國或有關地區向國際社會發出賑災呼籲時或在香港地區註冊的救援機構為其現在正在進行或即將進行的賑災計劃提出申請時可以批出。基金撥款只限用於個別災禍的賑災工作，而不能用於解決持續的苦難[3]。

5. 創新及科技基金。

設立於 1999 年 6 月 30 日，該基金的資金來自所做投資的收入

及售賣投資的收益、用以償還由基金墊付貸出的款項的還款以及政府一般收入帳目轉撥的款項。該基金主要用於自主及促進製造業和服務業創新及提升科技水平的項目，有利於香港的長遠經濟發展。

6. 土地基金。

設立於 1997 年 7 月 1 日，基金資金來源於從政府土地基金轉撥的資產。土地基金自 1997-98 財政年度始撥入政府帳目，成為財政儲備的一部分，該基金只可作投資用途，其資產以獨立投資組合的方式管理，不得用以提供任何政府服務。

7. 貸款基金。

設立於 1990 年 4 月 1 日，由 1990 年 3 月 31 日前的學生貸款基金和部分發展貸款基金資產轉入。除原有資產外，該基金的資金來自於立法會核准從政府一般收入撥予基金的款項、貸款基金的利息或股息以及將結餘資金投資於有息證券所收受的款項。基金須承擔截止 1990 年 3 月 31 日前學生貸款基金和發展貸款基金原有法律責任外，現主要用於資助社會及經濟發展項目，包括提供貸款予各間大學、大專院校的學生以及修讀由專業認可培訓機構在香港提供的持續、專業教育課程的人士。

8. 獎券基金。

設立於 1965 年 6 月 30 日，基金的收入主要來源是六合彩獎券的部分收入。其主要用途是以貸款及補助方式資助福利服務。

在 1997-98 財政年度規定存入外匯基金的財政儲備收取的回報須與整個外匯基金的回報掛鈎，並且制定了財政儲備準則，規定財政儲備應為未來三年的年均或有負債提供保障，用於為財政赤字撥款的財政儲備必須是扣除了或有負債保證金（財政儲備的最低法定限額）後剩餘的財政儲備（自由財政儲備）。從 1977-78 財政年度

開始，當時的港英政府財政司決定，財政儲備每年最低限度必須撥出能支付年末 1/3「或有負債」的額度，相當於年度預算開支的 15%，而財政總儲備減去預期支付的 1/3「或有負債」的額度，便是當年的「自由儲備」。由此形成巨額的「自由儲備」是維持香港財政金融穩健發展的基礎，此後自由財政儲備的餘額也一直符合這一要求。即使在 1997 年及 2008 年分別受到亞洲金融危機與世界金融危機的影響，導致財政儲備由於赤字撥款而有所減少，但財政儲備仍足以維持政府一年的開支。財政儲備緩衝金融危機期間政府的預算赤字受到的影響。

自 1945-46 財政年度到 1998-99 財政年度的 50 多年間，香港的財政只出現了八次赤字，其餘 45 次均為盈餘年度，因此積存了大量的財政盈餘。

1997-98 財政年度結束時，政府累積財政儲備為 4,575.43 億港元。香港回歸後，特區政府的公共財政及預算管理主要遵循《基本法》和《公共財政條例》的相關規定。按照《基本法》的要求，香港特區政府在回歸後保持財政獨立地位，財政收入全部用於自身需要，不上繳中央人民政府；中央人民政府不在香港特別行政區徵稅。在審慎理財、量入為出的財政原則下，香港特區政府的財政儲備在回歸後依靠內地經濟發展的帶動獲得了實質性的增長。在 1998-99 財政年度到 2003-04 財政年度的六年內，由於受到 1997 亞洲金融危機的影響，香港經濟陷入長達六年的緊縮，出現了五年的財政赤字，財政儲備的總額一度下降到 2,753.43 億港元。隨後香港經濟開始恢復，財政儲備金額開始上升。2018-19 財政年度結束時，財政儲備（修訂預算）高達 11,616.00 億港元 [4]，佔 2018 年香港本地生產總值的 40.82%，相當於香港特區政府 25 個月左右的開支。

表 6-1-2　香港近年來財政儲備金概況　　　　單位：百萬港元

預算年度 項目	2017-2018 修訂預算	2018-2019 修訂預算	2019-2020 預算
政府一般收入帳目	619,925	708,041	717,469
基本工程儲備基金	180,578	142,540	149,170
資本投資基金	2,917	335	3,627
公務員退休金儲備基金	35,129	38,315	39,426
賑災基金	17	24	100
創新及科技基金	6,776	25,522	22,260
土地基金	219,730	219,730	219,730
貸款基金	3,726	3,121	3,745
獎券基金	23,141	23,972	22,874
合計	1,091,939	1,161,600	1,178,401

數據來源：香港特區政府 2017-18 財政年度修訂預算。
　　　　　https:www.budget.gov.hk-2018-sim-estimates1.html
　　　　　2018-19 財政年度修訂預算與 2019-20 財政年度預算。
　　　　　https:www.budget.gov.hk-2019-sim-estimates1.html

　　高額的財政儲備有助於香港這樣的小型開放經濟體克服外部不利因素的影響，應付突如其來的困難。但是在通貨膨脹率高的情況下，利息往往不能彌補通脹之損失，因此有時香港特區政府也需要為積累財政儲備而減少支出，特別是在公共建設和社會服務方面。

二、香港建立財政儲備制度的原因

（一）典型的小島經濟

　　香港同其主要貿易夥伴（美國、中國內地、日本等）的經濟總量相比，其經濟規模較小、開放程度高，生產資料和生活必需品大量依賴進口，容易受到外部衝擊。保證足夠的財政儲備可以在面對將來經濟衰退及逆境時促進宏觀經濟穩定。

（二）量入為出的財政政策

　　香港地區一直實行量入為出、收支平衡的審慎財政政策。維持高水平的財政儲備有利於防止財政風險保證，在經濟波動時仍能保障正常的公共支出能力，同香港特區政府公共財政的總體目標和原則相適應。

（三）維持匯率穩定

　　香港是一個小型開放經濟體，在全球化的條件下，這種經濟體很難保持自身財政貨幣政策的獨立性，相機抉擇的政策調節不可行，只能奉行積極不干預的財政經濟政策。為了抵禦外部危機事件的衝擊，保證政府在必要的時刻有能力進行積極的干預，就必須奉行審慎理財，力求平衡的政府理財原則，建立完善的財政儲備制度。

（四）貨幣局制度

　　港英政府於 1983 年 10 月 17 日推出了貨幣局制度。根據 IMF（International Monetary Fund）在《事實上的匯率制度和貨幣政策框架》（De Facto Classification of Exchange Rate Regimes and Monetary Frameworks）中的定義，貨幣局制度是指貨幣當局規定本國貨幣與某一外國貨幣保持固定的交換比率，並且對本國貨幣的發行做特殊限制以保證履行這一法定義務。在貨幣局制度下，政府在必要時可以利用財政儲備為銀行提供最後貸款人支持。匯率的穩定，成為香港地區進出口貿易繁榮並吸引大量外資流入的關鍵因素。穩定的銀行體系，會極大增強人們對其實行貨幣局制度的信心。

三、財政儲備金管理原則

（一）謹慎性原則

按照《基本法》第 107 條規定，香港奉行審慎理財、量入為出的原則。財政儲備每年都要獲得實質性的增長，財政儲備必須能夠保障政府一年的開支。

（二）穩健性原則

香港財政儲備作為外匯基金的特別組成部分，其基準投資組合在外匯儲備規模較小時只作被動投資。隨着官方外匯儲備大幅增加，自 1989 年 4 月 1 日起，過去以港元存款形式存入外匯基金的財政儲備由金管局進行積極投資，成為投資組合和流動資產組合中的一個重要部分。

（三）獨立核算原則

作為外匯基金的一個獨立的投資單元，財政儲備的投資組合與外匯基金的投資組合不完全相同。財政儲備的投資運營進行單獨核算，投資收益是經常性預算的收入來源。

（四）收益性原則

外匯基金（含財政儲備）可投資於 14 個債券市場、9 個股票市場和 18 種貨幣。土地基金則可投資於 19 個債券市場、18 個股票市場和 19 種貨幣。

（五）加強監管原則

　　負責風險管理和執行監察的部門負責評估各項投資的表現和所涉及的風險。利用「估計虧損風險」和「壓力測試」兩種方法計算在正常行情和極端不利行情下，投資組合所承受的風險。

（六）透明性原則

　　在年度預算案和中期前瞻預算計劃中，報告財政儲備基金、土地基金的運營情況。

四、財政儲備制度中的投資及風險管理

　　在 1998 年 4 月 1 日之前，香港財政儲備中的一部分放在商業銀行，保證其流動性，以滿足可能的公共支出需要。為減低市場風險，財政儲備的其餘部分存放在外匯基金作為港幣存款。由於財政儲備在過去一段時間裏持續增長，特區政府遂在 1998 年決定以更積極的方式管理存放於外匯基金的財政儲備，從而實現較高的長期「實質」回報。自 1998 年 4 月 1 日起，財政儲備由獨立機構金管局做適當的投資，回報與整個外匯基金的收益率掛鈎，根據儲備基金所佔外匯基金的比例將投資收益分派給特區政府。自 2007 年 4 月 1 日起，財政儲備的投資回報以外匯基金投資組合過去六年的平均投資回報率計算，以減少投資收入的波動。

　　為了避免財政儲備金在運用及投資管理過程中出現風險，香港特區政府建立了較為完善的財政儲備金運營風險控制制度。

（一）風險控制體系

1. 財政司司長及其領導下的外匯基金諮詢委員會

《外匯基金條例》[5]第 3（1）條規定外匯基金「由財政司司長掌有控制權，並須主要運用於財政司司長認為適當而直接或間接影響港幣匯價的目的，以及運用於其它附帶的目的。財政司司長在行使控制權時，須諮詢外匯基金諮詢委員會，該委員會由財政司司長出任當然主席，其它委員則由行政長官委任。」財政司司長掌握對外匯基金的控制權，其經諮詢外匯基金諮詢委員會後可以作出關於外匯基金投資組合的決定。外匯基金諮詢委員會的委員由金融管理專員（金管局總裁）、香港中文大學教授、中國銀行（香港）有限公司總裁、安永會計師事務所首席合夥人、渣打銀行（中國）有限公司總裁、香港上海滙豐有限公司副主席、中國人民政治協商會議全國委員會委員、證券及期貨事務監察委員會主席等 20 名具備貨幣、金融、經濟、投資、會計、管理、商業及法律等領域專業技能和實踐經驗的資深專業人士擔任[6]。

2. 金融管理專員

金融管理專員（金管局總裁）需根據財政司司長的授權，就外匯基金的運用及投資管理向財政司司長負責。按照《基本法》、《外匯基金條例》和《銀行業條例》的相關規定，金管局獨立自主運作。財政司司長和金融管理專員通過按照法律規定互換函件，建立工作關聯。

3. 外聘投資經理（國際投資管理公司）

金管局在全球範圍內雇傭外部投資經理負責管理外匯基金約 1/4 的資產，其中包括所有上市股票組合及其他特別資產。聘任外部基金經理要經過三輪嚴格遴選，與金管局儲備部簽訂委託管理協議，

並要奉行金管局制定的道德操守。

4. 金管局內部審核委員會

審核委員會檢討金管局的財政匯報程序及內部管控制度是否足夠與具成效，並提交報告。審核委員會負責檢視金管局的財務報表及編制該等報表所用的組成項目與會計原則，並聯同外部及內部審計師查核其所進行的審計範疇與結果。

審核委員會下轄內部審核處通過全面審核工作確保金管局的資產和資金得到適當保障和運用，所定的程序和準則得到嚴格遵守。內部審核處的工作範圍包括評估內部監控制度和管理環境是否有效以及財務會計制度和管理匯報制度是否可靠。

5. 壓力測試

金管局利用估計虧損風險和壓力測試兩種方法來計算在正常行情和極端不利行情條件下投資組合所承受的風險。

（二）風險控制制度

1. 投資指引

外匯基金和土地基金的投資策略分別由兩個諮詢委員會制定，至於日常管理，則分別由金管局的儲備管理部和土地基金辦公室進行。

儲備管理部和土地基金辦公室是根據財政司司長授予的權力，並按照外匯基金諮詢委員會和土地基金諮詢委員會批准的投資指引履行其職責。儲備管理部和土地基金辦公室是參考策略性投資基準來決定在個別市場的短期資產分佈策略。這些專業投資人員根據對基本經濟因素的分析以及對市場發展和走勢的評估，決定投資在各個國家的比重和入市或離市的適當時間。為了爭取高於市場的

回報，這些專業人員還會在每個市場挑選個別證券。儲備管理部和土地基金辦公室會遵循有關諮詢委員會核准的投資指引而作出這些投資決定，指引內容包括策略性基準的最大偏離程度、信貸風險指引、各種認可投資工具和對這些投資工具的投資限額。

外匯基金的長遠投資策略已反映在投資基準內。投資基準是根據該基金的風險承受能力和預期長期回報，並按國家分佈的債券和股票投資比重及基金整體的貨幣結構而制定。外匯基金的策略性投資基準是根據適用於資產分佈的定量方法而制定，這種方法已經過周密測試，並普遍獲國際投資界採用。

2. 分帳安排

將全部外匯基金劃分為支持組合和投資組合兩大類。財政儲備基金只是分享投資組合的收益。每年政府一般預算分得的這部分投資收益由此前六年該投資組合部分的平均收益率乘以各有關年度外匯基金現值確定。實際收益超過當年應劃分給一般預算收入的部分用於充實外匯基金，實際收益小於當年應劃分給政府一般預算收入的部分，由外匯基金中撥款補足。於年開始實行的當前財政儲備與外匯基金的分帳方法確保了政府一般預算收入穩定，且能夠對外匯基金規模起到內在穩定作用。

3. 內部審計

金管局審計處根據《內部審核規章》以及專業準則對外匯基金的戰略風險、投資風險、經營風險進行內部獨立審計，並與進行外部獨立審計的香港審計署長、外聘審計師保持聯繫。

4. 道德操守

外匯基金諮詢委員會成員、外聘基金經理、內部審計人員等所有參與外匯基金管理的專業人士都需遵守相應道德操守準則。

（三）外部審計

《外匯基金條例》第 7 條「外匯基金的審計」規定「外匯基金所有交易的帳目，須於行政長官不時指定的時間，依行政長官不時指定的方式審計」。

五、財政儲備金的變化分析

（一）總體分析

1997 年香港回歸後，適逢「亞洲金融風暴」和「科技網絡泡沫爆破」，香港特區政府財政收入減少。在 1998-99 年度到 2003-04 年度的六年內，香港特區政府出現了五年的財政赤字，數額巨大，財政儲備一度下降到 2,753.43 億港元，佔當年本地生產總值的 22.3%。隨後從 2004-05 年度開始出現財政盈餘，當年的財政盈餘佔名義 GDP 的 1.65%，而在 2007-08 年度這個比例達到 7.65%，此後又下跌至 0.09%，由此可以看出，香港的財政盈餘並不穩定。但從其後的發展趨勢看，香港的財政儲備數額有上升的趨勢（見圖 6-1-1）。

圖 6-1-1　自 1997-98 財政年度以來的財務摘要 [7]

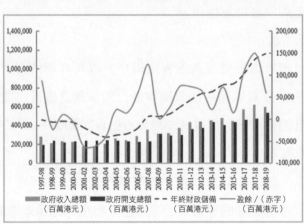

（二）具體年份分析

1998-99 財政年度是回歸以來首次財政赤字，達到 232.41 億元，佔當年支出的 9.71%。因為香港作為一個開放的經濟體系，深受金融風暴影響，全年的 GDP 實質下降 5.1%，出售土地所得的收入比原來預期的數額少 322 億元。

1999-00 年度財政盈餘 99.52 億元，財政狀況出現這樣戲劇性的好轉，主要是因為財政儲備存放於外匯基金，而外匯基金投資香港股票取得意外豐厚的收益，投資收益增加到 440 億元。

2001-02 年度開始，由於泡沫經濟爆破和經濟轉型幾乎同時出現，香港經濟面對嚴重的通縮壓力，之後又因 SARS 的爆發使香港經濟進一步惡化。經濟下行使財政儲備不斷下降，2003-04 財政年度結束時香港財政儲備下降至 2,753.43 億港元，相比於 1997-98 年度的財政儲備，已累積減少將近四成。

2003 年 9 月，中央政府相繼推出《內地與香港關於建立更緊密經貿關系的安排》（CEPA）、「內地赴港自由行」等挺港經濟措施，香港股市、樓市重入上升軌道，在產業空心的格局下，以資產增值和財富效應為典型特徵的香港經濟迅速恢復增長。

2004-05 年度，香港特區政府成功消滅赤字，自 2000 年以來財政首次出現盈餘。當年經濟增長達 8.6%，實現財政盈餘 207 億，持續近 6 年的通縮期終於結束。自 2004-2005 財政年度，香港特區政府財政連年盈餘，財政儲備不斷增加，並且財政儲備的增速與財政盈餘的增速具有一定的相關性。

由於受到金融危機影響，2008 年下半年香港經濟受到嚴重打擊。2008-09 年度財政盈餘增速由上一年度的 111.0% 下降到 -98.8%，同年財政儲備的增速也由上一年度 33.5% 下降到 0.3%。

2009-10 年度，由於內地採取了「四萬億元」的經濟刺激方案，以及歐美地區經濟回穩，香港經濟恢復較快，財政盈餘相比上一財政年度增加了 1,687.38%，財政儲備增速也提升至 5.2%，財政儲備總額提升至年度財政支出的 1.78 倍即 5,202.81 億港元，使香港政府的財政政策可以有較大的調控空間。

表 6-1-3　香港特區政府自 1997 年財政數據

財政年度	政府收入總額 （百萬港元）	政府開支總額 （百萬港元）	盈餘／（赤字） （百萬港元）	年終財政儲備 （百萬港元）
1997-98	281,226	194,360	86,866	457,543
1998-99	216,115	239,356	(23,241)	434,302
1999-00	232,995	223,043	9,952	444,254
2000-01	225,060	232,893	(7,833)	430,278
2001-02	175,559	238,890	(63,331)	372,503
2002-03	177,489	239,177	(61,688)	311,402
2003-04	207,338	247,466	(40,128)	275,343
2004-05	263,591	242,235	21,356	295,981
2005-06	247,035	233,071	13,964	310,663
2006-07	288,014	229,413	58,601	369,264
2007-08	358,465	234,815	123,650	492,914
2008-09	316,562	315,112	1,450	494,364
2009-10	318,442	292,525	25,917	520,281
2010-11	376,481	301,360	75,121	595,402
2011-12	437,723	364,037	73,686	669,088
2012-13	442,150	377,324	64,826	733,914
2013-14	455,346	433,543	21,803	755,717
2014-15	478,668	405,871	72,797	828,514
2015-16	450,007	435,633	14,374	842,888
2016-17	573,124	462,052	111,072	953,960
2017-18	619,837	470,863	148,974	1,102,934
2018-19	596,419	537,753	58,666	1,161,600

數據來源：香港特區政府財經事務及庫務局網站。
　　　　　https://www.fstb.gov.hk/tb/sc/financial-statistics.htm

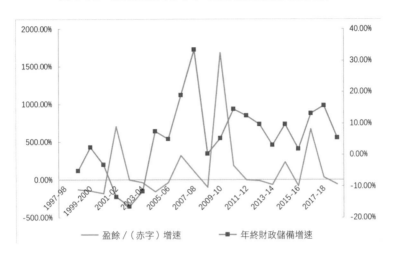

圖 6-1-2　財政盈餘（赤字）增速與財政儲備增速比對 [8]

（三）財政儲備金額準則

　　歷史上，根據經濟發展，香港對財政儲備的具體金額做了多次更改，財政儲備的規模一般與財政支出水平緊密相關，而往往不會是僅指某一固定的數額（見表 6-1-4）。2002-03 年度，時任香港特區政府財政司司長梁錦松將準則修訂為「財政儲備應不少於相等於 12 個月的政府總開支」並規定了財政儲備金額所對應的合理區間，區間下限為：

　　（M1 定義的港元貨幣供應＋政府十二個月開支）×（1－25%）

區間上限為：

　　（M1 定義的港元貨幣供應＋政府十二個月開支）×（1+25%）。

迄今為止，香港特區政府仍沿用此新準則。

表 6-1-4 不同時期香港財政儲備金額準則

時期	香港財政儲備金額準則
1947-48 年至 1961-62 年	財政年度開始時的財政儲備不少於該年度預算稅收。
1962-63 年至 1976-77 年	財政年度開始時的財政儲備不少於該年度預算經常開支的 50%。
1977-78 年至 1986-87 年	財政年度開始時的財政儲備不少於該年度預算總開支的 15%。
1987-88 年至 1997-98 年	財政年度開始時的財政儲備不少於該年度預算公營部門開支的 50%。
1998-1999 年至 2001-02 年	下限的標準要求財政儲備應相等於 16 個月的政府總開支。上限的標準要求財政儲備應相等於 26 個月的政府總開支。
2002-03 年至今	財政儲備應不少於相等於 12 個月的政府總開支。

資料來源：蘇育楷（2014）。〈香港財政儲備制度的發展現狀及趨勢〉,《商業時代》,（05）,頁 109-110。

六、財政儲備的作用

有觀點認為，香港擁有豐厚的財政儲備，應該提出更慷慨的稅務寬減，並進一步增加開支。1999 年時任香港特區政府財政司司長的曾蔭權講述了香港財政儲備的作用，對這種說法進行了反駁。曾蔭權提出政府應當留出相當數額的資金作儲備，以應付公共財政在日常運作、處變應急及金融等三方面的需要：

第一，在日常運作方面，儲備可以讓政府手上有足夠資金應付日常的現金流需要，並用以支付年中入不敷出月份的所需開支。這方面需要的儲備最少，持有相當於政府三個月開支的數額，便足以應付日常運作需要。

第二，處變應急方面，需要利用財政儲備金來抵消經濟週期回落所帶來的衝擊，以及應付世界或區域內的突發事件對公共財政所

構成的壓力。在這些情況發生時，維持充裕的應急儲備，就可以無
須加稅，而仍可繼續推展各項社會投資和開支計劃，協助本地經濟
迅速適應新形勢。至於何謂充裕的應急儲備，則沒有統一的定論。
目前香港特區政府所施行即上文所提到的財政儲備金的區間上限和
下限之內，在經濟增長強勁的年份把儲備額提升到該幅度的上限。
經濟逆轉時，則把儲備額向下限調近，並同時繼續推行各項公共投
資和開支計劃。

　　第三，金融需求方面，利用儲備保持匯率穩定，是理想的做
法。金管局和國際貨幣基金組織都曾強調，把香港財政儲備存放於
外匯基金，對加強市民對香港財政基礎的信心有重要作用。並且經
驗顯示，財政儲備愈雄厚，公眾信心愈強大，金融市場愈穩定。因
此，香港特區政府決定採用 M1 定義的港元貨幣供應作為儲備的基
準，並把增加幅度定在 M1 貨幣供應量的 25%。

第二節
財政中期預測

一、中期預測的基本內涵

　　預算年度是以一個國家法律規定的財政收支計劃執行過程的年度為起訖時間，傳統意義上的年度預算就是以預算年度為基礎編制的年度收入和支出的規劃。在預算年度框架下，預算只對當年的財政預算收支事項作出預先安排，並不需要涉及財政年度以外的任何財政收支事項。這種預算制度有助於政府和預算部門對支出進行有效的控制，但會導致不同預算年度之間出現非連續性，人為地割裂了預算管理與宏觀經濟發展的聯繫，造成預算資金與政府要求相脫節。

　　20 世紀 80 年代，以倡導採用商業管理理論與技術，引入市場機制，提高公共管理和公共服務水平為特徵的「新公共管理」運動在西方國家興起。基於善治的理念和強化公共支出管理，西方國家提出中期預算作為一種創新的預算管理方法和一種有效的國家治理手段。香港地區也是在該時期（1986 年）開始進行財政收支的中期預測。這種中期預測的好處：一是能夠把預算中安排的項目與政府的中、長期計劃相結合，長計劃短安排，有利於政府活動的開展，使財權與事權結合得更緊密；二是在選擇和安排項目中重視成本 —— 效益，便於安排財政支出順序；三是考慮許多項目使跨年

度的，按項目安排預算，可以根據預測期內的發展變化情況，及時對目標、計劃和預算進行調整。

二、香港特區財政中期預測

1986 年，香港特區政府首次引入中期預測的做法，為中期規劃提供參考。所謂「中期」共五年，其時間年度包括決算年、預算年以及以後的連續三年。

香港特區政府在每年提交財政預算案時會擬備一份中期預測，集中推算政府的綜合財政狀況。收入方面的推算反映政府的財政政策、經濟概況展望以及估計的收款情況。至於開支方面的推算，則會考慮到政府服務供求方面預期的增長。這種中期預測（Medium Range Forecast）從性質上看，類似於西方有些國家編制的「滾動預算」和「經濟週期預算」。中期預測作為預算案的附件，每年隨預算案一起發表，並且特區政府根據最新的經濟和財政狀況，不時對其進行修訂。

香港特區政府於每年 2 月底預算案演辭中公佈的《財政預算案》中期預測的內容包含了未來五年的財政盈餘（赤字）情況的預測，內容比較簡單，只細化到經營性盈餘（赤字）和非經營性盈餘（赤字），以及財政儲備情況（見表 6-2-1）。

表 6-2-1　直至 2023-24 年度為止的政府開支及收入預測　單位：百萬港元

	項目	2018-19 修訂預算	2019-20 預算	2020-21 預測	2021-22 預測	2022-23 預測	2023-24 預測
經營帳目	經營收入	452,154	467,000	528,485	547,874	577,552	598,202
	減：經營開支	434,606	501,500	510,900	540,200	568,900	595,000
	經營盈餘 -(赤字)	17,548	34,500	17,585	7,674	8,652	3,202
非經營帳目	非經營收入	144,265	159,059	139,718	152,271	167,765	165,320
	減：非經營開支	103,147	106,258	129,715	155,003	170,902	160,388
	非經營盈餘 -（赤字）	41,118	52,801	10,003	(2,732)	(3,137)	4,932
綜合帳目	政府收入	596,419	626,059	668,203	700,145	745,317	763,522
	減：政府開支	537,753	607,758	640,615	695,203	739,802	755,388
	未計入政府債券及票據還款項的綜合盈餘	58,666	18,301	27,588	4,942	5,515	8,134
	減：政府債券及票據的償還款項	——	1,500	——	——	——	——
	已計入政府債券及票據償還款項的綜合盈餘	58,666	16,801	27,588	4,942	5,515	8,134
	財政儲備	1,161,600	1,178,401	1,205,989	1,210,931	1,216,446	1,224,580
	相當於政府開支的月數	26	23	23	21	20	19
	相當於本地生產總值的百分比	40.8%	39.4%	38.4%	36.8%	35.2%	33.7%

數據來源：2019-20 財政年度香港特區政府財政預算案。
https:www.budget.gov.hk-2019-sim-appendices.html

　　綜合香港特區政府的預算編制與執行過程，可將特區政府中期預測的內容分為以下三部分：

（一）預測的假設

　　中期預測列出了在宏觀層面包括本預算年度在內的五年時間的政府收支預測，其中必然採用多項與影響政府收支的因素有關的假

設。一些假設與經濟有關（一般經濟假設），主要包括實質本地生產總值（即實際 GDP）變動（經濟趨勢實質增長率）、物價變動和名義本地生產總值變動。另一些則與政府某些範疇的活動有關（其它假設），如基本工程現金流量、各種貸款和投資安排的水平和時間、各種收入來源的變化趨勢、財政儲備變化情況和可能採取的收入政策和措施等。

（二）具體預測

在《財政預算案》公佈的中期預測中，包括對五年內政府開支的趨勢、現金流量、財政儲備、政府開支與經濟的關係等進行預測。此外，中期預測還通過附註的方式，對會計方法、帳目結構和某些特殊事項進行説明。

（三）對中期預測的評價

根據財政預算準則對中期預測進行評價，主要對現金流量、公共開支變化格局進行分析。此外，在歷年的財政預算案演辭中財政司司長會對中期預測的具體情況進行説明。

對於香港特區政府而言，中期預測並非一份工作藍圖，而是用以衡量進度及評估是否需要採取進一步行動的基線。

三、中期預測的準則

在編制財政預算時，香港特區政府遵循的準則包括《基本法》第 107 條規定：「香港特別行政區的財政預算以量入為出為原則，力求收支平衡，避免赤字，並與本地生產總值的增長率相適應」和第

108 條規定：「香港特別行政區參照原在香港實行的低稅政策，自行立法規定稅種、稅率、稅收寬免和其他稅務事項」。

就編制中期預測而言，除以上準則外，下列準則同樣適用：

1. 財政預算盈餘 —— 赤字：政府的目標是既令綜合帳目及經營帳目達到收支平衡又可在一段時期內達到經營盈餘，以支付部分非經營開支。

2. 開支政策：開支增長率在一段期間內不應超過經濟增長率，政府的目標是把公共開支相當於本地生產總值的比例控制在 20% 或以下。

3. 收入政策：政府的目標是在一段時期內維持收入的實質價值。

4. 長遠而言，政府的目標是維持充足的財政儲備。

四、中期預測的編制

在中期預測的編制中，財政司司長分管的政府經濟顧問辦公室起着重要作用。政府經濟顧問辦公室負責向市民提供香港經濟的最新資訊，並進行經濟分析和就政府政策提供相關專業意見，其具體職能如下：

1. 監察經濟發展和定期編制經濟報告和預測；

2. 在制訂財政預算時提供資料和分析；

3. 就經濟事宜向政府各局和部門提供專業意見；以及

4. 評估政府各項政策、措施和計劃對經濟的影響。

政府經濟顧問辦公室下設的六個小組中，第一個小組負責編制經濟報告及政府經濟預測，其餘小組會就政府不同的政策及措施產生的經濟影響進行分析並提供意見。政府經濟顧問辦公室依據各組

對宏觀經濟和政府政策等經濟課題的研究，預測香港地區在未來五年內的實質經濟增長率和通貨膨脹率等經濟指標，並在每年財政司司長匯報下一年度《財政預算案》之前，發佈本年度經濟展望及中期財政展望。在這兩項報告的基礎上，政府經濟顧問辦公室編制當年《財政預算案》的「中期預測」部分，作為附錄附於《財政預算案》之後。

五、香港特區政府 2019-20 財政預算案的中期預測 [9]

（一）中期預測概況

1. 中期預測主要從宏觀角度估算政府 2020-21 至 2023-24 年度期間的收支和財政情況。在這期間，政府基建開支會超過平均每年 1,000 億元，經常開支增長則介乎每年 5% 至 8.8% 不等，大致高於同期平均每年 5% 的名義經濟增長。

2. 收入方面，2019-20 年度的地價收入主要以來年的賣地計劃和土地供應目標為依據，而 2020-21 年度起則以過往十年地價收入佔本地生產總值的平均水平（即本地生產總值 3.9%）計算。財政司假設利得稅和其它稅項的增長率，與未來幾年經濟增長率相若。

3. 財政司司長會將現時滾存至 824 億元的房屋儲備金分四年回撥到財政儲備，以更全面反映政府的財政狀況。

4. 基於以上假設和安排，財政司司長估計經營帳目在這五個年度中，除 2019-20 年度外，每年都會錄得盈餘，非經營帳目則會在 2021-22 及 2022-23 年度出現輕微赤字。經營帳目在 2019-20 年度的預計赤字，主要是本財政預算案的一次性紓緩措施及關愛共享計劃所致。政府的財政狀況並無出現結構性的轉變。此外，充裕的財

政儲備，也讓政府有能力滿足可見的開支需要。財政司司長對未來五年的財政預測，維持審慎樂觀。

5. 在 2024 年 3 月底，預計財政儲備會有 12,246 億元，相當於本地生產總之的 33.7%，或 19 個月政府開支。

6. 總括而言，政府未來五年的收支大體上會錄得盈餘。然而，上述測算未有計政府在中期預測期間，可能推出的退稅及紓緩措施。

（二）預測用的假設

1. 中期預測是財政規劃的工具，列出在宏觀層面上包括本預算年度在內的五年期間（即 2019-20 至 2023-24 年度）的政府收支預測和財政狀況。

2. 中期預測採用了多項與影響政府收支的因素有關的假設。其中一些假設與經濟有關（及一般經濟假設），另一些則與政府某些範疇的活動有關（即其它假設）。

3. 一般經濟假設：

（1）實質本地生產總值：預測 2019 年實質本地生產總值會上升 2% 至 3%。財政司採用這個預測變動幅度的中點去作出中期預測。就策劃而言，在 2020 年至 2023 年這四年期間，經濟趨勢實質增長率假設為每年 3%。

（2）物價變動：衡量整體經濟物價變動的本地生產總值平減物價指數，預測在 2019 年會上升 2.5%。在 2020 年至 2023 年這 4 年期間，本地生產總值平減物價指數的趨勢增長率假設為每年 2%；衡量消費市場通脹的綜合消費物價指數，預測在 2019 年會上升 2.5%。撇除各項一次性紓緩措施的影響，預測甚本綜合消費物價指數在 2019 年會上升 2.5%。其後，2020 年至 2023 年期間的基本綜

合消費物價指數趨勢增長率則假設為每年 2.5%。

（3）名義本地生產總值：基於實質本地生產總值及本地生產總值平減物價指數增減率的假設，2019 年名義本地生產總值預測會上升 4.5% 至 5.5%，而 2020 至 2023 年期間的名義趨勢增長率則假設為每年 5%。

4. 其他假設（與預測期內收支增減模式有關的其它假設）：

（1）2020-21 年度及其後的經營開支是預測的政府所需開支。

（2）2019-20 年度及其後的經營開支反映各項基本工程（包括核准基本工程項目及已進入後期規劃階段的項目）估計所需的現金流量。

（3）2020-21 年度及其後的推算數字基本上反映相關的趨勢收益。

（三）中期預測

1. 本中期預測期內（註 (a)）內，政府財政狀況的摘要載列如前文表 6-2-1 所示（這裏不再重複列示）。

2. 財政儲備：自 2016 年 1 月 1 日起，部分財政儲備會撥入名為「未來基金」的名義儲蓄帳目。未來基金存放於外匯基金，以期通過為期十年的投資，爭取更高回報。未來基金的首筆資金為 2,197.3 億元，是土地基金在 2016 年 1 月 1 日的結餘。2016-17 年度，政府把營運及資本儲備綜合盈餘中的 48 億元轉撥入未來基金，作為注資。至於其後的安排，財政司司長會每年檢視。

表 6-2-2　財政儲備分佈情況　　　　　　　　　單位：百萬港元

	項目	2018-19 修訂預算	2019-20 預算
	政府一般收入帳目	708,041	717,469
具有制定用途的基金	基本工程儲備基金	142,540	149,170
	資本投資基金	335	3,627
	公務員退休金儲備基金	38,315	39,426
	賑災基金	24	100
	創新及科技基金	25,522	22,260
	貸款基金	3,121	3,745
	獎券基金	23,972	22,874
	土地基金	219,730	219,730
	總額	1,161,600	1,178,401
	相當於政府開支的月數	26	23

　　3. 財政儲備會用以支付或有負債及其它負債，當中包括正在進行的基本工程承擔額逾 3,760 億元，以及未來十年的法定退休金承擔額約 4,800 億元。

註：

（a）會計原則

　　（i）中期預測是按現金收付制編制，反映收入和支出的預測，不論這些收支屬經營還是非經營項目。

　　（ii）中期預測包括政府一般收入帳目及八個基金（資本投資基金、基本工程儲備基金、公務員退休金儲備基金、賑災基金、創新及科技基金、土地基金、貸款基金和獎券基金）。中期預測不包括債券基金，因為該基金是獨立管理的，而其結餘也不是財政儲備的一部分。

（b）經營收入

　　（i）經營收入已計及 2019-20 年度財政預算內建議的收入措施，並包括以下項目：

表 6-2-3　經營收入分項數字　　　　　　　　**單位：百萬港元**

項目	2018-19 修訂預算	2019-20 預算	2020-21 預測	2021-22 預測	2022-23 預測	2023-24 預測
未計入投資收入的經營收入	424,414	427,002	488,093	508,378	536,089	567,829
投資收入（註(g)）	27,740	39,998	40,392	39,496	41,463	30,373
總額	452,154	467,000	528,485	547,874	577,552	598,202

（ii）記入經營帳目的投資收入包括政府一般收入帳目下（為未來基金名義上持有的部分除外）收入總目物業及投資項下的投資收入。2019 年的投資回報率為 2.9%(2016 年為 4.6%)，而 2020 年至 2023 年則假設每年介乎 2.8% 至 4.6% 之間。

（iii）未來基金的投資收入包括政府一般收入帳目內相關部分的投資收入和土地基金的投資收入，每年複合計算。未來基金的投資收入會悉數存放在外匯基金作再投資之用，直至十年存放期完結（即 2025 年 12 月 31 日）或在財政司司長所訂定的日期，才支付予政府。

（c）經營開支

經營開支指記入政府一般收入帳目下經營帳目的開支。2020-21 年度及其後的數字是預測的政府所需經營開支。

（d）非經營收入

（i）非經營收入的分項數字如下：

表 6-2-4　非經營收入分項數字　　　　　　　　**單位：百萬港元**

項目	2018-19 修訂預算	2019-20 預算	2020-21 預測	2021-22 預測	2022-23 預測	2023-24 預測
政府一般收入帳目	10,623	3,223	4,627	4,201	2,986	2,985
基本工程儲備基金	115,986	143,027	122,343	128,458	134,882	141,625
資本投資基金	1,292	1,337	1,210	1,299	1,394	1,508
賑災基金	1					
創新及科技基金	40					
貸款基金	2,504	2,315	2,407	3,285	3,848	3,709

獎券基金	1,229	1,228	1,227	1,225	1,222	1,220
未計入投資收入的非經營收入	131,675	151,130	131,814	138,468	144,332	151,047
投資收入（註 (g)）	12,590	7,929	7,904	13,803	23,433	14,273
總額	144,265	159,059	139,718	152,271	167,765	165,320

（ii）記入基本工程儲備基金的 2019-20 年度地價收入預計為 1,430 億
元；2020-21 年度及以後的每年地價收入，則假設為本地生產總值的
3.9%，即過去十年的平均數。

（iii）記入非經營帳目的投資收入包括資本投資基金、基本工程儲備基
金、公務員退休金儲備基金、賑災基金、創新及科技基金、貸款基金
和獎券基金的投資收入。2019 年的投資回報率為 2.9%（2016 年為
4.6%）。2018 至 2021 年的投資回報率則假設為每年 2.8% 至 4.6%。

（e）非經營開支

分項數字如下：

表 6-2-5　非經營開支分項數字　　　　　　單位：百萬港元

項目	2018-19 修訂預算	2019-20 預算	2020-21 預測	2021-22 預測	2022-23 預測	2023-24 預測
政府一般收入帳目	5,783	7,221	8,391	8,898	8,626	8,226
基本工程儲備基金	85,130	85,157	101,469	129,750	147,708	138,936
資本投資基金	3,988	4,133	7,911	5,167	5,468	4,146
賑災基金	65					
創新及科技基金	1,984	3,968	4,664	4,376	4,375	4,421
貸款基金	4,636	2,774	2,632	2,563	2,541	2,555
獎券基金	1,561	3,005	4,648	4,292	2,214	2,104
總額	103,147	106,258	129,715	155,003	170,902	160,388

（f）政府債券及票據的償還款項

政府債券及票據的償還款項只屬在 2004 年發行的環球債券。為數 15
億元的未償還本金會在 2019-20 年度全數清還。

（g）房屋儲備金

政府在 2014 年設立房屋儲備金，以資助大型公營房屋發展計劃。房屋儲備金現時結餘為 824 億元，不計入政府帳目，也不是財政儲備的一部分。為了清楚反映政府財政狀況，該筆款項會由 2019-20 年度至 2022-23 年度分四年撥回政府帳目，記入投資收入項下，並按註（b）（ii）所訂明的同一比率賺取投資回報。同時，2019-20 年度財政預算案已預留相同的數額以作公營房屋發展之用。

（四）中期預測中政府開支／公共支出與本地生產總值的關係

1. 為方便監察，營運基金和房屋委員會（統稱為「其他公營機構」）的開支會和政府開支加在一起，以便把公共開支與本地生產總值作比較。

表 6-2-6：　政府開支及公共開支與本港經濟的關係　　單位：百萬港元

項目	2018-19 修訂預算	2019-20 預算	2020-21 預測	2021-22 預測	2022-23 預測	2023-24 預測
經營開支	434,606	501,500	510,900	540,200	568,900	595,000
非經營開支	103,147	106,258	129,715	155,003	170,902	160,388
政府開支	537,753	607,758	640,615	695,203	739,802	755,388
其他公營機構開支	37,692	38,638	41,928	44,312	43,809	45,331
公共開支（註(a)）	575,445	646,396	682,543	739,515	783,611	800,719
本地生產總值	2,845,317	2,987,600	3,137,000	3,293,800	3,458,500	3,631,400
本地生產總值名義增長（註(b)）	6.9%	5.0%	5.0%	5.0%	5.0%	5.0%
政府經常開支的增長（註(c)）	11.9%	9.0%	8.8%	6.1%	5.7%	5.0%
政府開支的增長（註(c)）	14.2%	13.0%	5.4%	8.5%	6.4%	2.1%
公共開支的增長（註(c)）	13.4%	12.3%	5.6%	8.3%	6.0%	2.2%
公共開支相當於本地生產總值的百分比	20.2%	21.6%	21.8%	22.5%	22.7%	22.0%

註：

(a) 公共開支包括政府開支及其他公營機構的開支。至於政府只享有股權的機構，包括法定機

構，例如機場管理局及香港鐵路有限公司，其開支則不包括在內。

(b)2019-20 年度的 5% 本地生產總值名義增長率，是 2019 年預測增長幅度 4.5% 至 5.5% 的中點。

(c)2018-19 年度至 2023-24 年度的增長率是指與一年前同期比較的變動。例如 2018-19 年度的數字，是指 2018-19 年度修訂預算與 2017-18 年度實際開支之間的變動。2019-20 年度的數字，是指 2019-20 年度預算與 2018-19 年度修訂預算之間的變動，依此類推。

（五）或有負債及主要的無撥備負債

1. 2018 年 3 月 31 日、2019 年 3 月 31 日及 2020 年 3 月 31 日政府的或有負債，現載列如下，作為中期預測的補充資料：

表 6-2-7　或有負債項目分項數字　　　　　單位：百萬港元

項目	2018	2019	2020
對香港出口信用保險局根據保險合約所負責任的保證	39,881	38,761	40,613
對中小企融資擔保計劃—特別優惠措施所作的保證	19,763	17,427	17,232
法律申索、爭議及訴訟	10,826	10,033	4,070
已認購的亞洲開發銀行待繳資本	6,265	5,982	5,982
已認購的亞洲基礎設施投資銀行待繳資本	4,800	4,794	4,794
對中小企業信貸保證計劃所作的保證	4,234	4,303	4,594
對特別信貸保證計劃所作的保證	654	205	129
對香港科技公園的商業貸款所作的保證	1,911	1866	975
總額	88,334	83,371	78,344

2. 2018 年 3 月 31 日政府主要的無撥備負債如下：

表 6-2-8　無撥備付款項目分項數字　　　　　單位：百萬港元

項目	2018
法定退休金承擔額現值（註(a)）	964,599
尚餘假期（註(b)）	26,777
二零零四年發行的政府債券及票據	1,500

註：

（a）以付款當日價格計算，預計未來十年的法定退休金承擔額約為 4,800 億元。

（b）尚餘假期的估計顯示在職公職人員的假期餘額（即已賺取但未放取的假期）總值。

　　3. 預計截至 2018 年 3 月 31 日及 2019 年 3 月 31 日止，基本工程尚未支付的承擔額分別為 3,507.11 億元及 3763.88 億元，當中部分為合約承擔額。

註 釋

1. 各項基金含義來自於《公共財政條例》附屬條例：https://www.elegislation.gov.hk/index/chapternumber?p0=1&TYPE=1&TYPE=2&LANGUAGE=E&SHOW_RTF_DOWNLOAD=N。

2. 也稱《貸款條例》，為籌集貸款及與此有關的事宜做出的規定，修訂於 2014 年第 2 期：https://www.elegislation.gov.hk/hk/cap61。

3. 賑災基金撥款準則（2016 年 3 月）：https://www.admwing.gov.hk/pdf/drfs.pdf。

4. 數據均來源於香港特區政府財經事務及庫務局（庫務科）網站財務數據：https:--www.fstb.gov.hk-tb-tc-docs-06032019Financial_statistics_2019-20_OE_c.pdf。

5. 頒佈於 1935 年 12 月 6 日，旨在就外匯基金的設立及管理，以及其資產在香港的運用訂立條文：https:--www.elegislation.gov.hk-hk-cap66!zh-Hant-HK。

6. 詳情來源於金管局網站：https://www.hkma.gov.hk/gb_chi/about-us/the-hkma/advisory-committees/the-exchange-fund-advisory-committee/exchange-fundadvisory-committee/。

7. 數據來源於香港特區政府財經事務及庫務局（庫務科）網站財務數據：https:--www.fstb.gov.hk-tb-tc-docs-06032019Financial_statistics_2019-20_OE_c.pdf。

8. 具體增速由表 6-1-2 數據計算得出。

9. 香港特區政府 2019-20 財政年度財政預算案附錄「中期預測」部分內容。

第七章
香港特區政府預算績效管理

本 章 導 讀

20 世紀 70 年代，西方發達國家在面對經濟衰退、財政赤字嚴重等財政危機背景下，為緩解日益嚴重的財政收支矛盾，各國政府開始加快轉變政府職能，提高政府公共管理效率，優化資源配置。香港回歸後，特區政府也始終堅持「審慎理財、量入為出」的財政管理原則，致力於提高公共服務質量和效率的政策目標，積極運用「平衡計分卡」績效評價體系以及「衡工量值」審計，科學評估政府公共管理的績效水平。本章第一節介紹了香港預算績效管理的改革發展，第二節介紹了特區政府預算績效管理組織架構，第三節介紹了特區政府預算績效管理體系。

第一節

預算績效管理的改革發展

一、改革背景

　　20 世紀 80 年代初,「新公共管理」理論開始在英國、美國等國家萌芽興起,並迅速擴展到其他西方發達國家乃至全世界,由此掀起一場旨在提高政府預算管理績效的改革浪潮。英國作為「新公共管理」運動的發祥地,在探索政府績效管理改革的過程中,也促進了績效預算的發展。1979 年,戴卓爾夫人上台執政後,在內閣設立政府績效工作組,開展「雷納評估」,大力提高政府公共部門的經濟效率水平,縮減政府開支規模,推動英國政府的預算績效管理改革。當時尚處於英國殖民統治下的港英政府,在英國公共部門績效改革的影響推動下,也圍繞提高公共部門效率,推出了一系列政府績效管理改革舉措。

　　1997 年 7 月 1 日,中國政府對香港恢復行使主權,香港特別行政區成立,在「一國兩制」的基本方針政策下,香港逐漸發展成為一座高度繁榮的國際現代化都市。為建成更為高效透明的廉潔政府,滿足香港市民對高質量公共服務的日益殷切期盼,同時也為了順利度過經濟高速發展過程中所面臨的困難挑戰,香港特別行政區政府開始逐漸轉變政府職能,堅持「小政府、大市場」的發展理念,

不斷提高公共服務的質量和效率，推進和完善香港特別行政區政府的預算績效管理改革。

二、改革歷程

（一）港英政府時期

20 世紀 80 年代，港英政府在全球經濟衰退和政府管理機構低效運轉的背景下，曾連續三年陷入短期財政赤字。為控制政府開支的過度增長，港府始終堅持「審慎理財、量入為出」的財政管理原則，收緊政府預算開支，確保一段時間內，政府開支增長不會超逾本地生產總值的趨勢增長。在英國公共部門績效管理改革的影響下，港府也積極轉變經濟發展職能，在政府內部不斷開展公共部門管理改革。

1989 年 2 月，港英政府財政司出版《公營部門改革》（《Public Sector Reform — A Sharper Focus》）並將其作為指導政府管理改革的綱領性文件，標誌着香港全面實施公營部門管理改革的開始。通過對公共服務管理進行改革，提高政府公共服務的效率和效益。引入市場競爭機制，將政府「掌舵」與「划槳」職能相分離，建立分層化的行政管理組織體系；將部分公共服務民營化，按照商業化的原則運行；鼓勵引進服務提供的新模式，如營運基金、法定機構及外判制等。

1992 年 5 月，香港成立效率促進組（Efficiency Unit），直接向政務司司長負責。其主要職能是推動政府在公共管理和提供公共服務方面銳意革新，務求提供高效率和富有成效的政府服務，滿足香港市民的公共需求。效率促進組通過與政府各局和部門攜手合

作，統籌公營部門管理改革的相關工作，評估政府績效管理改革措施及計劃成效，設計構思改善政府公共服務的計劃方案，有效推行各項政府公營部門改革工作。1993 年 9 月，管理參議署（於 2002 年 7 月與效率促進組合併）成立，其負責在政策局及部門進行服務改進時，提供科技、管理等方面的顧問服務。1995 年，港府出版《服務市民》，就着如何向市民提供具效用和高效率的服務，給予公務員全面的管理指引。全面指引公務員向香港市民提供具有效用且高效率的服務、指導管理人力資源、公共財政及公務員培訓。1996 年 12 月，香港舉辦「明日電子辦公室」商務中心展覽，展示了科技對提高公共服務效率和生產力的影響。

（二）香港特區政府時期

1997 年香港正式回歸祖國，在亞洲金融危機的影響波及下，香港經濟也面臨下行壓力，未來可動用資源較為有限。首任行政長官董建華在《一九九七年施政報告》中提出：「要確保公務員能夠為市民提供優良的服務，我們需要一套有效的公務員管理程序。制定和推行一套以目標為本的管理程序，以不斷提高政府服務的質素。政府的管理，必須以成效為目的，以成效定優劣。」[1] 此外，《施政報告》還從政策綱領、工作進度報告、重點、策略性政策目標等方面就未來政府工作展開詳細具體說明。香港特區政府堅持打造向市民負責和高效率的行政機關，政府公營部門在提供高質量公共服務的同時，還要嚴格控制政府開支的過度增長，確保資源的合理有效配置。

香港特區《基本法》第 107 條規定：「香港特區的財政預算以量入為出為原則，力求收支平衡，避免赤字，並與當地生產總值的增

長率相適應」。1998 年 2 月，香港特區臨時立法會通過並頒佈《香港特區政府帳目審計工作的範圍 —— 衡工量值式審計》，要求就受審核組織，如政府總部任何決策局、任何政府部門、專責機構、其他公眾團體、公共機構，或受審核機構等在履行職務時所達到的節省程度、效率和效益，進行審查，衡工量值式審計開始正式納入政府審計體系範疇。

1998 年 10 月 7 日，《一九九八年施政報告》相應提出「更具效率和講求效益的政府。《施政報告》作出的各項承諾，須靠政府致力去實踐。我們要為市民提供優質服務，就必須講求運作效率和成本效益，在維持優良工作表現的同時，也兼重控制人手增長、精簡編制。我們也要確保政府有最妥善的架構來為市民提供優良服務。政府有責任確保資源調撥得宜、用得其所，為市民取得最大效益。今年，我們會發表 37 份施政方針小冊子，各局局長和其他首長會在小冊子中，就政府各個工作範疇，一一定下明確的成效指標，為未來數年進一步提高公務員效率奠定穩固基礎。在政務司司長的督導下，政府部門將實行一個『資源增值計劃』。我們會定下目標，並要求各部門不時檢討基線開支，確保開支應用於政府要優先處理的工作。未來數月內，我們會要求各部門及公共機構在不增加資源的情況下，提供新服務或改善現有服務。我們也會要求管理人員從現在到 2002 年，藉提高生產力來減低開支，數額須達運作成本的 5%」。[2]

上文中提到的「資源增值計劃」分為兩個階段。在第一階段，政府要求管制人員直到 2002 年止，須將基線開支最少減省 5%。香港政府在「服務市民」計劃的引導下，極大地改善了公共服務提供的質量與效率。在第二個階段，在現有資源水平不變的條件下，政

府仍將持續提高公營部門的生產力。在政府內部推行「目標為本行政管理方式」，以提高政府部門的問責性及完善公共服務成效表現的評核機制。對政府開支範疇進行全面檢討。以營運基金形式運作的組織部門，在資源管理上享有較大靈活性的同時，也必須強化成效取得方面的問責性。為顧客提供「一站式」的綜合服務，省去重複工序，提高工作服務效率。革新支援服務，檢討以及增加人力資源管理的靈活性。實行資源增值計劃，一方面提高生產力以節省開支，精簡工作程序以提高運作效率；另一方面則維持高水準的公共服務。為使市民能夠監督政府表現，香港特區政府每年還相應出版「資源增值計劃」小冊子，匯報政府如何將資源增值，利用這些節省款項推行新服務或改善服務措施，以及總結資源增值成效與日後將會遇到的挑戰和機會。[3]

　　到 20 世紀 90 年代末期，香港的公共服務績效管理改革已發展到完善階段。2002 年 7 月，效率促進組與管理參議署合併，對政府公共服務的業務流程進行重整，進一步精簡了公營部門項目管理。2004 年，效率促進組經過檢討後，重新定位為「成為政府所有決策局和部門的首選顧問夥伴，協力推動為香港市民提供世界級的公共服務」。為了指導公營部門衡量公共服務成效，改善公共服務的成效評估方式，2008 年 7 月，效率促進組出版《衡量服務表現（摘要）》，詳細闡釋「如何應付制訂衡量準則時面對的挑戰，在計劃業務的過程中改善對服務表現的衡量；改善衡量政策成效的準則：衡量政府整體及跨部門政策成效的準則、處理滯後和責任歸屬問題；有效衡量公營部門的生產力；以及確保衡量準則合用及其被採用：衡量準則與目標掛鈎、鼓勵市民參與制訂衡量準則；提供「賞罰」制度，以鼓勵採用衡量準則」。[4]

預算績效管理組織架構

一、預算績效管理的組織機構

在開展績效管理過程中，香港特區政府也成立了專門的職能部門。香港特區政府設立效率促進辦公室來負責指導預算的績效管理，其直接向政務司司長負責。審計署在進行常規審計的同時，也會針對各部門的預算目標和執行情況進行績效審計。廉政公署負責監督預算管理各環節的公平與公正。這兩個機構更是獨立於香港行政機構，直接向香港行政長官或立法會負責。在各部門的協調合作下，香港特區政府建立起了跨部門績效管理組織體系。

（一）效率促進辦公室

2018 年 4 月 1 日，原隸屬於政務司司長辦公室的效率促進組撥歸創新及科技局，並更名為效率促進辦公室（Efficiency Office，以下簡稱「效率辦」）。效率促進辦公室的團隊由管理參議主任及不同職系公務員組成，包括行政主任、文書及秘書。同時，為引進新觀點，也積極聘請傳媒、資訊科技等專業人員加入團隊。通過推動及促進變革改進公共服務及其管理，讓這些服務以更方便使用者及有效的方式應對社會的需要，效率促進辦公室的目標是促進個別機構

與政府充分合作，為香港提供及時、綜合及設計得宜的服務。其通過給予建議並協助公共服務單位設計及提供更多公共服務，營運多個以民為本的服務項目，如1823Online、政府青少年網站、社會創新及一站式貨倉建築牌照中心等。其中，1823Online提供一個24小時、一站式的聯絡點，為市民解答有關多個政府部門服務查詢，並接收市民對公共服務的投訴和建議。此外，效率促進辦公室還提供了大量管理顧問服務，如業務流程重整、架構檢討、服務表現衡量等。

1. 業務流程重整

為維持公共服務效益，業務流程重整是一個有效途徑。重整涉及重新思考和重新設計服務提供的流程，務求更有效地達到目標。通過整體地看待服務的程序與目標，找出能達到最佳成果的機會。效率促進辦公室協助政府單位進行業務流程重整，提供多種支援：

（1）顧問研究。協助找出根本問題和制定實際可行的解決方案，包括採用新技術或新的服務方式。

（2）變革管理。通過讓受影響的員工參與和參考他們的意見，協助他們瞭解並適應變化，以配合變革的推進。協助變革過程中的溝通工作，促進受影響員工理解和參與其事；安排或提供培訓和支援，協助員工適應新的工作方式。

（3）實施。效率促進辦公室與各部門合作，以項目管理人或項目顧問的角色實施顧問研究中的建議，參與詳細計劃或開發系統；協助檢討工作，總結經驗，改良日後服務。

2. 架構檢討

在現實生活中，外在環境的轉變可能會使服務需求或期望改變。通過檢討機構的現行架構，有助於機構確保資源和管理人員的

專注能分配到真正須優先處理的事項；確切並適時瞭解服務對象的需要，提供更具效率和成效的服務；減少由架構造成的障礙，使運作流程更具成效；減少監管層級和重疊的工作，加強員工的職能；開拓更多有價值的職務，增加員工滿足感；把握機會引進新設備和科技；提升應付日後變化的能力，以及減低成本。效率促進辦公室通過以下方式為各決策局和部門提供服務：

（1）協助主要官員進行決策局和部門檢討。

（2）根據機構實現現行目標所取得的成績，以及與最佳模式作出比較，藉此檢討現行組織架構、功能、角色及職責等各方面的成效。

（3）參考其他政府和私營機構的最佳運作模式，協助設計全新的組織結構、功能、角色及職責，或提出修改。

（4）提供服務和資源，包括通過個別計劃和改革管理，協助機構過渡至全新或重組的架構。

3.服務表現衡量

提供資訊給公共服務使用者，使其瞭解有關服務所達到的水平，也讓服務提供者識別需要保持或改善的服務。制定一套既能向服務使用者反映真實價值、又可幫助服務提供者學習和採取相應有效行動的指標。採取多項措施，幫助各部門有效地衡量服務表現。措施包括提供有關確立願景、使命和價值宣言的建議、推出服務承諾，和透過舉辦工作坊、發表報告及出版指引去分享服務表現管理的最佳做法。市民對公共服務質素和效率的滿意程度可以作為衡量政府部門整體表現的指標，效率促進辦公室專門構建香港政府服務優勢指數。從 2009 年起，每年都委託獨立機構調查量度市民對公共服務的滿意程度，藉此改善服務質素；從 2011 年起，也加入對應的私人機構服務滿意度調查，以資比較。[5]

表 7-2-1　香港政府服務優勢指數

年份	2009	2010	2011	2012	2013
服務優勢指數 （政府服務）	63.9	64.0	63.8	64.0	64.5
服務優勢指數 （商界服務）	—	—	58.8	60.0	61.7
年份	2014	2015	2016-17	2017-18	2018-19
服務優勢指數 （政府服務）	63.2	63.5	63.8	62.9	63.2
服務優勢指數 （商界服務）	59.9	61.0	62.1	61.0	59.9

資料來源：香港特區政府效率促進辦公室官網：https://www.effo.gov.hk/tc/our-work/management-consultancy/performance-measurement.html。

（二）審計署

香港特區政府審計署（回歸前稱為核數署）在履行審計職務時，奉行高水平的誠信和操守，堅持專業精神、誠實守正、以人為本的核心信念，為公營部門提供獨立、專業及優質的審計服務，以助政府及公營機構提升香港公營部門的服務表現及問責性。香港特區《基本法》第 58 條規定：「香港特別行政區設立審計署，獨立工作，對行政長官負責」。但同時《核數條例》規定：「在執行職責和行使權力時，審計署署長毋須聽命於任何人士或機構或受其控制」。

審計署的審計工作大體可以分為兩類，帳目審計和衡工量值式審計。帳目審計主要是進行核證審計，審核各政府部門及辦公室、房屋委員會、各營運基金、根據《公共財政條例》第 29 條設立的基金，以及各非政府基金的帳目是否妥善；並負責《核數條例》第 8 條所訂的審計工作。[6] 衡工量值式審計工作是就受審核組織在履行職務時所達到的節省程度、效率和效益，進行審查；根據一套由政府帳目委員會及審計署署長雙方議定，已為政府接納的準則進行。

政府帳目委員會主席在 1998 年 2 月 11 日把這套準則提交臨時立法會；依照審計署署長每年預先制訂的工作程序表執行；以及以有組織的方法進行。

衡工量值式審計工作基本上包括三個階段，即策劃階段、調查階段、報告階段。檢討工作完成後，旨在擬備一份報告書，並把報告書交予受審核組織，徵詢這些組織的意見。這份報告書會受到嚴格的品質檢查，以儘量確保報告書的內容正確、完整、均衡、公正及有建設性。此外，審計署署長會留意審計報告內各個題目的事態發展。對於政府帳目委員會選出進行調查的題目，審計署署長會進行周年跟進工作，以便就政府帳目委員會報告書中提出的事宜向政府帳目委員會告知最新的進展。至於政府帳目委員會沒有選出進行調查的題目，審計署署長會每隔半年要求各已接受審查的機構分別提交進展報告，並檢討最新的發展。

審計署署長每年向立法會主席呈交三份報告書：一份根據《核數條例》第 12 條的規定於每年 10 月呈交有關香港特區政府的帳目，以及兩份關乎衡工量值式審計結果，分別於每年 4 月及 10 月呈交。審計署署長報告書會由政府帳目委員會按照《核數條例》第 12 條和《立法會議事規則》第 72 條的規定，進行審議。政府帳目委員會負責研究審計署署長就審核政府及屬公開審計範圍內的其他機構的帳目及衡工量值審計結果所提交的報告書。在認為有需要時，委員會可邀請政府官員及公共機構的高級人員出席公開聆訊，提供解釋、證據或資料；委員會亦可就該等解釋、證據或資料，邀請任何其他人士出席公開聆訊提供協助。[7]

（三）廉政公署

　　20 世紀 60-70 年代，香港經濟社會發展迅速，但與此同時，貪腐現象日益嚴重。1973 年，時任港府總警司葛柏（Fitzroy Godber）貪污案震驚全港，令積聚已久的民怨立即爆發。面對市民的強烈要求，港府於 1974 年 2 月正式成立廉政公署。廉政公署致力維護香港公平正義、安定繁榮，務必與全體市民齊心協力、堅定不移，以執法、教育、預防三管齊下，肅貪倡廉。[8] 香港特區《基本法》第57 條規定：「香港特別行政區設立廉政公署，獨立工作，對行政長官負責」。廉政公署在香港特區政府預算績效管理中起到了重要的監察作用，保證預算績效管理的公正性。

二、預算績效管理的基礎環境

　　香港特區政府在實施公營部門管理改革過程中，開展了一系列的績效改革方案計劃，持續改善公共服務，主要包括基於目標的管理過程（Target-based Management Process,TMP）、提高生產力計劃（Enhanced Productivity Programme,EPP）、客戶服務計劃（Customer Service Programme,CSP）、私營機構參與公共服務等。其中，基於目標的管理過程通過明確目標和優先級，關注結果，確保為社區提供產出，並衡量績效。提高生產力計劃致力於持續提升公務員的生產力。客戶服務計劃通過更好瞭解客戶需要，提高回應的質素和及時性。

　　在香港，除了核心公共服務由政府直接提供外，大部分城市公共服務是由政府向社會進行購買，形成了由政府、商業組織、民間組織、私人機構等組成的多元供給模式。引入市場機制，在公共服

務提供主體上實行競爭，在城市公共服務供給模式中打破了政府的壟斷，形成競爭關係，加強了生產廠商的競爭，降低了成本，提高了服務效率和服務水平，有效滿足了市民的需求。香港政府充分利用公營部門和私營機構的資源，以確保政府服務所用的資源佔本地生產總值的比率，不會超出有助促進經濟繁榮的最佳比率。私營機構參與公共服務這個模式，多年來已融入香港多項改革措施中，包括引入新科技和提高成效的方法。公營部門及私營機構在提供公共服務方面，明顯地是能夠互相補足，並符合公眾利益，並能夠達致雙贏的效果，不單可讓政府提供更佳的服務，使政府和社會受惠，私營機構也獲得發展機會。

香港特區政府遵循「小政府、大社會、大市場」的執政理念，積極探索公共服務管理新模式。政府提供資金支持，制定法律政策，培育服務機構發展，以競投方式實行公共服務外判。政府全程對社會服務機構進行監管，對其提供的公共服務進行監察，形成公共服務提供主體的多元競爭格局，提高了公共服務的效率、公正與專業化水平。

第三節

預算績效管理體系

　　香港特區政府的預算績效管理體系大體可以分為四個部分，分別是績效目標、績效合同、績效評估和績效申訴。

　　香港特區政府部門在編制預算時，實行「零基預算」，要求各預算部門必須提供過去兩年的撥款及來年要求的撥款、宗旨、簡介、服務表現、目標及量化指標，來年需要特別留意的事項等。建立預算指標考核體系，香港財政預算案的每項綱領對管制人員（Controlling Officer）都有明確規定，完整詳實。比較預算資金的投入與目標產出，將財政資金更多地投入到高效率的部門機構。同時將預算資金使用的全過程向社會公開，方便廣大民眾監督預算的有效執行。

一、績效目標

　　香港特區政府的預算績效目標作為整個預算績效管理體系的基礎框架，可以分為宏觀性目標與微觀性目標。

（一）宏觀性目標

　　宏觀性目標包括綱領目標、政策目標以及重點目標。綱領目標是特區政府對未來發展所做出的中長期規劃；政策目標是各職能部

門的總體規劃，反映政府部門的政策方針。其重點目標是由各部門在職責範圍內，確定若干個關鍵效果區域，代表政策目標的實施。

（二）微觀性目標

微觀性目標包括部門目標、項目目標和活動目標。部門目標作為政策目標的補充，是公共服務部門為實現政策規劃而制定的工作目標；項目目標是對工作的具體設計，為政策目標提供運作基礎；活動目標則是由政府服務的具體實施部門對活動所作出的底線規範。宏觀性目標與微觀性目標相互聯繫、相互補充。政策目標的背後有若干部門目標、項目目標等相配套。

績效目標體系加強了各部門間的合作，有效提高了政府公共服務的提供效率。績效目標管理體系的實施為後續績效評估提供了分層指導。「服務市民是政府一個最重要的目標，也是所有公務員應該履行的職責。」從 20 世紀 90 年代開始，一系列關於公共服務的改革措施陸續展開，如公開信息資料、社會服務承諾、一站式服務、統一服務電話等。

專欄 7-3-1：香港特區政府建築署 2018-19 年度計劃主要成果

香港特區政府建築署每年均會擬備部門年度計劃，列明所有目標和指標，來提升部門的表現。同時定期舉行會議評估各功能組別的達標進度。2018-19 部門年度計劃中推行的各重點項目改善措施，進展均令人鼓舞。主要成果詳列如下：

2018-19 年度計劃的重點項目	主要成果
加強優化設計、創新建築及成本控制	1. 成立創新建築組，輔助工程項目小組探索創新建築機遇。 2. 舉辦研討會、分享會及參觀廠房活動，探索行業的創新建築理念。 3. 以將軍澳百勝角消防處紀律部隊宿舍作試驗性公共工程項目，率先採用「組裝合成」建築法 (MiC)。 4. 舉行創新研討會，為建造業專業人員及學者提供知識分享平台。
加強公眾安全及建築物抗禦力	1. 對約 2,920 座政府建築物（截至 2019 年 3 月 31 日）進行詳細結構勘察。 2. 成立幕牆及外牆面板設計的實踐社區及舉辦外牆石板設計及安裝工程品質控制的學術座談會推廣良好作業方式。 3. 透過研究防止重要的屋宇裝備系統在惡劣天氣下失效及相應的屋宇裝備設計方案，探討各種加強建築物抗禦力的措施。
加強企業智慧及知識管理發展	1. 成立「企業智慧」(CO-i) 督導委員會和發佈建築信息模擬技術 (BIM) 與創新建築，及先進技術的實踐社區。 2. 開展資訊系統研究，成立專門的資訊科技小組促進「企業智慧」的發展。 3. 實施建築信息模擬技術 (BIM)，提高效率及專業技能。 4. 與屋宇署合辦 14 場建築署學堂培訓課程和分享會。 5. 分別為顧問公司及各分處編寫或修訂建築信息模擬技術 (BIM) 的特別規格、條款和指引。

資料來源：香港特區政府建築署《可持續發展報告 2019》部門年度計劃。
https://www.archsd.gov.hk/archsd/html/report2019/sc/management_and_engagementv2.html

二、績效合同

　　績效合同是政府部門通過契約形式向市民承諾將會高效率地履行政府公共職責，實現績效合同中所訂明的績效目標，保證所提供的公共服務達至目標成效。

　　香港特區政府在提供政府公共服務方面，採取簽訂績效合同的方式來明確責任。作為香港特區政府預算績效管理中不可或缺的一環，績效合同有效地闡述了政府公共服務的具體內容，為後續的績效評估與申訴提供重要參考資料。

三、績效評估

　　績效評估發生在政府公共服務提供之後，通過定性與定量的方式，對政府部門的實際運行情況進行考評，以衡量政府部門工作的績效優劣。在香港特區的政府預算績效管理體系中，績效評估是核心部分，特區政府對政府主導項目實行嚴格的績效考評制度，體現審慎理財的財政觀念。香港政府部門現已將微觀性目標全部納入季度績效評估之中。各相關公共部門都要求建立績效評估制度，確定控制一些績效評估目標，如政策目標手冊、官員監控報告及季度進步評價等。具體做法上各部門可靈活掌握，效率促進組不框定實施步驟、期限、約束的通則，但評估內容必須突出重點、把握關鍵。通過橫向比較和縱向比較，將績效評估規範化、制度化，能夠有效推動預算績效管理的完善。通過績效評估，可以調適新的目標導向，全面反映政府工作存在的優劣，發現並改正不足，整合優化資源，並調適目標。績效評估在整個預算績效管理中起到了承上啟下的作用。

　　香港特區政府效率促進組（現效率促進辦公室）2000 年出版了《衡量服務表現程序指引》（STEP-BY-STEP GUIDE TO PERFORMANCE MEASUREMENT），文中針對績效評估指出：評估反過來又支持了行政長官績效管理的動議，評估能夠關注具體的輸出，合理地調控資源；改善控制和責任機制；為預算和資源分配提供整理過地績效信息；確保工作人員瞭解他們各自的角色以及他們的工作將如何被評估；提供關於對政府整體滿意度的反饋。

（一）評價模式

特區政府在政府部門積極實踐績效評估，現已形成了一套較為完善的評估模式。該評估模式由四個維度和示標組成，每個維度分設若干示標，形成一套績效度量方法的目標是，它在不同的維度之間提供平衡，並且不會由於過度依賴於一種或另一種類型而造成不平衡的情況。

1.績效評估的四個維度

特區政府績效評估的架構由四個維度構成：目標維度（Objective dimension）、顧客維度（Customer dimension）、過程維度（Process dimension）、組織和員工維度（Organisation and staff dimension）。當這四個主要的評估維度結合在一起時，可以對績效進行平衡的評估。

（1）目標維度。該維度衡量各項活動對政策目標、主要成果領域和倡議中所述的整體政府目標的貢獻程度。這個維度還提供關於財務績效的信息。例如，在實現政策目標和主要成果領域方面取得的進展、預算績效、每項產出的單位成本、達到稅收徵收目標、提高社區滿意度等。

（2）顧客維度。該維度評估如何將客戶服務的使命陳述轉化為滿足所有客戶群體需求的具體活動。例如，顧客滿意程度等級、顧客服務目標的實現、公眾對關鍵問題或服務過程的認識程度等。

（3）過程維度。該維度包括關注業務流程如何支持目標和客戶需求，以及流程使用支持和交付客戶滿意度的程度的度量。例如，核心流程的效率（如產出／服務交付的單位數量）、核心功能交付的準確性和質量、新流程的開發或改善引進等。

（4）組織和員工維度。該維度着眼於持續改進的程度，如更好

的培訓和員工發展，或新的流程有助於提高員工滿意度和組織績效。例如，新流程或舉措的介紹、與去年相比的績效表現、受培訓員工的數量、員工滿意度和道德、管理信息的質量等。

2. 評價示標

特區政府為政府部門建立起一套規範詳細的績效評估維度，而在績效評估的示標選擇上只規定了總體性原則。要求各公共部門在評估示標選擇上，明確部門關鍵要素與高層政策目標的關係；平衡評估行為的總體佈局；重視輸出與結果的對應關係；提供整體滿意度的評價機制；保證操作的可行性、程序性。公共部門可以參照同一個評估維度，但不同的部門評估示標可以不同。評估示標的選擇是最重要也是最困難的工作，要處理好定量與定性的關係、確定的目標與不確定的目標的關係等。

專欄 7-3-2：香港特區政府建築署 2018-19 標與指標

為保證可持續發展，建築署制訂了一系列目標和指標，每年檢討相關的實踐成效。於 2018 年，在環境、社會及工程項目質素各方面的表現大部分達標。現於下表詳列 2018 年工作表現和 2019 年的目標：

為保證可持續發展，建築署制訂了一系列目標和指標，每年檢討相關的實踐成效。於 2018 年，在環境、社會及工程項目質素各方面的表現大部分達標。現於下列表格詳列 2018 年工作表現和 2019年的目標：

環境事項

長遠目標	2018 年目標	表現	達標與否	2019 年目標
節約用水	1. 新工程項目所有水龍頭須符合第 2 級標準或以上。 2. 除非在運作或技術上有特定需求，否則 50% 新工程項目的水龍頭須符合水務署的「強制性參與用水效益標簽計劃」第 1 級標準。	1. 16 個新工程項目所有水龍頭均符合第 2 級標準或以上。 2. 其中 75% 的工程項目水龍頭符合第 1 級標準或以上。	達標	2019 年繼續採用 2018 年的目標。
節能	1. 100% 設有空調裝置的新工程項目達到少於每平方米 23 瓦總熱傳送值。 2. 其中 75% 的工程項目達到不超過每平方米 18 瓦的更低總熱傳送值。	1. 100% 工程項目達到少於每平方米 23 瓦總熱傳送值。 2. 80% 的工程項目達到少於每平方米 18 瓦總熱傳送值。	達標	2019 年繼續採用 2018 年的目標。
推動健康及可持續發展	87% 基本項目預算／核准工程預算超過 3,000 萬的內部和外判新工程項目須採用粉煤灰或粒化高爐礦渣粉 (GGBS) 混凝土。	100% 的新工程項目採用了粉煤灰或粒化高爐礦渣粉 (GGBS) 混凝土。	達標	提升為 90% 基本項目預算／核准工程預算超過 3,000 萬的內部和外判新工程項目須採用粉煤灰或粒化高爐礦渣粉 (GGBS) 混凝土。
減少耗用天然資源	採用其他結構方案，例如金屬圍板、標準化模板、金屬模板、半預製樓板系統、預製天面、預製牆及其他結構措施（如鋼製結構架和內留的模板等），藉此減少使用木材。	每百萬港元減少了 0.235 平方米木材。	達標	2019 年繼續採用 2018 年的目標。
遵守所有相關環境法規	維持數據庫以收集和分析有關承建商遵守環境法規的表現。	2018 年建築署工地每 100,000 工時有 0.032 宗違反環境法規事件，同期全港所有建築工地違反環境法規事件總數為每 100,000 工時 0.192 宗。	達標	2019 年繼續採用 2018 年的目標。
提高環保意識	記錄和監測按照建築署環境方針所提供的一般環保技術諮詢。	截至 2018 年 12 月 31 日，合共提供了 1,367 項環保建議。	達標	2019 年繼續採用 2018 年的目標。

			達標	
	較 2005 基準年減少 7.5%A4 紙的耗用量。	經過規格化調整，A4 紙耗用量較 2005 及 2017 年分別節省 59.2% 及 11.2%。	達標	2019 年繼續採用 2018 年的目標。
改善內部環境管理	金鐘道政府合署須較 2013 基準年減少 1.5% 的耗電量（空調系統除外）。	經過規格化調整[1]，耗電量較 2013 及 2017 年分別節省 23.2% 及 3.1%。	達標	提升為金鐘道政府合署須較 2013 基準年減少 2% 的耗電量（空調系統除外）。
	建業中心辦事處須較 2013 基準年減少 2% 的耗電量。	經過規格化調整[1]，耗電量較 2013 及 2017 年分別節省 12.5% 及 1.7%。	達標	提升為建業中心辦事處須較 2013 基準年減少 2.5% 的耗電量。

[1] 耗電量規格化調整已考慮伺服器機房數目和雇員數量。

工程項目質素事項

長遠目標	2018 年目標	表現	達標與否	2019 年目標
提高我們的服務和工程項目質素	最少 90% 的工務計劃新工程項目按照 2017 年資源分配工作擬定的日期於 2018 年開展。	100% 的新工程項目在 2018 年開展。	達標	最少 90% 的工務計劃新工程項目按照 2018 年資源分配工作擬定的日期於 2019 年開展。
	100% 的基本工程項目和小型工程項目在指定季度內完成。	100% 的工程項目在 2018 年的指定季度內完成。	達標	2019 年繼續採用 2018 年的目標。
	100% 的已完成工程項目在客戶滿意調查中整體表現達到「滿意」或更高級別。	100% 工程項目整體表現達到「滿意」或更高級別。	達標	2019 年繼續採用 2018 年的目標。
	90% 項目完成延誤工程和維修工作，及於維修期限屆滿前 6 個月內發出維修證明書。	100% 的工程項目於維修期限屆滿前 6 個月內發出維修證明書。	達標	2019 年繼續採用 2018 年的目標。
	100% 符合《公開資料守則》中訂明作出回應時限的目標。	100% 個案接報後於《公開資料守則》訂明的時限內回應。	達標	2019 年繼續採用 2018 年的目標。
	提交至少 40 份知識文摘到建築署錦囊庫作知識分享用途。	已上載 101 份知識文摘。	達標	提升為提交最少 45 份知識文摘到建築署錦囊庫作知識分享用途。
	持續加強與各界持份者的知識交流，與外界持份者合辦最少 5 次知識分享會或合作活動，致力提高持份者的重要性，以合作模式推廣創新。	與外界持份者舉辦 29 次知識分享會。	達標	提升為持續加強與各界持份者的知識交流，與外界持份者合辦最少 7 次知識分享會或合作活動，致力提高持份者的重要性，以合作模式推廣創新。

社會事項

長遠目標	2018 年目標	表現	達標與否	2019 年目標
將建築署員工的意外率減至最低。	建築署員工的意外率不應超過每年每 100,000 工時 0.18 宗職業工傷。	年內發生 1 宗須呈報的意外，相等於每 100,000 工時 0.026 宗職業工傷。	達標	2019 年繼續採用 2018 年的目標。
將建築署工程合約的意外率減至最低。	建築署工程合約的意外率應低於每 100,000 工時 0.6 宗須呈報的意外。	每 100,000 工時 0.36 宗須呈報意外。	達標	2019 年繼續採用 2018 年的目標。
向建築工人推廣安全及健康意識。	最少 45% 的建築署工程合約參加建築署的「工地安全之星獎勵計劃」。	於 2018 年，69% 的建築署工程合約參加了「工地安全之星獎勵計劃」。	達標	提升為最少 50% 的建築署工程合約參加建築署的「工地安全之星獎勵計劃」。
向承建商推廣安全及健康意識。	最少 50% 的建築署合資格新工程合約及 50% 的合資格定期保養合約參加發展局的「公德地盤嘉許計劃」。	100% 的建築署合資格新工程合約及 100% 的合資格定期保養合約參加了 2018 年「公德地盤嘉許計劃」。	達標	最少 50% 的建築署合資格新工程合約參加發展局的「公德地盤嘉許計劃」。
推廣工作場所的職業安全和健康。	最少每季度進行一次工作場所安全巡查。	年內已進行工作場所安全巡查。	達標	2019 年繼續採用 2018 年的目標。
安排工程項目人員接受外界培訓，增強健康與安全知識。	每年最少為工程項目人員及辦公室員工舉辦 12 個外界安全培訓課程。	2018 年舉辦了 17 個外界培訓課程，共 961 人參加，包括專業及技術人員和工地員工。	達標	2019 年繼續採用 2018 年的目標。
為專業、技術和工地督導人員、顧問及承建商提供內部簡述，推廣安全及健康意識。	最少舉辦 4 次安全及健康意識內部工作坊。	舉辦了 4 次安全及健康意識內部工作坊 / 研討會。	達標	2019 年繼續採用 2018 年的目標。

資料來源：香港特區政府建築署《可持續發展報告 2019》目標與指標。
https://www.archsd.gov.hk/archsd/html/report2019/sc/objective_targets.html

（二）評價方法

香港特區政府公共部門在進行績效評估時，採用平衡計分卡（Balanced Score Card，BSC）這一績效評價方法。1992 年，羅伯特·卡普蘭（Robert Kaplan）和戴維·諾頓（David Norton）在《哈佛商業評論》（Harvard Business Review）的一篇文章中首次提出採取更廣泛評估的概念。他們創造了「平衡計分卡」一詞，基於確定一些需要評估的績效的不同維度，以更全面地反映績效的不同方面，並介紹了使用四個高級度量的最初想法，這四個度量涵蓋了內部流程（Internal processes）、客戶視角（Customer perspectives）、組織創新和改進（Organisation innovation）以及財務結果（Financial results）。到了 20 世紀 90 年代，平衡計分卡開始在全球範圍內得以推廣。香港特區政府效率促進辦公室將平衡計分卡作為典型方法進行宣揚介紹，其核心是政府部門要從長遠角度來規劃佈局社會發展，平衡組織機構的發展和可持續。在績效評價中，綜合考慮短期目標以及長期目標的實現情況，全面指導政府預算的績效評價。

香港政府公共部門通過引入「平衡計分卡」績效評估工具，以更全面地反映績效的不同方面。通過借鑒其他國家的經驗，檢討和評估最佳做法，並與土木工程署、消防處和公務員培訓處這三個政府部門試行該辦法後，為政府建立一個界定四個主要評估維度的模型。這四個維度分別是目標維度、顧客維度、過程維度以及組織和員工維度。除了一個專門的顧客維度外，其他三個維度也都包含有關顧客滿意度的評價示標。

《衡量服務表現程序指引》中指出「單位成本固然重要，但它只是一個要素，只是一個比較容易評估的要素，在績效結構中，還有

質量、成效等其他關鍵因素」。政府管理與企業經營追求投入產出比不同，其績效管理不僅要盡可能地減少成本支出，更重要的是要保證公共服務提供的質量，實現政府服務效率與質量的並優。不同評估內容的優先順序不同，財政目標的實現也會較服務質量優先考慮。

（三）績效評估的步驟

特區政府的公共服務績效評估構建了一套全面完整的流程，共有六個步驟，如下圖分別是：

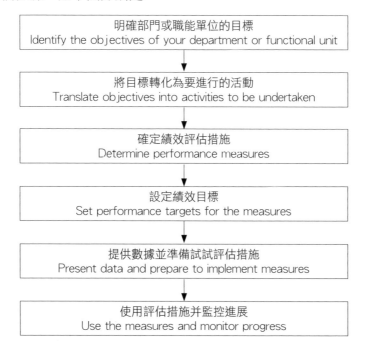

明確部門或職能單位的目標
Identify the objectives of your department or functional unit

將目標轉化為要進行的活動
Translate objectives into activities to be undertaken

確定績效評估措施
Determine performance measures

設定績效目標
Set performance targets for the measures

提供數據並準備試試評估措施
Present data and prepare to implement measures

使用評估措施并監控進展
Use the measures and monitor progress

1.明確部門或職能單位的目標

通過相關政策目標小冊子、年度報告／業務計劃、當前預算和活動計劃、管制人員報告等背景資料，確定或制訂你所負責的部門或

部門目標，確保所有目標與相關政策目標及主要成果範疇保持一致。

　　實現這一步首先需要確定你的活動有助於哪些政策目標，確保你的部門或單位對所需要的貢獻有明確一致意見，確定誰還參與了實現這一政策目標，並考慮如何與其他貢獻者進行交互。考慮你的局部目標是否與預期的政策目標結果明確相關，如果沒有，進行回顧檢討，你能確定不再需要的內部目標嗎？由此輸出與相關政策目標相一致的部門或局部目標的一致聲明，這些應該是：具體到「將會實現什麼」、可衡量的所需產出或結果、可實現的和現實的（中期）、包括對實現的時間框架的指示、確定要實現的質量水平，清晰且明確。

　　2. 將目標轉化為要進行的活動

　　通過商定的目標、工作計劃、活動和能力的細節、存在計劃、活動、措施和指標等信息的管制人員報告副本、計劃和商定的要交付的基線活動，以及支持這些活動的任何現有績效評估、以前年度為獲得成功信息而開展的活動的詳細情況等背景資料，分析你和你的員工為實現每一個既定目標所進行的活動。

　　實現這一步需要各部門已經在開展支持目標的活動，這樣做的目的是分析這些問題並將它們與目標聯繫起來。從分析交付過程開始是有幫助的，因為交付過程很可能跨越傳統的組織邊界。嘗試在已確定的活動和目標之間建立聯繫，確定哪些因素是關鍵的，需要控制、理解和管理，以確保成功。由此輸出一組適當且可管理的計劃活動，根據每個目標分組核心流程。活動應該涵蓋單位工作的所有方面並與目標保持清晰一致，綜合起來，就足以達到目標。

　　3. 確定績效評估措施

　　通過商定的目標，活動和從前面的活動中獲得的關鍵成功因素

的背景信息，從客戶和員工反饋與績效評估過程中獲得關於客戶和員工需求的信息，為目標設定提供決策依據的管制人員報告等背景資料，確定績效評估指標措施，以監督實現目標的進展。

實現這一步需要注意不要選擇過多的度量標準，因為這將混淆優先級，並最終導致過多的績效目標。根據實現目標的相對貢獻，專注於對績效評估重要的而不是簡單的衡量；檢測當前績效和報告信息，選擇一套符合多項匯報需要的評估措施（如向局、部門管理層、立法會等）；顧及所有服務使用者的需要；制訂一套涵蓋工作表現所有重要方面的平衡評估體系；考慮收集數據的實用性。由此輸出為支持每個目標的關鍵部分而制定的一套平衡和實用的績效衡量標準，這些評估措施應該涵蓋所有四個評估維度：為實現政策目標和財務目標做出的貢獻、顧客及其需求、所使用過程的有效性、不斷改善服務，以滿足組織機構和員工的需要；平衡財務與非財務、內部與外部、客觀與主觀以及短期與長期。

4. 設定績效目標

通過議定的績效評估措施，提供有關指標和倡議的本活動範圍內的政策目標小冊子副本，管制人員報告副本，來自來自績效評估體系（Performance Review System，PRS）和內部的有關以前年度績效和本年度資源分配的詳細信息，其他可能含有目標的業務或經營計劃等背景資料，確定所有適合設定目標的評估措施，為所有關鍵措施設定可衡量的、有挑戰性但可實現的績效目標。

實現這一步需要把目標看作是一種主動的機制，讓管理者表明組織機構意圖實現的績效水平，激勵員工，並提供一個評估績效的基準；確定績效的哪些方面適合設定目標；為所有評估措施設定目標，除非有充分理由不這樣做；考慮過去已達至的績效水平，以及

是否能在這方面進行改進；確定由於非政府干預政策，在哪裏設定目標是不合適的；如有需要，收集一段時間內的績效評估數據，以確定目標。由此輸出一份商定的清單，其中包括量化的、有時限的下一年度績效目標，這是現實的、具有挑戰的，並將有助於激勵績效改善和更高的效率；包括時間表和績效標準，以及要達到的百分比或實際數字；為管理人員和服務使用者提供有用的信息等。

5. 提供數據並準備實施評估措施

通過所有先前步驟的輸出；關於內部管理職責和角色的信息；其他核心內部進程時間表，如預算截止日期、報告時間、員工評估、內部計劃和外部報告要求等背景資料，設計和尋求報告和演示格式及時間表的批准，制定實施計劃，確保評估措施的平滑引進與開展。

考慮什麼頻率是最有用的，以及不同用戶真正想知道什麼；認識到反饋應該是頻繁的、及時的、集中的、突出異常的、可訪問的和顯示比較數據的；考慮到其他截止日期和報告時間表的要求，以避免工作重複；確定實施改進的績效評估所需的所有行動；分配明確的職責；建立明確的項目管理職責，以便有人協調實施計劃的交付；集中精力制定工作績效評估和管理流程。由此輸出報告格式已與所有有關方面達成一致，包括易於理解、實際生產、有效傳達主要信息、責任清晰。

6. 使用評估措施並監控進展

通過績效評估報告；來自報告製作者和信息使用者的評論和反饋；執行計劃的進度報告等背景資料，將績效評估付諸實施，並將其作為一種管理工具來監控和報告績效，在必要時採取糾正措施。

根據執行計劃時間表檢查進度；評價績效評估信息是否與實施

計劃相一致；考慮利益相關者如何使用績效信息；檢查收到的信息反饋；檢查信息是否滿足所有使用者的需求；考慮是否由於績效信息而採取行動（更改活動或過程或評估）。測試人們是否積極地使用新評估和報告來管理他們的活動，如果沒有，則説明實施還沒有成功；傳播改進意見或報告的任何積極結果。從而更好監控和管理績效的工作流程，績效反饋引發管理干預，最終隨着時間的推移改進績效。[9]

通過這六個評估步驟的有效實施，特區政府能夠全面細緻地掌握政府公共服務的績效水平，找出公共服務提供的不足，並加以改正，進而不斷提高政府公共服務的有效性，推動香港高效率、高效能政府的建設。

四、績效申訴

績效申訴作為預算績效管理的最後一步，能夠將績效評估結果有效地反映到後期預算的編制執行中。

香港申訴專員公署以確保香港的公共行政公平和有效率，兼且問責開明，服務優良為工作理想。透過獨立、客觀及公正的調查，處理及解決因公營機構行政失當而引起的不滿和問題，以及提高公共行政的質素和水平，並促進行政公平。在政府提供公共服務過程中，擔當監察政府的角色，以確保公營機構向市民提供便捷的服務，促進公營機構不斷提高服務質素和效率。

香港特區政府將績效申訴作為績效管理的重要一環，強調確保績效評估結果得到有效運用，根據各應用評估結果的主體來設計評估報告。對績效評估結果的應用是績效評估的延續，也是績效評估

的目的所在。通常應當包括如何顯示績效信息、誰將接收績效信息、接收方應該問自己什麼問題以及期望得到什麼樣的答案。引入績效評估的成功與否，可以通過觀察有多少人對此感興趣，信息所產生的辯論類型，以及由於對現有實踐的產出和結果的信息而對流程、活動或目標的更改的響應來評估。

通過績效評估可以發現政府管理中存在的不足並改正，進而促使政府不斷提高管理績效，優化資源配置。對績效評估結果不加以運用，就不能真正起到改進績效的作用。同時，績效評估作為對政府公共管理的實時監控工具，可以讓公眾瞭解政府所投入的成本、取得的成就，同時也向他們表明存在的不足和未來努力的方向，以獲得公眾對政府管理的支持。通過績效評估導向來改善政府預算，促進政府部門之間、政府與公眾之間的溝通與合作，提高公共政策理性，增強公共責任，提高公共服務質量。政府績效評估基本程序的運行一環扣一環，依次遞進，不斷循環，前一次的績效評估為後一次績效評估提供參考和啟示，形成螺旋式上升的持續改進。從規劃到分配資源、提供服務、檢討，再到重新規劃、重新分配資源、提供更好服務、作出新的檢討，整體上形成了一個不斷上升的循環過程，績效管理得到不斷完善，服務市民的本職不斷得到更好實現。

註釋

1. 香港特區政府《一九九七年施政報告》：https://www.policyaddress.gov.hk/pa97/chinese/pa97_c.htm。

2. 香港特區政府《一九九八年施政報告》：https://www.policyaddress.gov.hk/pa98/chinese/policyc2.htm#2。

3. 香港特區政府財經事務及庫務局（庫務科）《資源增值計劃：2000-01》小冊子引言：

https://www.fstb.gov.hk/tb/sc/epp-booklet-2000-2001-introduction.htm。

4. 香港特區政府效率促進辦公室《衡量服務表現（摘要）》：https://www.effo.gov.hk/tc/reference/publications/pm_chinese_executive_summary.pdf。

5. 香港特別行政區效率促進辦公室官方網站：https://www.effo.gov.hk/tc/index.html。

6. 香港特別行政區政府審計署帳目審計科：https://www.aud.gov.hk/sc/aboutus/about_rad.htm。

7. 香港特別行政區立法會政府帳目委員會：https://sc.legco.gov.hk/sc/www.legco.gov.hk/general/chinese/pac/pac_1620.htm。

8. 香港廉政公署廉署體制：https://www.icac.org.hk/sc/intl-persp/control/institutional strength/index.html。

9. 香港特區政府效率促進辦公室《衡量服務表現程序指引》：https://www.effo.gov.hk/en/reference/publications/step_by_step_guide_to_pm.pdf。

第八章
香港特區政府預算公開透明與監督

本 章 導 讀

1997 年香港回歸以後,在「港人治港,高度自治」的原則下,社會各階層對財政預算案的關注與參與日益加深,香港特區政府對預算的公開透明和監督進行了有益的探索並建立了相關制度機制。本章第一節介紹闡述了香港特區政府預算的公開透明相關情況;第二節介紹闡述了香港特區主要預算監督機構的相關情況,包括立法部門監督機構、香港特區行政署、香港特別行政特區廉政公署;第三節闡述了香港特區政府預算的審計監督。

　　香港政府預算的編制及審計監督並非從誕生伊始就有着完備的形式，據時任財政司司長曾俊華回憶，他在 20 世紀 80 年代加入政府時，制訂財政預算案還是一件「閉門進行」的事情，「以往的財政司可以把自己關在辦公室房門內，草擬預算案。為隆重其事，門外更有警員駐守，外人不可越雷池半步。」

　　而自 1997 年香港回歸以後，在「港人治港」的原則下，社會各階層對財政預算案的關注與參與日益加深，財政預算案的制訂也從過去財政司的「乾綱獨斷」而日漸變為社會各方利益的綜合與平衡。

第一節
政府預算公開透明

　　香港特區政府的財政預算涉及龐大的公帑運用，受到廣大市民關注。財政預算公開不但可以增加政府的透明度，取得市民的信心，並且可以加強公帑運用的監察，是一個問責政府不可或缺的管治方法。

一、特區政府怎樣「開門」做預算[1]

（一）預算諮詢：向社會公眾展開諮詢

按照香港的財政預算制訂規則，財政司司長在向立法會正式發表財政預算案前三至四個月，便須向社會公眾展開諮詢：其間政府部門通過開設熱線電話、宣傳網站及民意調查等方式搜集市民對香港經濟的看法；同時包括財政司司長在內的政府官員，也要通過對商戶、企業和社團的走訪，親身感受經濟政策調整的影響。由於香港特區財政年度為每年 4 月 1 日至次年 3 月 31 日，因此關於預算案的諮詢和宣傳活動早在前一年年底便已全面展開。

（二）預算宣傳：通俗易懂

香港特區政府注意在推出預算案前以通俗易懂的形式廣泛徵求民意。如 2009 年 1 月，不少香港市民，尤其是中學生看到一本免費派發的漫畫，這是香港財政司司長為了吸引青少年關注本財政年度的政府預算案，而邀請著名漫畫家李志清所畫的一部名為「明日，今天的未來」漫畫故事，這也是特區政府首次出版的財政預算案諮詢漫畫。故事巧妙地將政府預算與家庭開支進行類比，既提醒香港市民在金融危機期間要學會「量入為出」，同時又將政府本年度的預算理念有效地傳達給了讀者。實際上以漫畫方式進行諮詢宣傳的效果遠遠超出了年輕人的範疇。據香港政府新聞處統計，在推出漫畫故事後，在 2009-10 年財政預算案宣讀當天，財政司司長辦公室便接到了 6,750 份有關預算案的建議書，比 2008 年整整多出六倍。

（三）預算審核：部門首長問責

值得注意的是，上述這一贏得各方好評的漫畫諮詢方案，並未在預算案審議過程中得到「網開一面」的照顧。在 2009 年 3 月 18 日的立法局預算案審核過程中，便有議員尖銳地批評漫畫「劣評如潮」，並質疑財政司印製該漫畫的成本效益。

身為該方案問責官員的政府新聞處處長馮程淑儀女士，則以詳實的數據說明該漫畫共印製了 30,000 本，主要在中學派發，包括設計、繪圖、印刷等程序在內的全部製作費用僅為 337,000 港元。同時介紹了漫畫發佈後，財政司司長辦公室接獲去年六倍以上意見書的情況，充分說明了這一漫畫宣傳方案的成本效益。

而這正是香港地區預算審核制度中的另一大特點：由於每一項預算項目都細化到了具體人工和資金數量，因此審核方能夠很容易地從績效角度判斷預算內容的投資收益；而每個項目都對應着具體的問責官員，因此在提交部門預算時，各部門都必須萬分審慎，否則其部門首長就將面臨着被公眾質疑的尷尬處境。

（四）預算制訂：平衡與「獨斷」

儘管從財政預算的基本原則而言，每年的財政預算案依然是為了配合行政長官的施政報告而作出資源調配。但在財政資源有限的情況下，各利益方也會以不同方式對預算案的制訂發揮影響。

時任財政司司長曾俊華在參加一次公眾諮詢論壇時坦率地表示，在制定財政預算案時，「不時會有人用不同的方式要求我們拋棄這些行之有效的原則，他們或者誘之以利、甚至脅之以威嚇。作為負責任的公職人員，我們是要堅守這些理財原則。在這個過程之中，我有時會感覺自己是希臘神話中，將自己綁在船桅上的船長，

以免受到海妖的歌聲迷惑。」

二、財政預算案公開透明的體現 [2]

香港特區政府財政預算案的公開透明主要表現在以下幾個方面：

（一）信息可得性

預算案發佈當日，香港市民可以到指定地點領取印刷版本，即便市民不主動去拿，特區政府和一些社團也會主動給市民派發。預算案的電子版也到官方網上，任何人都可以查閱。而這個電子版內容更加詳盡，各部門對其職責非常具體，並有量化指標，許多工作都詳盡到清晰陳述需要多少個人工小時來完成。值得一提的是財政司司長向立法會提交預算的方式——演講，這個講演是電視媒體全程直播的。從這種「預算走向人」的現象中可以看到其預算信息可得性之高。每年 2 月，預算案發佈後，財政司司長又要再度奔波於電台、電視台參加「財政司司長熱線」等公眾輿論平台，舉辦記者招待會，現身各類論壇和會場等公共場所，回應記者、學者以及市民有關財政預算的問題，詳解預算案等方方面面。

（二）信息的全面性

信息全面性的意義體現在使審批更加容易，有參照性，同時使公眾更能明白自己在將來能夠得到的利益增減情況，同時提出應有的呼聲。如提供近五年的全面收支統計數據，提供五年的中期宏觀經濟報告等，一目了然。

（三）信息的可知性

　　預算可知性的基本要求就是通俗易懂，這背後其實隱含着政府部門在多大程度上願意向社會公眾出讓預算監督權的問題。預算信息是面向提供政府財政收入的社會大眾，不是面向能夠看懂預算的專業人士，通俗易懂是公眾行使對政府預算知情權、表達權、參與權和監督權的重要保證。除前面所提香港政府財政預算報告案首先是用生動的故事型漫畫公佈，向市民闡釋每年的財政預算，將政府本年度的預算理念有效地傳達給了讀者，還渠道多元化 —— 財政司司長還在社交網站 Facebook 上推出「假如我是財爺」的遊戲及邀請林志祥唱《數字歌》、拍攝宣傳片等一系列的宣傳渠道。形式多樣 —— 文字、數據中配有大量的插圖、表格，內容信息清晰明確、便於理解、利於對比分析。香港地區預算報告有一份附錄《詞彙》，專門對一些高頻出現的專用術語解釋和說明，讓公眾知道各個科目的類別的內涵。

（四）信息的及時性

　　特區政府在新財政年度開始前 4 個月左右就已經開始全面諮詢公眾意見。香港的預算公開是一個「動態」的公開，貫穿了整個預算編制的步驟中，審批時候的修改和進程更是很透明地被公之於眾，所以在預算完成表決後，公民已經對預算案很清楚了。每年 2 月，香港的預算案在提交立法會的同時會向公眾公佈，讓公眾可以及時瞭解。

（五）信息的績效性

　　香港特區預算案會在每一類收支說明中的「宗旨」部分大體介

紹本類預算支出的主要目標,然後在「簡介」部分詳細介紹需要達到的目標,而「目標」部分則詳細地給出了數據化的考核目標。更重要的是,香港政府嚴格實施績效考核制度,對政府主導的項目,有完整的績效評價制度,這就促成了項目績效的改進,也實現了支出落到實地,審慎、量入為出的理財理念。

三、建立財政預算信息公開制度,完善財政預算的制衡機制 [3]

沒有信息公開和公共參與,公共財政制度就很難有透明度,腐敗也就不可避免。完善的相互制衡機制有利於有效控制公共支出的使用範圍、規模及結構,防止公共支出的隨意性,還有利於防止公共支出過程中可能出現的瀆職與腐敗現象。

(一) 收支預算和財務狀況受各方監督

香港政府每年的收支預算和財務狀況均受到立法會、監管部門及廣大市民的監督庫務署負責監管政府帳目,確保各部門在執行公共財政管理時遵從有關的會計財務規例。而且,庫務署署長須編制政府周年帳目報告,透過政府憲報和互聯網公開政府帳目,接受立法會和市民的監督。此外,審計署署長根據《核數條例》審核所有政府帳目,包括衡工量值式的審計,並須向立法會主席提交審計報告。在內地政府部門曾普遍存在的「三公消費」即公車私用、公款吃喝和公費出國,在香港基本不可能。政府及各部門的財政預算是完全毫無保留地向公眾展示,並接受公眾查詢和質詢。政府所花的每一分錢,都需要徵求市民的意見,同時要將政府各部門的詳細收

支記載，製作成為小冊子、網頁，方便市民查詢。

（二）預算公開透明推動建設廉潔政府 [4]

作為廉政建設的重要方面，特區政府在限制公務開支方面下足了力氣。一方面，政府堅持法治原則，針對公務開支建立了一套「事無巨細」的規範機制，使公務開支節約化、規範化、透明化，從源頭上防範浪費、腐敗現象發生；另一方面，大多數高級公務員以身作則，在公務活動中廉潔自律，起到了表率作用。同時，針對個別高官違規行為的懲戒，也有效地起到了警示作用。

1. 公務開支陽光運行

據 2019-20 年度預算案，在 2019-20 年度，香港特區公務員人數將達到 191,816 人，至 2020 年 3 月底財政儲備預計為 11,784 億元港幣 [5]。雖然擁有龐大的公務員體系和高額財政儲備，但是特區政府在公務開支方面仍然堅持節約與公開透明的原則。根據香港特區政府財經及庫務局下屬政府物流服務署 [6]（以下簡稱「服務署」）數據，截至 2019 年初，政府車隊在編數量為 6,562 輛，相比於 2012 年只增加了 3.45%。同時，服務署每年還需就政府每年申請購車部門、數量及用途等問題接受議員的質詢並做出回應。

特區官員外訪支出更是精打細算。特區政府行政長官辦公室會在每個季度結束後次月公佈上季度行政長官離港職務訪問期間費用開支報告，報告含隨行人數、住宿費用、旅費（交通費）及其它開支，費用單位精確至 0.01 港元。以 2019 年 3 月 24 日至 25 日，行政長官林鄭月娥出席在北京舉辦的第 20 屆中國發展高層論壇為例，行政長官及三名隨行人員合計花費 49,947.38 港元，除去酒店住宿費用 7,248.98 港元和交通費 35,949.00 港元外，其餘支出為 6,749.40 港

元，平均每人為 1,687.35 港元 [7]。公事之外，如果特首想要處理私事，財政絕不會開支一分錢。同樣，為了杜絕官員借公務接待大吃大喝，特區政府建立了一套完整的預算審核與公開制度。在預算審核環節，政府各部門必須提交綱目詳盡的財政預算，每項都必須精確到個位數。這些預算必須經立法會財務委員會表決通過後才能獲得有關撥款。一旦財務委員會對某項變化較大的開支提出質疑時，相關部門只有提出充分的理由方可通過審核。

同時，各級政府部門和辦事機構必須向社會公開本年度的各項公務接待的詳細預算，以便接受公眾質詢。在預算實施階段，相關單位還需要嚴格遵守「適度與保守」的原則，一旦公務接待中出現超支情況，參與活動的特區政府公職人員必須退還相關款項，如果超過一定限度或者違背明文規定，主要負責人還將受到行政甚至法律懲處。

此外，為了有據可查，香港的公務接待實行精細量化管理。對於每一場公務宴請，預算申請表格都必須將宴請人數、賓客名單、宴請緣由、陪同人員、預計費用、人均支出等諸多細節陳列出來。這些信息將被公開，供納稅人查詢和監督。陽光透明的預算審核與監督體制，有效地防範了公務接待領域出現貪腐現象。

2.「適度和保守」杜絕浪費

為了促進政府廉潔高效，確保納稅人所繳納的每一分錢都物盡其用，香港特區財政一直以「適度和保守」為準則。比如在「公務酬酢」（即公務接待）領域，2014 年 1 月 17 日，香港特區政府對外發佈了關於公務人員「饋贈及公務酬酢及外訪」的新指引，提醒所有公務人員應儘量避免在公務活動期間饋贈禮物或紀念品。另外，特區政府還對現行的指引進行了更新，進一步強調公務人員在進行

公務宴請時須堅守節儉原則。

專欄 8-1-1：香港公務接待「新政」：將節儉進行到底

2014 年 1 月 17 日，香港特區政府對外發佈了關於公務人員「饋贈及公務酬酢及外訪」的新指引，提醒所有公務人員應盡量避免在公務活動期間饋贈禮物或紀念品。另外，特區政府還對現行的指引進行了更新，進一步強調公務人員在進行公務宴請時，須堅守節儉原則。根據香港特區政府財經事務及庫務局的數據，香港財政儲備在 2013 年超過 7,340 億港元，但是在因公接待費方面依然保持着嚴格的控制。

1. 公務宴請人均不超 600 港元

香港特區政府於 2013 年 9 月 12 日公佈了《廉政公署公務酬酢、饋贈及外訪規管制度和程序獨立檢討委員會的報告》，該報告在引言中指出，香港廉政公署自成立以來，在促使香港成為全球最廉潔的地方之一，一直肩負重要角色。「廉潔守正」是香港的主要競爭優勢之一，也被社會所珍惜。報告發佈後，時任香港特區行政長官的梁振英指示特區政府公務員事務局以及政務司司長辦公室轄下的行政署，參考該報告以評估政府內部有關公務酬酢、饋贈及外訪的指引。

據瞭解，香港特區政府上一次公佈公務宴請開支上限標準是在 2011 年元旦，香港特區政府行政署在對香港主要商業區的 30 多家不同餐廳的人均消費、包間最低消費等因素進行充分的調查和考量後，修訂了香港公務人員的宴請標準上限，規定午餐標準為人均 350 港元，晚餐為人均 450 港元。2014 年，根據港府發佈的最新指引，公務人員午餐人均費用上調為 450 港元，晚餐人均費用則增加

至 600 港元，較 2011 年分別上漲 100 港元和 150 港元，增幅分別達 28.5% 和 33.3%。

對此，香港特區政府發言人表示，特區政府在考量公務宴請開支上限時採取嚴謹和務實的態度，平衡各方面的考慮因素，包括消費物價指數的累計升幅、市場的實際情況、特區政府運作上的需要，以及使用公款應有的節儉原則等。有關考慮旨在將公務宴請的開支上限，維持在一個合理的水平。

2. 公務餐飲厲行節儉之風

「柚子醋車厘茄及涼拌窩筍、露筍帶子餃、羊肚菌姬松茸燉竹絲雞湯、蜜豆琥珀炒蝦仁、頭抽煎銀鱈魚和蟹肉蛋白釀玉環、揚州炒飯，並配以楊枝甘露布甸伴南瓜餅和季節水果」—— 這是香港立法會在 2013 年 7 月舉辦的一次重要宴請中的菜單，可以看出菜式非常簡約，只有一湯一飯四菜。有參與此次宴請的嘉賓表示，此次宴請中的招待用酒品質與家庭炒菜用的白酒差不多。

香港特區立法會主席曾鈺成在此次宴請的致辭中也提到：「『酒微菜薄』通常是主人家的客套說辭，但形容的午宴卻是事實。」曾鈺成曾向媒體表示，特區立法會設了餐飲標準上限為人均 350 港元，香港幾乎沒有餐廳願意承包，因此要舉行飯局相當困難。

在香港，不論是普通公務員還是位至特首的高級官員，都必須遵守公務員事務局針對公務宴請的內部指引。2013 年 11 月 8 日，香港特區立法會在立法會宴會廳宴請香港特區行政長官梁振英和特區政府高官，其中包括香港政務司司長林鄭月娥、財政司司長曾俊華以及民政事務局局長曾德成，此次宴請依然遵循了節儉的原則，菜品只維持了一湯一飯四菜兩甜品，厲行節儉之風，同時響應「零廚餘」（即無剩飯剩菜）的環保政策。

　　而今年香港特區政府發出的新指引再次強調，公務人員進行公務宴請時，應以節儉為原則，避免讓公眾感覺特區政府公務款待過於奢華。根據指引，公務午宴和晚宴的人均開支費用，包括在宴會上享用的食物和飲品的一切支出，服務費和小費也應包括在內。至於另行購買而用於同一餐宴場合的食物和飲品費用，也必須計算在有關活動的總開支之內。

　　3. 公務場合儘量避免禮品饋贈

　　而在禮品饋贈方面，香港特區廉政公署早已在 1996 年便制定了關於公務場和互贈禮物的政策。政策強調，廉政公署的政策，是把公務場合互贈禮物的情況減至最少。如果無可避免要在某個場合互贈禮物，則必須是機構間互為贈送。本次特區政府發佈的新指引也規定：「經全面評估後，若基於實際運作、禮節或其他原因，饋贈實屬必須或無可避免時，禮物或紀念品不應奢華，數量應減至最少及限於機構間互為送贈。禮物或紀念品應永久印有或帶特區政府或相關決策局或部門的名稱或標誌，公務人員也可饋贈特區政府的刊物或其他有助宣傳香港形象或特色的刊物或書籍。」

　　從香港特區行政長官在網上公佈的獲贈禮物名冊中可以看出，特首梁振英在 2013 年 11 月和 12 月連續兩個月接受的估價超過 400 港幣的禮物也只有三本書，而且均已交給特區政府有關部門處理。

　　至於在公務外訪方面，香港特區政府也有條例就飛機座位等級、離港公幹膳宿津貼等方面做出規定。經重新評估後，香港特區政府已提醒公務人員應切實遵循這些規例，並就每個公務外訪申請作詳細記錄和批核，確保公款使用得當。

　　對於新指引，香港特區政府發言人表示：「特區政府認為推出新指引既能配合香港的環保政策，又能進一步確立公務人員應秉持高

度誠信、審慎運用公帑的原則。香港特區政府對公帑的使用一直有嚴格的規管。而根據公務酬酢和饋贈方面的一般指引,任何例外的情況均須交由有關決策局或部門的首長級人員批核,並記錄在案。」

資料來源:2014 年 1 月 20 日人民網。

(三)嚴格追責絕不放鬆

除了全面的防範措施之外,特區政府同樣建立起了一套嚴格的責任追究與懲罰機制。2013 年 5 月 2 日,香港特區政府成立了廉政公署公務酬酢、饋贈及外訪規管制度和程序獨立檢討委員會。委員會委任三個常設的負責監察廉政公署工作的諮詢委員會主席,聯同廉政公署事宜投訴委員會主席共四人為成員。獨立檢討委員會的職能範圍如下:

(1)檢討廉政公署處理公務酬酢、饋贈及外訪開支的規管制度和程序,包括申請、報銷和審批安排;

(2)覆核廉政公署各級人員於上任廉政專員任期內在規管制度和程序下的符規情況;以及

(3)就任何有助改善上述制度和程序的措施提出建議。[8]

例如特區政府 2013 年 9 月 12 日公佈了廉政公署公務酬酢、饋贈及外訪規管制度獨立檢討委員會報告,披露前任廉政專員湯顯明在任內有十八項違規行為。報告對廉政公署目前存在的規管漏洞和不足提出改善建議,呼籲遵循簡約的原則,避免奢華。在湯顯明的違規事項裏,涉及公務酬酢的七項,包括賓客是政府人員,開支卻列入公務酬酢撥款帳目;買酒開支報銷沒有書面批准;人均酬酢開支超過上限等。饋贈方面有三項違規,包括公務饋贈數目多,且部分

是昂貴禮物，不符合廉政公署政策；有饋贈屬私人禮物，報告認為不恰當；有七次饋贈的採購違反廉署規定。外訪的違規行為有八項，包括有兩次在內地訪問時參加多個與公務無關的行程等等。

　　由此不難看出，公務開支相關的諸多事項在香港均已實現了責任的倒查與追究。明確的責任主體和嚴格的懲處機制，使香港公職人員對待公務開支「謹言慎行」。除了審計署、廉政公署之外，媒體和公眾的監督也發揮了重要作用，幾大因素共同推動了廉潔政府的實現。

四、預算的公開透明與「陽光政府」

（一）預算公開透明的法定基礎

　　香港公共財政管理及預算公開是具有法定基礎的。每年財政司司長按照香港法例第 2 章《公共財政條例》[9] 的規定，草擬及向立法會呈交《財政預算案》，詳述過去一年的財政狀況及未來一年的各項計劃開支（例如：大型基建工程、創造職位或福利經費等）。《財政預算案》一經立法會審議通過後，便正式生效。即說明有關香港的公共財政管理，立法機關擁有最終的財政審批權。

　　為了有效管理香港的公共財政，財政司司長根據《公共財政條例》第 11 條制訂了一系列行政規例及指示，對政府的財政預算及開支管制向負責官員作出了詳細規定。包括《財務及會計規例》和《物料供應及採購規例》等，如果有關官員不服從、疏忽或未能遵守有關規例，政府可對該官員採取紀律處分，並有權就所引致的損失向該官員索取賠償，而款額則由財政司司長決定。若當中涉及欺詐或盜竊等刑事罪行，有關官員需就事件負上刑事責任。

（二）預算防貪監控：以公共基建工程為例

在香港政府的開支預算中，以基建工程、教育、衛生、社會福利等為主要支出項目，其中每年投放在公共基建工程項目的開支數以百億。以 2019-20 財政年度為例，基建建設開支佔公共開支總額的比例達到 13.01%[10]。香港前行政長官曾蔭權在 2008 年施政報告中提出的「十大基建工程」（包括廣深港高速鐵路、港珠澳大橋、連接香港機場及深圳機場的鐵路、港鐵南港島線以及由新界東直接到中環的沙中線等）耗資 2,500 多億元。可見公共基建工程項目的財政管理非常重要。以下以公共基建工程為例，從防貪監控的角度闡釋香港在財政預算公開的做法。

在香港的公共基建工程領域中，由於財政管理不當而造成嚴重超支或者非法挪用公款的例子並不常見。以下是發生在 1988 年的個案。

這個個案是關於香港政府和一間公共機構（以下簡稱「機構」）合作發展的工程項目。在 1988 年，香港政府與機構達成協議，以當時工程項目預算 19.3 億元計算，機構定額撥款 15 億元資助興建該項工程，並全權負責管理有關的工程合約。而香港政府則負責餘額 4.3 億元。根據協議，若工程超支，香港政府需要支付所有超支款項。

隨着工程項目的展開，工程開支預算急速上升。從 1988 年的 19.3 億元大幅提升到 1990 年的 35.5 億元，增幅達到 84 個百分點。由於協議規定香港政府要為工程開支包底，香港政府負責支付的費用從 1988 年的 4.3 億元大幅攀升到 1990 年的 16.2 億元，增幅接近三倍。隨後機構亦同意增加撥款 4.3 億元。

由於這項公共工程項目嚴重超支，引起社會各界高度關注。當時的香港核數署（即現時的審計署）就有關政府對興建該項工程的規劃和財政管制進行審查，並向立法會呈交審查報告。立法會的政

府帳目委員會也進行聆訊，並探討日後應如何更有效地運用公帑，以確保有關方面不會再度犯錯。從審計報告和政府帳目委員會的調查發現，導致這項公共工程項目嚴重超支的主要原因有：

一是工程預算失誤。該機構在提出首次成本預算 19.3 億元時，並沒有徵詢有關項目使用人的意見，以至後來項目使用人要求修改或增加設施，導致成本預算大幅度提高。

二是財政監控不足。政府對工程項目的財政監控不足。根據政府與該機構所達成的協議，政府須要為這項工程項目包底。這樣的安排給政府帶來巨大的財務風險。其次，有關協議並沒有賦予政府權力查閱及審核該項工程項目的有關財務記錄，嚴重削弱政府在該項工程項目的財政監管能力。

三是工程設計缺乏監控、偏離標準。有關工程項目計劃並沒有依據政府工程的標準和規格建造，導致工程項目的開支大幅度上升。

四是與工程財政管理有關的貪污舞弊問題。雖然在以上個案中並沒有發現貪污受賄、非法挪用資金等不法行為。但工程項目嚴重超支，導致政府的支出增加，引起廣大市民的疑問，甚至指責，損害了政府的形象及管治。

事實上，公共工程的財政預算及管理失誤，往往會被不法分子利用，進行貪污舞弊的勾當。例如受賄官員與承包商串謀，利用財政管理的疏忽，把工程款項轉到貪官及承包商的手。受賄官員與承包商串通，誇大工程項目的款項，作出不必要的工程改動，特別是一些涉及昂貴建築物料的工程更改，從而增加工程項目的費用；虛報工程進度，不當地向承包商提前發放工程款項；批核不合規格的建築物料，包庇承包商不合格的工程，從而讓承包商獲取豐厚的利潤。

工程建設領域的貪污腐敗行為不但會造成嚴重的經濟損失，甚

至危害公眾安全，因此對公共工程項目的財政進行有效預算及管制非常重要。

（三）「陽光財政」—— 防貪監控「三要素」

要有效監管公共財政，必需要落實預算公開，「陽光財政」是基礎。而要達到真正的公開透明，其中一個難點，亦可說是關鍵，就是必須完善制度，包括程序規範及會計制度等，否則即使公開預算也不能奏效。同時，項目預算必須讓立法機關、監管部門及廣大市民進行有效的監督問責。

1. 公開透明。香港所有超過 2,100 萬元的公共工程[11]，從申請撥款、施工到竣工都需要公開，接受立法會及廣大市民的監察。工程項目撥款須由立法會的財務委員會審批。所以，即使興建一所小學，一般而言都需向財務委員會申請撥款。財務委員會在審批過程中會審議工程項目的範圍及預算。預算一經批核，若有關工程需要作出重大修改或預算款項需要大幅度增加，則必須再次呈交立法會財務委員會審批。此外，所有大型的公共工程項目都須採用公開招標的方式，這也是符合世界貿易組織有關政府採購的規定。

在工程項目施工過程中，負責的工務部門及政策局必須每年向立法會報告實際支出情況，並在工程竣工時向立法會提交工程項目的財務報告。上述的會議記錄和報告都是公開記錄，市民可透過互聯網查閱及監察。

2. 完善制度。完善的制度是確保工程項目財政公開透明及管理得宜的重要一環。過往香港廉政公署防止貪污處在基建工程的監管制度方面，不時作出審查，完善有關制度，以防止貪污舞弊的行為，並確保公帑得到適當保障。以下是一些基建工程的重要監控措施：

（1）須為每項工程設立獨立項目帳戶，並統一管理工程費用的支出，防止非法挪用工程資金；

（2）訂定各項批核權限，包括發出工程改動指令及批核工程付款的權限，從而有效監控工程撥款的運用；

（3）訂定工程驗收標準、物料測試及付款程序，防止偷工減料、使用不合規格的建築物料以及不當提前向承包商付款等不當行為；

（4）必須根據庫務署發出的行政及會計規例，詳細記錄各項工程帳目，有關記錄可作為日後審查之用；

（5）設立誠信管理制度及向監管人員發出紀律守則，包括：嚴禁監管人員接受承包商提供利益及奢華款待；禁止濫用部門資源（包括車輛、器材、服務等）；遵守有關利益衝突申報的規定；為監管人員制定紀律守則；定期安排防貪研討會等。

透過落實誠信管理制度，提升員工的防貪意識，並對貪污舞弊、挪用公款等不當行為加以警惕。

3.監督問責。在監督問責方面，各部門首長必須對每項工程項目的財政預算及管理負責。事實上，根據《財務及會計規例》，不單是基建工程，部門每年的開支預算是否準確完備，部門首長也要負個人責任。部門首長有責任採取必要的措施，確保工程項目的款項用得其所並在預算範圍內。對所有關於工程項目的財政預算及管理失當，部門首長負有最終責任。

此外，財經事務及庫務局對工程項目開支設定行政管制，若投標價格遠低於工程預算，財經事務及庫務局會根據投標價格設定有關工程的開支上限，亦即是工程支出不能超越所設定的上限，以防止公帑被濫用或被挪用到其它甚至不當的用途上。

同時，審計署及部門內部審計單位會對工程作出質量審計、財

務審計以及衡工量值式的審計，確保部門在履行職務時遵守有關規例，並符合經濟原則。審計署也須向立法會呈交審計報告，並上載到互聯網供市民查閱。對於廣受社會關注並涉及嚴重違規的工程項目，立法會的政府帳目委員會會進行聆訊，並探討改善方法。

另外，在工程領域防止貪污腐敗、挪用公款方面，防止貪污處的審查工作亦是十分重要。防止貪污處透過檢討工務部門的規章制度，協助部門加強內部管理及監督，改善工作程序從而減低貪污舞弊的風險。防止貪污處的審查工作涵蓋公共工程資金管理的不同環節，例如批核工程付款、發出工程改動指示等程序。

財政管理不單是政府財政的問題。財政管理失誤，不單影響民生，也會失信於民，減弱政府管治，會帶來嚴重後果。

第二節
主要預算監督機構

一、立法部門監督機構

在港英政府時期，香港立法局（現稱「立法會」）下設財務委員會、政府帳目委員會，議員利益關係事項委員會（現稱「議員個人利益監察委員會」）和特別委員會（已取消）。前兩個委員會與政府審計有關。

財務委員會的成員包括立法會主席以外的全體立法會議員。議員透過互選，推選出財務委員會的正副主席[12]。財務委員會主要任務是在每年 3 月（即香港地區財政年度的最後 1 個月）舉行特別會議，審核和批准政府開支預算草案，以及定期舉行會議（多數在每週五下午）審核並批准政府為推行新政策提出的增加撥款的申請及公共開支建議。該委員會下設的人事編制小組委員會負責審核政府當局有關開設、重新調配和刪除常額及編外的首長級職位，以及更改公務員各職系和職級架構的建議，並就該等事宜向財務委員會提出建議。另一個工務小組委員會負責審核政府在基本工程儲備基金下，用於工務計劃工程及由受資助機構進行或代受資助機構進行的建造工程的開支建議，並就該等開支建議向財務委員會提出建議。

如果說財務委員會決定的政府活動構成政府審計對象的主要部

分，那麼政府帳目委員會與政府審計更是密不可分。

政府帳目委員會是立法會的常設委員會，委員會目前由立法會七位議員組成，此外還有兩位非議員分別擔任委員會秘書與法律顧問，其主要職責是確保一切公共帳項按撥款目的使用，所有支出均物有所值（Value for Money），政府一絲不苟地管理財政。委員會的工作內容是負責研究審計署署長就審核政府及屬公開審計範圍內的其他機構的帳目及衡工量值審計結果所提交的報告書。在認為有需要時，委員會可邀請政府官員及公共機構的高級人員出席公開聆訊，提供解釋、證據或資料；委員會亦可就該等解釋、證據或資料，邀請任何其他人士出席公開聆訊提供協助。政府帳目委員會於 1978 年成立，它的成立是公眾問責在香港發展中的重要里程碑。

二、香港特區審計署 [13]

（一）審計署及職責的歷史演進

特區政府的審計機關是審計署（回歸前稱為核數署），隸屬於立法會，對立法會的政府帳目委員會負責。

香港政府審計始於 1844 年，是香港歷史最悠久的政府部門之一。在英國統治香港的 150 餘年裏，香港政府審計已從英國殖民地審計中相當不起眼的一個組成部分發展到比獨立性極強的英國地方審計更獨立的自成一體的審計制度。

1. 香港回歸前

（1）核數署長及職責

香港核數署最高負責人是核數署署長，核數署署長由總督任命，並經英國外交及聯邦事務大臣批准。署長任職期間不能擔任香

港政府中任何其他有薪職位。也只有在總督書面下令並經英國外交及聯邦事務大臣事先批准的情況,核數署署長才能被撤職或離職,並要就與此有關情況做出一份全面報告,呈交立法局。

1844年,謝利先生獲委任為首位核數署署長,在香港本土執行工作,並向英國當時的殖民地帳目核數局局長匯報。

核數署任職資格是要獲得英國特許公共會計師協會經考試合格後授予的特許公共財務會計師協會會員資格。如果沒有該項資格,則需完成以取得該項資格為目的的四年培訓。獲得特許公共財務會計師會會員資格後,便可成為核數師。六七年後就成為高級核數師(核數主任),再工作兩三年,可望升任科長。由於科長名額有限(四名),所以核數主任流動率高達15%。

由1867年起,殖民地的帳目由當地政府負責審計,只有在某些情況下,須交由倫敦的主計審計長(Comptroller and Auditor General)審計。1910年5月,殖民地核數署成立,其下包括設於倫敦的小型中央機構和設於各殖民地的機構。這些機構全部由當時的殖民地核數署署長監督。1947年,該署署長的職銜易名為總監,而代表其出掌屬土核數署的主管的職銜則易名為核數署署長。

1971年年底,總監一職被廢除,設於倫敦的中央機構亦關閉。有關方面決定屬土(殖民地)的審計工作應由當地的核數署主管(即核數署署長)負責,並要求各屬土制訂法例,落實這項決定。

(2)制定《核數條例》

《核數條例》[14](即審計條例)於1971年12月制定,是公共審計在香港發展的重要里程碑。《核數條例》規定核數署署長的委任、任期、職責及權力,並就政府帳目的審計和報告訂定條文。根據該條例,核數署署長是政府帳目的外部審計師,享有廣泛權力,可查

閱政府部門的記錄，也可要求任何公職人員作出解釋，以及提供他認為執行職務所需的資料。在根據該條例執行職責和行使權力時，核數署署長毋須聽命於任何人士或機構或受其控制。

（3）衡工量值式審計工作準則

隨着香港政府帳目審計工作的範圍擴大至涵蓋公帑管理的衡工量值事宜，政府帳目委員會與核數署署長雙方在 1986 年議定了一套衡工量值式審計工作準則，並被政府接納。政府帳目委員會主席亦在 1986 年 11 月把這套準則提交立法會。衡工量值式審計工作準則的頒佈，為公眾問責在香港發展打下另一個重要的里程碑。

2. 香港回歸後

（1）《基本法》及審計署的設立

自中國在 1997 年 7 月 1 日恢復對香港行使主權後，香港成為中華人民共和國轄下的特別行政區。《基本法》第 58 條規定，香港特區設立審計署，獨立工作，對香港特區行政長官負責。核數署遂由 1997 年 7 月 1 日起易名為審計署，核數署署長的職銜亦由同日起易名為審計署署長。審計署署長亦成為香港特區主要官員之一，由中央人民政府直接任命。隨着香港經濟的繁榮和國際地位的提高，香港政府審計也快捷地吸收世界政府審計的新知識和新技術，更加有效地監督以政府部門為主體的經濟活動及其效果，為香港政府高效率形象的確立奠定了牢固的基石。

（2）新的衡工量值式審計工作準則

1998 年，政府帳目委員會主席向臨時立法會提交一套修訂的衡工量值式審計工作準則。這套新準則由政府帳目委員會與審計署署長雙方議定，並已為香港特區政府接納。

（二）審計署的理想、使命和信念

1.審計署的理想與使命

審計署的理想是：憑藉專業及銳意革新的精神，為公營部門提供獨立的審計服務，並盡力盡善。

審計署的使命為：提供獨立、專業及優質的審計服務，以助政府及公營機構提升港公營部門的服務表現及問責性。為此致力進行下列工作：

（1）進行審核帳目是否妥善的工作，向立法會提供總體保證，確保政府和公帑或半公帑性質基金的財政及會計帳項，均屬妥善，而且符合公認的會計標準；及

（2）進行衡工量值式審計工作，就任何決策局、政府部門、專責機構、其他公眾團體、公共機構或帳目須受審核的機構在履行職務時所達到的節省程度、效率和效益，向立法會提供獨立資料、意見和保證。

2.審計署的信念

在履行審計職務時，奉行高水平的誠信和操守，抱持一套核心信念，其中包括專業精神、誠實守正及以人為本。

（1）專業精神 —— 執行職務，必定按照最高操守及作業標準，善用專業知識才能，力臻完善。

（2）獨立運作 —— 致力提供獨立自主、客觀公正、不偏不倚、不受干預的審計服務，務求樹立公正無私的形象。

（3）銳意革新 —— 接納、提倡及分享創新意念，力求與時並進，精益求精。

（4）提升價值 —— 致力提供優質審計服務，令公營部門的管理得以增值。

（5）誠實守正 —— 行事公開誠實、守正不阿。

（6）客觀公允 —— 執行職務，力求公平公正、不偏不倚。

（7）果斷求進 —— 支持本署員工及各項工作的同時，亦勇於推陳出新，不斷求進。

（8）承擔責任 —— 致力提升本署的節省程度、效率及效益，並向各有關方面報告工作。

（9）以人為本 —— 致力締造良好工作環境，在尊重員工的同時，協助他們充分發揮潛能。

（10）團隊精神 —— 以團隊的形式工作，讓每一名員工均能盡展所長，為實現理想及使命而出力。

（11）持續發展 —— 藉着培育、培訓、學習及分享，致力發展員工的才能。

（12）積極回應 —— 會對各有關方面所關注的事宜保持警覺，並加以密切監察。同時，亦會盡力滿足各有關方面的需要及期望。

（三）審計署長的職責權限 [15]

香港回歸後，根據《基本法》規定，核數署更名為審計署，審計署長是特區主要官員之一，由特區行政長官提名並經中央人民政府任命，其工作直接對行政長官負責。現任署長朱乃璋先生在 2018 年 12 月出掌審計署，成為第 24 任署長。

1.審計署署長的權力與職責

《核數條例》規定了審計署署長的職責及權力。

在權力方面，審計署署長是香港特區政府帳目的外部審計師，享有廣泛權力。

（1）可查閱政府部門的紀錄；

（2）可要求任何公職人員作出解釋，以及提供他認為執行職務所需的資料；

（3）在根據該條例執行職責和行使權力時，審計署署長毋須聽命於任何人士或機構或受其控制。

立法會政府帳目委員會主席在 1998 年 2 月 11 日提交臨時立法會的準則有關審計署署長要點如下：

（1）向立法會提交報告時，享有很大自由，不過，署長不會評論行政會議及立法會的決策，但可指出這些決策對公帑的影響；

（2）可調查有關方面在制訂政策目標或作出決定時，是否缺乏足夠、有關和可靠的財政及其他資料，以及一些重要的基本假設是否明確，並向立法會報告，由政府帳目委員會提出進一步質詢。

審計署署長亦可：

（1）審議有關方面在釐定政策目標及作出決策時的權力；

（2）審議有關方面有否作出令人滿意的安排，以考慮其他推行政策的辦法；審議既定的政策是否已按其目標妥善推行；

（3）審議各項不同的政策目標，以及所選用的推行辦法，是否有衝突；

（4）審議有關方面在將政策目標演繹為行動目標和成效標準方面，進展和效用如何；

（5）以及有關方面有否考慮其他服務水平的成本及其他有關因素，並在成本變動時加以檢討；

（6）有權行使《核數條例》第 9 條所授予的權力。

在職責方面，審計署署長每年向立法會主席呈交三份報告書：

一份根據《核數條例》第 12 條的規定於每年十月呈交有關香港

特別行政區政府的帳目；以及兩份關乎衡工量值式審計結果，分別於每年 4 月及 10 月呈交。

審計署署長報告書會由政府帳目委員會按照《核數條例》第 12 條和《立法會議事規則》[16] 第 72 條的規定，進行審議。

審計署署長和立法會政府帳目委員會的任務，是相輔相成的。政府帳目委員會倚賴審計署署長的審計結果，進行公開聆訊和發表政府帳目委員會報告書，而審計署署長的效益則通過政府帳目委員會的結論與建議而提高。兩者一起在政府對立法會的財務交代責任方面，發揮重大作用。因此，審計署署長能夠獨立地執行任務，是至為重要的。

2. 審計署的工作

第一，審計標準與流程。

審計署訂有審計標準，以便審計人員在這個架構下適當地進行各項審計工作。按照審計署審計標準行事，可確保在各有關方面和要項上都符合最高審計機關國際組織及香港會計師公會發出的審計準則的規定。

審計工作基本上包括三個階段，即策劃階段、調查階段及報告階段。檢討工作完成後，審計人員旨在擬備一份報告書，並把報告書交予受審核組織，徵詢這些組織的意見。這報告書會受到嚴格的品質檢查，以儘量確保報告書的內容正確、完整、均衡、公正及有建設性。

審計署署長會留意審計報告內各個題目的事態發展。對於政府帳目委員會選出進行調查的題目，審計署署長會進行周年跟進工作，以便就政府帳目委員會報告書中提出的事宜向政府帳目委員會告知最新的進展。至於政府帳目委員會沒有選出進行調查的題目，

審計署署長會每隔半年直接要求各已接受審查的機構分別提交進展報告，並檢討最新的發展。

第二，審核帳目是否妥善的工作。

（1）旨在向立法會提供總體保證，確保政府和公帑或半公帑性質基金的財政及會計帳項，均屬妥善，而且符合公認的會計標準；

（2）是根據《核數條例》的條文執行。條文規定審計署署長的任命、任期、職責及權力，並規定庫務署署長須將各項周年帳表送交審計署署長審核，審計署署長審核帳項後，須將其審計報告書呈交立法會主席省覽；

（3）是依照審計署署長每年預先制訂的工作程序表執行；

（4）是以抽查方式及深入審查的方法對個別部門的內部管制制度進行；以及

（5）目的是提供總體保證，確保政府的財政及會計帳項，一般都準確妥當；

（6）不過並非旨在揭露會計上的每個錯處或財政上的每個流弊。

此外，審計署署長也負責審查在香港受政府補助機構的帳目，並須審核下列機構的帳目：

（1）香港房屋委員會；

（2）60多個法定和非法定基金；

（3）五個營運基金，包括：公司註冊處營運基金；機電工程營運基金；土地註冊處營運基金；通訊事務管理局辦公室營運基金；郵政署營運基金。

在2020-21年度，有關審核帳目是否妥善的工作的衡量表現準則主要有：

表 8-2-1　2019-20 年度有關審核帳目是否妥善的工作的衡量表現標準

目標	
向立法會提交的審計署署長報告書書目	1 份
在每個財政年度結束後核證香港特別行政區政府帳目結算表所需時間	7 個月
指標	
已核證的帳目數目	35 個
所用人時數目	103,415 小時
審核帳目是否妥善的工作所需撥款佔政府總開支的百分率	0.010%

3. 衡工量值式審計工作

第一，衡工量值式審計工作：

（1）就受審核組織在履行職務時所達到的節省程度、效率和效益，進行審查；

（2）根據一套由政府帳目委員會及審計署署長雙方議定，已為政府接納的準則進行。政府帳目委員會主席在 1998 年 2 月 11 日把這套準則提交臨時立法會；

（3）依照審計署署長每年預先制訂的工作程序表執行；以及

（4）以有組織的方法進行。

在 2020-21 年度，有關衡工量值式審計工作的衡量服務表現準則主要有：

表 8-2-2　2019-20 年度有關審核帳目是否妥善的工作的衡量表現標準

目標	
向立法會提交的審計署署長報告書書目	2 份
向受審核機構發出的衡工量值式審計報告數目	18 份
指標	
所用人時數目	170,937 小時
衡工量值式審計工作所需撥款佔政府總開支的百分率	0.019%

　　第二，受審核組織 —— 政府總部任何決策局、任何政府部門、專責機構、其他公眾團體、公共機構，或受審核機構。受審核機構包括：

　　（1）審計署署長可根據任何有關條例所賦權力對其帳目加以審核的任何人士、法人團體或其他團體；

　　（2）過半數收入來自公帑的機構（但署長亦可根據補助條件中的一項協議對少過半數收入來自公帑的機構進行類似審核）；以及

　　（3）行政長官為公眾利益而根據《核數條例》第15條的規定以書面授權署長對其帳目及紀錄進行審核的機構。

（四）審計署組織架構及職責分工

1．機構事務科

　　機構事務科負責為審計署提供技術及一般行政支援服務。該科之下設有技術行政部及部門行政部。技術行政部由一名首席審計師掌管，負責審計署署長報告書的製作工作；監察與政府帳目委員會的聆訊有關的事宜、技術審計、質素保證、與外界及新聞界的關係、培訓計劃及職系管理；並提供翻譯服務和資訊科技支援，以協助部門運作；及部門行政部由主任秘書掌管，負責部門行政、人力資源管理及財務管理。

圖 8-2-3　審計署組織架構

2. 帳目審計科

帳目審計科負責進行核證審計，審核各政府部門及辦公室、房屋委員會、各營運基金、根據《公共財政條例》第 29 條設立的基金以及各非政府基金的帳目；並負責《核數條例》第 8 條所訂的審計工作。

3. 衡工量值審計一科

衡工量值審計一科負責的衡工量值式審計涵蓋以下範疇：政制事務、財政管理及政府收入、房屋、內部保安、政府內部服務、法律、公務員事務的管理、運輸。

4. 衡工量值審計二科

衡工量值審計二科負責的衡工量值式審計涵蓋以下範疇：工商業、經濟發展、教育、就業及勞工、資訊科技及廣播。

5. 衡工量值審計三科

衡工量值審計三科負責的衡工量值式審計涵蓋以下範疇：漁農事宜及食物安全、地區及社區關係、環境衛生、衛生、康樂、文化及設施、社會福利。

6. 衡工量值審計四科

衡工量值審計四科負責的衡工量值式審計涵蓋以下範疇：屋宇、地政及規劃、環境保護、工務。

三、香港特別行政區廉政公署 [18]

（一）廉政公署的歷史演進

香港廉政公署於 1974 年成立，一直以來通過執法、預防及教育「三管齊下」的策略打擊貪污，在香港政府及廣大市民的支持下，令

香港蛻變為全球最廉潔的地方之一。然而，在廉署成立之前，香港的貪污情況究竟有多嚴重？甚麼原因令政府成立「廉署」這個獨立機構對付貪污呢？

一是貪污氾濫，市民飽受貪污之苦。

20世紀60-70年代，香港經歷了急劇的轉變。當時人口快速增加，社會發展步伐迅速，製造業蓬勃發展，經濟漸次騰飛。面對這些轉變，政府一方面需要專注維持社會秩序，同時積極為市民提供住屋及其他基本公共服務。然而，因為人口不斷地膨脹，社會的資源未能趕及實際需求，這種環境助長了貪污的歪風。市民為了維持生計以及儘早獲取公共服務，都被迫使用「走後門」的方法。當時「茶錢」、「黑錢」、「派鬼」等各種代替賄賂的名堂層出不窮，市民不僅耳熟能詳，甚至無奈接受為日常生活的一部分。那時候，在公共服務機構中貪污情況十分嚴重，如救護人員在接送病人往醫院前向病人索取「茶錢」，病人要「打賞」醫院的亞嬸才可取得開水或便盆，就是連輪候公共房屋、申請入學等各種公共服務也要賄賂有關官員。貪污風氣在警隊中更為嚴重。受賄的警務人員更包庇黃、賭、毒等各種非法罪行，社會治安、秩序受到嚴重的威脅。市民雖飽受貪污的禍害，卻敢怒而不敢言。

二是社會風暴如箭在弦，一觸即發。

貪污無疑已成為香港一個嚴重的社會問題，但是，當時港英政府對此卻似乎束手無策。普羅大眾對貪風猖獗已達忍無可忍地步，愈來愈多市民就政府漠視此問題的態度公開表達他們的激憤。20世紀70年代初期，社會上匯聚了一股強大的輿論壓力。公眾人士不斷向政府施壓，要求採取果斷行動，打擊貪污。最後，一名外籍總警司的貪污案，令民怨升達沸點，政府不得不立即採取行動。

1973 年，總警司葛柏（Fitzroy Godber）被發現擁有逾 430 多萬港元財富，懷疑是從貪污得來。當時的律政司要求葛柏在一星期內解釋其財富來源，然而，在此期間葛柏竟輕易逃離香港到英國。葛柏潛逃令積聚已久的民怨立即爆發。學生們在維多利亞公園舉行集會，抗議和批評政府未能恰當處理貪污問題，集會獲得數以千計的群眾響應。市民又手持寫着「反貪污、捉葛柏」的橫額到街上示威，要求政府緝拿潛逃的葛柏歸案。

三是回應民怨，廉政公署的誕生。

面對市民的強烈要求，港英政府明白到必須有所行動。葛柏潛逃後，高級副按察司百里渠（Blair-kerr）被任命組織調查委員會，調查葛柏潛逃事件。百里渠爵士之後發表了兩次調查報告，在第二份調查報告書內，他清楚指出：「有識之士一般認為除非反貪污部能脫離警方獨立，否則大眾永不會相信政府確實有心撲滅貪污」。

當時的港督麥理浩（Murray McLehose）迅速接納了百里渠報告書的建議。在 1973 年 10 月的立法局會議上，宣佈成立一個獨立的反貪污組織。麥理浩説：「我認為有需要成立一個嶄新的機構，由德高望重的人員領導，以全力打擊貪污，並且挽回公眾的信心。公眾對一個與任何政府部門，包括警務處，毫無聯繫而完全獨立的組織明顯較具信心」。當時，許多社會人士都意識到，政府已開始切實正視貪污問題，為香港展開了一個廉政年代。

廉政公署在 1974 年 2 月正式成立，以執法、預防及教育「三管齊下」的方式打擊貪污。廉署成立後第一個重要的任務，就是要把葛柏逮捕返港。1975 年初，廉署成功將葛柏由英國引渡回港受審。結果，葛柏被控串謀貪污及受賄，罪名成立，判處入獄四年。葛柏案件充分反映廉署打擊貪污的決心，在香港掀起了一場靜默的革命。

（二）廉政公署的使命宣言、專業守則和服務承諾

1. 使命宣言

廉政公署致力維護本港公平正義，安定繁榮，務必與全體市民齊心協力，堅定不移，以執法、教育、預防三管齊下，肅貪倡廉。

2. 專業守則

廉政公署人員無論何時都致力維護其良好聲譽，並嚴格遵守以下的專業守則：

（1）堅守誠信和公平的原則；

（2）尊重任何人的合法權利；不懼不偏，大公無私執行職務；絕對依法行事；不以權位謀私；

（3）根據實際需要嚴守保密原則；

（4）為自己的行為及所作的指示承擔責任；

（5）言行抑制而有禮；

（6）在個人及專業修養上力求至善。

3. 服務承諾

（1）48 小時內對貪污舉報作出回應；

（2）兩個工作天內對非貪污性質舉報作出回應；

（3）兩個工作天內對要求提供防貪意見的人士作出回應；

（4）兩個工作天內對要求提供倡廉教育或資料的人士作出回應。

（三）廉政公署的法定權力

貪污受賄是一種非常隱蔽的罪行，要進行調查並在法院內把犯案者定罪是非常困難的事。因此，廉署獲以下三條法例賦予廣泛調查權力，以打擊貪污。它們分別是《廉政公署條例》、《防止賄賂條例》及《選舉（舞弊及非法行為）條例》。

1.《廉政公署條例》主要內容

（1）成立廉政公署及訂明廉政專員的職責；

（2）界定廉政公署調查工作的範圍、規定處理受疑人的程序及處置與罪行有關連的財產；

（3）賦予廉政公署逮捕、扣留和批准保釋的權力。這些權力是任何執法機構所必須的；

（4）賦予廉政公署搜查與撿取證物的權力，以配合其逮捕和扣留的權力；

（5）賦予廉政公署從疑犯收取非體內樣本作法證科學化驗的權力；

（6）授權廉政公署調查包括公務人員涉嫌濫用職權而觸犯的勒索罪，以及調查與貪污有關或由貪污引致的罪行，並向行政長官提交報告。

2.《防止賄賂條例》主要內容

該條例詳列了為防止公務員、公共機構及私營機構雇員涉及賄賂和貪污罪行的相關法律條文：

（1）授予廉政公署調查權力，以查證企圖利用迂迴手法掩飾的財務交易和揭露貪污份子所隱藏的資產。權力包括：查閱銀行帳目；扣留及審查商務和私人文件；要求受疑人提供其資產、收入及支出的詳細資料。

（2）賦予廉政公署扣留旅行證件和限制處置財產的權力，防止貪污分子試圖逃離香港、或設法清洗黑錢以避免法庭充公其以不正當手段斂得的財產；授予廉政公署把調查資料保密的權力。

3.《選舉（舞弊及非法行為）條例》主要內容

確保公共選舉得以公平、公開和誠實地進行，防止舞弊及非法行為的出現。適用於行政長官、立法會、選舉委員會界別分組、區

議會、鄉議局議員、鄉事委員會主席、副主席、執行委員會委員及村代表選舉。

（四）廉政公署的組織架構及職責分工 [19]

圖 8-2-4　廉政公署組織架構

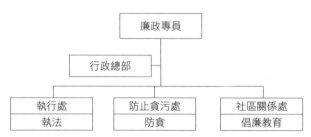

為要在肅貪倡廉工作中取得成果，廉政公署自成立之始便制定了一套整體策略，透過三個部門「三管齊下」，打擊貪污。

「三管齊下」的策略着重培養公眾對抗貪污的意識。檢控雖可收阻嚇作用，預防及教育工作亦不可或缺。只有令市民徹底改變對貪污的態度，才可令反貪工作成效持久。多年來的實際經驗一再證實這是行之有效的策略。

三個部門的工作相輔相成，以求達致最高成效。而署內的行政工作則由行政總部負責，三個部門的具體分工如下：

1. 執行處接受市民舉報貪污和調查懷疑貪污的罪行；

2. 防止貪污處審視各政府部門及公共機構的工作常規及程序，以減少可能出現貪污的情況；另外，該處亦應私營機構的要求，提供防貪顧問服務；

3. 社區關係處教導市民認識貪污的禍害，並爭取市民積極支持反貪的工作。

（五）廉政公署的獨立性

香港廉政公署的立性是獲得成功的制度性原因，這種獨立性可概括為四個方面，即機構獨立、人事獨立、財政獨立和辦案獨立。

1. 機構獨立，指廉署不隸屬於任何一個政府部門，其最高官員「廉政專員」由香港最高行政長官直接任命。

2. 人事獨立，即廉署專員有完全的人事權，署內職員採用聘用制，不是公務員，不受公務員敍用委員會管轄；

3. 財政獨立，指廉署經費由香港最高行政首長批准後在政府預算中單列撥付，不受其他政府部門節制；

4. 辦案獨立，指廉署有《廉政公署條例》《防止賄賂條例》《選舉（舞弊及非法行為）條例》等賦予的獨立調查權，包括搜查、扣押、拘捕、審訊等，必要時亦可使用武力，而抗拒或妨礙調查者則屬違法。

上述四個獨立性，使廉政公署從體制及運行上切斷了與可能形成掣肘的各部門的聯繫，從而令反貪肅貪「一查到底」成為可能。

第三節

政府預算審計監督

一、傳統審計 —— 財政審計

香港審計署的第一類工作是審核帳目是否完善，這項工作的目的在於確保政府的財政及會計帳項準確無誤，這就是政府審計中的傳統內容 —— 財政審計。

（一）立法依據

在 1971 年以前，當時的香港核數署執行公務的法律依據是英國 1866 年通過的《財政和審計法》。1971 年 12 月當時的香港立法局通過了《核數條例》，至此，香港核數署有了新的法律依據，《核數條例》的主體內容沿用至今。

香港政府各部門都執行嚴格的首長負責制，各個部門的公務員都是代表該部門首長執行公務的，所以政府各部門的職責基本上可視作部門首長的。《核數條例》中只提審計署署長的責、權、利，實際上也是規定審計署的職責。根據《核數條例》（第 8 條）的規定，審計署署長的職責是審閱、調查和審核所有政府部門就其管轄政府財物所編制的帳目；查證政府是否已向依法徵收財政收入的有關公職人員發出明確和足夠的指示；所有財政支出是否經正式授權發放

或支付；所有付款是否都有足夠的憑證並已據以記帳；所有財政支出是否有完備的規則或程序；立法會專項撥款是否用於指定用途；政府財產保管制度是否完備等等。這表明《核數條例》賦予審計署的職責仍是傳統的財政審計。

《核數條例》（第9條）授予審計署署長行使其職責的權力有：

1. 可以書面授權任何公職人員執行上述職責；

2. 可以要求任何公職人員提供或解釋有關資料；

3. 可以免費查閱、摘錄有關帳目和文件；

4. 可以要求其認為適合的人士解釋有關事項，可以向律政司報告有關事項。

（二）審計範圍

香港特區政府審計中的財政審計（審核帳目是否完善），是要確保政府帳目準確無誤。因此政府帳目就是該項審計範圍。

根據《核數條例》第11條，審計署須審閱政府的資產負債表和周年現金收支總表，以及除政府獎券基金以外的各項基金的資產負債表和現金收支總表。政府的資產負債表和周年現金收支總表合稱政府一般收入帳目，它們主要負責記錄各部門的日常收支，但不包括各項基金的收支。

（三）審計方法

審核帳目是否妥善的工作，是依照審計署署長每年預先制訂的工作程序表執行。由於政府收支數量龐大、種類繁多，從而不能對帳目的記錄逐筆審核。審計時主要是對各個政府部門的內部管制（控制）制度進行查證，因為帳目記錄正確與否可以靠其內部控制制

度保證。另外，這類核數工作必須以抽查方式和深入審查的方法進行，以期發現可能不健全的地方。

（四）報告制度

先從報告時間表來看，庫務署署長於每一財政年度完結（3月31日）後五個月內，即8月底以前向審計署署長呈報上述審計範圍內的全部報表。審計署署長須在每一財政年度完結後七個月內，即10月底以前向立法會提交審計報告《政府會計帳項審核報告書》，並附送經過其正式證明的全部報表。立法會政府帳目委員會隨即召開公開會議進行審閱，並在翌年一月之前就審閱情況寫一份文件向立法會提交。政府在三個月內要就政府帳目委員會文件提出的質疑和建議，提交覆文。覆文中一般要闡明政府為實施其建議所採取的步驟，或不接受建議的原因。

在審計報告中，審計署署長要表明對上述財務報表的意見，反映有關根據本條例執行其職責和行使其權力的任何事情，特別是要報告政府資金的收取、支出或保管，以及政府財物收取、發放、保管、出售、轉讓或交收等事項在帳項反映中嚴重失當的情況。當然，現行的政府會計帳項審核報告書中還混合了另一種政府審計 —— 衡工量值式核數報告的內容。

二、效益審計 —— 衡工量值式核數

衡工量值式核數（value-for-money audit）是香港中文公事中的專稱，英文含義就是貨幣價值審計，即效益審計。衡工量值式核數工作是就特區政府政務司任何決策科、任何政府部門、專項機

構、其他公眾團體、公共機構、或帳目須受審核機構在履行職務時所達到的節省程度，效率和效果進行審查。

（一）淵源追溯

效益審計是現代審計的標誌，是傳統審計在財務領域以外延伸的結果。效益審計也在政府審計中得到應用。1983 年英國議會通過了《國家審計法案》，取代了 1866 年制訂的《財政和審計法》，改建國家審計署，並賦予英國審計署最高領導人主計審計長更廣泛的職權。其中，明確規定主計審計長可以對凡使用公共財產履行其職務的任何部門、領導或個人工作的經濟性、效率和效果進行檢查。從此，效益審計成為英國政府審計中的法定內容。當時香港作為英國的海外管轄區適用英國的法例。

（二）立法依據

在英國《財政和審計法》的影響下，時任香港立法局政府帳目委員會主席於 1986 年 11 月 19 日向立法局提交一套準則，並獲接納。這套準則就是當時的核數署進行衡工量值式核數的法律依據。

（三）審計範圍

1. 受審核組織包括：政府總部任何決策局、任何政府部門、專責機構、其他公眾團體、公共機構，或受審核機構等都可能成為衡工量值式核數的對象。

2. 受審核機構包括：

（1）審計署署長可根據任何有關條例所賦權力對其帳目加以審核的任何人士、法人團體或其他團體；

（2）過半數收入來自公帑的機構（但署長亦可根據補助條件中的一項協議對少過半數收入來自公帑的機構進行類似審核）；以及

（3）行政長官為公眾利益而根據《核數條例》第 15 條的規定以書面授權署長對其帳目及紀錄進行審核的機構。

根據政府帳目委員會工作程序，該委員會必須經常與審計署署長舉行非正式會議，向後者建議值得進行衡工量值式研究的項目或事件。

（四）審計方法

1. 有組織的方法

審計工作基本上包括三個階段，即策劃階段、調查階段及報告階段。檢討工作完成後，審計署旨在擬備一份報告書，並把報告書交予受審核組織，徵詢這些組織的意見。這份報告書會受到嚴格的品質檢查，以儘量確保報告書的內容正確、完整、均衡、公正及有建設性。

2. 跟進行動

審計署署長會留意審計報告內各個題目的事態發展。對於政府帳目委員會選出進行調查的題目，審計署署長會進行周年跟進工作，以便就政府帳目委員會報告書中提出的事宜向政府帳目委員會告知最新的進展。至於政府帳目委員會沒有選出進行調查的題目，審計署署長會每隔半年直接要求各已接受審查的機構分別提交進展報告，並檢討最新的發展。

在進行效益審計時，審計署署長受到兩點約束：一是沒有權力質詢審計對象本身政策目標的利弊；二是除準則中特別指明外，不得質詢這些政策目標的制訂方法。但是，在審計時，審計署署長大致可以採取一些方法作為審計對象的項目的節省程度及其效率。

（五）報告制度

　　從報告時間表上看，衡工量值式核數報告可以分兩次呈交，一次是在每年的 10 月與政府帳目審核報告書一併呈報，另一次則在另外時間單獨呈報。

　　衡工量值式核數報告書格式和內容視審計對象涉及問題的不同而有繁簡之別。一般地講，其主要內容可能有：被審計項目的目標簡述，與實行上述目標有關的規則或慣例，目前被審項目進展情況或出現的問題，帳目審查，質詢的內容，審查的結論，提出的建議，責任機構首長的回應等。對複雜的被審項目，可能要報告更多的內容；但對簡單的被審項目，可以報告上面提及的部分內容。

　　衡工量值式核數報告書，不管是否單獨呈報，都和政府帳目審核報告書一樣，都要在立法會公開會議上討論通過。任何公民均可出席旁聽，報告書涉及的責任機構首長必須出席並回答議員或旁聽者的當場質詢。

　　審計署署長向立法會提交報告時，享有很大自由，署長一般不會評論行政會議及立法會的決策，但可指出這些決策對公帑的影響；審計署可調查有關方面在制訂政策目標或作出決定時，是否缺乏足夠、有關和可靠的財政及其他資料，以及一些重要的基本假設是否明確，並向立法會報告，由政府帳目委員會提出進一步質詢。

三、審計變化趨勢

　　從技術角度來說，香港特區政府審計比內地政府審計具有較為明顯的優勢。香港特區政府的績效審計已成為主要審計活動，而內地政府審計中的績效審計則還處於起步階段；香港特區政府審計人

員有嚴格的職業資格管理制度，能夠確保審計質量，而內地政府審計人員專業水平尚需系統地提高；香港特區政府審計有徹底公開的報告制度，內地政府審計的報告制度按照預算法規定需要公開，但公開的內容及細化程度尚待提高。因此，香港特區政府審計制度有許多內地政府在審計中值得借鑒之處。

註 釋

1. 〈香港政府怎樣做預算〉（2010），《上海人大月刊》，（04），頁 46。

2. 陳長英（2013）。〈試析 2012 年香港財政預算報告的特點〉，《青海師範大學民族師範學院學報》，（01），頁 31-33。

3. 鐘堅（2013）。〈香港與新加坡財政預算制度之借鑒〉，《特區實踐與理論》，（03），頁 57-58。

4. 高閣（2013）。〈從公務開支看香港廉政〉，《決策探索》，（12），頁 88。

5. 數據來源於香港特區政府《二零一九至二零年度財政預算案演辭》。

6. 香港特區政府公務用車管理服務機構：https://www.gld.gov.hk/chi/services_3_d.htm。

7. 數據來源於《行政長官離港職務訪問的住宿安排 —— 2019 年 1 月至 3 月》：https://www.ceo.gov.hk/sim/pdf/accommodation/CE_acco_2019_01-03.pdf。

8. 相關信息來源於特區政府新聞公報：https：//www.info.gov.hk/gia/general/201305/02/P201305020471.htm。

9. 《公共財政條例》2017 年修訂版：https://www.elegislation.gov.hk/hk/cap2。

10. 數據來源於《2019-20 財政年度政府財政預算案》：https://www.budget.gov.hk/2019/sim/io.html。

11. 香港廉政公署防止貪污處處長歐陽呂妙群，〈財政預算公開 —— 防腐問責的體現〉，https://www.doc88.com/p-672304145760.html。

12. 立法會每屆任期為 4 年，目前為第六屆（2016-2020），財務委員會主席為立法會議員陳健波。

13. 香港特別行政區審計署官方網站：http://www.aud.gov.hk/。

14. 《核數條例》2018 年修訂版：https://www.elegislation.gov.hk/hk/cap122。

15. 香港特區政府《二零一七至一八年度財政預算案演辭》。

16. 規定立法議員選舉、會議舉行、各委員會職責等立法會相關的各項事宜。https://www.legco.gov.hk/general/chinese/procedur/content/rop.htm。

17. 信息來源於審計署網站：https://www.aud.gov.hk/sc/aboutus/about_org.htm。

18. 香港特別行政區廉政公署官方網站：http://www.icac.org.hk/。

19. 香港特別行政區廉政公署官方網站：https://www.icac.org.hk/tc/about/struct/index.Html。

第二部分

香港特區的
稅收制度

23:46

第九章
香港特區稅收制度概覽

▮▮▮▮▮▮ 本 章 導 讀

本章第一節介紹了香港特區三個階段的稅制改革歷史以及香港特區
稅收的概況，展示了 2015 至 2018 財年香港特區的稅收狀況，並總
結出香港特區的稅制特點；第二節介紹了香港特區稅收法律體系及
其特點；第三節介紹了香港特區的稅收管理概況以及各個稅務局、
稅務機構的情況；第四節對比了香港特區與內地稅收制度的區別；
第五節展示了香港特區的稅制改革趨勢。

第一節

稅收基本情況

一、香港特區稅制改革歷史

1841 年，由於清朝政府的腐敗，英國侵佔了香港，建立起殖民統治制度。香港地域狹小，自然資源缺乏。為保障英國在香港的殖民利益，吸引商人和資金，把香港建成遠東的貿易中心，英國在香港實行自由港政策，允許商品自由進出，免收關稅。

二戰以前，香港的稅種很少，只開徵警捐（現改稱差餉）、印花稅、牌照稅等幾種間接稅；二戰中，為戰時所需，在保留原有稅項的基礎上，又新增了物業稅、薪俸稅、利得稅和利息稅等直接稅。

兩次世界大戰之後，隨着國際間經濟技術交流及合作的發展，香港作為世界經濟貿易中心地位基本確立，並不斷得到發展和鞏固。為了調整由此而產生的對內對外各種經濟關係，確保香港經濟的不斷發展和繁榮，當時的港英政府特別注重稅收立法，並加快了立法的步伐。這時的稅收立法發生了一個顯著的變化：即香港於 1947 年通過立法首次將所得稅引進香港。英國於 1799 年就創造了所得稅，因而享有「所得稅之祖國」的美稱，而作為其殖民地的香港是在 150 年後才正式建立所得稅法制度。香港所得稅的制定，是以英聯邦的「英聯邦稅收一攬子方案」為根據的，規定的稅種、稅

率也借鑒了英國稅法所實行的徵稅模式，整體上體現了稅負輕、稅種少、直接稅為主的特點。

20 世紀以來，香港的稅制改革發展大致經歷了三個階段。

（一）第一階段

1939 年英國對德國宣戰，第二次世界大戰正式爆發。當時的港英政府戰時稅務委員會建議開徵戰稅，徵收稅款以協助英國應付防禦和戰爭的開支。

該稅制僅對三類所得分別徵收分類稅，即利得稅、薪俸稅和物業稅。這種稅制在許多稅務委員會商人代表看來，可降低未來提高稅率的可能性。為避免雙重徵稅，這一稅制以源泉徵稅為原則即「所得源自香港」（Income sourced from Hong Kong），該原則沿用至今，成為香港稅制的重要特色。

源泉徵稅原則與以居民和源泉為基礎的徵稅原則相對。後者指凡居住於某國家和地區的居民，應就其來源於境內外的所有所得納稅，或雖不在該國家和地區居住，但有產生或源自該國家或地區的所得，應就該所得納稅。顯然，源泉徵稅原則能有效減免收入來源廣且所得高的納稅人的稅收負擔。這是香港 1940 年制定稅制時不以當時通行做法，而以 100 多年前的英國舊制為基礎的重要原因之一。

戰後，港英政府再次試圖開徵普通所得稅，但再次遭到商人團體的反對，尤其是華人商人的堅決反對。華人商人組成了一個反直接稅委員會，向港英政府遊行抗議，並直接寫信給英殖民辦公室表達不滿。因此，港英政府在 1946 年政府成立了一個稅務委員會，專門探討應付公共開支的辦法，最後決定重新採納了 1940 年建立的分類稅制，並沿用至今。

　　該稅制主要沿用了 1941 年的稅制，並對薪俸稅新增了兩個重要稅項計算辦法。第一個是夫妻合併評稅辦法，夫妻必須合併申報，妻子的收入會撥入丈夫收入合併計算稅款，一切報稅及繳稅責任均由丈夫負責；另一重要變化是新增了「個人入息課稅」辦法，此辦法並非一種新的稅項，而是一種減輕香港居民稅收負擔的申報方式，即准許納稅人將其各項收入和虧損加在一起報稅。所以實際上是一種綜合所得稅制，並規定非居民不能申請這種方式納稅，讓個人可選擇採用此辦法對其在相關納稅取得薪金以外之全部應稅所得合併申報納稅。第二個辦法引入的初衷是誘導民眾逐漸接納普通所得稅制，可惜效果適得其反。此後，港英政府三次嘗試改革稅制，制定一部類似英國和其他英聯邦地區的普通所得稅法，但最終不得不徹底放棄這一想法，一則因華人商人毫不妥協的反對，一則因該稅制在實踐中達到了良好的徵收效果。

　　當時其他稅種的變化：

　　1. 利息稅（Interest Tax）

　　1947 年開始徵收。

　　2. 印花稅（Stamp Tax）

　　印花稅是香港稅務局徵收稅項中歷史最悠久的稅種。1866 年香港引入印花稅。1911 年通過的《印花稅管理條例》規定有關郵票和印花的徵收。1921 年通過的《印花條例》，明確可就 55 類文件徵收印花稅。

　　3. 博彩稅（Betting Duty）

　　1932 年 1 月 1 日起，香港開始徵收博彩稅。

　　4. 遺產稅（Estate Duty）

　　1915 年，港英政府開始就去世者「遺下」的本港財產總值，按

遞增稅率徵收遺產稅。有關歸管遺產稅的法例於 1932 年合併為現行的《遺產稅條例》。1949 年 4 月，稅務局接替庫務司署，負責執行《遺產稅條例》。

5. 娛樂稅（Entertainment Tax）

1930 年實施開徵娛樂稅。當年入場看賽馬博彩和付費觀賞娛樂表演、電影及體育項目的人士都要繳付 10% 娛樂稅。

（二）第二階段

80 年代，稅務聯合聯絡小組成立，為聯絡業界與港英政府的主要渠道，該小組定期舉行會議，就稅務法例提出建議。其中的一個重大改變與薪俸稅有關。為確認已婚婦女應有的獨立社會地位，從 1983/1984 年度起，廢除「妻室入息當作丈夫入息」的法律條文，允許已婚夫婦選擇各自承擔報稅和繳稅的責任，但合併計算入息的評稅原則仍不變。

1988 年，財政司在財政預算案中回應了市民多年的要求，推行「夫婦分開評稅」。1989 年起，港英政府廢除《稅務條例》中所沿用自 1941 年稅收條例確定的夫婦合併評稅，自 1989/1990 年度起，正式實施夫婦分開評稅。

1980 年後，香港的基本稅收法律未有任何變化，但法院卻在一系列重要案件中通過解釋源泉徵稅的原則，拓寬了香港稅法的適用範圍。

當時其他稅種的變化：

1. 利息稅（Interest Tax）

為提高香港金融服務業的競爭力，港英政府在 1982 年 2 月 25 日及 1983 年 10 月 17 日分別取消對個人或企業存放於香港金融機

構的外幣和港幣存款徵收利息。於 1989 年 4 月 1 日，港英政府全面取消利息稅。

2. 物業稅與差餉（Property Tax and Rate）

差餉是特區政府對擁有土地及樓宇的業主徵收的間接稅，按照物業的應課差餉租值再乘以一個百分率徵收，該租值是假設物業在指定的估價依據日期空置出租時，估計可取得的合理年租而計算得到的。

與物業稅相比，兩者都是對土地、房屋等物業徵稅，但物業稅的課稅範圍僅限於用於出租經營並獲得租金收益的物業，而差餉稅是對納稅人擁有的所有土地房屋，包括自用和非自用的都徵稅。

港英政府在 1956 年 4 月 1 日起暫停徵收新界土地和建築物的物業稅。自此，物業稅的徵收範圍只限於市區物業。當年庫務司署根據差餉估價署提供的差餉名冊，代稅務局向繳付差餉的人士發出物業稅稅單。假如物業曾經空置或為業主自住，業主可以向稅務局申請豁免繳交或退回全部或部分已繳稅款。

一直到 1974 年，隨着新界經濟的發展，港英政府決定重新向新界的土地和物業徵稅，從荃灣和青衣開始分期實施。當時曾引起新界居民的強烈反應，部分居民甚至燒掉稅單以示抗議，後經稅務局解釋和調停，事件才告平息。物業稅的徵稅範圍隨後也逐步擴展至全港。1983 年 4 月修訂《稅務條例》，以業主的實際租金收入來評定物業稅。稅務局首次發出物業稅報稅表和物業稅評稅。

3. 印花稅（Stamp Tax）

1957 年起，印花稅署採用印花蓋印機在文件上加蓋印花。在此之前，需要粘貼印花稅在文件上，加上記號或以金屬印蓋印註銷。

1987 年 9 月，印花稅的徵收會類別由 55 類減至 13 類。

1981 年 5 月，《印花稅管理條例》和《印花條例》合併為現行的《印花稅條例》，徵稅類別再減至四類，分別為坐落在香港的不動產、香港證券、香港不記名文書、副本和對應本。

　　1992 年 1 月 31 日期，住宅的買賣合同也需要交納印花稅。

　　4. 博彩稅（Betting Duty）

　　1956 年 4 月稅務局接替庫務司署向投注舉辦商徵收博彩稅，徵收範圍包括賽馬投注、獎券活動（如現時的六合彩）和現金彩票（即大馬票和小搖彩）。自 1977 年起，香港已經再沒有舉辦現金彩票活動了，唯一例外的是在 2000 年元旦為慶祝千禧年發行「慈善大馬票」。

　　5. 商業登記費（Business Registration Fee）

　　1957 年 4 月，稅務局接替工商署，管理商業登記費。有關規管商業登記的法例於 1959 年合併為現行的《商業登記條例》。

　　自 1985 年起，新登記或已登記之業務在新領或換領商業登記證時，除商業登記費外，另需繳付「破產欠薪保障基金」徵費，以保障雇員權益。

　　6. 酒店房租稅（Hotel Accommodation Tax）

　　1966 年 7 月 1 日起，港英政府對酒店和賓館住房東主開徵酒店房租稅，稅款以客人所支付的全部房租計算，稅率則因應社會情況而有所增減。

　　7. 娛樂稅（Entertainment Tax）

　　1970 年起，港英政府對電影院門票和馬場入場費徵收娛樂稅 10%。至 1993 年，港英政府全面取消娛樂稅。

　　8. 舞廳稅（Public Dance-Halls Tax）

　　舞廳稅在 1947 至 1970 年間實施，主要就舞廳提供舞伴和食物

的消費收入按特定百分比徵收稅款。舞廳稅於 1970 年 4 月 1 日開始被取消。

（三）第三階段

在 1947 年確立稅制基礎後，經過 50 多年的發展，香港的經濟發生了巨大轉變，從典型的轉口貿易商埠轉變為出口製造業城市，進而又成為國際重要的貿易金融中心之一。隨着經濟模式的不斷變型，經濟活動所依循的商業慣例也不斷改變，因此稅收制度也隨着商業慣例的變動進行了多項調整。但它始終以有利於吸引外資、促進香港經濟貿易的發展為指導思想，使稅制能夠繼續符合稅率低、稅制簡單、具有稅收能力、最少干擾經濟的要求。

按照《中華人民共和國香港特別行政區基本法》（以下簡稱《基本法》）的規定，中國政府於 1997 年 7 月 1 日恢復對香港行使主權，建立香港特別行政區（以下簡稱「香港特區」）。

1997 年香港回歸後，為保證穩定和繁榮，香港特區實行包括稅收政策制度在內的有關法律、經濟、對外交往等方面的高度自治，享有行政管理權、立法權、獨立的司法權和終審權。在「一國兩制」的制度下，香港特區保持財政獨立，其財政收入全部用於香港公共開支，而不需向中央人民政府上繳任何稅款；中央人民政府也不對香港徵稅。

香港特區政府參照原來在香港實行的低稅和簡單的稅收政策，自行立法規定適用稅種、稅率、稅收寬免和其他稅收行政管理事項。稅收立法和制度根據《基本法》保持不變。香港特區不需要執行內地的稅收政策，自行立法，規定稅種、稅率減免優惠以及其他稅務事項。在對外貿易和關稅的設置上，香港特區仍然為單獨的關

稅地區，保持自由港地位，除法律另有規定外，不徵收關稅，香港特區可完全享有現在取得或以前取得仍繼續有效的出口配額、關稅優惠及其他稅收安排。在香港進行投資、貿易的內地居民應遵守香港特區的稅收制度進行經濟活動，同時享受公平的稅收待遇。

1997 年 7 月，香港特區成立了一個由財政司司長監督的工作小組，目的是全面檢討香港稅制。特區政府每年在制定財政預算案時，同時會檢討現行稅制，以配合香港經濟發展和財政狀況。

當時其他稅種的變化：

1. 印花稅（Stamp Duty）

2004 年 8 月 2 日起，香港特區政府推行電子印花服務。客戶可以通過網上辦理，在物業成交應課稅文件上加蓋印花，而無需把成交文件送到稅務局貼花，從而大大減少了納稅人的遵從成本，提高了徵收效率。

2010 年 11 月起，為遏制住宅物業的投機炒賣活動，特區政府對以個人或公司名義，在 2010 年 11 月 20 日或以後取得、並在取得後 24 個月內轉售的住宅物業，開徵額外印花稅（5%-15%）。

2. 酒店房租稅（Hotel Accommodation Tax）

為促進本地旅遊業，香港特區政府決定於 2008 年 7 月 1 日起調低酒店房租稅至零，自此免收酒店房租稅。

3. 遺產稅（Estate Duty）

數十年來，香港特區政府不斷就遺產稅修訂免稅項目、調整稅率。2004 年，特區政府更全面檢討遺產稅。為鞏固資產管理中心的地位，香港特區於 2006 年 2 月 11 日取消了實施近一個世紀的遺產稅。

4. 博彩稅（Betting Duty）

2003 年，香港特區政府推出多項措施預防和緩減賭博問題，將

足球博彩活動納入受規管的範圍，以防止不受規管的賭博活動帶來社會問題。同年 8 月，特區政府正式開始對投注舉辦商徵收足球博彩稅。

賽馬博彩稅的徵稅辦法也在 2006 年 9 月作出修訂，由按照「投注總額」改為按照「淨投注金收入」徵收。

5.海底隧道使用稅（Tunnel Usage Tax）

香港海底隧道是世界上最繁忙的四線行車隧道之一，也是香港海底隧道最繁忙、使用率最高的道路。因此，除隧道收費外，由 1984 年 6 月 1 日起，當局向所有車輛徵收隧道稅，以求減低流量。而該隧道以 BOT（Build-Operate-Transfer）形式興建，專營權在 1999 年 8 月 31 日屆滿後交還香港特區政府。1999 年 9 月 1 日，香港特區政府取消徵收海底隧道使用稅。

二、香港特區稅收概況

稅收是香港特別行政區政府最主要的財政收入來源。除特定行業登記費用外，現行香港稅制，主要就個人或企業取得來源於香港的營業利潤、薪金和租金三類所得徵收稅項。香港特區政府並未就銷售環節或資本增值方面徵收稅項（即沒有營業稅、增值稅或土地增值稅等），即在商品全部的生產和流通環節，基本上都不徵稅，也就是沒有我們通常所說的流轉稅。另外，香港特區政府一般也不會就股息收入和其他資本性所得來課徵稅收。

目前，香港特區的主要稅收法律是《稅務條例》（Inland Revenue Ordinance）及其附例《稅務規則》（Inland Revenue Rules）。該《稅務條例》制定於 1947 年，是其中一項英國殖民統

治時代的遺產。《稅務條例》在過去歷經了不少重大的政治和經濟變化，做了不少稅項修訂，但仍保持其簡單（Simple）、低稅率（Low Tax Rate）及源泉徵稅原則（Income Source Concept）的徵收管理特點，並被視為香港稅制的重要優點之一。

香港特區的稅法條款，相對國內一般的稅法而言較為簡單，對重要的源泉徵稅原則並無詳細、可直接援引的規定。與英國及其他英聯邦地區（Commonwealth Regions）通過的立法規定及其具體規則不同的是，香港主要依靠普通法（Common Law）和判例法（Case Law）的原則執行，以適用案例中法官的判決來明確日後在稅收管理執行時適用的原則和範圍。

在香港的稅種結構上，間接稅和直接稅的比重在各個時期是不相同的。在香港稅收歷史上，很長一段時間以間接稅為主。二戰時為戰時需要開徵了直接稅，戰後在《稅務條例》中用立法的形式將直接稅固定下來。但由於當時經濟發展水平和收入水平不高，為鼓勵商界和投資者投資、經營的積極性，直接稅稅率很低，直接稅沒有成為港英政府稅收收入的主要來源。20世紀60年代以來，由於香港經濟的轉變和發展，直接稅收入迅速增長，特別是其中的公司利得稅。20世紀70年代以後，直接稅的比例逐漸上升，並超過了間接稅，而且把這種主體地位保持了下來。70年代末香港雖然又進行了擴大間接稅的討論和實踐，但實際上間接稅的比重並未明顯上升，直接稅與間接稅的比重一直保持在55：45的水平。進入20世紀80年代後，由於各方面的原因，直接稅佔總體稅收的比重使香港當局擔心發生經濟困難時導致稅收收入大幅減少，危及財政的平衡和穩定。於是其在政策上有意擴大間接稅的稅源，適當提高間接稅在總體稅收收入中的比重，從近年的數據看，直接稅比重已回落到

60% 左右。

圖 9-1-1　1947-2000 年香港直接稅佔比（%）

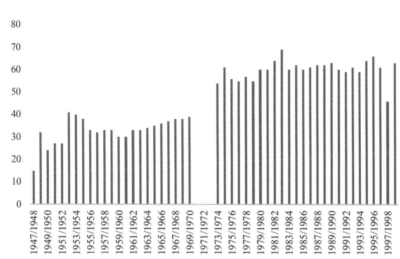

數據來源：穀志傑（2012）。《香港稅制》，北京：中國財政經濟出版社。

　　與國內稅制比較，香港稅制具有低稅率、簡單易操作、源泉徵稅（徵稅範圍只限於從香港賺取或獲得的收入）、稅率隨着年度財政預算案而變化等特點。香港現行稅制體系屬分類稅制，以所得稅為主，輔之徵收行為稅和財產稅等，主要稅種簡要情況如下：

（一）直接稅的種類（三種）

1. 薪俸稅（Salaries Tax）

　　薪俸稅是納稅人在香港工作（包括海外員工在港履行職務）所賺取的入息所繳交的稅款。特區政府會對薪俸稅納稅人提供各種免稅額，扣除免稅額後按照累進稅率徵稅。而其所徵收的薪俸稅款，不會超過按標準稅率（即未扣除免稅額的應課稅入息的某一個固定百分比）計算徵收的稅款。

根據香港特區政府公佈的《2018-19 年度特區政府財政預算案》，2018/2019 年度寬減 2017/2018 年度 75% 的薪俸稅和個人入息課稅，上限為 30,000 元；把薪俸稅的稅階由現時 45,000 元增加到 50,000 元；稅階由四個增加到五個，邊際稅率分別調整為 2%、6%、10%、14% 及 17%；增加子女、供養父母／祖父母或外祖父母的基本及額外免稅額；增加長者住宿照顧開支的扣除上限；購買自願醫療保險產品的保費可獲稅務扣減，每名受保人的上限為 8,000 元。

2. 利得稅（Profits Tax）

利得稅是根據課稅年度內的應評稅利潤（即一個企業財政年度的淨利潤）而徵收的。凡在香港經營的任何行業、專業或業務而從該行業、專業或業務獲得於香港產生或得自香港的所有所得（出售資產、資本所得的所得除外）的人士，包括法團、合夥商號、信託人或團體，均需繳稅。利得稅的徵稅對象並無香港居民或非香港居民之分，如有符合規定的應稅收入均應繳稅。但對於該年無經營或經營虧損以及海外盈利的情況，則納稅人無需在該年度繳納利得稅。

2018/2019 年度香港特區政府規定法團（如有限公司）的利得稅率為 16.5%，非法團業務利得稅率為 15%。

3. 物業稅（Property Tax）

物業稅是納稅人因為在香港持有物業並出租賺取利潤所繳交的稅款。只持有物業而沒有租金收入的，不需繳納物業稅。

（二）財產稅以及其他行為稅收的種類（八種）

1. 差餉、地租及地稅（Rate and Rent）

差餉是香港的一種地稅，是香港特區政府按在香港擁有的房地產物業等，徵收的稅項。除差餉外，按土地契約的不同，土地使用

者另需繳納地稅或者按《中英聯合聲明》的規定向特區政府繳納地租。這些稅種由差餉物業估價署（差餉及地租）和地政總署（地稅）徵收。

目前，差餉的徵收率為 5%，以 2019/2020 財政年度而言，差餉徵收率為 5%。估價依據日期為 2018 年 10 月 1 日，應課差餉租值則由 2019 年 4 月 1 日起生效。

2. 印花稅（包括額外印花稅）（Stamp Duty and Special Stamp Duty）

印花稅是香港特區政府向所有涉及任何不動產轉讓、不動產租約及股票轉讓的行為所徵收的稅款。2016 年 11 月 5 日起，「從價印花稅」的第 1 標準稅率分為第 1 部及第 2 部稅率。第 1 標準第 1 部稅率適用於住宅物業而第 1 標準第 2 部適用於非住宅物業及某些在 2013 年 2 月 23 日或之後但在 2016 年 11 月 5 日前就取得住宅物業所簽立的文書。第 1 標準第 2 部稅率相當於 2016 年 11 月 5 日前適用的「從價印花稅」的第 1 標準稅率。

第 1 標準第 1 部稅率（適用於在 2016 年 11 月 5 日或之後就取得住宅物業所簽立的文書）。稅率劃一為物業售價或價值（以較高者為准）的 15%。

第 1 標準第 2 部稅率（適用於在 2013 年 2 月 23 日或之後但在 2016 年 11 月 5 日前就取得住宅物業所簽立的文書及在 2013 年 2 月 23 日或之後就取得非住宅物業所簽立的文書）為 1.5% 至 8.5%

3. 博彩稅（Betting Tax）

博彩稅是香港向投注舉辦有關賽馬投注、合法足球博彩投注以及六合彩收益所徵收的稅項。適用稅率是按不同項目計算。

4. 應課稅品（商品稅）（Dutiable Commodities）

香港一般不對進出口商品徵收任何關稅，但對進口烈酒、煙草、碳氫油及甲醇徵收商品稅。此等稅種由香港海關徵收。適用稅率是按不同項目計算。

5. 酒店房租稅（Hotel Accommodation Tax）

酒店房租稅是對酒店及賓館東主，就酒店房租所徵收的稅項。2008 年 7 月 1 日起，調低酒店房租稅至零，自此免收酒店房租稅。

6. 商業登記費（Business Registration Fee）

商業登記費是任何人士在從事商業經營活動（包括香港境外個人或成立的公司），而需每年向稅務局繳交的商業營運牌照費用。

7. 飛機乘客離境稅（Air Passenger Departure Tax）

飛機乘客離境稅，是旅客使用香港國際機場或直升飛機從港澳碼頭離境時需要繳交的稅項，此稅項已包括在機票價格內。

以海路從港澳碼頭、中港碼頭或屯門碼頭離境的旅客亦有類似收費，但不歸屬於此類稅項中。

《飛機乘客離境稅條例》於 1983 年生效，經 1985、1988、1991、1994、1996、1998、2001、2003 年多次修訂，2019 年，12 歲或以上的飛機離境乘客須繳納 120 元離境稅。

8. 汽車首次登記稅（First Registration Tax）

因特區政府鼓勵市民使用公共交通工具，減低汽車增長，汽車首次登記時，須向特區政府繳交汽車首次登記稅。首次登記稅是以該車的應課稅值及根據汽車（首次登記稅）條例（第 330 章）附表內就該類別的汽車所指明的百分率計算。一般來說，車輛的應課稅值的車輛的應課稅值的釐定基準，須根據該車輛的公佈零售價或根據香港海關評估的臨時應課稅值來計算。

（三）曾開徵但已廢除的稅項（6 種）

1. 娛樂稅（Entertainment Tax）

1970 年起，當時的港英政府對電影院門票和馬場入場費徵收娛樂稅 10%。至 1993 年，港英政府全面取消娛樂稅。

2. 遺產稅（Estate Duty）

遺產稅作為一種直接稅，遺產超過 65 萬港元的身故人士均須繳交。香港特區政府於 2006 年 2 月 11 日期廢除遺產稅。

3. 部分商品之商品稅（Dutiable Commodities）

針對化妝品及藥物的商品稅約於 20 世紀 90 年代初廢除。而多種酒精飲料（包括葡萄酒、啤酒及非烈酒）等的商品稅，則於 2008 年 2 月廢除。

4. 舞廳稅（Public Dance-Halls Tax）

舞廳稅於 1970 年 4 月 1 日開始被取消。

5. 海底隧道使用稅（Tunnel Usage Tax）

海底隧道使用稅於 1999 年 9 月 1 日被取消。

6. 利息稅（Interest Tax）

利息稅於 1989 年 4 月 1 日被取消。

三、2015 至 2018 財年香港特區稅收狀況

香港稅務局在 2017/2018 年度收取稅款港幣 3,286 億元，較上一年度增加港幣 384 億元，即 13.2%。增長主要來自印花稅。印花稅全年收入為 952 億元，增加 54%。薪俸稅收入為 608 億元，上升 3%。利得稅收入則輕微減少 0.1% 至 1,391 億元。2015 至 2018 財年各種稅項收取的稅款如表 9-1-1 所示。

表 9-1-1　2015 至 2018 香港各稅項種類收取情況

稅項種類	2015/2016 年度 （港幣百萬元）	2016/2017 年度 （港幣百萬元）	2017/2018 年度 （港幣百萬元）
直接稅總額	205,882.4	206,907.3	208,729.3
利得稅	140,226.6	139,238.1	139,100.2
薪俸稅	57,867.8	59,077.5	60,838.8
物業稅	2,998.0	3,371.7	3,447.8
個人入息課稅	4,790.0	5,220.0	5,342.5
遺產稅	30.0	18.8	31.3
印花稅	62,680.3	61,899.0	95,172.8
博彩稅	20,127.2	21,119.0	21,959.1
商業登記費	2,607.1	227.7	2,726.7
稅收總額	291,327.0	290,171.8	328,619.2

資料來源：香港特別行政區稅務局官方網站：https://www.ird.gov.hk/。

圖 9-1-2　2009 至 2018 財年香港稅收收入總額變化　單位：百萬港元

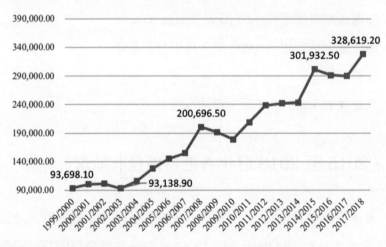

資料來源：香港特別行政區稅務局官方網站：https://www.ird.gov.hk/。

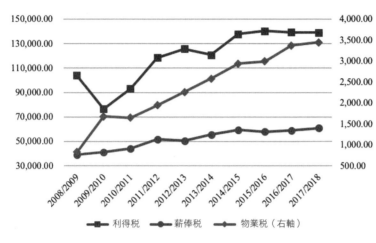

圖 9-1-3　2009 至 2018 香港三大直接稅收入變化　單位：百萬港元

資料來源：香港特別行政區稅務局官方網站：https://www.ird.gov.hk/。

四、香港特區稅制特點

目前，香港僅對三種所得徵稅，即營業利潤、工資薪金、房地產出租收入，與這三項相對應的稅種為利得稅、薪俸稅和物業稅。

香港稅制的一個重要特點是採取源泉徵稅原則，即僅對來源於香港的所得徵稅。換言之，在香港以外的國家或地區取得的任何所得，都不需要在香港繳納稅項，即使該所得在境外無需納稅。

另外，香港沒有增值稅、貨物與勞務稅，資本收益類稅收也不對股息和紅利徵稅。而特許權使用所得實施源泉扣稅政策。

香港現時執行稅種全部只有 11 種。其中，直接稅 3 種：利得稅（Profits Tax）、物業稅（Property Tax）和薪俸稅（Salaries Tax）。

財產稅以及其他行為稅類 8 種：差餉（Rate）、印花稅（Stamp Duty）、酒店房租稅（Hotel Accommodation Tax）、博彩稅

（Betting Tax）、汽車首次登記稅（First Registration Tax）、飛機乘客離境稅（Air Passenger Departure Tax）、商業登記費（Business Registration Fee）、應課稅物品稅（Dutiable Commodities）。

香港實行以直接稅為主體的稅收制度，具體有稅種少、稅率低、稅負輕、徵管簡便的特點，從而使其具有世界級「避稅港」（Tax Heaven）的美譽。具體特點如下：

（一）行使來源地稅收管轄權，不行使居民稅收管轄權

香港稅務局只行使單一的地域管轄權，不行使居民管轄權。對於香港居民和非居民，都只就其來自香港的所得徵稅，而且稅率較低。對香港居民來源於香港境外的所得，一般不予徵稅。加上不行使居民管轄權，香港經常成為跨國企業的避稅選擇地。香港居民不會因稅收管轄權重疊而引起雙重徵稅，但對於非居民可能造成雙重徵稅。對此，香港稅務局與 22 個國家地區簽訂《全面性避免雙重徵稅的協定》和《航空運輸及航運收入的協定》，讓投資者更準確地評估其經濟活動的稅務負擔，吸引更多的海外投資者在香港投資和經商。

（二）低稅負，稅收收入佔財政收入總額少

按照香港特區政府發佈的信息，2018 年香港的 GDP 總量為 2.84 萬億港元（約 2.4 萬億人民幣），人口約 748 萬（人均 GDP 約港幣 38.15 萬元）；2017-18 財政年度財政收入總額約 5,964 億港元，其中稅收收入約 3,286 億港元，佔 55.10%。最大的稅項收入仍是來自利得稅，其次是印花稅。利得稅和印花稅共佔稅收總額的 71.29%。

而與一河之隔的深圳市相比較，根據深圳市統計局公佈的《深圳

市 2018 年國民經濟和社會發展統計公報》的統計數據，深圳市 2018
年 GDP 總量值人民幣 24,221.98 億元，常住人口 1,302.66 萬（人
均 GDP 人民幣 18.96 萬元），2018 年深圳一般公共預算收入人民幣
3,538.41 億元，其中稅收收入人民幣 2,899.60 億元，佔 81.9%。

按 2018 年的上述統計數據測算，香港的宏觀稅負率（稅收收入
佔 GDP 的比例）約 11.57%，是名副其實的低稅區。香港的主要稅
種均實行比例稅率，且名義稅率不超過 17.5%，僅相當於中國內地
名義稅率（或法定稅率）的一半。

（三）稅種少，以直接稅為主體

香港現行稅種按徵稅對象可以分為四大類：所得稅類；財產稅類；
行為稅類；消費稅類。主體是直接稅，佔稅收總收入的 63.52%。

間接稅方面，香港特區政府並未就商品生產銷售環節或資本增
值方面徵收稅項，即沒有開徵增值稅、消費稅，在商品全部的生產
和流通環節，基本上都不徵稅。

直接稅方面，香港沒有總所得的概念，所得稅實行分類課徵制
度，即按照收入的類別（營業利潤、工資薪金、房地產出租收入）
分別課徵利得稅、薪俸稅、物業稅。但納稅人如果是個人，在某些
情況下，也可以申請選擇綜合課徵，稱為「個人入息課稅」。綜合
課徵的稅率和有關減免規定，與薪俸稅相同。

第二節
税收法律體系

一、香港特區税收法律體系簡介

税法是香港法律制度中的重要組成部分。1864 年英國貨幣改換本港貨幣綴納費條例、1869 年的本港抓酒業牌照税條例以及 1888年制定的《差餉條例》（即港英政府對物業使用人徵收差餉税的法律規定）等，都是香港早期重要的單行税法條例。它們的共同點是條款少、內容簡單，均為單一税種立法。1940 年，當時的港英政府戰時税務委員會通過了香港的第一部所得税法律《1940 年戰時税收條例》，但這一税制很快被《1941 年戰時税收條例》取代。新税例的重要變化時加入利息税的條文。但這部新税法壽命短暫，通過 6 個月之後，於 1941 年 12 月 8 日香港因被日本佔領，戰税也相應停止徵收。

1947 年通過了《1947 年税務條例》，主要沿用了《1941 年戰時税收條例》。20 世紀 50 至 70 年代，港英政府先後成立三屆税務委員會，檢討當時《税務案例》的執行情況，並做出合適建議。《税務條例》也因此做出了相應修訂。當局在 1983 年修訂《税務條例》，從 1983/1984 年度起，廢除「妻室入息當作丈夫入息」的法律條文，1989 年起，港英政府廢除《税務條例》中所沿用自 1941

年稅收條例確定的夫婦合併評稅，自 1989/1990 年度起，正式實施夫婦分開評稅。除了《稅務條例》之外，香港特區政府還陸續出台了一些單行條例。這些條例對促進香港經濟的發展，保證其財政收入的穩步增長，起到了一定的作用。

香港稅制由稅務條例和稅收政策兩部分構成：

（一）稅務條例

稅務條例主要是指 1947 年頒佈的《稅務條例》（香港法例 112 章）。該條例規定了物業稅、薪俸稅、利得稅、利息稅四種主要稅種的徵收。

稅務法例還包括其他法例中涉及的稅收部分。如根據香港法例第 111 章遺產條例而制定的《遺產稅條例》。香港稅務局負責執行的稅務法例主要有八個，即《稅務條例》、《遺產稅條例》、《印花稅條例》、《博彩稅條例》、《娛樂稅條例》、《商業登記條例》、《酒店房租條例》和《儲稅券條例》。稅務法例規定了稅收徵收原理、原則和方法。

稅務局局長同時獲法定委任為印花署署長及遺產稅署署長。負責執行下列條例及根據該條例制定的規則及規例。有關條例與其相關的規則及規例的細節可瀏覽由律政司提供的雙語法例資料系統。目前香港主要的稅收條例如下：

1. 博彩稅條例。見香港法例第 108 章。

2. 應課稅品條例。見香港法例第 109 章。

3. 遺產稅條例。見香港法例第 111 章。

4. 稅務條例。見香港法例第 112 章。

5. 差餉條例。見香港法例第 116 章。

6. 印花稅條例。見香港法例第 117 章。

7. 飛機乘客離境稅條例。見香港法例第 140 章。

8. 儲稅券條例。見香港法例第 289 章。

9. 商業登記條例。見香港法例第 310 章。

10. 汽車首次登記稅條例。見香港法例第 330 章。

11. 酒店房租稅條例。見香港法例第 348 章。

(二)稅收政策

財政司定期負責制定現行稅收政策，同時就各稅種的稅率、徵免標準等做出建議。稅務政策需要根據每年經濟狀況和特區政府財政收支情況進行調整，由財政司在每個財政年度（當年 4 月 1 日至次年 3 月 31 日）的預算案中提出，經立法局通過後執行。

香港稅收執法相對規範，除履行稅務檢察權外，稅務官員與納稅人一般不見面，而通過公文郵件往來。對應納稅額發生爭議，納稅人除可以向指定法律性機構上訴獲得裁決外，納稅人亦可與稅務局經協商達成和解。此外，香港稅務局局長經過法律授權，可以「以罰代刑」（指處以罰款而不作刑事起訴）。

香港稅務局（Inland Revenue Department）除了執行稅務條例、負責稅收管理外，還會在市場變化和案例更新後，修訂《稅務條例釋義及執行索引》（DIPN），即加入最新的執行方向和稅務處理方法，為納稅人進行演繹和釋義，並在網站上向稅務代表和納稅人分享，務求讓納稅人通過真實案例的執行情況更充分地理解相關條例的規定。

《稅務條例釋義及執行指引》主要是為納稅人及其授權稅務代表提供資料。載有稅務局對指引及有關條例的解釋與執行，其法律約

束力不等同於稅務條例以及稅務案例的裁決。稅務局引用《稅務條例釋義及執行指引》的內容，也不會影響納稅人反對評稅或向稅務局局長、稅務上訴委員會或法院提出上訴的權利。

二、香港特區稅收法律特點

（一）以判例法為基礎

香港屬英美法系，以判例法為基礎。根據《中華人民共和國政府和大不列顛及北愛爾蘭聯合王國政府關於香港問題的聯合聲明：中華人民共和國政府對香港的基本方針政策的具體說明》及《基本法》的規定，香港特別行政區的審判權屬於香港特別行政區法院。法院獨立進行審判，不受任何干涉。司法人員履行審判職責的行為不受法律追究。法院依照香港特別行政區的法律審判案件，其他普通法使用地區的司法判例可作參考。

由於香港「遵循先例」的普通法制度，香港特區法院可參考其他普通法地區的司法判例以及本港高級法院的先例。香港特區終審法院和司法機關有權邀請其他普通法地區的法官參加審判。律政司獨立行使檢察權，負責立法、司法行政、檢控、民事代理、法律制定與改革、律師等多種職能。

另外，根據《基本法》的規定，香港特區政府的官方語言為中文和英文。香港所有法例均具有中、英文兩種版本，兩個版本的法律效力相同。香港的成文法律彙編現已實現全面雙語化，但判例還是以英文為主。在法庭，可以兼用兩種法定語言或者採用其中一種。但只有在法官和雙方律師同意用中文審判的情況下，法院才用中文判決。

香港的一切稅收立法權均由香港特區立法會掌握，稅務局不得自行發佈紅頭文件頒佈、修訂或者解釋稅法。納稅人與稅務局發生爭議，法院有權進行實體上的裁決。因此，香港稅法十分穩定、透明和公正。

（二）稅法簡便

香港稅法由《稅務條例》、《印花稅條例》、《差餉條例》、《博彩稅條例》、《應課稅品條例》、《飛機乘客離境稅條例》、《酒店房租稅條例》、《遺產稅條例》等成文法律文件和若干立法局決議（令）、法院稅務案件判例等構成。自 1915 年開徵的遺產稅，於 2005 年 11 月經香港特區立法會通過後於 2006 年 2 月廢止，其他曾經實施現已廢止的稅種有海底隧道使用稅、娛樂稅等。

由於香港對商品和勞務不徵收流轉稅（範圍狹窄的煙酒碳氫油等除外），更沒有繁苛的發票管制制度，因此香港稅制十分簡潔、方便。稅法規定也相當穩定，所有的變動，均需通過香港特區立法機關（香港特區立法會）的審議通過後才能生效。

第三節
稅收徵管體系

一、稅收管理概況

1997 年以前的香港是英國的殖民地，施行的是以英國為主導的法律制度，即包括英王特權立法、英國議會立法、英國普通法和衡平法，以及英國相關立法機構的立法、本地習慣法等。其法律形式主要由成文法、判例法和習慣法三部分組成。

1997 年 7 月 1 日，中華人民共和國恢復對香港行使主權後，全國人民代表大會根據《中華人民共和國憲法》制定的《中華人民共和國香港特別行政區基本法》（The Basic Law，1990 年 4 月 4 日公佈，以下簡稱《基本法》）正式施行。《基本法》是香港特區的憲法性文件。根據《基本法》第 8 條規定，除同《基本法》相抵觸或經香港特區立法機關修改的以外，香港原有法律（即普通法、衡平法、條例、附屬立法和習慣法）均予以保留。

在稅收徵管方面，香港特區政府及立法會都在研究是否立法規定所有納稅人都要委任稅務代表，以簡化香港稅務局的工作以及有關爭議。若設立有關法規，這對業界及納稅人都是有利的，也比較有利於稅收徵管架構的發展，而對內地與香港的商務來往，不論是個人或企業方面，相關的合作也能使內地的稅收徵管架構有着健康

的發展，使違反規定的偷稅漏稅的發生率降低。

要有效地實施現時的稅制，單靠稅務局的努力是不足夠的，更需要納稅人的積極配合。因此，稅務局每年都不斷更新部門網頁，為市民提供全方位的稅務信息。

為進一步加強教育，稅務局近年把有關《稅務條例》等相關文件上傳到稅務局網頁，向市民和業界詳細闡釋他們關注的課題，提高稅務局工作透明度和公眾的知情權，協助他們明白本身的稅務責任。雙方協力的成功例子包括將評稅過程自動化的「先評後核」系統。這一系統的順利推行，有賴於納稅人的合作，準時提交正確的報稅表，幫助稅務局降低繁重的覆核工作。

香港的稅收管理大致如下：

（一）納稅申報

評稅主任可以以書面形式向納稅人發出通知，規定該人在註明的合理時間內（一般是一個月）提交報稅表。利得稅報稅表一般在每年 4 月初發出，有一個月的期限。稅務代表可獲一項自動延期的安排，個別人士可以合理的原因向評稅主任提出再延長期限申請。薪俸稅報稅表一般在每年 5 月初發出，亦有一個月的期限。此期限可因個別申請而獲得延長。

（二）納稅人義務和僱主義務

1.納稅人義務

（1）應課稅的個人、合夥人或法團若沒有收到報稅表，須在有關課稅年度結束後四個月內，以書面形式通知稅務局局長。

（2）納稅人如果停止經營或停止擁有任何入息來源，須在有關

停止事宜發生一個月內以書面形式通知稅務局局長。

（3）任何納稅人，如即將離開香港為期超過 1 個月，須於離開前至少 1 個月，以書面形式通知稅務局局長。

（4）納稅人如更改地址，須於一個月內以書面形式通知稅務局局長。稅務條例亦規定稅務局發出的文件，如以郵遞方式寄往納稅人最後為人所知的地址，則應視為已適當地送達。

（5）在香港經營行業、專業或業務的納稅人，須就其入息及開支以英文或中文備存足夠的記錄，以便其應評稅利潤能易於確定。該記錄保留期最少為七年。

（6）物業擁有人須就所收取的租金備存足夠的記錄，例如，租約和租金收據副本等保留期最少七年。

2.僱主義務

（1）如果僱主開始僱用任何可能應課薪俸稅的新僱員，須在該項僱用開始日期後三個月內提交該新僱員的資料。

（2）如果僱主停止僱用任何可能應課薪俸稅的僱員，須在不遲於該僱員停止受僱前一個月，以書面形式向稅務局局長發出通知。

（3）任何應課薪俸稅的僱員，如果即將離開香港為期超過 1 個月，則其僱主須在前一個月以書面形式向稅務局局長發出通知。另外，除已獲稅務局局長書面同意外，在該通知發出的日期起計一個月內不得付給該名僱員任何工資。

（4）經紀人員如果受僱或擔任一個職位而需課繳薪俸稅者，其僱主須申報他們賺取的入息。

（5）自由身經紀如果沒有擔任固定的職位，亦不受任何受僱工作關係約束，則應當作經營一項業務而需繳利得稅。凡是僱用該等經紀的人士必須提供他們支付的傭金詳情。

（三）評稅和稅款徵收

1. 評稅可在納稅人提交報稅表限定的時間屆滿後儘快作出。

2. 如果評稅主任認為納稅人即將離開香港，或者有其他適當理由，則評稅主任可在任何時間對納稅人作出評稅。

3. 納稅人已提交報稅表，如果評稅主任不接納該報稅表，則可評估該人的應課稅款額。

4. 如果納稅人未能按時提交報稅表，評稅主任可評估該人的應課稅款額。

5. 如果該行業或業務的帳目並未以令人滿意的方式備存，評稅主任可以該行業或業務營業額的通常純利潤為基準，對該行業或業務的利潤或入息作出評稅。

6. 凡評稅主任覺得任何納稅人尚未就任何課稅年度被評稅，或覺得該人被評定的稅額低於恰當的稅額，評稅主任可在該課稅年度屆滿後六年內，按照其斷定對該人作出補加評稅。但若納稅人不曾就任何課稅年度被評稅或其評稅偏低，是由於欺詐或蓄意逃稅所致，則補加評稅可在該課稅年度屆滿後十年內任何時間作出。

7. 凡評稅主任覺得退還給任何納稅人的全部或部分稅款是由於事實上或法律上的錯誤，評稅主任可在該課稅年度屆滿後六年內，就錯誤退還給該人的稅款額退還給該人的稅款額而對該納稅人作出補加評稅。

（四）稅務行政救濟

1. 修正錯誤

（1）在任何課稅年度結束後六年內或在有關評稅通知書送達日期後六個月內（兩者以較遲為准，納稅人證明某一課稅年度呈交的

報稅表或陳述書有錯誤或遺漏），或稅額有計算錯誤或遺漏，則評稅主任須更正該項評稅。

（2）評稅主任如果拒絕對任何評稅作出更正，則須將其拒絕一事以書面形式通知該項申請的納稅人。

2. 稅務反對

（1）如果納稅人反對評稅，納稅人必須在評稅通知書發出日期後一個月內，以書面形式向稅務局局長提出，並詳細列明反對理由。除非已獲得稅務局局長批准可緩繳該筆稅款或其部分稅款，否則納稅人必須先行清繳稅款。

（2）稅務局局長應在合理時間內確認、減少、增加或取消受到反對的評稅額；局長可以書面通知納稅人就有關評稅所針對的事宜提交細則，以及出示與該事宜有關的所有簿冊或其他文件，亦可傳召有關人士到其席前訊問。

3. 上訴

（1）向稅務上訴委員會上訴

①如果稅務局局長沒有與納稅人達成協議，則該納稅人可在稅務局局長送交書面決定一個月內親自或由其獲授權代表向稅務上訴委員會發出上訴通知。如果上訴人是由於疾病、不在香港或其他合理因由而未能按照規定發出上訴通知，委員會可延長至認為適當的期限。

②委員會的決定即為最終決定。但上訴人或局長可提出申請，要求委員會就某法律問題呈述案件，以取得高等法院意見。該項申請以書面形式作出，並在委員會作出決定的日期後 1 個月內送交委員會書記。

③高等法院法官須對由呈述的案件所引起的法律問題進行聆訊及裁定，並可按照法庭對該問題的決定而確認、減少、增加或取消

委員會已釐定的評稅額，或取消委員會已釐定的評稅額，或可將案件連同法庭對該案件的意見發揮委員會。

④法庭可就高等法院的訴訟費發出其認為適當的命令。

（2）直接向高等法院上訴

①如果已向委員會發出上訴通知書，上訴人或局長可發出書面通知，表示其本人意欲將相關上訴移交高等法院。

②發出的時間不得遲於委員會書記接獲上訴通知書日期後 21 天內。法院可確認、減少、增加或取消局長已釐定的評稅額；判定稅務局局長有權作出的任何一項評稅，或指示局長作出該項評稅；就訴訟費作出其認為適當的命令。

（3）直接向上訴法院提出上訴

①可針對委員會的決定而直接向上訴法院提出上訴。

②上訴法院認為由於所爭議的稅項款額的緣故，有關事宜有普遍重要性，或對公眾有重要性或特別複雜，或任何其他理由，上訴宜由上訴法院而非高等法院聆訊或裁定。

（五）罰則

1. 對未遵照規定或未出席傳訊的處罰，任何人士在沒有合理的解釋下而作出下列行為即屬違法，處 10,000 港元罰款。

（1）未遵照規定：

①向評稅主任提供與報稅表有關的詳細資料；

②用港元提交資產及負債申報。

③提交僱員薪酬報稅表；

④提供有關反對某項評稅的資料；

⑤通知有關物業產權的轉讓；

⑥通知停止營業或取得應課薪俸稅、利得稅、物業稅的入息；

⑦通知離港或住址變更情況；

⑧通知開始或停止雇用雇員或雇員離港的資料，或未有扣除應付即離港雇員的款項；

⑨根據稅務通知書將替欠稅人保管的款項付給稅務局。

（2）未出席傳訊：

①以答覆有關反對某項評稅的問題；或雖然出席傳訊，但是沒有就此類問題作答。

②在稅務上訴委員會的聆訊過程中提供證據；或雖然出席傳訊，但沒有提供真實可靠的證據。

2.對申報不實的處罰

任何人士有下列行為的，處 10,000 港元罰款，並另加不超過相當於最高不超過少徵收稅款三倍的罰款。

（1）因遺漏不報或少報某些資料而提交不正確的報稅表；

（2）申報扣除額或免稅額時作不正確的聲明；

（3）不遵照通知書的規定填交報稅表；

（4）未通知稅務局局長有關其本人可課稅的入息。

3.對未按期限繳納稅款的處罰

（1）如果任何稅款在制定繳稅期限仍未清繳，則未付的稅款將視為欠稅並可立即追討。稅務局局長會就逾期未繳的稅額加徵五倍的附加費，並採取各種追稅行動，包括在區域法院進行民事起訴。納稅人除了須繳付已到期未繳付的欠稅外，還須負責繳付法院費用、定額訴訟費和利息。

（2）如果納稅人在繳稅期限後六個月仍未清繳稅款及附加費，稅務局可再加徵相當於逾期未繳款的總額十倍的附加費。

4. 對使用或授權使用任何欺騙手段、詭計逃漏稅款的行為的處罰。

（1）遵循簡易程序定罪後可處 5,000 港元罰款，以及相當於最高不超過少徵收的稅款的三倍的罰款，另可處監禁六個月。

（2）遵循公訴程序定罪後可處 20,000 港元罰款，以及相當於最高不超過少徵收的稅款三倍的罰款，另可處監禁三年。

二、香港稅務局

香港稅務局（Inland Revenue Department）的最高管理層由局長、兩名副局長、五名助理局長和部門秘書組成。在 2018 年 3 月 31 日，稅務局共有 2,852 個常額職位（包括 27 個首長級職位），分佈於局長辦公室和局內的六個科別。局長辦公室共有 82 名職員，局長直轄科共有 89 名職員，總務科、第一科、第二科、第三科、第四科分別有 702、363、766、611、239 名職員。屬部門職系（即評稅主任、稅務督察及稅務主任職系）的職位有 1,941 個，負責處理稅務事宜，其餘 911 個職位屬共通／一般職系人員，為稅務局提供行政、資訊科技和文書的支援。

根據有關法律規定，稅務局局長可以授權其他主任代為執行若干法定職務；但某些情況必須是稅務局局長親自履行職責，如納稅人的納稅申報被認為不正確且沒有合理的解釋，就必須是稅務局局長親自履行職責，如必須繳納補加稅罰款，罰款的數額就只能由稅務局局長或稅務局副局長親自評定。

稅務局的所有職員均負有責任將一切資料保密，違者將會判以罰款。

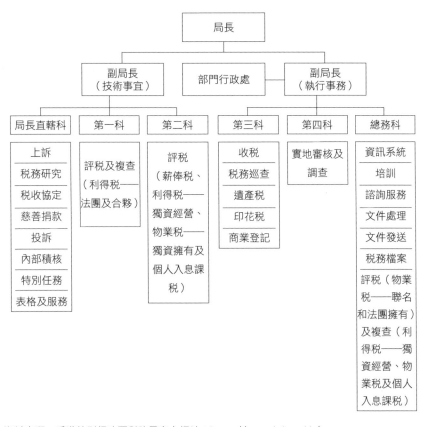

圖 9-3-1　香港稅務局架構（2018 年）

資料來源：香港特別行政區稅務局官方網站：https://www.ird.gov.hk/。

　　2008 年 1 月，稅務局推出全新的網站「稅務易」，旨在為市民提供一站式的網上稅務服務。設計「稅務易」的目的是妥當儲存稅務記錄，方便隨時查閱，且完全保密。在繳稅前「稅務易」會發出電子提示提醒納稅人到期提交報稅表及準時繳稅。每年與稅務局的來往，從報稅、收稅單、交稅，甚至與稅務局的聯絡都可以通過「稅務易」進行，而且「稅務易」是全年全天候運作，可以達到稅務局方便納稅人的目的。

三、其他稅務機構

（一）稅務委員會

　　稅務委員會是根據《稅務條例》第 3 條成立。委員會的主席為財政司司長，另有 4 名委任委員，現任委員包括稅務局局長、1 名執業會計師、1 名執業律師和 1 名地產界人士。秘書由稅務局副局長出任。委任委員中不得有超過 1 名受雇於特區政府的人員。獲如此委任的委員，須任職至其辭職或至行政長官將其免任時為止。委員會獨立處理各項獲得授權辦理的事宜。

　　稅務委員會的職責是制定如下內容：物業稅、薪俸稅、利得稅及個人入息課稅所採用的報稅表格或格式；機械及工業裝置折舊每年免稅額比率；有關申請退款及減免的程序、提出稅務上訴的程序及各項獲授權處理的事宜。

（二）稅務上訴委員會

　　稅務上訴委員會於 1947 年根據《稅務條例》第 65 條的規定成立，由 1 名主席、10 名副主席及不超過 150 名的其他成員組成。主席及副主席須為曾受法律訓練及具有法律經驗人士，而所有成員均須由行政長官委任。2020 年，委員會有 1 名主席、8 名副主席及 69 名委員。

　　委員會為獨立法定團體，負責就稅務上訴做出裁決。委員會的裁決即為最終決定，上訴人或局長如不同意裁決可提出申請，要求委員會就某法律問題呈述案件，以取得高等法院、原訟法庭的意見。

（三）聯絡小組

聯絡小組於 1987 年由會計界及商界自行成立，其是獨立於當時的港英政府的論壇，旨在討論各種稅務事宜，並向政府反映業界的意見。2020 年，聯絡小組有 6 個協會成員，包括美國商會、香港總商會、香港會計師公會、國際財政協會香港分會、香港律師會，以及香港稅務協會。參與聯絡小組會議的還有香港銀行公會、香港亞洲資本市場稅務委員會，以及香港工業總會。稅務局局長及數名其他特區政府官員，亦有獲邀以與會觀察員的身份出席聯絡小組的會議。

特區與內地稅收制度的比較分析

香港的稅收制度以直接稅為主體，且稅種較少、稅率較低、徵管較為簡便。而內地與之相比有如下特點：

第一，香港特區行使來源地稅收管轄權的同時行使居民稅收管轄權。中國內地根據《中華人民共和國個人所得稅法》、《中華人民共和國企業所得稅法》等法律，所得稅稅收管轄權主要包括來源地管轄權和居民管轄權。即對來源於本國境內的所得行使徵稅權，也對稅法中規定的居民（包括自然人和法人）取得的所得行使徵稅權。

第二，香港特區的稅收收入佔財政收入總額較高。按照中國國家統計局發佈的信息，2018 年我國財政收入總額約人民幣 183,352 億元（其中稅收收入約 156,401 億元，佔 85.30%）。最大的稅項收入仍是來自增值稅（約 61,529 億元），其次是企業所得稅（約 35,323 億元）。增值稅和企業所得稅共佔稅收總額的 61.93%。

按 2018 年的上述統計數據測算，中國（內地）的宏觀稅負率（稅收收入佔 GDP 的比例）約為 17.37%，而香港這一比值僅為 11.57%，是名副其實的低稅區。

香港特區稅種較多且以間接稅為主體。截至 2019 年，中國（內

地）現行稅種主要有 18 種，可以分為五大類：流轉稅類（增值稅、消費稅、關稅、車輛購置稅）；所得稅類（企業所得稅、個人所得稅）；資源稅類（資源稅、城鎮土地使用稅、土地增值稅、耕地佔用稅、環境資源稅）；財產稅類（房產稅、車船稅、煙葉稅、船舶噸稅）、行為稅（契稅、印花稅、城市維護建設稅）。

第五節
特區稅制改革趨勢

一、響應「一帶一路」，進行稅制改革

香港稅率低、稅種少、稅制簡單透明、稅務合規手續直接簡易、對離岸業務、資本增值、股息等免徵稅款等稅制特徵，使其在國際上有明顯的競爭優勢。然而，面對「一帶一路」沿線國家多樣和多變性的稅制可能帶來的複雜稅收情況，香港現有稅制可能難以應對及有效解決跨國稅收爭議，其中包括與對方國家稅務機關進行相互協商所需要的稅收協議。

截至 2015 年，香港與 32 個國家 / 地區簽訂全面性稅收協議（其中僅包括法國、意大利和西班牙等「一帶一路」沿線國家 / 地區），及不多於 40 個國家 / 地區簽訂航空或海運方面的稅收協議（其中僅包括克羅地亞、愛沙尼亞等「一帶一路」沿線國家 / 地區）。因此，香港稅收政策改革的首要任務應考慮加快與「一帶一路」沿線主要國家商討簽訂稅收協議的進程。[1]

隨着香港稅收協議網絡的不斷擴展，中國內地企業利用香港作為投資和融資平台「走出去」將會享受到稅收協議帶來的優惠，實現包括有關航空、海運等國際運輸業務及其他經貿來往香港的稅收互免，並有助於稅務爭議的協商和解決，從而增強香港物流及貿易

企業在區內的競爭力。

值得注意的是，自 2015 年 7 月 17 日起，將離岸基金利得稅豁免從買賣證券資本增益擴大至私募基金，即離岸私募基金（可以通過香港設立的特殊目的公司）買賣合資格香港境外私人公司的證券交易，均可享有利得稅豁免。此舉有助於香港的資產管理業及相關下游產業的進一步發展，可有效維持並增強香港其作為國際金融中心的競爭力。

二、完善扣息規則，應對利潤轉移

香港特區立法會於 2016 年 5 月 26 日通過了《2015 年稅務（修訂）（第 4 號）條例草案》，並於 2016 年 6 月 3 日在憲報刊登《2016 年稅務（修訂）（第 2 號）條例》（以下簡稱「2 號條例」）。其中包括完善在港企業的集團內部融資的利息扣除規則，並對於經營此業務的利息收入及利潤視為在香港的應稅收入。

集團內部融資利息扣除規則的應用以及監管資本證券的稅務處理，是對稅基侵蝕與利潤轉移（BEPS）行動計劃的有效落實。2 號條例在着重介紹了財資中心制度之後，對於利息扣除規則和監資證券的處理進行了相應的修訂。集團扣除率規則作為其中利息扣除規則的重要一項，是指當淨利息 /EBITDA（未計利息、稅額、折舊及攤銷前的利潤）比率高於基準固定扣除率時，允許實體扣除不超過其所在集團的淨利息 /EBITDA 比率，香港 2 號條例關於該項規則的修訂是對 BEPS 第四項行動計劃的落實，意在有效應對在港跨國公司通過集團內部融資利息進行利潤轉移的問題。監資證券的稅務處理則強調了「各自獨立利益原則」（適用於財務機構與其相聯法團

的監管資本證券交易）和「獨立企業原則」（適用於因境外財務機構透過發行監管資本證券籌集資本而累算到其香港分行的利潤），將監資證券的開支視為利息支出並將監資證券的衍生所得視為營業收入而進行徵稅，從而滿足 BEPS 第六項行動計劃下的避免雙重不徵稅原則。2 號條例的後兩部分內容意在保證香港在吸引跨國企業的同時能夠順利推進 BEPS 行動，既可以降低企業在全球融資佈局的風險，又可以保證香港地區的稅收收入

三、提高印花稅率，防範樓市泡沫

香港特區的住宅物業市場在 2016 年再次出現熾熱情況，特區政府在 2016 年 11 月 5 日推出新住宅印花稅措施，全面提高住宅物業交易的從價印花稅稅率至統一的 15%，以防範樓市泡沫風險進一步惡化。

實施新住宅印花稅的《2017 年印花稅（修訂）條例草案》於 2018 年 1 月獲特區立法會通過，成為《2018 年印花稅（修訂）條例》。在審議上述條例草案期間，大部分立法委員會委員及公眾均對一些香港永久性居民以一份文書購買多個住宅物業的個案有上升趨勢表示強烈關注。他們認為此情況可以回避繳付新住宅印花稅，削弱提高稅率這一措施的預期效果。考慮到這一情況，特區政府於 2017 年 4 月 11 日宣佈收緊新住宅印花稅措施下為香港永久性居民提供的豁免安排。若香港永久性居民以一份文書購入多於一個住宅物業，有關交易將不獲豁免，而須按 15% 的新住宅印花稅稅率繳稅。經收緊的豁免安排生效日期為 2017 年 4 月 12 日。落實收緊豁免安排的《2017 年印花稅（修訂）（第 2 號）條例草案》於 2018 年

4 月獲香港特區立法會通過成為《2018 年印花稅（修訂）（第 2 號）條例》

四、降低利得稅率，減輕企業負擔

為實施行政長官於 2017 年《施政報告》中宣佈的利得稅兩級制，進一步凸顯香港金融優勢，特區政府於 2018 年 3 月 29 日刊憲的《2018 年稅務（修訂）（第 3 號）條例》修訂了稅務條例。由 2018/2019 課稅年度開始，法團首 200 萬元應評稅利潤的利得稅稅率降至 8.25%，其後的利潤則繼續按 16.5% 徵稅。至於法團以外的人士，兩級的利得稅稅率相應為 7.5% 及 15%。利得稅由 2015/2016 年度的 1,402.26 億港元到 2016/17 年度的 1,392.38 億港元再到 2017/2018 年度的 1,391.00 億港元，可以看出有不斷下降的趨勢。

2018/2019 年度開始的利得稅稅率下降減輕了企業的負擔，吸引跨國和內地企業在香港成立企業財資中心，向集團公司提供財資服務，力促香港的稅收體系與國際稅收規則相接軌，從整體上提升香港在亞太地區的競爭力。同時，該舉措對小微企業到粵港澳大灣區發展也有一定的吸引力。

香港利得稅優惠稅率政策是香港提升自身競爭力的重要舉措。自 20 世紀 80 年代以來香港一直是內地企業的主要轉出港。但由於香港產業結構的單一，生產環節與流通環節相分離，造成近年來比較優勢減弱，尤其是在面對來自同為亞太金融中心的新加坡的競爭。本身對法團 16.5% 的稅率已經算是很低的稅率了，對第一個 200 萬元的應評稅利潤適用 8.25% 的稅率無疑是鼓勵企業到香港註冊的助推劑。企業財資中心本質上充當着跨國公司的「內部銀行」，

寬減利得稅將吸引更多的跨國公司將財資中心設立在香港，從而帶動香港的金融業和相關服務的發展。

五、落實資料交換，增進信息披露

為使香港更有效落實經濟合作與發展組織（經合組織）所訂立的就稅務事宜自動交換財務帳戶資料安排（自動交換材料安排），《2017 年稅務（修訂）（第 2 號）條例》於 2017 年 6 月 16 日刊憲，並於 2017 年 7 月 1 日起生效，增加《稅務條例》下的「申報稅務管轄區」名單至 75 個。稅務局已設立自動交換資料網站，讓財務機構以電子方式提交通知書及財務帳戶資料報表。稅務局並於 2018 年 1 月開始發出了電子通知書，要求有關財務機構提交 2017 年財務帳戶資料報表。

另一方面，由於國際社會間交換稅務資料的範圍及網絡不斷擴大，香港須改變以往沿用的雙邊模式並改以多變模式作為實施有關措施的基礎，藉於 2018 年 2 月 2 日刊憲的《2018 年稅務（修訂）條例》（以下簡稱《2018 修訂條例》）提供法律框架，讓香港實施多邊稅務安排，從而更有效落實自動交換資料安排和打擊侵蝕稅基及轉移利潤（BEPS）方案下的自動交換國別報告及自發交換稅務裁定資料。

在《2018 修訂條例》獲通過後，中央人民政府於 2018 年 5 月向經合組織交存聲明，把《稅收徵管互助公約》（以下簡稱《公約》）的適用範圍延伸至香港。《公約》提供多方平台，包括交換資料。在 2018 年 7 月，行政長官會同行政會議作出命令，宣佈《公約》在香港具有效力。該命令於 2018 年 10 月提交香港特區立法會進行先訂

立後審議的程序。

首先，這些條例的實施能夠有效控制企業的管理風險，保證在港企業能夠適應新的國際稅收規則，從根本上降低納稅人的逃稅、避稅行為。這些條例的修訂是對國際稅收規則變更的積極應對，確保香港的稅制能夠與國際稅收規則相接軌。

其次，作為中國內地的主要海外帳戶所在地之一，這些條例的實施無疑有助於中國對稅收居民的海外資金進行有效監控，對於將資產轉移到香港金融機構的偷避稅行為進行及時的追繳。對於海外金融帳戶的實際控制人（中國稅務居民）進行個人所得稅的徵繳，也會促進中國內地對個人所得稅法進行完善，稅務居民的認定以及個稅的國際化進程也將是中國內地個人所得稅法案修訂的重點。

註釋

1. 邢果欣，梁愛麗。《中國稅務報》（2015-10-09）。〈「一帶一路」戰略推動香港改革稅制〉。

第十章
香港特區利得稅

本章導讀

利得稅是香港特區非常重要的稅種之一。本章第一節介紹了香港特區利得稅的現狀及其特點，第二節展示了利得稅的基本要素，如納稅人、徵稅範圍、應納稅額的計算、稅收管理規定、稅收優惠等。

第一節
利得稅現狀

一、香港特區利得稅概況

圖 10-1-1　2009 至 2018 年度利得稅佔稅收收入比重（%）

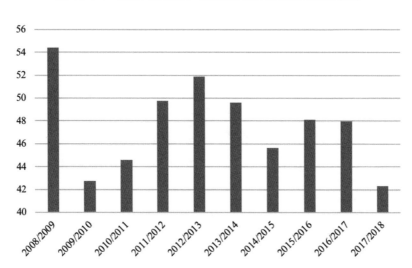

資料來源：香港特別行政區稅務局官方網站：https://www.ird.gov.hk/。

　　由上表看出，在 2009 至 2018 年 10 年間，利得稅佔稅收收入的 42% 到 55% 之間，是香港非常重要的稅種之一。2008/2009 年度利得稅佔稅收收入的比重為十年間的最大值，超過了 54%，隨後 2009/2010 年度該比重大幅下降，接着繼續上升，到 2012/2013 年

度達到極大值，之後開始下降，2015/2016、2016/2017 年度間該比重穩定在 48%，2017/2018 年度又下降到 2009/2010 年度的水平，約為 42.5%。

二、利得稅的特點

香港利得稅於 1947 年第 20 號法案公佈後實施，其間經過多次的修改，現行利得稅的主要特點表現為：

1. 利得稅是對於來源於香港的任何行業、專業或業務的利潤課徵。

2. 資本增值或股息不需課稅。

3. 利得稅的納稅人是在香港從事專業、行業或業務並活力的人，無居港人士或非居港人士的差別。

4. 利得稅採用標準稅率，2018/2019 年度公司等法人或團體稅率為 16.5%，非法人或團體業務稅率為 15%。

5. 利得稅採取先評估、後預收、再結算清繳的徵管辦法，與其他國家或地區先預收預繳，再定期或不定期檢查清算的方法有所不同。

第二節
利得稅基本要素

一、納稅人

香港特區《稅務條例》規定：

利得稅的納稅人指的是凡在本港經營任何行業、專業或業務而從該行業、專業或業務獲得於香港產生或得自香港的所有利潤（由出售資本資產所得的利潤除外）的人士，包括法團、合夥商號、信託人或團體，均須繳稅。徵稅對象並無本港居民或非本港居民的分別。因此，本港居民可從海外賺取利潤而無須在本港納稅，反過來說，非本港居民如在本港賺取利潤，則須在本港納稅。至於業務是否在本港經營及利潤是否得自本港的問題，主要是根據事實而定，但所採用的原則可參考香港及其他奉行普通法的法院所判決的稅務案例。

非居港人士如在本港經營任何行業、專業或業務而獲得於香港產生或得自香港的所有利潤，均須繳稅。此稅項可直接向該非居港人士或他的代理人徵收，而不論該代理人有否實際收取所得利潤。稅務局並可由該非居港人士的資產中追回此項稅款，也可向代理人追討。代理人必須由非居港人士的資產中保留足夠款項，以備繳稅。

非居港人士自上述獲得款項，及非居港人士因非居港藝人或運

動員在香港以其藝人或運動員身分演出，而直接或間接收取款項或利益（例如包稅），均須繳稅。此稅項可以支付或以轉帳方式支付款項予上述非居港人士的香港人士的名義徵收。該名繳付或以轉帳方式繳付這些款項的人士，須在其付款或以轉帳方式付款時從這些款項中扣起足夠支付應繳稅款的款額。

居港代銷人須每隔三個月向稅務局局長申報他代非居港寄銷人所作的銷售總額，並須繳付相等於該總額 1% 的款項予稅務局局長，但在稅務局局長同意下，可繳付較少的數額。

如非居港人士與一名與其有密切聯繫的居港人士經營生意，而經營的方式令該居港人士無從獲利或所獲利潤少於普通獨立營商者預期可得的利潤時，此項業務可被視為該非居港人士在本港經營的業務，而以該居港人士為代理人。

倘若無法確定非居港人士在本港經營行業、專業或業務實得的利潤，稅務局可根據該項業務在本港的營業額，按一合理的百分率計算所獲的利潤。

倘若非居港人士（財務機構除外）的業務總行設在香港以外地方，而帳目未能顯示該行設在本港的永久辦事處所實得的利潤，在進行評稅時，該駐港分行的利潤將以比例方法計算，即香港分行的利潤在利潤總額中所佔的比率，相等於此分行的營業額在營業總額中所佔的比率。

此外，《稅務條例》對非居港船主或非居港飛機東主，因他們的船隻造訪香港水域或他們的飛機降落香港機場而須繳付的稅款亦有明文規定。

二、徵稅範圍

按照《稅務條例》規定，任何人士包括法人、合夥業務、受託人或團體，在香港經營行業、專業或業務而獲得在香港產生的應評稅利潤（出售資本資產的利潤除外），均須納稅。

（一）應評稅利潤確定的一般原則

利得稅遵循的一般原則是地域原則，應評稅利潤的確定主要考慮兩個因素：

1. 該利潤來自任何專業、行業或業務。

2. 該利潤來源於香港。

由上可知，應評稅利潤是根據利潤的來源確定的，而利潤的來源主要是依照判例法原則加以確定。此外，香港《稅務條例》也規定了一些規則，用以推定某些利潤是否源於香港或源於在香港經營的任何行業、專業或業務所得。

（二）確定利潤來源的法定條文和實施守則

1.《稅務條例》的規定

（1）在香港賺取或獲得的利潤。

（2）包括在本港經營業務所獲得的一切利潤，不論是否直接或經由代理取得的。

2. 稅務實施守則

香港《稅務條例》在如何確定利潤來源上，除上述兩條外，沒有給出更為詳盡的規定和解釋。香港稅務局則通過制定和修訂實施守則的方法對利潤來源的確定予以明確。在實施守則中，確定了貿

易利潤來源地，租賃及出售不動產的利潤，出售上市及非上市投資的利潤，出售或採購傭金、服務費收入等利潤的來源地。

（1）貿易利潤來源地指買賣合約訂立的地方。如果買賣合約是在香港之外訂立的，則該項買賣所獲得的全部利潤都不用課稅；如果買賣合約是在香港訂立的，則該項買賣所獲得的全部利潤都應課稅；如果購買或銷售合約有一個是在香港訂立的，則所獲得的全部利潤都應課稅；如果貨物或商品是賣給香港客戶的，則銷貨合約一般被認為在香港訂立；如果貨物或商品由香港公司向香港製造商或供貨商購入，則購買合約一般而被認為在香港訂立。

（2）製造生產來源地。如果在香港生產某種貨物，則銷售這種貨物產生的利潤，應全部課稅。如果生產貨物的部分工序在香港之外進行，則在香港之外生產而產生的部分利潤不被認為源於香港，無須課稅。

（3）不動產租金收入或者出售不動產所得利潤來源地是物業所在地。

（4）買賣上市股票所得的利潤的來源地是達成有關股票交易的證券交易所的所在地。

（5）出售在港外發行及非上市的證券的利潤的來源地是買賣合約生效的地方。

（6）服務費收入的來源地是導致獲取服務收費的服務進行的地點。

三、應納稅額計算

（一）基本計算方式

1.計算公式

應評稅利潤＝利潤總額－各項可扣除項目－虧損＝按會計科目計算出來的純利潤或虧損＋核定入息或利潤＋不可扣除開支或項目－豁免入息或利潤－可扣除開支或項目－折舊免稅額

應納稅額＝應評稅利潤 × 稅率

由 2008/2009 課稅年度開始，法團業務及非法團業務利得稅稅率分別為 16.5% 及 15%。自 2018/2019 課稅年度起，合資格按兩級稅率課稅的法團及非法團業務首 200 萬元應評稅利潤的稅率分別降至 8.25% 及 7.5%。

2.特殊行業的應評稅利潤的確定

除了關於確定應評稅利潤的一般方法，香港《稅務條例》規定了某些類型的業務確定利潤來源的特殊辦法，包括：

（1）人壽保險業應評稅利潤的確定

應評稅利潤確定的方法有兩種：一是簡略地計算所得的假設溢利。一般稅務局每年均以從香港人壽保險業務所獲的保險費的 5% 評稅，但可以重新評審，根據保險公司的調整盈餘加以調整。這種方法溢利較容易確定，因此常被採用。二是採用設計保險統計辦法的計算方法。

（2）其他保險業應評稅利潤的確定

其他保險業應評稅利潤＝從香非人壽保險業務獲取的保險費總額＋來自或源於香港的利息或其他收入－退還受保人的保險費－相應的保險費－帳中未到期風險備用金的任何增額－回收後的實際虧損－本港代理的開支－有關該項業務的公司總部開支的合理部分。

（3）居港船東、機主應評稅利潤的確定

居港船東是指通常在香港管理和控制的船舶所有企業和香港註冊公司經營的船舶所有企業。

居港船東應評稅利潤為其世界範圍內船運利潤總額按一定比例計算而得。

應評稅利潤 = 世界範圍內船運利潤總額 × A/B

其中，A 為包括來自在香港運輸的任何相關運費收入，在香港海域內從事拖船業務而獲取的收入或拖船服務收入，船舶包租的租金收入。B 為世界範圍內的全部收入。居港機主的應評稅利潤的確定與船舶業務大致相同，也是根據香港於全球利潤比例的公式進行計算的。

（4）金融機構應評稅利潤的確定

金融機構應評稅利潤的確定與其他類型的公司不相同。《稅務條例》規定，任何金融機構因在香港經營業務而收取或獲取的利息收益，即使是在香港以外地區提供信貸所取得的收入，都被視為來自或源於香港的收入。

3.非評稅利潤的費用分攤

（1）非稅利潤的費用

非稅利潤是指不需課稅的入息，即非來自或源自香港賺取的入息。在計算利得稅時，只有用以賺取應評稅利潤的開支、費用才能獲得扣除，而賺取非稅利潤的開支、費用不允許扣除。

（2）非稅利潤費用分攤的規則

①直接因在香港以外賺取利潤而付出的費用不予以扣除。

②如果費用一部分是為在香港產生利潤而支付，另一部分為在香港以外賺取利潤而支付，則在計算利得稅時，把費用合理地分

攤。一般的費用分攤方法有：以營業額為標準分攤；以利潤為標準分攤；以雇員數目為標準分攤。

③當從事的專業、商業、行業活動包括應賺取應評稅利潤的事務和進行投資時，除買賣股票外，在投資方面，為投資而支付的相關費用一般不予以扣除。

（二）減免規定

1. 豁免溢利

根據《稅務條例》規定，以下各項均不屬徵稅範圍的利潤，在計算調整利潤時，應予以扣除。

（1）非來自或源於在香港賺取或獲得的利潤。

（2）資本性收入或利潤。

（3）1998 年 6 月 22 日及之後，存放在香港任何機構的各種貨幣存款所賺取的利息，但此豁免不適用於財務機構收取或累算的利息。

（4）由應徵利得稅的公司所派發的公司股息。

（5）儲稅券的利息。

（6）與該項入息有關的利得稅已由其他人士繳納。

（7）若干政府債券（由政府根據借款條例發行債券）的利息；出售、轉讓、到期購匯或承兌若干政府債券的收益；外匯基金債務票據的利息或利潤；若干多邊債券的利息或利潤；若干透過符合資格集體投資工具所收穫應計的收入及利潤；來自外匯及期貨合約的收益或利潤、利息。

（8）股份借貸安排下不屬應評稅利潤的部分。

（9）支付或撥入服務公司或信託的款項，而獲取或拔出款項的對方是以個人名義賺取相關的款項的。

2.其他減免

從香港發行的債務票據所獲得的利潤或利息收入以及業務在保險公司的離岸業務所得，其稅率減半。

此類債務票據必須由金融管理專員所營辦的債務工具中央結算系統託管和結算；具有獲金融管理專員承認的信貸機構所基於的並可獲金融管理專員接受的信貸評級。但符合以下條件的，財政司可在憲報借命令免除對發行人有關最低面額或信貸評級的要求：

（1）原來的到期期間不少於五年，如在 1999 年 4 月 1 日之前發行的最低面額為 50 萬港元或等價外幣。

（2）在 1999 年 4 月 1 日及之後發行，最低面額為 5 萬港元或等值外幣，並在香港向公眾發行。

（三）虧損

香港《稅務條例》規定，納稅人於某一會計年度內的虧損可結轉用以抵銷隨後年度的利潤，但經營多於一種行業的法團，則可將某一行業的虧損，抵銷另一行業的利潤。申請以個人入息課稅辦法計稅的人士，可從其總入息扣除營業虧損的數額。

對於實施優惠稅率徵稅的收益或利潤，在計算其盈虧用於抵銷正常收益或利潤時，會作出相對的調整。

（四）折舊免稅額

1.工業建築物及構築物

為若干行業興建工業建築物及構築物而支付的資本開支，可獲特別免稅額。該等行業為交通事業、船塢、水電事業、商品製造加工或貯藏業、在製作所和工廠內從事的行業，以及農業。在支付該

等資本開支的課稅年度內，納稅人可獲開支總數 20% 的初期免稅額，其後每年可獲開支總數 4% 的免稅額，直至該項開支全部註銷為止。如有關資產中途變賣，則會根據該項資產的賣價與變賣時折餘價值之間的差額，來決定所給予的結餘免稅額，或作出結餘課稅。

2. 商業建築物及構築物

任何非工業建築物或構築物，如用作經營行業、專業或業務（用作出售的樓宇除外）均可獲商業建築物免稅額，即每年獲減免為興建該等建築物或構築物所招致的資本開支的 4%。如有關資產中途變賣，則會根據該項資產的賣價與變賣時折餘價值之間的差額，來決定所給予的結餘免稅額，或作出結餘課稅。

3. 工業裝置及機械

除那些在上文「稅務優惠」所提及的資產外，納稅人為產生應評稅利潤而提供工業裝置及機械所招致的資本開支可獲下列免稅額：

（1）工業裝置及機械成本的初期免稅額（即成本費用的 60%）。

（2）根據該項資產的折餘價值而計算的每年免稅額。折舊率由稅務委員會規定，分別為 10%、20% 及 30%，視乎該類工業裝置或機械的估計可用期而定。按同一比率計算每年免稅額的資產，則列入同一「聚合組」內。

（3）結束無人繼承的業務時，可獲給予根據未獲免稅的開支與變賣機械及裝置所得款項之間的差額而計算的結餘免稅額；但變賣一項或多項資產的收入，如超過此等資產所屬「聚合組」的合計折餘價值，則須作出結餘課稅。

（五）扣除

香港《稅務條例》規定，從須繳付香港利得稅的法團收取的股

息，及從其他人士收取已包括在須予繳付利得稅的應評稅利潤內的款項（例如合資經營所分配的利潤），都不列入收受人應評稅的利潤內。

1. 可扣除項目

一般而論，所有由納稅人為賺取應評稅利潤而付出的各項開支費用，均可獲准扣除，其中包括：

（1）為賺取該項利潤而借款所付的利息（但須符合若干條件）及租用建築物或土地的租金；

（2）壞帳及呆帳（如日後收回須當作入息）；

（3）為賺取該項利潤而使用的處所、工業裝置、機械或物品等的修葺或修理費；

（4）為賺取應評稅利潤而使用之商標、設計或專利的註冊費用；

（5）為賺取應評稅利潤而用以購買指明知識產權的資本開支。如該知識產權屬專利權或任何工業知識之權利，在購買首年即享 100% 扣除。如屬版權、[1]* 表演者的經濟權利、* 受保護的布圖設計（拓樸圖）權利、* 受保護植物品種權利、註冊外觀設計或註冊商標，則可在購買年度及其後連續 4 個課稅年度內獲 20% 扣除；但如該知識產權的全部或部分是從相聯者購入，則有關開支不會獲得扣除；

（6）研究和開發費用（包括市場、工商或管理事務研究），與設計有關的支出及工業教育的支出，但須符合某些條文的規定。自 2018/19 課稅年度起，就符合資格的本地研發開支，首 200 萬元的研發開支可獲 300% 稅務扣減，餘額亦可獲 200% 扣減；

（7）雇主對按年支付認可職業退休金計劃的供款或為此項計劃而按年支付的保費，或向強制性公積金計劃的固定供款，或任何為該等計劃而預備的款項。但就每一雇員所付出的數目，不得超過該

雇員在有關期間內的薪酬總額的 15%；

（8）獨資經營的東主或合夥業務的合夥人，根據《強制性公積金計劃條例》（第 485 章）的法律責任，作為自雇人士而支付的強制性供款。在某一課稅年度，這方面的扣除不得超出該課稅年度的最高可獲扣除額，而這上限已經包括在《稅務條例》其他條文下已作出的扣除。自雇人士為配偶所作的供款則不能扣除。每一個課稅年度最高可獲扣除額為：

表 10-2-1　2012 年以來香港利得稅最高可獲扣除額情況

課稅年度	最高可獲扣除額（$）
2012/2013	14,500
2013/2014	15,000
2014/2015	17,500
2015/2016 及其後	18,000

資料來源：香港特別行政區稅務局官方網站：https://www.ird.gov.hk/。

（9）支付予認可慈善機構的捐款，但捐款的總和須不少於 100 港幣及不得超過經調整後的應評稅利潤的 35%。

2. 不得扣除項目

在計算應課稅利潤時，以下項目不得扣除：

（1）家庭或私人開支及任何非為產生該項利潤而付出的款項；

（2）資本的任何虧損或撤回、用於改進方面的成本，及任何資本性質的開支；

（3）可按保險計劃或彌償合約收回的款項；

（4）非為產生該項利潤而佔用或使用樓宇所支付的租金及有關費用；

（5）根據《稅務條例》繳納的各種稅款（就雇員薪酬支付的薪

俸稅除外）；

（6）支付予東主或東主的配偶、合夥人或合夥人配偶（如屬合夥經營）的薪酬、資本利息、貸款利息或在《稅務條例》第 16AA 條以外，向強制性公積金計劃作出的供款。

如納稅人只有分行或附屬公司在本港營業，而總行方面將部分可扣除的管理費用轉帳，作為本港分公司或附屬公司的費用，則在計算香港稅項時，此項轉入的費用也可予以扣除，但只限於在有關課稅年度的基期內用以賺取應評稅利潤的數額。

四、稅收管理規定

（一）利得稅的評稅基期

評稅基期是確定利潤所屬年度或某年度應實現利潤的基本日期，一般表現為課稅年度。在香港，利得稅是根據課稅年度內的應評稅利潤而徵收的。對於按年結算帳項的業務，應評稅利潤是按照在有關課稅年度內結束的會計年度所賺得的利潤計算。

當會計年度與課稅年度起始時期相同時，通常為年度的 4 月 1 日起至次年 3 月 31 日止，兩者體現的業務盈虧和責權是一致的。如果會計年度不是以 3 月 31 日為結束日的，應以在該課稅年度內結算的會計年度的利潤為依據。

如果屬新開業務，有關期間的帳目尚未製備，則可依照該期間帳目的分攤利潤來計算出應評稅利潤。就停止經營的業務，除了若干情況須特別處理外，一般來說，應評稅利潤是根據上一課稅年度基期結束以後至停止營業日期為止所賺得的利潤計算。

（二）利得稅評稅的主要程序

一般來說，利得稅評稅的內容主要包括：

1. 稅務局以初步評估的數額向納稅人發出暫繳利得稅評稅通知。

2. 收到納稅人的報稅表後，再以確實數額發出最後利得稅評稅通知。

3. 在最後評稅中扣除納稅人已繳納的該課稅年度的暫繳利得稅。

4. 作出利得稅的平納即通知執行。

（三）利得稅的繳納

利得稅實行暫繳稅徵收制度，正常繳款期限為 11 月至次年 1 月期間。

稅務局長對納稅人應交稅款評估後，發出評稅通知書及制定繳交稅款的期限。利得稅分兩期繳交，第一期繳納稅款為總額的 75%，大約三個月後再清繳餘下的 25%。納稅人延期繳納稅款的，稅務局長可就兩期稅款額徵收附加費，並可在較早時間徵收。

由於繳交利得稅帶有估計的因素，因此納稅人可申請稅務局批准暫緩繳納部分或全部稅款。根據符合稅務局規定或可獲得稅務局認可的適當理由，納稅人在繳款期限 28 天前或不遲於繳稅通知書發出日後 14 天內，以書面提出申請，向稅務局提出暫緩繳稅。

當某個課稅年度的最後評稅發出時，已繳納的該課稅年度暫繳利得稅可從最後應繳稅款中扣除。如果該課稅年度已繳納的暫繳利得稅超出該課稅年度最後應繳稅款時，不退還多出的差額，而是從下一個課稅年度第一期暫繳利得稅中扣除，再從第二期應繳稅款中扣除，最後仍多繳的款額才會得到退還。

（四）帳簿及管理

凡在香港經營業務人士，必須就其收入及開支以中文或英文保存適當的紀錄，以便確定其應評稅利潤。法例規定必須就各項業務事務歷史記錄指定的詳細數據。業務紀錄須自交易完結後，保存至少七年。任何人士如沒有保存足夠紀錄，可被罰款最高達 100,000港幣。

五、稅收優惠

繳交利得稅的營商人士及有限公司可獲寬減 2012/2013 至2017/2018 課稅年度最後評稅 75% 的稅款，2012/2013 及 2013/2014課稅年度每宗個案的寬減上限為 10,000 港幣，2014/2015 至2016/2017 課稅年度每宗個案的寬減上限均為 20,000 港幣，而2017/2018 課稅年度每宗個案的寬減上限為 30,000 港幣。

註釋

1. 帶 * 的項目自 2018/19 課稅年度起適用。

第十一章
香港特區薪俸稅

▍▍▌▌▍▍▍▍ 本章導讀

薪俸稅指香港特區政府對個人，按照其從事任何職位或受僱任何工作，在香港境內所得的實際收入而徵收的一種所得稅。該稅 1940 年開徵，太平洋戰爭期間停徵，戰後恢復徵收並成為香港主要稅種。香港回歸後，薪俸稅的稅收制度無較大改動，基本沿用回歸前制度至今。具有納稅人少、免稅額高和稅率低三個特點。本章第一節介紹了薪俸稅的收入情況及與中國內地個人所得稅的比較；第二節介紹闡述了薪俸稅的納稅人、納稅年度及徵稅範圍；第三節介紹了 2013 年以來薪俸稅的稅率情況；第四節介紹了薪俸稅應納稅額的計算，設置了專欄計算案例；第五節闡述了薪俸稅的稅收優惠，包括扣除項目、免稅額和稅款減免；第六節介紹了薪俸稅的稅收徵管。

第一節
薪俸稅基本概況

一、稅種收入情況

　　作為香港三大稅種之一，薪俸稅每年維持較穩定的財政收入。表 11-1-1 展示了薪俸稅的收入情況。可以看到 2009 至 2018 年期間稅種收入穩步上升，在稅收收入總額中佔比約 17%。

表 11-1-1　薪俸稅及稅收收入總額概況

年度	薪俸稅（$）	稅收收入總額（$）
2009	39,007.90	191,478.70
2010	41,245.40	179,097.70
2011	44,254.70	209,019.40
2012	51,761.30	238,325.40
2013	50,467.00	242,146.80
2014	55,620.30	243,548.90
2015	59,346.80	301,932.50
2016	57,867.80	291,327.00
2017	59,077.50	290,171.80
2018	60,838.80	328,619.20

資料來源：《2019-20 香港特區政府財政預算案》。

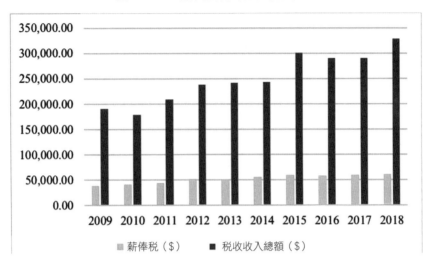

圖 11-1-1　薪俸稅及稅收收入總額概況

二、與內地個人所得稅的比較

　　香港地區薪俸稅和內地個人所得稅均對個人所得徵稅，兩者雖實質相近，但包含的內容有所不同。

　　在稅種誕生方面，薪俸稅開徵於 1940 年，目前實行的條例始於 1989/90 納稅年度。個人所得稅誕生於 1980 年，是中國內地改革開放的產物。可見薪俸稅的開徵比個人所得稅早 40 年左右。

　　在納稅義務人方面，薪俸稅只就源於香港的所得徵稅，源於香港以外的所得不徵稅。個人所得稅的納稅義務人分為居民納稅人及非居民納稅人，分別承擔不同的納稅義務。可見薪俸稅對納稅人沒有明確的劃分和界定。

　　在應稅所得項目方面，薪俸稅採取不分項的單一徵收制。個人所得稅將應稅個人所得分為十項，並分為綜合所得、經營所得及比例稅率徵收。

在稅率方面，薪俸稅不分應稅細則，一律實行 5 級超額累進稅率，2018/19 及其後課稅年度的稅率分別為 2%、6%、10%、14%、17%。個人所得稅則是依照應稅所得項目分別規定不同的超額累進稅率或比例稅率，可見薪俸稅相對徵收單一且稅率偏低。

在稅收優惠方面，個人所得稅改革加入專項附加扣除後，和薪俸稅都有較大的費用減除範圍和費用減除標準。

在納稅申報方面，薪俸稅只有自行申報納稅一種，年終一次性計徵清繳。個人所得稅實行源泉扣繳與自行申報並用法，注重源泉扣繳。

綜上對比可看出，香港薪俸稅與內地個人所得稅相比，具有徵收單一、稅率低、徵收面小和計算簡便等特點。

第二節
納稅人、納稅年度及徵稅範圍

一、納稅人

在香港任職、受雇而獲得或賺取入息的個人。個人有來源於香港的受雇收入、源自香港有收益職位的收入，或領取源自香港的退休金，都有可能需要申報繳納薪俸稅。納稅人的居住地點、住所或其公民身份，與其薪俸稅責任無關。

二、納稅年度

由 4 月 1 日至翌年 3 月 31 日。

三、徵稅範圍

於香港產生或得自香港的職位、受雇工作及退休金入息均須課繳薪俸稅。

「入息」一詞包括各種得自雇主或他人的入息和額外賞賜，如薪金或工資、酬金、假期薪金、傭金、花紅、賞金、額外收入或津貼、退休時的獎賞或報酬及長俸等收入。雇主免費提供住所的「租

值」（相當於住房租金），及個人因運用在公司任職、受雇而有權獲得該公司股份，並運用或轉讓該權利而獲取的收益也均應作為個人所得納稅。

第三節
稅率

表 11-3-1　2013/2014 至 2016/2017 課稅年度適用稅率

	應課稅入息實額（$）	稅率	稅款（$）
首	40,000	2%	800
另	40,000-80,000	7%	2,800-3,600
另	40,000-120,000	12%	4,800-8,400
餘額		17%	

表 11-3-2　2017/2018 課稅年度適用稅率

	應課稅入息實額（$）	稅率	稅款（$）
首	45,000	2%	900
另	45,000-90,000	7%	3,150-4,050
另	45,000-135,000	12%	5,400-9,450
餘額		17%	

表 11-3-3　2018/2019 課稅年度及其後適用稅率

	應課稅入息實額（$）	稅率	稅款（$）
首	50,000	2%	1,000
另	50,000-100,000	6%	3,000-4,000
另	50,000-150,000	10%	5,000-9,000
另	50,000-200,000	14%	7,000-16,000
餘額		17%	

表 11-3-4　標準稅率

課稅年度	稅率
2013/2014 及以後	15%

資料來源：香港特別行政區政府一站通官方網站：https://www.gov.hk/tc/residents/。

第四節

應納稅額計算

一、應納稅額計算方法

1. 以累進稅率計算：

薪俸稅＝應課稅入息實額 × 累進稅率

應課稅入息實額＝入息－扣除項目－免稅額

2. 以標準稅率計算：

薪俸稅＝總入息淨額 × 標準稅率

總入息淨額＝入息－扣除項目

應課稅入息實額需按累進稅率計算應納稅額，若所需繳納的稅款超過以標準稅率就總入息淨額而計算的數目，則只需繳納二者較低稅款。

已婚夫妻可選擇合併納稅，即入息和免稅額合計，入息總額會扣減已婚人士免稅額及其他免稅額。這種納稅方式可能會減省稅款。

專欄 11-4-1：香港特別行政區薪俸稅的案例計算分析

例一：2018/19 年度，陳先生和陳太太的月薪分別為 $30,000 和 $10,000。他們有一名女兒，兩人均協議提名陳先生申請子女免稅額，該年度的薪俸稅應如何計算？

如果採用分開納稅方式計算：

	陳先生	陳太太
入息	360,000	120,000
減：強積金供款（註(a)）	18,000	6,000
總入息淨額	342,000	114,000
減：基本免稅額	132,000	132,000
子女免稅額	120,000	-
應課稅入息實額	90,000	-
按稅率計算		
首 $50,000　2%	1,000	
餘額 $40,000　6%	2,400	
稅款	3,400	
減：75% 稅款寬減（註(b)）	2,550	
應納稅額	850	-

如果採用合併納稅方式計算：

	陳先生	陳太太	合併納稅
入息	360,000	120,000	
減：強積金供款	18,000	6,000	
總入息淨額	342,000	114,000	456,000
減：已婚人士免稅額			264,000
子女免稅額			120,000
應課稅入息實額			72,000
按稅率計算			
首 $50,000　2%			1,000
餘額 $22,000　6%			1,320
稅款			2,320
減：75% 稅款寬減			1,740
應納稅額			580

註
（a）受強積金制度涵蓋的雇員和雇主均須定期向強積金計劃作出供款，雙方的供款額均為雇員有關入息的 5%，並受限於最低及最高有關入息水平。就月薪雇員而言，最低及最高有關入息水平分別為 $7,100 及 $30,000。
（b）2018/19 年度利得稅、薪俸稅及個人入息課稅可獲寬減 75% 的稅款，上限為 20,000 元。

由此可見，夫婦合併納稅可少付稅款 $270。

例二：如果例一中的陳先生和陳太太在 2018/19 年度的月薪分別是 $35,000 和 $20,000，該年度的薪俸稅又應怎樣計算？

如果採用分開納稅方式計算：

	陳先生	陳太太
入息	420,000	240,000
減：強積金供款	18,000	12,000
總入息淨額	402,000	228,000
減：基本免稅額	132,000	132,000
子女免稅額	120,000	-
應課稅入息實額	150,000	96,000
按稅率計算		
首 $50,000　2%	1,000	1,000
另 $50,000　6%	3,000	2,760
餘額 $50,000　10%	5,000	-
稅款	9,000	3,760
減：75% 稅款寬減	6,750	2,820
應納稅額	2,250	940

夫婦應納稅額總和 =$2,250+$940=$3,190

如果採用合併納稅方式計算：

	陳先生	陳太太	合併納稅
入息	420,000	240,000	
減：強積金供款	18,000	12,000	
總入息淨額	402,000	228,000	630,000
減：已婚人士免稅額			264,000
子女免稅額			120,000
應課稅入息實額			246,000
按稅率計算			
首 $50,000　2%			1,000
另 $50,000　6%			3,000
另 $50,000　10%			5,000
另 $50,000　14%			7,000
餘額 $46,000　17%			7,820
稅款			23,820
減：75% 稅款寬減			17,865
應納稅額			5,955

　　在上述情況下，夫妻選擇合併納稅並沒有好處。一般來說，賺取較高入息的一方申請「子女免稅額」會較為有利。若其中一方是以標準稅率納稅，則由另一方申請「子女免稅額」會較為有利。

第五節

稅收優惠

一、扣除項目

下列項目可予扣除：

1. 完全、純粹及必須為產生應納稅入息而招致的所有開支，但不可扣除屬私人或家庭性質的開支以及資本開支。

2. 支付與認可慈善機構的捐款，但捐款的總和應不少於 100 港幣及不得超過扣除了開支及折舊免稅額後的入息的 35%。

3. 支付修讀訂明教育課程有關聯的費用（包括學費和考試費）或參加由指明的教育提供者、行業協會、專業協會或業務協會主辦的考試而支付的費用。訂明教育課程或考試必須為取得或維持在任何受僱工作中應用的資格而修讀或參加的。「訂明教育課程」是指由指明的教育提供者提供的課程。指明的教育提供者包括大學、學院、學校、工業學院、培訓中心及稅務局局長批准的機構。「訂明教育課程」也包括由行業協會、專業協會或業務協會提供的訓練或發展課程、或指明的專業團體或機構所審定或認可的訓練或發展課程。

可扣的款額不應包括已經或將會由僱主或任何其他人士付還的費用。各課稅年度的最高款額分別為：

表 11-5-1　訂明教育課程可扣除額度

課稅年度	金額（$）
2012/2013	60,000
2013/2014 至 2016/2017	80,000
2017/2018 及其後	100,000

資料來源：香港特別行政區政府一站通官方網站：https://www.gov.hk/tc/residents/。

4. 納稅人就其或其配偶的父母／祖父母／外祖父母，由納稅人或其配偶所繳付予院舍的住宿照顧開支。要符合扣除資格，該名父母／祖父母／外祖父母在該課稅年度任何時間須已滿 60 歲；或雖未滿 60 歲，但有資格根據特區政府傷殘津貼計劃申請津貼；而所住宿的院舍必須是在香港境內，並持有社會福利署及相關護養院。

若任何人已就其父母／祖父母／外祖父母獲得此項扣除，則他或其他人士便不可以在同一課稅年度，再就該名父母／祖父母／外祖父母申索供養父母及供養祖父母或外祖父母免稅額及額外免稅額。各課稅年度的最高款額分別為：

表 11-5-2　供養父母可扣除額度

課稅年度	金額（$）
2012/2013 及 2013/2014	76,000
2014/2015 及 2015/2016	80,000
2016/2017 及 2017/2018	92,000
2018/2019 及其後	100,000

資料來源：香港特別行政區政府一站通官方網站：https://www.gov.hk/tc/residents/。

5. 納稅人可申請扣除為購買物業而繳付的「居所貸款利息」。由 2012/2013 課稅度起，可獲得扣除的年期由 10 個課稅年度延長至 15 個課稅年度；由 2017/2018 課稅年度起進一步延長至 20 個課稅

年度（不論是否連續）。此物業必須是位於香港境內及納稅人必須在申請課稅年度用作自己的居所。

另外，納稅人亦可申請扣除和住宅一起購買車位所招致的利息，不管該車位是否和住宅一起根據《差餉條例》作為單一物業一併估價。不過，購買的車位須為納稅人自用，並與申索居所貸款利息的有關住宅位於相同的發展物業內，而納稅人在申索購買車位的貸款利息時，亦須同時申索該物業在同一課稅年度的居所貸款利息。

如納稅人是住宅／車位的唯一擁有人，每個課稅年度的最高扣除額是 $100,000。

如納稅人是住宅／車位的聯權共有人或分權共有人，每個課稅年度的扣除額上限須按聯權共有人的人數或分權共有人所佔擁有權的比例攤分。

6. 以僱員身分付給強制性公積金計劃的強制性供款，可獲得的扣除款額不可超過訂載於《稅務條例》的指定款額。

7. 參加認可職業退休計劃所作的供款，扣除的款額有以下的兩項限制：

（1）不可超過以相同薪酬款額但按《強積金條例》規定計算出來的強制性供款額；

（2）訂載於《稅務條例》的指定款額。

二、免稅額

表 11-5-3　薪俸稅免稅額概況

免稅項目	免稅金額（$）
基本免稅額	132,000
已婚人士	264,000
子女免稅額	
第 1 名至第 9 名子女	每名 120,000
在每名子女出生的課稅年度，子女免稅額可獲額外增加	120,000
供養兄弟姊妹	37,500
供養父母及供養祖父母或外祖父母免稅額	
如年齡為 55 歲或以上但未滿 60 歲	每名 25,000
如年齡為 60 歲或以上	每名 50,000
未滿 60 歲單有資格根據特區政府傷殘津貼計劃申索津貼	每名 50,000
供養父母及供養祖父母或外祖父母額外免稅額	
如年齡為 55 歲或以上但未滿 60 歲	每名 25,000
如年齡為 60 歲或以上	每名 50,000
未滿 60 歲單有資格根據特區政府傷殘津貼計劃申索津貼	每名 50,000
單親免稅額	132,000
傷殘受養人免稅額	75,000
傷殘人士免稅額	75,000

資料來源：香港特別行政區政府一站通官方網站：https://www.gov.hk/tc/residents/。

（一）基本免稅額

　　無須提出申請即可享有基本免稅額。若在有關年度已婚並獲已婚人士免稅額，則不能同時享有基本免稅額。

（二）已婚人士免稅額

　　若在課稅年度內任何時間屬已婚且未與配偶分開居住；或與配

偶分開居住，但有供養或經濟上支持對方；夫妻雙方在該年度選擇薪俸稅合併納稅，則可申請已婚人士免稅額。

（三）子女免稅額

子女在有關課稅年度內應符合下列條件：

未滿 18 歲；或年滿 18 歲但未滿 25 歲，並在大學、學校或其他類似教育機構接受全日制教育；或年滿 18 歲，但因身體或精神問題無能力工作。

（四）供養兄弟姊妹免稅額

兄弟姊妹在有關課稅年度內應符合下列條件：

未滿 18 歲；或年滿 18 歲但未滿 25 歲，並在大學、學校或其他類似教育機構接受全日制教育；或年滿 18 歲，但因身體或精神問題無能力工作。

（五）供養父母及供養祖父母或外祖父母免稅額

受供養的父母 / 祖父母 / 外祖父母於本年度必須：

通常在香港居住；年齡已滿 55 歲，或有資格按特區政府傷殘津貼計劃申索津貼；及至少連續六個月同住而無須付出十足費用；或納稅人及其配偶每年付出不少於 $12,000 的金錢用以供養該名父母 / 祖父母 / 外祖父母。

（六）單親免稅額

納稅人應符合以下條件：

在申索單親免稅額的課稅年度內不屬已婚人士。若在某課稅年

度內結婚、辦妥離婚、喪偶、或與配偶分開居住，則不能在該課稅年度申索單親免稅額，最快到下一課稅年度才可得到該免稅額。

在申索的年度因供養該名子女而得到子女免稅額。

（七）傷殘受養人免稅額

若納稅人在任何課稅年度內供養一名有資格根據「香港特區政府傷殘津貼計劃」領取津貼的家屬，便可申索傷殘受養人免稅額。

受養人是指：

納稅人的配偶或子女；或納稅人或其配偶的父母、祖父母、外祖父母或兄弟姊妹。

（八）傷殘人士免稅額

如納稅人有資格根據「香港特區政府傷殘津貼計劃」領取津貼，可由 2018/2019 課稅年度起申索此項新設立的傷殘人士免稅額。

三、稅款減免

應繳稅款可獲進一步扣除稅款減免，但以最高限額為上限。

表 11-5-4　稅款寬減額度

課稅年度	寬減稅款百分比	每宗個案寬減上限（$）	適用的稅種類別
2012/13 2013/14	0.75	10,000	薪俸稅、利得稅及個人入息課稅
2014/15 2016/17	0.75	20,000	薪俸稅、利得稅及個人入息課稅
2017/18	0.75	30,000	薪俸稅、利得稅及個人入息課稅

資料來源：香港特別行政區政府一站通官方網站：https://www.gov.hk/tc/residents/。

第六節
稅收徵管

　　薪俸稅的徵收是根據每個課稅年度內的應課稅入息計算。由於該年度的入息數額須待該年度結束之後才能計算清楚，因此稅務局會在該課稅年度先徵收一項暫繳薪俸稅；待下一年度評定該課稅年度的入息和應課繳的薪俸稅後，然後才作調整。調整時，該課稅年度的暫繳稅（已繳付）先用來抵銷應課繳的薪俸稅，倘有剩餘，則用以抵銷下一課稅年度的暫繳稅。

　　若夫妻採用合併納稅，則夫妻二人須分別在個別人士報稅表（BIR60）中選擇合併評稅。合併評稅須每年重新提出申請。夫妻二人將只會收到一份評稅通知書。若合併納稅不能減省稅款，稅務局會為該對夫妻二人分別發出納稅通知書，採取分開納稅。

　　在計算薪俸稅時，納稅人可申索扣減免稅項目和免稅額。有資格得到一項新的免稅額，亦可作為申請緩繳暫繳稅的理由。

　　舉例來說，納稅人在 2017 年 7 月 1 日開始受雇及在 2017/2018 課稅年度賺取了 9 個月的入息。在估計他的 2018/2019 課稅年度暫繳稅時，須將所申報的 9 個月入息推算至 12 個月。如在收到稅單後，納稅人發覺他的應課稅入息實額（入息－扣除項目－免稅額）

可能會比評估的數額少 10% 或以上，（例如他在 2018 年 10 月 31 日停止受雇），可申請緩繳暫繳稅，最遲在繳交暫繳稅的限期前 28 天或暫繳稅通知書發出日期後的 14 天內（兩者以較遲的日期為准）提出申請。

第十二章
香港特區個人入息課稅

本章導讀

香港特區政府對個人所得徵稅採取分類所得稅制，對個人營利事業所得、工資薪金所得、物稅、物業稅和利息稅。同時香港稅務條例又規定，允許個人選擇各種所得合併計算的入息課稅方法徵收所得稅，以減輕所得稅的負擔。本節第一節介紹了香港特區個人入息課稅的基本概況；第二節闡述了個人入息稅申請人的資格條件；第三節介紹了個人入息稅應納稅額的計算，設置了專欄計算案例；第四節介紹了個人入息稅的稅收徵管。

第一節
個人入息稅基本概況

　　個人入息課稅又稱「綜合所得稅」，指香港地區對個人各項所得綜合課徵的一種所得稅。如果納稅人在一個納稅年度，除受僱收益（相當於工資、薪金）外，還同時取得物業出租或經營所得共三類所得，應分別申報並獨立納稅。但若符合相關規定，則可選擇「個人入息課稅」納稅申報方式，將三類所得收入合併計算並申報納稅。可見，個人入息稅是一種個人所得稅的特殊計算方法，並不是一個單獨的稅種或稅項。

　　在以上三類個人入息所得中，只有薪俸稅可享受個人免稅額和累進稅率，其他兩類收入所得稅的徵收均為固定稅率，且無個人免稅額扣除；若選擇「個人入息課稅」方式申報納稅時，則可按照「個人全部收入所得」合併納稅，「個人全部收入所得」都可按照薪俸稅的納稅規定，全額享受個人免稅額和累進稅率。此外，「個人入息課稅」的納稅方式還可享受許多其他稅項中沒有的扣除額，甚至准許用個人業務上的虧損來抵消其他收入。

第二節
申請人的資格條件

2017/2018 或之前的課稅年度，申請人應滿足以下條件：

年滿 18 歲，或未滿 18 歲而父母雙亡；及本身通常居住於香港或屬香港臨時居民，或屬已婚且配偶通常居住於香港或屬香港臨時居民。

2018/2019 課稅年度起，申請人應滿足以下條件：

年滿 18 歲，或未滿 18 歲而父母雙亡；及本身通常居住於香港或屬香港臨時居民。

通常居住於香港的個人，指有明確的目的（例如教育、業務、就業或家庭等），自願選擇居於香港，並持續居於此地。除不論時間長短的暫時性或偶爾性的離開外，該人是慣常及正常的在香港居住，以香港作為日常生活的地方，並以香港社會一般成員身份生活。一個人是否通常居住於香港最終是取決於個案的事實。

「臨時居民」是指：該人在其選擇的課稅年度內，曾在香港逗留一次或多次為期超過 180 天，或在兩個連續的課稅年度（其中一個是其選擇的課稅年度）內，在香港逗留一次或多次為期超過 300 天。

第三節
個人入息總額的計算

個人入息總額＝應課稅入息實額 × 累進稅率

應課稅入息實額＝入息總額－扣除項目－免稅額

扣除項目及免稅額參照薪俸稅。

2018/2019 課稅年度起，已婚人士選擇個人入息課稅的要求放寬，可自行選擇以個人入息課稅方式納稅。

專欄 12-3-1：香港特別行政區個人入息稅的案例計算分析

例：李先生是一名已婚人士並育有一名子女。李先生夫婦在 2018/19 課稅年度報稅表內填報下列收支，選擇個人入息課稅。

	李先生 金額（$）	李太太 金額（$）
薪俸收入	480,000	200,000
租金收入	300,000	300,000
可扣除的供樓按揭利息	50,000	50,000
子女免稅額（一名子女）	申請	不申請

允許「夫妻自行選擇個人入息課稅」前：

薪俸稅

		李先生	李太太
		金額（$）	金額（$）
入息		480,000	200,000
減：免稅額			
基本／已婚人士免稅額		132,000	132,000
子女免稅額		120,000	-
應課稅入息實額		228,000	68,000
按稅率計算			
首	$50,000　2%	1,000	1,000
另	$50,000　6%	3,000	1,080
另	$50,000　10%	5,000	
另	$50,000　14%	7,000	
餘額	$28,000　17%	4,760	
稅款		20,760	2,080

物業稅

	李先生	李太太	總額
	金額（$）	金額（$）	金額（$）
應納稅淨值（$300,000×80%）	240,000	240,000	480,000
應納稅款	36,000	36,000	72,000

按分類納稅方式計算的應納稅款

	李先生	李太太	總額
	金額（$）	金額（$）	金額（$）
薪俸稅	20,760	2,080	22,840
物業稅	36,000	36,000	72,000
	56,760	38,080	94,840

夫妻共同選擇個人入息課稅

	李先生 金額（$）	李太太 金額（$）	總額 金額（$）
薪俸收入	480,000	200,000	680,000
應納稅淨值（$300,000×80%）	240,000	240,000	480,000
入息總額	720,000	440,000	1,160,000
減：			
出租物業利息支出	50,000	50,000	100,000
入息淨額	670,000	390,000	1,060,000
減：免稅額			
已婚人士免稅額			264,000
子女免稅額			120,000
應課稅入息實額			676,000
按稅率計算			
首　 $50,000　2%			1,000
另　 $50,000　6%			3,000
另　 $50,000　10%			5,000
另　 $50,000　14%			7,000
餘額　$476,000　17%			80,920
稅款	61,261	35,659	96,920

　　分類納稅方式應納稅款 $94,840，共同選擇個人入息課稅應納稅款 $96,920，可見在允許「夫妻自行選擇個人入息課稅」之前，選擇個人入息課稅並未對李先生夫婦有利。

允許「夫妻自行選擇個人入息課稅」前：

薪俸稅

		李先生	李太太
		金額（＄）	金額（＄）
入息		480,000	200,000
減：免稅額			
基本／已婚人士免稅額		132,000	132,000
子女免稅額		120,000	-
應課稅入息實額		228,000	68,000
按稅率計算			
首	$50,000 2%	1,000	1,000
另	$50,000 6%	3,000	1,080
另	$50,000 10%	5,000	
另	$50,000 14%	7,000	
餘額	$28,000 17%	4,760	
稅款		20,760	2,080

物業稅

	李先生	李太太
	金額（＄）	金額（＄）
應納稅淨值（$300,000×80%）	240,000	240,000
應納稅款	36,000	36,000

按分類納稅方式計算的應納稅款

	李先生	李太太
	金額（＄）	金額（＄）
薪俸稅	20,760	2,080
物業稅	36,000	36,000
	56,760	38,080

李先生及李太太自行選擇個人入息課稅

	李先生 金額（$）	李太太 金額（$）
薪俸收入	480,000	200,000
應納稅淨值（$300,000×80%）	240,000	240,000
入息總額	720,000	440,000
減：		
出租物業利息支出	50,000	50,000
減：免稅額		
已婚人士免稅額	132,000	132,000
子女免稅額	120,000	-
應課稅入息實額	418,000	258,000
按稅率計算		
首 $50,000 2%	1,000	1,000
另 $50,000 6%	3,000	3,000
另 $50,000 10%	5,000	5,000
另 $50,000 14%	7,000	7,000
餘額 $218,000 17%	37,060	
餘額 $58,000 17%		9,860
稅款	53,060	25,860

　　李先生及李太太分類納稅方式應納稅款分別為 $56,760 和 $38,080，自行選擇個人入息課稅應納稅款分別為 $53,060 和 $25,860，可見在允許「夫妻自行選擇個人入息課稅」之後，選擇個人入息課稅對李先生和李太太均有利。

在允許「夫妻自行選擇個人入息課稅」的前後，李先生及李太太 2018/2019 課稅年度的稅務狀況如下：

應繳稅款

	李先生	李太太	總額
	金額（$）	金額（$）	金額（$）
允許「夫妻自行選擇個人入息課稅」前	56,760	38,080	94,840
允許「夫妻自行選擇個人入息課稅」後	53,060	25,860	78,920
節省稅款	3,700	12,220	15,920

第四節

稅收徵管

在有關課稅年度內填寫個別人士報稅表（BIR60）第 6 部分，即可申請個人入息課稅。若在報稅表中未作出申請，只要在申請納稅期限以內，仍可利用 IR76C 表格作有關申請。

選擇與配偶共同以個人入息課稅方式納稅的已婚人士，需夫妻二人均在兩人報審表或申請表格上簽署。已婚人士若想在 2018/19 課稅年度選擇與配偶分開以個人入息課稅方式納稅，也可通過填寫相關表格在期限內做出申請。

申請個人入息課稅的期限：

有關年度終結後兩年內（例如：申請 2018/19 年度的個人入息課稅必須與 2021 年 3 月 31 日前提出）；或

有關年度的薪俸稅、利得稅或物業稅納稅或補加納稅通知書發出後兩個月內以期限較後者為准。

申請個人入息課稅的期限：

發出個人入息課稅納稅的日期後的 6 個月；或稅務局局長認為在有關情況下屬合理的另一期間。

若夫婦二人共同選擇以個人入息課稅方式納稅，需共同撤回有關選擇。若撤回就某課稅年度做出的選擇，除非稅務局局長認為容許再次選擇屬適當，否則不可就同一課稅年度再次選擇個人入息課稅。

第十三章
香港特區物業稅

▍▍▍▍▍▍ 本章導讀

物業稅是香港稅務局在香港擁有土地和建築物（包括但不限於）的
擁有人徵收的稅款。現行《稅務條例》的相關條款也適用於物業稅。
本章旨在介紹香港特區物業稅的各個要素及徵收情況。其中，第一
節介紹闡述了香港特區物業稅的現狀；第二節介紹闡述了物業稅的
基本要素，包括納稅人、課稅範圍及計稅依據和應納稅額的計算；
第三節闡述了物業稅的稅收優惠，包括免稅項目等；第四節介紹了
物業稅的納稅方式和納稅期限。

第一節
物業稅現狀

物業稅是香港稅務局在香港擁有土地和建築物（包括但不限於）的擁有人徵收的稅款。現行《稅務條例》的相關條款也適用於物業稅。

香港的物業稅是按照擁有人所擁有物業，就其實際取得的租金收入（包括應收及已收收入）作為評稅基礎的，如果沒有租金收入，則不需要繳納物業稅。在計算應繳物業稅時，還要考慮該物業收入是否需要按照個人入息課稅和利得稅的評稅方法（如在一定的條件下，如獲得稅務局批准，就該租金收入豁免繳納物業稅，而可繳交利得稅的情況下，不但可以從該租金收入中扣除維修費用和裝修費，若該物業是按揭的，還可以扣除按揭貸款利息）。這樣看來，香港的物業稅具有所得稅的性質。

2017-18 財政年，物業稅實際收入為 3,447,839 千港元，佔稅收總額的 0.93%[1]。

第二節
物業稅基本要素

一、納稅人及課稅範圍

（一）納稅人

物業稅的納稅人是擁有本港土地或建築物或土地連建築物的擁有人（業主，Owner），包括直接由特區政府批租的房地產持有人、權益擁有人、終身租用人、抵押人、已佔有房地的承押人、向註冊合作社購買樓宇者。根據《稅務條例》第 2 條的定義，擁有人指名字已登記在土地註冊處的人，包括：

1. 土地註冊處之登記所有人（Owner on Land Registry）；

2. 實際擁有人（Beneficial Owner）；

3. 終身權益擁有人（Tenant for life）；

4. 按揭人（Mortgagor）；

5. 管有承接人（Mortgagee in Possession）；

6. 擁有相逆土地業權並就該土地上的建築物或其他構築物收取租金的人；

7. 為了購買土地或建築物或土地連建築物，向根據《合作社條例》、《香港法例第 33 章》註冊的合作社付款的人；

8. 在需繳地租或其他年費的條件下持有土地或建築物或土地連

建築物的人；

9. （就公用部分而言）根據《建築物管理條例》、《香港法例第 344 章》第 8 條註冊的法團，或單獨或與他人共同為其本人或他人就任何公用部分的使用權收取金錢或金錢等值的代價的人；

10. 擁有人遺產的遺囑執行人（Estate Executor）。

如擁有人為公司，而向其業務為擁有和出租物業，是可申請豁免繳納物業稅，因為租金收入已在公司的利得稅中申報。

（二）納稅範圍

物業稅是向本港土地或建築物或土地連建築物的擁有人（業主）所徵收的稅項。物業稅按年繳納，計算辦法是將物業的應評稅淨值以標準稅率計稅。由 2005/2006 至 2007/2008 課稅年度的標準稅率為 16% 及由 2008/2009 課稅年度起為 15%

土地或建築物或土地連建築物，包括碼頭、貨運碼頭及其他構築物。

「擁有」就任何土地或建築物或土地連建築物而言，是指該土地或建築物或土地連建築物正被人作實益使用。

繳交物業稅的業主可獲寬減 2007/2008 年度最後評稅 75% 的稅款，每宗個案以 $25,000 為上限。

如有關土地的擁有人並非該土地上建築物的擁有人，則該土地及建築物須分開評稅。

二、計稅依據和應納稅額的計算

（一）計稅依據

物業的應評稅值是根據為換取物業的使用權而付出給擁有人的代價而釐定。代價包括：

1. 已收或應收的租金收入；

2. 為樓宇使用權而之支付的許可證費用；

3. 整筆租約頂手費；

4. 支付予業主的服務費和管理費；

5. 由住客支付的業主開支（如修理費）。

其中，如果租約頂手費是在租約開始前收取的，該收入應納入租約第一年的物業應評稅值內。並且如該筆頂手費所屬的租約期並非包含在任何一個課稅年度內，則應以租約期或 3 年期按月平均分攤該筆款額，兩者以時間較短的為准，並在有關課稅年度申報相關款項作為物業應評稅值。以下為例：

某業主於 2015 年 6 月 1 日開始把其擁有的一項物業以為期 24 個月的租約出租給一商戶，並於 2015 年 1 月 1 日從該商戶收到頂手費 \$60,000。則該業主應以租約期按月平均分攤該筆頂手費及在有關課稅年度申報按月分攤的相關款項為物業應評稅值。該筆頂手費在租約內應繳物業稅的計算方法如下：

2015/2016 課稅年度：\$60,000×12/24=\$25,000

2016/2017 課稅年度：\$60,000×12/24=\$30,000

2017/2018 課稅年度：\$60,000×2/24=\$5,000

如租約為期 48 個月，頂手費應按租約生效日期起，以 36 個月平均分攤，並在有關課稅年度申報相關的款項為物業應評稅值。該

筆頂手費在租約內應繳物業稅的計算方法如下：

2015/2016 課稅年度：$60,000×10/36=$16,667

2016/2017 課稅年度：$60,000×12/36=$20,000

2017/2018 課稅年度：$60,000×12/36=$20,000

2018/2019 課稅年度：$60,000×2/36=$3,333

物業的應評稅淨值，是以應評稅值在扣除業主同意繳付及支付的差餉和不能追回的租金後減去 20% 作為法定的修葺及支出方面的免稅額後所得出的數目，其他費用如地租及管理費都是不能扣除的。曾作不能追回租金扣除而後收回的款項，須在收回的年度視作代價計算。

（二）租金收入的稅項扣除

納稅人在申報租金收入時候，可申請的稅項扣除包括業主繳付的差餉、不能追回的租金，以及修葺及支出的標準額。

1. 業主繳付的差餉

只有通過納稅人同意繳付及已支付的差餉才可扣減，且不應申請已獲寬免的差餉。需要注意的是，地租（與差餉在同一《徵收差餉及／或地租通知書》內徵收）是不可扣減的。納稅人在申請扣除差餉時，須確保地租不包括在內，一面填報不確資料。

2. 不能追回的租金

業主在收取租金時可能會發生租客基於某些原因未能準時繳付其應繳付租金的情形，通常租客拖延租金可達數月之久。在這種情況下，業主被租客所拖欠的租金仍須包括在物業稅的評稅值內計算應繳稅款，但由於該筆未準時收取的租金在性質上只是欠租，並非不能追回的租金，因此業主不能將欠租作為不能追回的租金申請扣

除。只有在有關年度內確定為不能追回的租金才可扣減，且業主有義務證明該筆租金未不能追回的租金，評稅主任在確信該筆租金為不能追回的租金時，才批准在該課稅年度扣減。

當不能追回的租金超過應評稅值時，餘額須在最近期有關的應評稅值又足夠的課稅年度中扣除。

收回不能追回的租金時，納稅人須將該筆款項作為收回當年的出租收入，並在該年度的報稅表內申報。

3. 修葺及支出的標準免稅額

納稅人在申請修葺及支出的標準免稅額時需注意兩個問題：

（1）物業的修葺費每年不同，新落成的物業所需支付的修葺費用並不多，而樓齡較高的物業，業主需支付的維修費用相對較高。

（2）扣減支出。為簡化評稅的計算，所有業主均可自動得到減去扣除差餉及不能追回的租金後的出租收入餘額的 20% 作為修葺及支出的標準免稅額，該 20% 的標準免稅額已包括所有開支，業主不能再申請扣減其他實際支出，如地租、樓宇裝修費、收租費、大廈管理費、保險費用及按揭貸款利息[2]。

業主無需告知評稅主任每年實際的物業修葺費用，當評核物業稅時，評稅主任也不會要求業主提供實際支出的證明。

第三節
稅收優惠

一、免稅項目

物業稅免稅項目包括：

1. 全部由業主自住和純作家用的樓宇；

2. 空置，不作任何用途的物業；

3. 社會或商會擁有的物業。

二、法團在香港出租物業

法團在香港出租物業，會被視為在本港經營業務，而須就其物業收入繳納利得稅。不過，如來自應課物業稅的收入已包括在納稅人所得的利潤內評定利得稅，或物業由業主自用，以賺取此等利潤，則已繳付的物業稅會用作抵消應繳付的利得稅。多繳的物業稅將獲退回。除上述安排外，在本港經營行業、專業或業務的法團，則可以書面向稅務局局長申請豁免繳付可從利得稅內抵消的物業稅。任何法團如已根據要求獲豁免任何土地或建築物或土地連建築物的物業稅，則在該物業的擁有權或用途有所改變時，或對此項豁免有影響的任何其他情況有所該改變時，須於事後 30 天內將該項目

以書面形式通知局長。

三、選擇個人入息課稅下的扣除及免稅額

經營業務的東主或股東須按照標準稅率繳納利得稅，而出租物業的業主須按照標準稅率繳納物業稅。個人入息課稅評稅會將納稅人應繳納薪俸稅、利得稅和物業稅合併入息合計，然後可從該總額扣除為購買物業而借款所須支付的利息，以下為例：

某未婚女性於 2018/2019 課稅年度每月從一出租物業收取租金 $40,000，該物業按揭利息共 $42,000。

如不選擇個人入息課稅評稅，則：

應評稅淨值為 $40,000×12×80%=$384,000

應繳物業稅（按照標準稅率 15%）為 $57,600

如選擇個人入息課稅評稅，則：

	金額（$）	金額（$）
出租物業應評稅淨值		384,000
減：按揭利息支出	42,000	
基本免稅額	132,000	174,000
應課稅入息實額		210,000
稅款（以累進稅率計算）		17,700
減：75% 稅款寬減[3]		13,275
應繳稅款		4,425

該女性選擇個人入息課稅可少付 $57,600－$4,425=$53,175 稅款，因為通過選擇個人入息課稅，她可從收入中扣減為賺取租金收入而支付的按揭利息及個人免稅額。

第四節
納稅方式和納稅期限

一、業主需履行的稅務責任

1.保存租務紀錄至少七年，例如：租約、租單副本、繳付差餉的收據、有關修改租約及追討欠租的文件；

2.填寫及提交報稅表，以申報租金收入；

3.應以書面形式通知稅務局，除非已收到稅務局發出的報稅表，否則應在課稅前發出通知；

4.在出售業權的一個月內通知稅務局；

5.在更改地址的一個月內通知稅務局；

6.按時繳付稅款。

如納稅人已收到稅務局發出的報稅表，即使其在該納稅年度內並沒有收取任何租金收入，也須於註明的限期內提交已填妥的報稅表。

二、申請分期繳納

因財政困難而未能依時清繳稅款的納稅人，可申請分期繳稅。

稅務局一般會就在繳稅期限日仍未清繳的稅款徵收不多於5%的附加費；而就逾繳稅限期日六個月後仍未繳交的稅款和附加費，

則會加徵不多於 10% 的附加費。申請人須提交以下佐證文件：

　　1. 繳稅建議書；

　　2. 過去三個月的銀行月結單／存摺副本；

　　3. 過去三個月的收入及支出詳情；

　　4. 經營業務的人士須提交最近三個月的管理帳目（包括損益表及資產負債表）、現金流轉狀況及預測表。

　　申請人須在申請書內提供他們的聯絡方式，以便稅務局職員在有需要時與申請人聯絡，避免因需時索取進一步資料而引致延誤。

三、未按時繳稅的後果

　　根據《稅務條例》（第 112 章）第 71（1）條，依照稅務條例條文而徵收的稅款，須按評稅通知書內所指示的方式在該通知書內所指明的日期或之前繳付。若非如此繳付稅款，須被當作為拖欠稅款。

　　如在評稅通知書上訂明的日期後納稅人仍未繳交第一期稅款，第二期稅款將被視為立即到期。評稅通知書內尚未繳付的應繳稅總額將全數被視為欠稅，稅務局得立即予以追討。

　　稅務局局長可立即根據《稅務條例》第 XII 部的規定，採取法定追稅行動（包括徵收 5% 附加費、向第三者發出追收稅款通知書及進行法律行動等）以追收欠款。

四、繳稅辦法

　　納稅人可以選擇以下方法繳納物業稅：

（一）使用電話、互聯網或銀行自動櫃員機付款

納稅人在使用電話、互聯網（包括電子支票支付網站）或銀行自動櫃員機付款時，需輸入以下帳單或帳戶號碼：

繳稅單上供電子付款專用的收款帳號。

列印在稅單左下角的 11 位數字收款帳號，無須輸入連字號「－」。

如收款帳號末端為 A 字，

1. 使用電話或銀行自動櫃員機付款時，無須輸入該 A 字。

2. 透過網上付款時，某些銀行或會要求客戶一併輸入 A 字，納稅人需留意個別銀行指示；就電子支票／電子本票，必須輸入該 A 字。

需要注意的是，即使是同一名納稅人，每張稅單的收款帳號都不會相同。

凡以電子方式繳付稅項（法團、合夥業務的利得稅和聯名物業的物業稅除外）及購買儲稅券，須透過稅務易帳戶收取電子收據，稅局不會另發書面收據。

如有需要，納稅人可以向付款服務機構查詢每天截數時間的詳情。付款服務機構每天截數時間前完成的交易，會被視為當天的交易。儲稅券會以交易當天的利率計算利息。

如須繳交的款項超過納稅人的提款卡或銀行戶口的每天繳款限額，則可將款項分開數天繳付，但全數須於限期前繳清。如對繳款限額有任何疑問，可向相應銀行查詢。

納稅人在使用電話進行付款時，須有一個繳費靈戶口才可使用電話繳付稅款、商業登記費、印花稅或購買儲稅券。納稅人可使用銀行提款卡，到任何一部繳費靈終端機，辦理開立繳費靈戶口。

此外，納稅人還可使用銀行自動櫃員機於滙豐銀行、恒生銀行或銀通自動櫃員機網絡付款。納稅人可攜帶其帳單或帳戶號碼到任

何貼有「繳費服務」標誌的滙豐銀行或恒生銀行自動櫃員機，或貼有「繳費易」標誌的銀通自動櫃員機，然後選擇「繳費服務」付款。如有需要，請保留收條作為繳款證明。

（二）郵寄付款

繳付物業稅的納稅人如以郵寄方式繳付稅款，需通過稅務易帳戶收取電子收據，稅局不會另發書面收據。

如有需要，納稅人還可以使用稅務局的表格傳真服務（電話號碼 25986001）領取並填寫表格 IR1273，以申請一份繳稅證明書。

（三）親臨付款

納稅人可攜同繳款單到郵政局以現金、支票或易辦事繳付稅務局帳單包括稅款、商業登記費或印花稅，以及購買儲稅券。

（四）海外付款

身在海外且持有香港的銀行戶口的納稅人可使用以下任何一種方法於海外通過該戶口繳交稅款：

1. 劃線支票

納稅人可郵寄劃線支票以繳付稅款，並須註明支付給香港特別行政區政府。納稅人須在支票背面寫上其所繳付稅單的檔案號碼及收款帳號，支票連同繳款單須一併寄到規定地址。

2. 互聯網

納稅人可通過互聯網繳付稅款。本港的銀行可讓客戶透過網上理財服務，從客戶的銀行戶口扣取金額用作繳交稅款。

身在海外且不持有香港的銀行戶口的納稅人可使用以下任何一

種方法繳付稅款:

1. 銀行本票

納稅人可郵寄銀行本票以繳付稅款,並須註明支付給香港特別行政區政府。該銀行本票須為港幣本票,以確保所繳付的金額足夠和正確。銀行本票連同繳款單須一併寄到規定地址。

2. 海外銀行戶口的劃線支票

納稅人可郵寄其海外銀行戶口的劃線支票以繳付稅款,並須註明支付給香港特別行政區政府。請在支票背面寫上你所繳付稅單的檔案號碼及收款帳號。支票連同繳款單須一併寄到規定地址。

為避免因外幣匯率變動而導致金額不足,稅務局建議該支票的金額略為高於所繳的稅款。任何多繳的稅款將以港幣劃線支票退回。

使用該方法繳稅的納稅人需注意勿將其海外銀行戶口支票上的幣值更改為港元,以及避免郵寄海外銀行戶口的港幣支票,否則本港銀行在兌現該支票前,須將該支票寄回有關發票銀行。產生的有關銀行費用將由納稅人本人承擔,且此舉也會延長處理該筆繳付稅款的時間。

3. 透過其他人士於香港繳稅

納稅人也可透過香港的親友替你繳付稅款,他們可以選擇使用電話、銀行自動櫃員機、互聯網,親臨或郵寄付款。

4. 電匯

在特殊情況下,稅務局才會考慮接受從海外以電匯方式繳付稅款。如納稅人有需要以電匯方式繳交稅款,稅務局會因應個別情況考慮作出特別安排。納稅人可致電查詢詳情(電話:852－25943124),也可通過電匯形式將申請理由遞交稅務局。

註 釋

1. 數據來源於「香港庫務署公佈的政府帳目（按現金收付制編制）—— 政府一般收入帳目 —— 收入總目及分目的分析報表」，具體網址為：https://www.try.gov.hk/sc/charch_annu_statend18.html#p。其中稅收總額為分析報表中應課稅品稅項、一般差餉、內部稅收、車輛稅四個總目相加。下同。

2. 如納稅人有資格並選擇以個人入息課稅方法計稅，可在個人入息課稅下，申請扣減為購買物業而支付的按揭貸款利息。

3. 2018/19 課稅年度利得稅、薪俸稅及個人入息課稅可獲寬減 75% 的稅款，每宗個案以 $20,000 為上限。財政司司長在 2019/20 課稅年度財政預算案所建議的稅務措施須經立法程序才可實施。

第十四章
香港特區應課稅品稅

▮▮▮▮▮▮ 本 章 導 讀

應課稅品稅是根據《應課稅品條例》（香港法例第 109 章）的規定，對酒類、煙草、碳氫油、甲醇四類應課稅品徵稅。其徵收方式與國內的關稅相類似，由香港海關對其進行保障與徵收，但由於香港並沒有對進出口貨物進行關稅徵收，所以應課稅品常被認為是香港關稅的一種。本章旨在介紹香港特區應稅課品稅的各個要素及徵收情況。其中，第一節介紹闡述了香港特區物業稅的現狀；第二節介紹闡述了應稅課品稅的基本要素，包括納稅人、納稅範圍及計稅依據和相應稅率；第三節闡述了應稅課品稅的稅收優惠，包括針對飲用酒類、煙草等的優惠政策；第四節介紹了應課品稅的納稅方式和納稅期限，此外還簡單介紹了應稅課品稅的退稅事項。

<h1 style="text-align:center">第一節
應課稅品稅現狀</h1>

應課稅品稅是根據《應課稅品條例》（香港法例第 109 章）的規定，對酒類、煙草、碳氫油、甲醇四類應課稅品徵稅。其徵收方式與國內的關稅相類似，由香港海關對其進行保障與徵收，但由於香港沒有並沒有對進出口貨物進行關稅徵收，所以應課稅品常被認為是香港關稅的一種。

表 14-1-1　香港應稅課品稅實際收入佔稅收總額比例

財年	應稅課品稅實際收入（千港元）	佔稅收總額的百分比（%）
2013-14	9,720,205	3.5
2014-15	10,009,743	2.9
2015-16	10,711,592	3.2
2016-17	10,254,359	3.1
2017-18	10,700,965	2.9

資料來源：https://www.try.gov.hk/sc/charch_annu_statend18.html#p，其中稅收總額為分析報表中應課稅品稅項、一般差餉、內部稅收、車輛稅四個總目相加。下同。

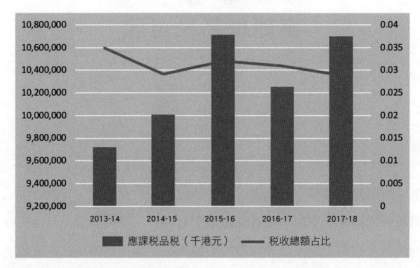

圖 14-1-1　近年應稅課品稅收入情況

數據來源：香港特別行政區庫務署官方網站：https://www.try.gov.hk/。

第二節

應課稅品稅基本要素

一、納稅人與納稅範圍

（一）納稅人

任何個人、企業及其他經濟組織進口符合規定的酒類、煙草、碳氫油及甲醇到香港，需要在香港就應課稅品繳納相關稅款。另外，需要注意的是，任何用作貿易等商業用提的應課稅品均需要繳納應課稅品稅。

（二）納稅範圍

香港行政特區是一個自由港，因此，進口或出口貨物無需繳納任何關稅，目前只有四類應課稅品需要繳稅，包括：

（1）酒類；

（2）煙草［《公共衛生及市政條例》（第132章）第2（1）條所指的無煙煙草產品除外］；

（3）符合條件的各類碳氫油，包括飛機燃油、輕質柴油、汽油、煤油等；

（4）甲醇。

任何船舶或飛機在香港的時候，其乘客或船員沒有關長允許，

不得在該船或飛機上持有、保管或控制任何超過下列數量的應課稅酒類或煙草：

（1）就酒類而言，酒精或餐酒 1 升，或啤酒或司徒特啤酒 4 升，以及砵酒或雪利酒或力嬌酒 0.5 升；

（2）煙草 250 克，或雪茄 50 支或香煙 200 支。

如超過上述數量的酒類或煙草的是高級人員、船員、機員或乘客的財產，並貯存於根據規定為保管船舶或飛機補給品而設的地方，且已經在規定的記錄上顯示和列於進出口陳述書及船舶或飛機補給品申請書之內，則允許超過上述數量，也不可予以沒收。

二、計稅依據和稅率

應課稅品採用比例稅率和定額稅率兩種形式，對商品實行從價稅率。其中酒類的稅款按其酒精濃度及價值作評估，煙草、碳氫油類及甲醇的稅款則按每單位數量的特定稅率繳付。

（一）酒類

一般情況下，根據酒類的品種及酒精濃度的不同，按照規定的比例和貨品的價值來評定和計算繳納應課稅品稅，各種酒類的比例稅率如表 14-2-1 所示。

表 14-2-1　各種酒類應課稅品稅稅率

酒類	稅率
在 20 攝氏度的溫度下量度所得酒精濃度以量計多於 30% 的酒類	100%
在 20 攝氏度的溫度下量度所得酒精濃度以量計不多於 30% 的酒類，葡萄酒除外	0%
葡萄酒	0%

根據香港法例第 109A 章《應課稅品規例》，每個盛載進口香港或在香港製造以供本地飲用的酒類的容器須附有印上該酒類的酒精濃度或酒精濃度幅度的卷標。而卷標須載有用英文字母、中文字樣、阿拉伯數字或「％」符號，或其任何組合以清晰可讀方式印上所需的數據。另外，該標籤須穩固地加於容器上或屬容器的一部分以及置於清楚可見的位置。

如果沒有可用資料或資料不足，導致海關關長（或關長為評定須繳納稅款而授權的任何人員）無法釐定在任何時間以一批托運的形式進口而分量少於 12 升的酒類的價值，則他可按每升港幣 160 元的稅率評定該批酒類的應交稅款。

根據香港法例第 109 章《應課稅品條例》，用以評定稅款的貨品價值須為該貨品於有關時間在公開市場上由獨立於對方的買賣雙方在售賣中所能取得的正常價格。就進口貨品而言，「有關時間」是指為出口而從賣方處所移走貨品的時間；至於就在香港製造的貨品而言，「有關時間」則指從製造貨品的處所移走貨品的時間。

進口商或製造商需提交文件予海關，例如售賣合約、發票、帳簿等，以供評定和計算酒類貨品稅款之用。如有關文件的日期早於評稅日期不多於 12 個月，海關可接受該文件所註明的該酒類貨品價值。如果發生以下情況之一的：

1. 提供上述文件；

2. 上述文件所載關於貨品價值的數據並不足夠或並不準確；

3. 上述文件所載的貨品價值不是該貨品於有關時間在公開市場上由獨立於對方的買賣雙方在售賣中所能取得的正常價格。

則海關可定出一個價值，用以評定和計算稅款。

如在任何售賣合約、發票或其他文件中，酒類貨品價值是以港

元以外的貨幣述明的，則與該貨幣等值的港元按香港銀行公會於貨品進口的月份之前的月份的第 15 天所公佈的外匯賣出參考開市牌價計算。如在上述日期並無公佈牌價，海關須按香港銀行公會在緊接該日期之前的工作日所公佈的外匯賣出參考牌價作出計算。

（二）煙草類

香港對煙草類商品實行定額稅率，其稅率如表 14-2-2 所示。

表 14-2-2　煙草類應課稅品稅稅率

煙草類	稅率
每 1,000 支香煙	港幣 1,706 元
雪茄	每公斤港幣 2,197 元
中國熟煙	每公斤港幣 419 元
所有其他製成煙草，擬用作製造香煙者除外	每公斤港幣 2,067 元

需要注意的是，超過 90 毫米（不包括任何或煙嘴口）的香煙，每增加 90 毫米或不足 90 毫米即視作另一支香煙計算。

（三）碳氫油類

碳氫油類採用定額稅率計算應課稅品稅，其稅率如表 14-2-3 所示：

表 14-2-3　碳氫油類應課稅品稅稅率

碳氫油類	稅率
飛機燃油	港幣 6.51/ 升
汽油（含鉛汽油）	港幣 6.82/ 升
汽油（無鉛汽油）	港幣 6.06/ 升
輕質柴油	港幣 2.89/ 升
超低含硫量柴油	港幣 2.89/ 升
歐盟 V 期柴油	港幣 0/ 升

需要注意，滿足一定條件的有標記油類可獲豁免交付稅款的稅收優惠。詳見本章第三節內容。

（四）甲醇

甲醇及任何含甲醇的混合物均須按每百升（在 20 攝氏度的溫度下量度）港幣 840 元稅率繳稅。此外，酒精濃度以量計超過 30% 的，每增加 1%，須按每百升額外繳納港幣 28.1 元計算。

第三節

稅收優惠

一、飲用酒類

凡年滿 18 歲的旅客，可以免稅攜帶 1 升在 20 攝氏度的溫度下量度所得酒精濃度以量計多於 30% 的飲用酒類進入香港，供其本人自用。

持有香港身份證的旅客，則必須離港不少於 24 小時才可以享有以上豁免數量。

二、煙草類

凡年滿 18 歲的旅客，可以免稅攜帶下列煙草產品進入香港，供其本人自用：

1.19 支香煙；

2.1 支雪茄，如多於 1 支雪茄，則總重量不超過 25 克；

3.25 克其他製成煙草。

需要注意的是，任何作貿易等商業用途的應課稅品均無免稅優惠。

三、其他

下列貨品可以享受免稅的稅收優惠政策：

1. 以下補給品

① 淨註冊噸位多於 60 噸的船舶的補給品。

② 遠洋拖輪的補給品。

③ 飛機補給品，包括用以測試引擎的試航飛機的補給品。

④ 數量由關長制定，供在香港以外使用，或部分在香港以內和部分在香港以外使用。

2. 以下油缸的燃料（1996 年第 452 號法律公告）：

① 淨註冊噸位多於 60 噸的船舶的油缸的燃料，但《應課稅品（碳氫油的標記及染色）規例》（第 109 章，附屬法例 C）所指的遊樂船隻的油缸的燃料除外。

② 遠洋拖輪的油缸的燃料。

3. 飛機油缸的燃料：

包括用以測試引擎的試航飛機的油缸的燃料，分量由關長制定，供在香港以外使用，或部分在香港以內和部分在香港以外使用；對將裝置於主要在香港以外飛行的飛機上的飛機引擎進行坐地測試所用的飛機燃油，但須獲得關長的書面准許；從香港出口的貨品。

4. 在關長同意下銷毀的貨品；

5. 由任何船舶、飛機、鐵路列車或車輛的乘客或工作人員為自用而放在其行李內進口的貨品（飲用酒類或煙草除外），數量由關長刊登於憲報的公告所釐定。

6. 在關長所施加條件的規限下，符合以下說明的飲用酒類或煙草：

① 由任何船舶、飛機、鐵路列車或車輛的乘客或工作人員為自用而放在其行李內進口的飲用酒類或煙草。

② 由該等乘客或人員在位於香港任何入境站抵境範圍內獲關長批准的地方的私用保稅倉為自用而購買的用酒類或煙草。

其數量為關長刊登於憲報的公告所指定而適用於一般情況或適用該名乘客或人員所屬的乘客類別或工作人員類別的數量。

7. 聖禮所用的葡萄酒（如獲教派領導人證明為如此使用者）

8. 供醫院管理局使用或任何獲財政司司長為此認可的教育、科學或慈善機構使用的乙醇或甲醇，但須獲關長施加的條件規限；

9. 按規定方式製造的飲用酒類，但限於以下條件獲符合的情況：

① 其管有人在香港任何地方管有該等飲用酒類的總數量共不得超過 50 升。

② 其所在處所內存放的該等飲用酒類並不超過 50 升。

③ 該等飲用酒類：

‧ 是貯存在以清楚可閱形式標明「家中自釀，不得售賣」或「Home Brewed,Not for Sale」的字眼或具相同意思的字眼的密封容器內的。

‧ 是供實時飲用的。

10. 關長運用其酌情決定權而當作是樣本或宣傳品，且向關長證明並使其信納不具商業價值和不擬轉售的貨品；

11. 向關長證明並使其信納為出口後再進口的已完稅貨品；

12. 關長運用其酌情決定權而認為是真正作為私人物品而送交非香港居民，且不具有商業價值和不擬轉售的貨品；

13. 關長認為就之而徵收稅款為並不符合經濟效益的貨品；

14. 向關長證明並使其信納為已捐贈予真正的慈善機構以供在香港不收款項而派發的貨品；

15. 向關長證明並使其信納為藉某些條例的施行而有權獲給予豁免權或獲豁免繳付稅款的任何人所使用或耗用的貨品。該等條例為《國際組織及外交特權條例》（第 190 章）、《國際組織（特權及豁免權）條例》（第 558 章）、《特權及豁免權（聯合聯絡小組）條例》（第 36 章）、《特權及豁免權（紅十字國際委員會）條例》（第 402 章）或《領事關係條例》（第 557 章）；

16. 有標記油類，即按《應課稅品（碳氫油的標記及染色）規例》（第 109 章，附屬法例 C）所指明的方式及比例而加上標記及染色物質的輕質柴油[1]；

17. 在領有牌照油庫中用於與燃油調和的柴油，但須獲關長書面批准和受關長施加的條件規限；

18. 從中國內地抵港的任何車輛的油缸中供該車輛使用的燃料，但貨車除外；

19. 從中國內地抵港的貨車的油缸中供該貨車使用的燃料，燃料分量如表 14-3-1 所規定：

表 14-3-1　免繳稅款的燃料分量

獲豁免繳付稅款的燃料車輛汽缸容量	獲豁免的分量
3,000 立方厘米以下	100 升
3,000-10,000 立方厘米	200 升
10,000 立方厘米以上	300 升

20. 抽取作為樣本供特區政府化驗師進行分析的貨品；

21. 根據和按照暫准進口證進口的貨品；

22. 傷殘人士在其私家車使用的碳氫油可獲豁免交付稅款。根據香港法例第 109 章《應課稅品條例》，由《道路交通條例》（第 374 章）第 2 條所指的傷殘人士擁有和駕駛的私家車、傷殘者車輛、電單車或機動三輪車所使用的碳氫油的須繳稅款，須予寬免，每名傷殘人士的寬免額如下：

① 就私家車或傷殘者車輛而言，以每月 200 升為限；及

② 就電單車或機動三輪車而言，以每月 100 升為限。

第四節
納稅方式和納稅期限

一、納稅方式

應課稅品自進口運輸工具或保稅倉送往香港時須繳付稅款。海關負責評估應課稅品的稅款。海關將在納稅人繳付稅款後發放已完稅貨品移走許可證。

任何攜有不合資格享有免稅優惠或超過豁免數量應課稅品的抵港旅客,必須使用紅通道向海關人員申報和繳納相關稅款。

應課稅貨品在清繳有關稅款前須儲存在保稅倉內。任何經營儲存應課稅貨品保稅倉的人士必須領有保稅倉牌照,以及必須確保妥善保管及正確記錄保稅倉內的貨品。

二、牌照及許可證的申請

為保障稅收及管制應課稅品,在下列情況,必須向香港海關申請相關牌照:

1.進口、出口或製造應課稅品;以及

2.存放非獲豁免繳付稅款,或未曾繳稅的應課稅品。

此外,納稅人也須為移走應課稅品申請相關的許可證。

任何人士未能取得相關的牌照或許可證可被定罪，最高刑罰為罰款港幣 1,000,000 元及入獄兩年。如有關罪行涉及意圖逃避繳付稅款，可被另處不超過應交稅款十倍的罰款。

三、納稅期限

應課稅品的稅款須在下列時間繳付：

1.如貨品是進口的，且不會移往保稅倉，則須在貨品從運載進口的船舶、飛機、鐵路列車或車輛移走之前繳付稅款。

2.如貨品是在香港種植、生產或製造的，且不會移往保稅倉，則須在貨品從其種植、生產或製造的處所移走之前繳付稅款。

3.如貨品是存於保稅倉的，且不會移走以供出口或移往另一保稅倉，則須在貨品從保稅倉移走之前繳付稅款，但關長可以：

① 在稅款到期繳付時，寬限一段不超過 6 星期的合理期限或關長容許的其他期限，以繳付稅款。

② 要求獲批予寬限期的人，以關長規定的現金或保證書提供繳付稅款的保證，作為批予上述寬限期的先決條件。

四、退稅事項

海關關長可按照香港法例第 109 章《應課稅品條例》及香港法例第 109A 章《應課稅品規例》訂明的以下情況准予退還稅款：

1.獲得關長書面同意從香港特區出口的已完稅貨品，但無論在任何情況下，貨品所獲退還的稅款不得超過已繳付的稅款；

2.已完稅入口貨品的說明、品質、狀態或狀況與售賣合約不

符，或已完稅貨品在過境期間受到損毀，以及其後有關貨品在關長的書面同意下予以銷毀，或交還在香港特區以外的供應商；

　　3. 用作製造應課稅貨品的已完稅貨品，但無論在任何情況下，貨品所獲退還的稅款不得超過已繳付的稅款；

　　4. 供應予領事使用的已完稅貨品；

　　5. 抽取作為樣本供特區政府化驗師進行分析的已完稅貨品；

　　6. 置於淨註冊噸位多於 60 噸的遊樂船隻的油缸內，以供該船隻到達一個香港特區以外的指定港口的合理數量的已完稅燃料；以及

　　7. 專營巴士使用的已完稅輕質柴油。

　　申請退稅人須提供所有相關文件，以支持退還／發還稅款的申請。下列為一般所需文件：

　　① 述明有關事件和申請退還／發還稅款的理據；

　　② 申請所涉及的許可證的副本和已執行許可證通知的副本；

　　③ 購貨訂單及發票，付款記錄；

　　④ 提單；以及

　　⑤ 供應商／保稅倉的確認書。

註 釋

1. 根據香港法例第 109C 章《應課稅品（碳氫油的標記及染色）規例》，任何人不得使用或准許使用有標記油類作為任何汽車（根據規例所訂明的汽車除外）或遊樂船隻的燃料。

第十五章
香港特區其他稅

▮▮▮▮▮▮ 本 章 導 讀

本章分別介紹香港特區差餉、印花稅、汽車首次登記稅、博彩稅、飛機乘客離境稅等稅種。第一節差餉（Rate）是香港特區政府對擁有香港境內土地及樓宇的業主徵收的一種財產稅，是對房地產的保有環節徵收的稅項，性質與中國內地房產稅相似。第二節印花稅（Stamp Duty）是香港特區政府向所有涉及任何不動產轉讓、不動產租約及股票轉讓所徵收的稅款。第三節汽車首次登記稅（Motor Vehicle First Registration Tax）是香港特區政府對所有在香港道路上首次使用的汽車徵收的稅款，以減少道路負荷和控制進口車輛數目，減少空氣污染。第四節博彩稅（Betting Duty）是就六合彩的收益，及獲批准的賽馬和足球比賽投注的淨投注金收入，向投注舉辦商徵收，以及就獲批准的現金彩票活動所受的供款或參加款項所徵收的稅項。第五節飛機乘客離境稅（Air Passenger Departure Tax）是向乘搭飛機離開香港的乘客徵收的稅款。

第一節
差餉

差餉（Rate）是香港特區政府對擁有香港境內土地及樓宇的業主徵收的一種財產稅，是對房地產的保有環節徵收的稅項，性質與中國內地房產稅相似。差餉源於英國，在英國、美國、澳大利亞等國家都存在。

香港地區的差餉於 1845 年開徵，至今已有 170 多年的歷史。當時認為「殖民地的港英政府應當支付維持警隊所需的開支」，此稅項便被稱為「差役餉項」[1]。之後，差餉的用途逐步擴大到其他公共支出領域，例如路燈、居民用水管線和消防等。香港的物業差餉制度簡明、稅基廣闊，是一種既公平又具成本效益的間接稅項，並且廣受公眾及政府認同，為一項可靠穩定的公共收入來源[2]。《差餉條例》（香港法例第 116 章）專門對差餉的評估與徵收管理進行規定。差餉與物業稅（Property Tax）都是對土地、房屋等物業徵稅，但物業稅的課稅範圍僅限於用於出租經營並獲得租金收益的物業，而差餉稅是對納稅人擁有的所有土地房屋，包括自用和非自用的都徵稅[3]。

除差餉外，按土地契約的不同，土地使用者另需繳納地稅或按《中英聯合聲明》的規定向特區政府繳納地租（Government Rent）。此等稅種由差餉物業估價署（差餉及地租）和地政總署（地稅）徵收[4]。一般來説，全港的所有房產物業均須根據《差餉條例》評估差餉。2019-20 年度的估價冊約有 253 萬項估價，單位總數約

為 329 萬個。2020-21 年度的估價冊約有 256 萬項估價，單位總數約為 335 萬個[5]。

表 15-1-1　一般差餉收入佔稅收總額比例

財年	一般差餉收入（千港元）	佔稅收總額百分比（%）
2013-14 財年	14,911,481	5.4
2014-15 財年	22,272,387	6.5
2015-16 財年	22,733,427	6.8
2016-17 財年	21,250,102	6.4
2017-18 財年	22,203,177	6.0

數據來源：「香港庫務署公佈的政府帳目（按現金收付制編制）—— 政府一般收入帳目 — 收入總目及分目的分析報表」。網址為：https://www.try.gov.hk/sc/charch_annu_statend18.html#p。其中稅收總額為分析報表中應課稅品稅項、一般差餉、內部稅收、車輛稅四個總目相加。

一、徵稅對象與納稅人

（一）徵稅對象

　　香港的差餉受到英國房地產稅制深厚的影響。差餉的徵稅對象被稱為物業單位。物業單位（tenement）指作為各別或獨立的租賃、被持有單位或任何特許而持有或佔用的土地（包括有水淹蓋的土地）、建築物、構築物、建築物或構築物的部分。有工業裝置的土地、建築物、構築物也應視為一個獨立物業單位。工業裝置包括電纜、渠道、管道、鐵路軌道線、電車軌道線、油箱、工業裝置或機械的固定座架及支撐物。此外，構築物還包括廣告牌。由於廣告牌租賃在香港十分普遍且廣告展位的價格通常較高，所以《差餉條例》用專門的條款來規定廣告牌的評估與徵稅。當土地開始用作架設廣告或與廣告相關的構造物，或開始用作展示廣告時（上述兩種

情況，以先出現的為准），即可將土地作為一個獨立物業單位。其中土地包括構築物、圍板、框架、柱桿或牆壁。

（二）納稅人

物業單位的擁有人或佔用人是差餉的納稅人。即不僅是所有者有納稅義務，實際使用者也有納稅業務。擁有人（owner）指直接從特區政府取得的物業單位的持有人（不論是根據租約、特許或其他形式持有），或物業單位的直接業主，或持有人與直接業主的代理人，也指物業單位的承按人或承押記人。佔用人（occupier）包括佔用人的代理人。

對於工業裝置，任何人借工業裝置而佔用土地、建築物或構築物，該人應當該物業單位的佔用人，並繳納所評估的差餉。

在某些情況下，可把兩個或兩個以上物業單位合併為單一物業單位評估差餉。合併物業的佔用人（該佔用人是唯一的佔用人）或任何一名佔用人或擁有人（繳納方可在擁有人或佔用人內部自行調定各自負擔的份額）均為差餉納稅人，有責任繳納合併物業的差餉。

如果物業是出租，繳納差餉的責任由雙方所訂的租約條款決定。一些租約指定由租戶繳納，另一些租約則可能規定租金中包含差餉，即由業主繳納。如租約無訂明由業主繳交，則須由使用人繳交。[6]

二、計稅依據、稅率和應納稅額的計算

（一）計稅依據

差餉按照物業單位評估價值的一定比例來徵收。物業單位的評

估價值被稱為應課差餉租值。應課差餉租值採用租金價值，也就是假設物業單位在一個指定估價依據日期空置出租時，按年出租，估計可得的年租。在評估租金時，必須假設租客承擔支付一般由租客支付的所有差餉及稅項，及業主承擔支付地稅、修葺費、保險費，以及維持該物業於能得到該租金的狀況所需的其他開支。即在評定應課差餉租值時，不需考慮一般的失修情況。然而，無法修復的嚴重失修、或只有耗費不菲才能修復的情況，則應加以考慮。應課差餉租值並不是一個實際發生的租金價值。在評估應課差餉租值時，會參考同區類似物業於估價日期或接近該日期，在公開市場所議定的租金，並按面積大小、位置、設施、完工質量及管理水平分別加以調算。物業的租售限制（例如居者有其屋單位所受的限制），以及差餉繳納人的財政狀況，都不在考慮範圍內。[7]

差餉的徵收及估值由差餉物業估價署（Rating and Valuation Department）負責。為了更加及時和準確地反映物業單位的價值，香港從 1999 年開始每年對所有物業單位進行重新評估（Annual Revaluation），規定每年 10 月 1 日為應課差餉租值的評估日期。該評估日後的租金變動，不影響應課差餉租值水平。以 2019-20 財政年度而言，差餉估價依據日期為 2018 年 10 月 1 日，應課差餉租值則由 2019 年 4 月 1 日起生效[8]。對於把新落成或尚未列入現行估價冊的物業，以及因結構上的更改或增建而令租值有所改變的物業單位，估價署署長可隨時做出臨時估價（Interim Valuation）[9]。

在對屬獨立物業單位的廣告位進行租金評估時，不得將土地因用作展示廣告所引致的價值或增值計算在租金內。此外，為了將土地用於展示廣告，而將任何構築物或標牌架設、拆除或更改，須視為對物業單位作出結構性更改。[10]

每個物業單位的應課差餉租值需要個別進行評估，但以下情況除外：

1. 一個物業單位的價值受其他物業單位價值所影響，且這些物業單位在使用上相關。

2. 兩個或兩個以上的物業單位位於相同的一個或多個地段內，而這一個或多個地段組成一幢或一組建築物或構築物的所在地。

針對上述兩種情況，可以將所涉物業單位作為單一物業單位，一併估價。第一種情況下的合併估價，稱為綜合估價（Cumulo Assessments）[11]。第二種情況下，一併估價的物業單位適用的應課差餉租值應為單個物業單位個別估價所得的應課差餉租值的總和。[12]

（二）稅率

香港的差餉採用固定的比例稅率，每年由香港特區立法會釐定，對所有的物業類型都使用統一的稅率。由 1999 年起，差餉稅率一直為 5%[13]。

（三）計稅方法

物業單位的應繳差餉是以應課差餉租值乘以差餉徵收率計算得到。

差餉 = 應課差餉租值 × 稅率

2007/2008 年度以後，差餉徵收率為 5%。但所有物業單位都有豁免徵收差餉金額，豁免額並非每年一致。有關季度的寬減額會用以抵銷物業在該季度的應繳差餉額。如應繳差餉的期間不足一季，寬減額會按物業單位在此期間與全季的比例調整。如物業單位在該季度的應繳差餉額不足寬減額上限，所有剩餘的寬減額不能用以抵

銷任何一季度的應繳差餉[14]。2007-08 至 2020-21 財政年度差餉寬減摘要見表 15-1-2 所示。

　　此外，當差餉物業估價署認為某個物業單位的估值並未超逾最低應課差餉租值（minimum rateable value）時[15]，該物業可獲免評估差餉。因為此時所徵得的稅款並不足以抵銷進行徵收的成本。

表 15-1-2　2007-08 至 2020-21 財政年度差餉寬減摘要

財政年度	差餉寬減	
2020 年 4 月至 2021 年 3 月	2020 年 4 月至 2020 年 9 月	每個應繳差餉的住宅物業的寬減額以每季 1,500 港元為上限。 每個應繳差餉的非住宅物業的寬減額以每季 5,000 港元為上限。
	2020 年 10 月至 2021 年 3 月	每個應繳差餉物業的寬減額以每季 1,500 港元為上限。
2019 年 4 月至 2020 年 3 月	2019 年 4 月至 2019 年 12 月	每個應繳差餉物業的寬減額以每季 1,500 港元為上限。
	2020 年 1 月至 2020 年 3 月	每個應繳差餉的住宅物業的寬減額以每季 1,500 港元為上限。 每個應繳差餉的非住宅物業的寬減額以每季 5,000 港元為上限。
2018 年 4 月至 2019 年 3 月	每個應繳差餉物業的寬減額以每季 2,500 港元為上限。	
2017 年 4 月至 2018 年 3 月	每個應繳差餉物業的寬減額以每季 1,000 港元為上限。	
2016 年 4 月至 2017 年 3 月	每個應繳差餉物業的寬減額以每季 1,000 港元為上限。	
2015 年 4 月至 2016 年 3 月	2015 年 4 月至 2015 年 9 月	每個應繳差餉物業的寬減額以每季 2,500 港元為上限。
	2015 年 10 月至 2016 年 3 月	沒有差餉寬減。
2014 年 4 月至 2015 年 3 月	2014 年 4 月至 2014 年 9 月	每個應繳差餉物業的寬減額以每季 1,500 港元為上限。
	2014 年 10 月至 2015 年 3 月	沒有差餉寬減。
2013 年 4 月至 2014 年 3 月	每個應繳差餉物業的寬減額以每季 1,500 港元為上限。	

2012 年 4 月至 2013 年 3 月	每個應繳差餉物業的寬減額以每季 2,500 港元為上限。	
2011 年 4 月至 2012 年 3 月	每個應繳差餉物業的寬減額以每季 1,500 港元為上限。	
2010 年 4 月至 2011 年 3 月	每個應繳差餉物業的寬減額以每季 1,500 港元為上限。	
2009 年 4 月至 2010 年 3 月	每個評估差餉物業的寬減額以每季 1,500 港元為上限。	
2008 年 4 月至 2009 年 3 月	每個評估差餉物業的寬減額以每季 5,000 港元為上限。	
2007 年 4 月至 2008 年 3 月	2007 年 4 月至 2007 年 9 月	每個評估差餉物業的寬減額以每季 5,000 港元為 上限。
	2007 年 10 月至 2007 年 12 月	沒有差餉寬減。
	2008 年 1 月至 2008 年 3 月	每個評估差餉物業的寬減額以每季 5,000 港元為 上限。

資料來源:香港特別行政區差餉物業估價署官方網站:https://www.rvd.gov.hk/sc/concession/index.html。

三、稅收優惠

現時豁免差餉的條文可分為兩類:一類是豁免評估差餉(exempted from assessment to rates),此類物業單位將不會載於差餉估價冊內;而另一類是豁免繳納差餉(exempted from payment of rates),此類物業單位雖然載於差餉估價冊內,但特區政府可透過行政手段豁免其繳納差餉。豁免差餉與否的一般考慮因素,是基於社會(例如墳場及火葬場)、行政(例如低於訂明應課差餉租值的物業單位)、政治(例如領事館佔用的物業及軍事用地),以及歷史(例如若干新界鄉村式屋宇)等各方面的廣泛考慮。[16]

（一）豁免評估差餉

下述物業單位或其部分，可豁免評估差餉：

1. 農地及相關建築物。

2. 用作與農地或農務作業相關用途的新界住宅建築物。

3. 位於新界指定地區內，並符合訂明面積、高度和類別等準則的村屋。

4. 為供公眾作宗教崇拜之用而建成，並完全或主要用於該用途的物業單位。

5. 墳場及火葬場。

6. 特區政府、特區立法會行政管理委員會或財政司司長法團所擁有並佔用作公共用途的物業。

7. 由特區政府或財政司司長法團所擁有並由公職人員憑藉其受雇而佔用作住宅的物業。

8. 由香港房屋委員會所擁有並由特區政府佔用作公共用途的物業。

9. 軍事用地。

10. 特區政府因收地而向土地原擁有人提供作為交換的重建村落內的物業單位。

11. 平房區或臨時房屋區內基本上佔用作住宅用途的物業單位。

12. 其評估應課差餉租值不超逾訂明款額的物業單位。

（二）豁免繳納差餉

下列地區及物業單位類別，可豁免繳納差餉：

1. 完全或主要供公眾作宗教崇拜之用的所有物業單位或其部分。但不包括根據上述豁免評估差餉第 4 條規定豁免評估差餉者。

2. 由或代特區政府或財政司司長法團佔用作公共用途的物業單位或部分。但不包括根據上述豁免評估差餉第 6 或 8 條規定豁免評估差餉者。

3. 特區政府或財政司司長法團所持有並由公職人員憑藉其受僱而佔用作住宅或留待作此用途的物業單位或其部分。但不包括根據上述豁免評估差餉第 7 條規定豁免評估差餉者。

四、申報繳納

（一）納稅方式

差餉每年分 4 季繳納。繳納人通常會於季初收到徵收差餉通知書，並須在徵收通知書所列明的最後繳款日期或之前清繳有關款額。最後繳款日期通常是每季的首個月，即 1 月、4 月、7 月及 10 月的最後一天（星期六，星期日及公眾假期除外）。

差餉納稅人可通過多途徑繳納差餉。包括銀行自動轉帳、繳費靈、自動櫃員機、電子繳費服務站、互聯網、郵遞或親身到郵政局（流動郵政局除外）的任何一家繳款。[17]

（二）納稅期限

1. 預交差餉

（1）每季初，按季預先繳交該季度的差餉。即在每季首個月內向署長繳交，即每季度的首個月月底，即 1 月 31 日、4 月 30 日、7 月 31 日及 10 月 31 日。

（2）按署長決定的其他次數繳交。

2. 如為臨時估價所訂須繳差餉，須由下述日期起繳交：

（1）估價生效之日。

（2）首次徵收差餉通知書發出日期前的 24 個月（通知書由署長向有法律責任繳交差餉的人發出），兩者以其後者為准。[18]

（三）差餉退款

現行《差餉條例》規定以下可以申請退款的情況：

1. 空置土地（但之前或以後並非用作停泊汽車）；

2. 超繳款項，而原因為：

(1) 差餉並非按照估價冊徵收；

(2) 物業已獲豁免差餉；

(3) 法院命令空置或不能佔用；

(4) 物業單位估價被刪除；或

(5) 繳款人並無法律責任繳交。

另外，行政長官可以下令退還任何款額，包括已附加的罰款。同時，任何人如申請退還差餉而被拒，可向區域法院提出上訴。[19]

第二節
印花稅

　　印花稅（Stamp Duty）是香港特區政府向所有涉及任何不動產轉讓、不動產租約及股票轉讓所徵收的稅款。1866 年香港引入印花稅。1911 年通過的《印花稅管理條例》規定有關郵票和印花的徵收。1921 年通過的《印花條例》，明確可就 55 類文件徵收印花稅。1957 年起，印花稅署採用印花蓋印機在文件上加蓋印花。在此之前，需要粘貼印花稅在文件上，加上記號或以金屬印蓋印註銷。1978 年 9 月，印花稅的徵稅類別由 55 類減至 13 類。1981 年 5 月，《印花稅管理條例》和《印花條例》合併為現行的《印花稅條例》，徵稅類別再減至 4 類，分別為：坐落在香港的不動產、香港證券、香港不記名文書、副本和對應本。1992 年 1 月 31 日起，住宅的買賣合同也需要交納印花稅。2004 年 8 月 2 日起，香港特區政府推行電子印花服務，印花稅署使用新的電子物業印花系統，辦理紙張或電子形式的印花申請，為買賣合約、樓契及租約等物業交易加蓋印花。2019 年 12 月 16 日，印花稅署又推出了股票轉讓文書電子印花服務，用戶完成電子印花的申請並成功繳付印花稅後，便可透過電子印花系統取得印花證明書[20]。2010 年 11 月起，為抑制住宅物業的投機炒賣活動，特區政府對以個人或公司名義，在 2010 年 11 月 20 日或以後取得的住宅物業，並在取得後 24 個月（36 個月）或以內將其轉售，開徵額外印花稅（5% 至 20%）[21]。

表 15-2-1　印花稅收入佔稅收總額的比例

財年	印花稅收入（千港元）	佔稅收總額百分比（％）
2013-14	41,514,691	14.9
2014-15	74,844,945	21.8
2015-16	62,680,307	18.8
2016-17	61,898,965	18.7
2017-18	95,172,761	25.7

數據來源：「香港庫務署公佈的政府帳目（按現金收付制編制）—— 政府一般收入帳目 —— 收入總目及分目的分析報表」。具體網址為：https://www.try.gov.hk/sc/charch_annu_statend18.html#p。其中稅收總額為分析報表中應課稅品稅項、一般差餉、內部稅收、車輛稅四個總目相加。

一、徵稅範圍與納稅人

（一）徵稅範圍

印花稅的徵稅對象是證明交易的文書，文書包括一切書面文件。印花稅條例規定了四類應徵收印花稅的文書，分別為：坐落香港的不動產（第 1 類）、香港證券（第 2 類）、香港不記名文書（第 3 類）、以上三類可徵收印花稅文書的複本及對應本。以上四類文書即使是在香港以外地方簽立，也需要徵收印花稅。

坐落香港的不動產指香港境內土地、土地上的任何產業、權利、權益或地役權以及附連在土地上的對象（即建築物）。

香港證券指其轉讓須在香港登記的證券。

香港不記名文書指在香港發行的不記名文書，或由在香港組成的法人團體或其代表在其他地方發行的不記名文書，或由在香港設立的非法人團體或其代表在其他地方發行的不記名文書。其中不記名文書指任何通過交付即可將證券轉讓的給予持文書人的文書。不

包括不以港元為單位借款所形成的與證券有關的文書，但包括借款
中可以由港元償還或可由任何人選擇以港元償還的部分。

（二）納稅人

印花稅的納稅人為簽立了應稅文書的雙方或多方，而不論其處
於香港境內或境外。

坐落香港的不動產除了可予徵收買家印花稅的售賣轉易契（買
賣協議）的納稅人為承讓人（購買人）外，其餘應稅文書的納稅人
為所有買賣各方以及所有其他簽立人。

香港證券的納稅人為代理人（非證券經銷業務的成交單據）、完
成售賣或購買的交易所有參與者（關於證券經銷業務的成交單據）、
轉讓人及承讓人（轉讓書）。

香港不記名文書的納稅人為該文書的發行人或由他人代為發行該
文書的人，以及為發行該文書而以該人代理人身份行事的任何人。[22]

二、稅率及計稅方法

（一）坐落香港的不動產（第 1 類）（immovable property in Hong Kong）

不動產交易涉及的文書主要包括不動產的買賣、不動產的轉易
及不動產的租賃。

1. 不動產的買賣（Sale of Immovable Property）

根據不動產買賣的時間以及不動產的類型，將買賣不動產涉
及到的印花稅分為從價印花稅（ad valorem stamp duty）、額外
印花稅（special stamp duty）以及買家印花稅（buyer's stamp

duty），不同印花稅適用的稅率和計稅方法不同。不動產買賣涉及到的應稅文書類型包括買賣協議（agreement for sale）和售賣轉易契（conveyance on sale）。其中買賣協議包括正式買賣協議和臨時買賣協議。臨時買賣協議是一份可以徵收印花稅的買賣協議，而後按照其簽訂的正式買賣協議和售賣轉易契，只需繳納定額印花稅100 港元[23]。

（1）從價印花稅

關於轉讓香港不動產，需要根據物業售價或市值（以較高者為準）按第 1 標準稅率或第 2 標準稅率徵收從價印花稅。從 2016 年 11 月 5 日起，第 1 標準稅率分為第 1 部及第 2 部稅率。

第 1 標準第 1 部稅率屬定額稅率，適用於在 2016 年 11 月 5 日或之後就取得住宅物業所簽立的文書。稅率統一為 15%。

第 1 標準第 2 部稅率適用於在 2013 年 2 月 23 日或之後但在 2016 年 11 月 5 日前就取得住宅物業所簽立的文書及在 2013 年 2 月 23 日或之後就取得非住宅物業所簽立的文書。第 1 標準第 2 部稅率相當於 2016 年 11 月 5 日前適用的從價印花稅的第 1 標準稅率。具體的稅率及計稅方法見表 15-2-2 所示。[24]

第 2 標準稅率適用範圍較為具體，稅率及計稅方法見表 15-2-3 所示。從 2013 年 2 月 23 日起，第 2 標準稅率適用於：

①買方是香港永久性居民，而他在購買有關住宅物業（不論是否連同一個車位）時，是代表自己行事及在香港沒有擁有任何其他住宅物業（及車位，如適用）。但如果有關文書是於 2017 年 4 月 12 日或之後簽立以取得多於一個住宅物業，則有關文書須按第 1 標準第 1 部從價印花稅稅率予以徵稅；

表 15-2-2　適用第 1 標準第 2 部稅率的印花稅計稅方法

物業售價或市值（以較高者為准）	應納稅額
2,000,000 港元或以內	1.50%
2,000,001 港元至 2,176,470 港元	30,000 港元加上 超出 2,000,000 港元的款額的 20%
2,176,471 港元至 3,000,000 港元	3.00%
3,000,001 港元至 3,290,330 港元	90,000 港元加上 超出 3,000,000 港元的款額的 20%
3,290,331 港元至 4,000,000 港元	4.50%
4,000,001 港元至 4,428,580 港元	180,000 港元加上 超出 4,000,000 港元的款額的 20%
4,428,581 港元至 6,000,000 港元	6.00%
6,000,001 港元至 6,720,000 港元	360,000 港元加上 超出 6,000,000 港元的款額的 20%
6,720,001 港元至 20,000,000 港元	7.50%
20,000,001 港元至 21,739,130 港元	1,500,000 港元加上 超出 20,000,000 港元的款額的 20%
21,739,131 港元或以上	8.50%

資料來源：香港特別行政區稅務局官方網站：https://www.ird.gov.hk/chs/faq/avd.htmL。

　　②由多於一名香港永久性居民以分權擁有人或聯權擁有人方式共同購入住宅物業（不論是否連同一個車位），而他們在購買有關住宅物業時，各人均是代表自己行事及在香港沒有擁有任何其他住宅物業（及車位，如適用）。但如果有關文書是於 2017 年 4 月 12 日或之後簽立以取得多於一個住宅物業，則有關文書須按第 1 標準第 1 部從價印花稅稅率予以徵稅；

　　③由一名香港永久性居民與其非香港永久性居民的近親（即配偶、父母、子女、兄弟或姊妹）以分權擁有人或聯權擁有人方式共同購入住宅物業，他們在購買有關住宅物業時，各人均是代表自己行事及在香港沒有擁有任何其他住宅物業。但如果有關文書是於

2017 年 4 月 12 日或之後簽立以取得多於一個住宅物業，則有關文書須按第 1 標準第 1 部從價印花稅稅率予以徵稅；

④近親之間買賣或轉讓住宅物業，不論他們是否香港永久性居民及在購買或轉讓該物業時，是否在香港擁有任何住宅物業；

⑤提名一名在香港擁有住宅物業的近親（不論是否香港永久性居民）簽立轉易契；

⑥購買人購買住宅物業或非住宅物業是由法院判令或命令作出或依據法院判令或命令作出的，該等法院判令或命令包括不論是否屬《稅務條例》（第 112 章）第 2 條所指的財務機構的承按人取得的止贖令；

⑦根據轉易契，將一個按揭住宅物業轉讓或歸屬予該物業的承按人（該承按人須屬《稅務條例》（第 112 章）第 2 條所指的財務機構），或該承按人委任的接管人；

⑧因原有的一個物業已經由市區重建局因進行市區重建計劃購買或其他方式取得；或根據《收回土地條例》（第 124 章）第 3 條發出的命令被收回或根據該條例第 4A 條藉協議購買；或依據由土地審裁處根據《土地（為重新發展而強制售賣）條例》（第 545 章）第 4（1）（b）（i）條作出的售賣令已出售；或根據一項根據《地下鐵路（收回土地及有關規定）條例》（第 276 章）第 4（1）條作出的命令收回；或根據一項根據《道路（工程、使用及補償）條例》（第 370 章）第 13（1）條作出的命令收回；或根據一項根據《鐵路條例》（第 519 章）第 16 或 28（1）條作出的命令收回；或根據一項根據《土地徵用（管有業權）條例》（第 130 章）第 3（1）或（2）條作出的徵用令被徵用；或根據一項根據《土地排水條例》（第 446 章）第 37（2）條作出的命令收回而取得一個替代物業，該人在取得替代物

業的交易是代表自己行事。[25]

表 15-2-3　適用第 2 標準稅率的印花稅計稅方法

物業售價或市值（以較高者為准）	第 2 標準稅率
2,000,000 港元或以內	100 港元
2,000,001 港元至 2,351,760 港元	100 港元加上 超出 2,000,000 港元的款額的 10%
2,351,761 港元至 3,000,000 港元	1.5%
3,000,001 港元至 3,290,320 港元	45,000 港元加上 超出 3,000,000 港元的款額的 10%
3,290,321 港元至 4,000,000 港元	2.25%
4,000,001 港元至 4,428,570 港元	90,000 港元加上 超出 4,000,000 港元的款額的 10%
4,428,571 港元至 6,000,000 港元	3.00%
6,000,001 港元至 6,720,000 港元	180,000 港元加上 超出 6,000,000 港元的款額的 10%
6,720,001 港元至 20,000,000 港元	3.75%
20,000,001 港元至 21,739,120 港元	750,000 港元加上 超出 20,000,000 港元的款額的 10%
21,739,121 港元或以上	4.25%

資料來源：香港特別行政區稅務局官方網站：https://www.ird.gov.hk/chs/faq/avd.htm。

（2）額外印花稅

為遏抑住宅物業的投機炒賣活動，香港特區政府對在 2010 年 11 月 20 日及以後取得的住宅物業，於 24 個月內（如果物業是在 2010 年 11 月 20 日或之後但在 2012 年 10 月 27 日前取得）或 36 個月內（如果物業是在 2012 年 10 月 27 日或之後取得）處置該物業，有關人士須於從價印花稅之上繳付額外印花稅。若該有關人士於 2010 年 11 月 20 日前已取得住宅物業，不論他其後在甚麼時候處置該物業，都無須繳納額外印花稅。[26]

額外印花稅＝物業交易的代價款額或物業市值（以較高者為准）

× 適用稅率

適用稅率按賣方或轉讓方轉售或轉讓前持有物業的不同持有期而定，見表 15-2-4 所示。

表 15-2-4　額外印花稅稅率

物業取得時間	物業持有期	額外印花稅率
2010 年 11 月 20 日至 2012 年 10 月 26 日期間取得的物業	6 個月或以內	15%
	超過 6 個月但在 12 個月或以內	10%
	超過 12 個月但在 24 個月或以內	5%
2012 年 10 月 27 日或之後取得的物業	6 個月或以內	20%
	超過 6 個月但在 12 個月或以內	15%
	超過 12 個月但在 36 個月或以內	10%

資料來源：香港稅務局額外印花稅常見問題：https://www.ird.gov.hk/chs/faq/ssd.htm。

（3）買家印花稅

除非獲豁免，於 2012 年 10 月 27 日或之後就住宅物業所簽立的買賣協議或售賣轉易契需要繳納買家印花稅。買家印花稅是在現有的從價印花稅及額外印花稅的的基礎上，就住宅物業交易加徵的印花稅。買方或承讓方為代表自己行事的香港永久性居民（即該人為物業的名義及實益擁有人）則除外。[27]

買家印花稅＝物業交易的代價款額或物業市值 ×15 %

註：物業交易的代價款額或物業市值以較高者為準

2. 不動產的轉易（Conveyance of Immovable Property）

不動產的轉易一般適用於贈與（無償產權處置）或以低於十足價值的不動產轉讓情況。此時轉易契需要作為售賣轉易契而予以徵

收印花稅。但由於不動產的轉易價值未能實際反映在相關協議或契據上，故不動產的計稅基礎為被轉易不動產的市值。[28]

3. 不動產的租賃（Lease of Immovable Property）

有關坐落香港不動產的租賃合同（租約），根據租約上的合同總價或平均年租，加蓋印花。如果租約內只有對頂手費的規定，則須付的從價印花稅稅率與適用於不動產轉易契的第 2 標準稅率相同。如果租約內包括有頂手費及租金的規定，則租約內規定的頂手費，須付從價印花稅 4.25%；至於租約內規定的租金，印花稅稅率則因租期長短而異（即由每年租金的 0.25% 至 1% 不等）[29]。相關適用印花稅稅率如表 15-2-5 所示。

表 15-2-5 不動產租賃印花稅稅率

租賃期	印花稅稅率
租賃期不確定	年租或平均年租的 0.25%
1 年或以下	租金總額的 0.25%
超過 1 年但不超過 3 年	年租或平均年租的 0.5%
超過 3 年	年租或平均年租的 1%

資料來源：《印花稅條例》2018 年修訂版：https://www.elegislation.gov.hk/hk/cap112。

（二）香港證券（第 2 類）（Hong Kong Stock）

與香港證券有關的應稅文件稅率主要分為兩種，一種是成交單據（contract note），另一種是轉讓書（Standavc form of transfer）。

對於成交單據而言，任何以主事人或代理人身份完成香港證券的售賣或購買的人必須簽立成交單據。買賣雙方均須就此單據按代價或證券價值的 0.1% 繳納印花稅。如果成交單據是有關證券經銷業務的，採用定額稅率計算印花稅，稅額為 5 港元。

對於轉讓書而言，當公司或個人無償處置香港證券或使香港證券的實益權益轉移時，需要訂立轉讓書。此時，根據所轉讓證券市值的 0.2% 徵收從價印花稅，另加徵定額印花稅 5 港元。若是其他類別的轉讓書，只需徵收定額印花稅 5 港元。[30]

滬港通及深港通交易的印花稅。內地投資者透過南向交易買賣的港股通股票屬《印花稅條例》（第 117 章）第 2 條所指的香港證券，因此有關交易須在香港課繳印花稅。香港及海外投資者透過北向交易買賣的滬股通及深股通股票不屬《印花稅條例》（第 117 章）第 2 條所指香港證券，因此有關交易無須在香港課繳印花稅。[31]

（三）香港不記名文書（第 3 類）（Hong Kong bearer instrument）

香港不記名文書必須在發行前按發行時市值的 3% 加蓋印花。

（四）複本及對應本（第 4 類）（duplicates and counterpart）

任何印花稅應稅文書，複本及對應本可按 5 港元的定額稅率徵收印花稅。

此外，在任何情況下，如印花稅署署長認為所申報的價值不足，即有權按照所轉讓的物業或證券的市價徵收印花稅。[32]

三、稅收優惠

根據《印花稅條例》載有關於豁免或寬免可予徵收印花稅交易的條文，可獲豁免繳交額外印花稅的情況如下：

1. 提名父母、配偶、子女或兄弟姐妹接受物業權益（就額外印花稅而言，稅務局會接受有血緣關係者、有半血緣關係者、被領養

者、或繼父母、繼子女及繼父母的子女屬上述關係）；

2. 增加 / 刪除原有買家的父母、配偶、子女或兄弟姐妹的名字；

3. 由法院判令或命令作出或依據法院判令或命令作出的物業出售，轉讓或歸屬，包括所有按《土地（為重新發展而強制售賣）條例》發出的強制售賣令，以及不論是否屬《稅務條例》第 2 條所指的財務機構的承按人取得的止贖令，以及賣家出售其自法院判令或命令出售 / 轉讓予或歸屬予賣家的物業；

4. 出售物業僅關乎破產人的產業或因無能力償付其債項由法院清盤的公司的財產；

5. 屬《稅務條例》第 2 條所指的財務機構的承按人，或該承按人委任的接管人，透過不同方式把已承按的物業出售；

6. 相聯法人團體之間進行物業買賣或轉讓；

7. 把物業出售或轉讓予特區政府；

8. 出售或轉讓與離世者的遺產有關的物業，以及出售或轉讓一個從離世者遺產中繼承或根據生存者取得權取得的住宅物業。

另外，未經發展的土地上興建的住宅單位和一手住宅物業的銷售無須徵收額外印花稅。

綜上所述，較為重要的豁免及寬免如下：

1. 與特區政府的交易和領事館處所租約終等；

2. 以婚姻為代價的饋贈；

3. 向慈善機構作出的饋贈；

4. 法人團體內的轉讓；

5. 實益權益不變。

「法人團體內的轉讓」，一般情況下，在同一法人團體內兩家關聯公司，其中一間公司持有另一間公司不少於 90% 已發行股本的實

益權益，或是有一間第三者公司持有另一間公司不少於 90% 已發行股本的實益權益，對其兩家關聯公司之間之轉讓證券轉讓書和不動產轉易契可獲豁免印花稅。

「實益權益不變」，如果納稅人所訂立的證券轉易契或轉讓書不涉及實益權益的轉移，有關的文書可豁免繳納印花稅。這情況一般適用於委任受託人代表擁有人持有物業或證券的文書，或受託人將物業或證券歸還受益人的文書。[33]

四、徵收管理

（一）納稅方式

對於可予徵收印花稅的任何文書，可由獲得印花稅署署長授權代行加蓋印花職務的人，加蓋印花。印花可在署長辦事處購買。文書貼上印花後，需要由貼上該印花的人註銷印花。若未註銷，則不屬於一份已加蓋適當印花的文書，即納稅義務未完成。由 2004 年 8 月 2 日開始，印花稅署已引進電子印花服務，作為人手加蓋印花以外的另一種加蓋印花方法。電子印花系統會發出印花證明書，代替傳統印花。

在下列情況下，可予徵收印花稅的文本複本或對應本算已蓋印花：

1. 該複本或對應本已作為正本而加蓋印花；

2. 該複本或對應本上表明已就該文書的正本繳付印花稅；

3. 為該複本或對應本而發出的印花證明書上表明已就該文書的正本繳付印花稅。[34]

（二）納稅期限

1. 物業售賣轉易契的納稅期限為簽訂後的 30 天內。

2. 住宅物業買賣協議的納稅期限為有關日期（指該協議簽立日期，或者如果相同各方事前以相同條款訂立一項或多項協議的話，則以第一份協議簽立日期為准）後的 30 天內。

3. 租約的納稅期限為簽訂後的 30 天內。

4. 買賣香港證券成交單據（關於證券經銷業務）納稅期限為成交後的 2 天內。

5. 買賣香港證券成交單據（不包括證券經銷業務），如果售賣或購買在香港完成，納稅期限為成交後的 2 天內；如售賣或購買在其他地方完成，納稅期限為成交後的 30 天內。

6. 香港證券轉讓文書（關於無償產權處置，或為達成一項令香港證券的實益權益轉移而該轉移不經由售賣及購買而引起的交易），如果在香港簽立，納稅期限為簽立後 7 天內；如果在香港以外地方簽立，納稅期限為簽立後 30 天內。

7. 香港證券轉讓文書（其他任何類別），如果在香港簽立，納稅期限為簽立前；如果在香港以外地方簽立，納稅期限為簽立後 30 天內。

8. 香港不記名文書的納稅期限為發行之前。

9. 複本及對應本的納稅期限為簽立後 7 天內，如該文書正本的加蓋印花期限較長，則以該較長期限為准。[35]

（三）違章與處罰

如果納稅人未能在納稅期限繳納相關印花稅，逾期 1 個月以內，罰款印花稅稅款 2 倍金額；逾期 1 個月但不超過 2 個月，罰款印花稅稅款 4 倍金額；逾期 2 個月以上，罰款印花稅稅款 10 倍

金額。[36]

　　任何人若未能於限期前繳付額外印花稅，可處以最高達 10 倍須繳付的額外印花稅（additional special stamp duty）稅款作為罰款。如任何附加額外印花稅未能於限期前繳付，亦可處以最高達 10 倍須繳付的附加額外印花稅稅款作為罰款。印花稅署可以追討民事債項的方式向所有責任方追討任何欠繳的額外印花稅和適用罰款。[37]

第三節
汽車首次登記稅

　　香港沒有特別針對進出口貨物（包括汽車）徵收關稅，但為了減少香港特別行政區道路負荷和控制進口車輛數目，減低空氣污染，香港特區政府根據《汽車（首次登記稅）條例》（香港法例第330章）對所有在香港道路上首次使用的汽車，徵收汽車首次登記稅（Motor Vehicle First Registration Tax）。負責計算及徵收汽車首次登記稅之部門並非香港稅務局，而是香港運輸署，而署方更負責車輛的公佈零售價目表。負責評定進口車輛的應課稅值是香港海關，而香港海關亦會為汽車的進口商和分銷商進行登記，以及處理汽車進口申報。[38]

表 15-3-1　汽車首次登記稅收入佔稅收總額比例

財年	汽車首次登記稅收入（千港元）	佔稅收總額的百分比（%）
2013-14	8,338,007	3.0
2014-15	9,548,701	2.8
2015-16	9,311,023	2.8
2016-17	7,813,679	2.4
2017-18	8,594,290	2.3

數據來源：「香港庫務署公佈的政府帳目（按現金收付制編制）── 政府一般收入帳目 ── 收入總目及分目的分析報表」。具體網址為：https://www.try.gov.hk/sc/charch_annu_statend18.html#p。其中稅收總額為分析報表中應課稅品稅項、一般差餉、內部稅收、車輛稅四個總目相加。

一、徵稅對象與納稅人

（一）徵稅對象

從香港分銷商購買的汽車或是自行進口的汽車，都需要在香港進行首次登記手續，並須在首次使用道路前在香港繳付汽車首次登記稅。登記車主、申請首次登記的人或申請更改登記汽車所有權的人，如其購買的二手汽車或本地裝配汽車，價格高於以下總數的價格出售的，需要交納額外首次登記稅。

該總數即根據《汽車（首次登記稅）條例》第 4E（2）（a）（i）、（ii）及（iiia）或（c）條，按該輛汽車是新汽車（本地裝配汽車除外）且已公佈的零售價。額外交納首次登記稅是以此總數計算應課稅價值，加上就該輛汽車所繳付或須繳付的首次登記稅後得出的總數。[39]

（二）納稅人

汽車首次登記稅的納稅人為購買或進口汽車，並申請汽車首次登記的人士（包括個人或公司）。個人購買汽車必須年滿 18 歲。[40]

二、計稅依據、稅率及計稅方法

（一）計稅依據

汽車首次登記稅根據汽車的應課稅價值及相關稅率計算。一般來說，車輛的應課稅價值是根據該車輛香港運輸署公佈的零售價或根據香港海關評估的臨時應課稅值來計算。

1.已有公佈零售價的新汽車（本地裝配汽車除外）

汽車的應課稅價值（taxable value）為下述各項的總和：

(1) 該輛汽車的公佈零售價，包括製造商的任何保證及任何其他強制性保證；

(2) 為該輛汽車所安裝或將於進行首次登記後六個月內為該輛汽車安裝的任何自選配件的公佈零售價；

(3) 該輛汽車售賣時所附帶的任何不論是否即時生效的保證（製造商的保證及任何其他強制性保證除外）的公佈零售價；

(4) 為購買及進口該汽車而已繳付或須繳付的任何經紀費用或代理費用；

(5) 其餘歸屬費用。

2. 本地裝配汽車的新汽車

汽車的應課稅價值為下述各項的總和：

(1) 底盤或駕駛室及底盤的公佈零售價，包括製造商的任何保證及任何其他強制性保證；

(2) 為該輛汽車所安裝或將於進行首次登記後六個月內為該輛汽車所安裝的任何自選配件的公佈零售價；

(3) 該輛汽車售賣時所附帶的任何不論是否即時生效的保證（製造商的保證及任何其他強制性保證除外）的公佈零售價；

(4) 運輸署署長就添加在底盤或駕駛室及底盤的指明附加物而以規例訂定的價值；

(5) 為購買及進口該汽車某些部分而已繳付或須繳付的任何經紀費用或代理費用；

(6) 其餘歸屬費用。

3. 無公佈零售價的進口新汽車

汽車的應課稅價值為就已付價格作出的聲明價值（根據《汽車（首次登記稅）條例》第 4D 條所作的聲明價值）。如果署長不信納

此聲明價值，則汽車的應課稅價值為署長在考慮該輛汽車的車齡及該輛汽車在原產地的零售價後所釐定的其他價值，包括為使該輛汽車達至符合首次登記規定所需要的狀態而需要的一切物料和工程方面的費用。

4. 已在香港以外地區進行登記的進口汽車

如果汽車在其輸入香港前已在香港以外的地方以任何進口者名義登記（二手進口汽車），其應課稅價值為聲明價值（根據《汽車（首次登記稅）條例》第 4D 條所作的聲明價值）減去相關折舊。折舊為署長根據《汽車（首次登記稅）（折舊）規例》（第 330 章，附屬法例 A）所訂明的折舊率及汽車在香港以外地方登記的日期起至其進口的日期止的期間計算出的折舊。

5. 曾在香港的道路上合法使用過的汽車

若該汽車曾在香港的道路上合法使用過（被製造商、進口者、分銷商或零售商或根據車輛行駛許可證而在進行首次登記前使用過的汽車除外），而該輛汽車已變成首次須予繳付首次登記稅或已變成須予繳付額外首次登記稅，則汽車的應課稅價值為：

如果可以根據上述第 1、2、3 條（視屬何種情況而定）計算應課稅價值，則二手汽車的應課稅價值為該應課稅價值減去下述各項的總和：

由該輛汽車不再是新汽車之日至該輛汽車變成應課首次登記稅或額外首次登記稅之日的一段期間，按訂明的比率計算的折舊（月內少於 15 天者，該月不計算在該段期間內，但若有 15 天或以上者，則作 1 個月計算）；

任何已期滿部分的保證（製造商的保證及任何其他強制性保證除外）的價值，而該價值須以該保證的公佈零售價或（如無公佈零

售價）根據第 4D 條聲明的聲明價值為基準而計算。

　　如果不能根據上述第 1、2、3 條確定應課稅價值，則二手汽車的應課稅價值為運輸署署長釐定是汽車市值的其他價值。[41]

（二）稅率

　　汽車首次登記稅根據車輛種類的不同，分別按不同的稅率徵收。汽車首次登記稅種的車輛包括：私家車，客貨車，客貨車以外的貨車，的士、小巴、巴士或特別用途車輛，電單車、機動三輪車。其中，私家車和許可車輛總重不超過 1.9 公噸的客貨車採用超額累進稅率，其他類型的車輛採用比例稅率徵收[42]。稅率表見表 15-3-2 所示。

表 15-3-2　汽車首次登記稅稅率表

	公佈零售價或海關評估應課稅值	稅率
	私家車：	
1	最初的 150,000 港元	40%
	其次的 150,000 港元	75%
	其次的 200,000 港元	100%
	剩餘的應課稅價值	115%
2	客貨車以外的貨車	15%
3	的士、小巴、巴士或特別用途車輛	3.7%
4	電單車、機動三輪車	35%
5	許可車輛總重不超過 1.9 公噸的客貨車：	
	最初的 150,000 港元應課稅價值	35%
	其次的 150,000 港元應課稅價值	65%
	其餘應課稅價值	85%
6	許可車輛總重超過 1.9 公噸的客貨車	17%

資料來源：《汽車（首次登記稅）條例》2017 年修訂版：https://www.elegislation.gov.hk/hk/cap330。

（三）計稅方法

汽車首次登記稅 = 應課稅價值 × 適用稅率

三、稅收優惠

符合以下情況者，可以享受減免稅：

任何汽車如純粹以電力驅動及並不排放任何廢氣，則無須就該輛汽車繳付稅款（2017 年 4 月 1 日起，電動私家車只有 97,500 港元上限的首次登記稅寬免額）。

行政長官可批准全部或部分免除須繳付的首次登記稅，並可就稅款的免除附加條件。

如就汽車申請首次登記的傷殘人士能夠令運輸署署長信納他適宜駕駛該汽車，他沒有法律責任就該汽車的應課稅價值中為首的 300,000 港元繳付首次登記稅。

如就汽車申請首次登記的傷殘人士能夠令運輸署署長信納他適宜駕駛該汽車，他沒有法律責任就該汽車的應課稅價值中為首的 300,000 港元繳付首次登記稅。

傷殘人士如在之前 5 年內曾登記一輛獲豁免的汽車，或曾在無須繳稅下登記一輛汽車，即無權登記一輛獲豁免的汽車，但如運輸署署長按其絕對酌情決定權信納情況特殊，則屬例外。

由 2007 年 4 月 1 日起，申請人前往運輸署香港牌照事務處為其私家車遞交首次登記申請時，如能同時提交有效的《環保私家車證明書》，在文件及資格獲核實後，可獲寬減汽車首次登記稅 30%，寬減上限為每輛 50,000 港元。[43]

四、徵收管理

（一）納稅方式

首次在本港登記的車輛，須繳付首次登記稅。車輛只可以用個人或註冊公司名義登記。個人車主必須年滿 18 歲。倘若以有限公司名義登記車輛，除填寫該公司的註冊名稱及地址外，並應由該公司所指定的人士簽署聲明。

運輸署在接納一輛汽車登記後，便會編配一個車牌號碼及發出一份載有該車細節的車輛登記文件予登記車主。車輛登記後，亦須領取牌照。登記車主將獲發給一個車輛牌照（行車證），並須張貼於車頭擋風玻璃的左方；至於電單車及無擋風玻璃的車輛，行車證須展示在車輛前面左方的當眼處。[44]

（二）納稅期限

登記車主和註冊分銷商（如適用）：在汽車首次登記後 6 個月內在車上安裝的配件，及或為該汽車取得任何應課稅保證的詳情向香港牌照事務所申報，並就汽車增值而繳付首次登記稅附加稅。申報須在裝上配件後 5 個工作天內；或於訂立應課稅保證合約日期後的 5 個工作天內辦妥。

進口車輛人士：在車輛進口 14 日內，向香港海關做出準確及全面的進口申請，並在 30 天內向香港海關提交進口申請。

註冊進口商／進口汽車自用的人士：進口供本港使用的汽車時，須在汽車進口 30 天內及最遲在交付汽車 5 個工作天前，向香港海關提交進口申報表。

註冊汽車分銷商：在出售或分銷供本港使用的汽車時，須公佈

所出售或分銷汽車牌子和型號的零售價目表。最遲在公佈零售價 7
天前，把價目表送交香港海關。註冊汽車分銷商因不是車輛的首次
登記人，除申報價目表外，其沒有申報繳納稅項責任。[45]

（三）稅款退還

任何被帶進香港而留在香港的總期間不超過 3 個月的汽車，若
以已經永久運離香港為理由而取消登記，運輸署署長須於接獲申請
後，據此作出核證。就該輛汽車已繳付的稅款（如有的話），亦須
予以退還。已獲退還稅款的汽車，如被帶回香港，則該輛汽車的再
次登記須當作為該輛汽車的首次登記。[46]

第四節
博彩稅

　　博彩稅（Betting Duty）是根據《博彩稅條例》（香港法例第 108 章）的規定，就六合彩的收益及獲批准的賽馬和足球比賽投注的淨投注金收入，向投注舉辦商徵收，以及就獲批准的現金彩票活動所受的供款或參加款項所徵收的稅項。

　　1932 年 1 月 1 日起，香港開始徵收博彩稅。1956 年 4 月稅務局接替庫務司署向投注舉辦商徵收博彩稅，徵收範圍包括賽馬投注、獎券活動（如現時的六合彩）和現金彩票（即大馬票和小搖彩）。

　　自 1977 年起，香港已經再沒有舉辦現金彩票活動，唯一例外的是 2000 年元旦為慶祝千禧年發行「慈善大馬票」。2003 年，香港特區政府推行多項措施預防和緩解賭博問題，將足球博彩活動納入受規管的範圍，以防止不受規管的賭博活動可能帶來的社會問題。同年 8 月，特區政府正式開始對投注舉辦商徵收足球博彩稅。

　　賽馬博彩稅的徵稅辦法也在 2006 年 9 月做出修訂，由按照「投注總額」改為按「淨投注金收入」徵收。[47]

表 15-4-1　博彩稅收入佔稅收總額的比例

財年	博彩稅收入（千港元）	佔稅收總額的百分比（％）
2013-14	18,066,449	6.5
2014-15	19,479,318	5.7
2015-16	20,127,199	6.0
2016-17	21,118,983	6.4
2017-18	21,959,119	5.9

數據來源：「香港庫務署公佈的政府帳目（按現金收付制編制）——政府一般收入帳目——收入總目及分目的分析報表」具體網址為：https://www.try.gov.hk/sc/charch_annu_statend18.html#p。其中稅收總額為分析報表中應課稅品稅項、一般差餉、內部稅收、車輛稅四個總目相加。

一、徵稅對象及納稅人

（一）徵稅對象

博彩稅的徵稅對象有四種：

1. 獲批准的公司從舉辦賽馬投注（betting on horse races）所得的淨投注金收入；

2. 獲批准的現金彩票活動（cash-sweeps）所受的供款或參加款項；

3. 獲批准的公司從舉辦獎券活動（lotteries）的收益；

4. 獲批准的公司從舉辦足球比賽投注（betting on football matches）所得的淨投注金收入。

（二）納稅人

獲批准的賽馬投注舉辦商、足球投注舉辦商、獎券活動舉辦商及舉辦現金彩票活動的會社是博彩稅的納稅人。博彩稅在投注環節向獲批准的投注舉辦商徵收，抽獎活動的中獎者不需要繳納博彩稅。[48]

二、計稅依據、稅率及計稅方法

（一）計稅依據

1.賽馬博彩稅的計稅依據

賽馬博彩稅的計稅依據為賽馬投注舉辦商從舉辦獲批准賽馬投注而取得的淨投注金收入。如果符合以下條件，可能要對境外賽馬（non-local horse race）加收賽馬博彩稅。

（1）如果完全有關課稅期的保證款額多於根據賽馬投注舉辦商從為境外賽馬舉辦的獲批准投注而就該課稅期取得的淨投注金收入繳納的賽馬博彩稅；

（2）局部有關課稅期的保證款額多於根據賽馬投注舉辦商從為境外賽馬舉辦的獲批准投注而就該課稅期取得的淨投注金收入繳納的賽馬博彩稅的有關份額，需要對境外賽馬的有關舉辦方加收賽馬博彩稅。

（3）加收稅款等於保證款項與完全有關課稅期徵收的稅款，或局部有關課稅期徵收的稅款的有關份額的差額。完全或局部有關課稅期的保證款額（guaranteed amount），需運用下列公式計算：

保證款額 =175,000,000 港元 × 該課稅期內有關日子的天數/365

其中，「有關日子」就完全或局部有關課稅期而言，指該課稅期中受保證期涵蓋的某日子（2 月 29 日除外）。

2.對現金彩票活動徵稅的計稅依據

對現金彩票活動徵收的博彩稅，其計稅依據是按經批准出售的現金彩票收益。

3.對獎券活動（六合彩）徵稅的計稅依據

對獎券活動（六合彩）徵收的博彩稅，其計稅依據是獎券活動舉辦商舉辦的每宗獎券活動的收益，即在該獎券活動的總投注額。

4. 足球博彩稅的計稅依據

足球博彩稅的計稅依據是足球投注舉辦商從舉辦獲批准足球比賽投注而就每一課稅期取得的淨投注金收入。足球不包括美式足球、澳式足球或欖球。[49]

（二）稅率

1. 賽馬博彩稅的稅率

賽馬根據在香港境內舉行還是境外舉行，分為本地賽馬和境外賽馬。本地賽馬適用超額累進稅率，境外賽馬適用比例稅率。其中適用於境外賽馬的博彩稅稅率由 2013 年 9 月 1 日起實施。賽馬博彩稅的稅率如表 15-4-2 所示。

表 15-4-2　賽馬博彩稅稅率表

本地賽事的本地投注	稅率（%）
最初港元 11,000,000,000 的淨投注金收入	72.5
其次港元 1,000,000,000 的淨投注金收入	73
其次港元 1,000,000,000 的淨投注金收入	73.5
其次港元 1,000,000,000 的淨投注金收入	74
其次港元 1,000,000,000 的淨投注金收入	74.5
餘額	75
境外賽事的本地投注	稅率（%）
淨投注金收入	72.5

資料來源：香港特別行政區稅務局官方網站：https://www.ird.gov.hk/chs/tax/bdu.htm#a01。

2. 對現金彩票活動徵稅的稅率

每張售出的現金彩票及分配的每個現金彩票中彩機會，須按付款、供款或參加款項課稅，稅率為 30%。

3. 對獎券活動（六合彩）徵稅的稅率

由獲批准的公司所發行的獎券（六合彩）收益，博彩稅稅率為 25%。

4. 足球博彩稅的稅率

獲批准的公司從舉辦足球比賽投注所取得的淨投注金收入繳納博彩稅的稅率為 50%。

（三）計稅方法

1. 賽馬博彩稅的計稅方法

本地賽事的本地投注的賽馬博彩稅會按淨投注金收入，以72.5% 至 75% 的累進稅率予以徵稅。該淨投注金收入即投注總額減去總派彩及回扣（適用於投注人士的落敗投注額達港元 10,000 或以上）。本地賽事的境外投注不會被徵收博彩稅。至於境外賽事的本地投注，賽馬博彩稅則按淨投注金收入，以劃一 72.5% 的稅率收稅。該淨投注金收入等於投注總額減去總派彩及回扣以及額外款額的總額。額外款額所指的是賽馬投注舉辦商在舉辦獲批准投注的情況下，就境外賽馬中每一投注種類支付給境外人士超逾該種類的投注額 1.5% 的份額[50]。淨投注金收入的具體計算如下[51]：

賽馬投注舉辦商從為本地賽馬舉辦的獲批准投注而就某課稅期取得的淨投注金收入為：

$$本地賽馬淨投注金收入 = Q - Y$$

賽馬投注舉辦商從為境外賽馬舉辦的獲批准投注而就某課稅期

取得的淨投注金收入為：

$$境外賽馬淨投注金收入 = L - M - N$$

其中，Q/L 代表舉辦商為本地／境外賽馬舉辦的獲批准投注而獲接受，且與本課稅期有關的投注總額。

Y/M 代表在該課稅期內變為須由該舉辦商為本地／境外賽馬派發或支付的彩金及投注回扣的總額。

N 代表在該舉辦商為境外賽馬而在該課稅期內舉辦獲批准投注的情況下，代表該舉辦商須為該場境外賽馬中每一投注種類而支付的額外款額的總額。

2. 對現金彩票活動徵稅的計稅方法

$$稅額 = 付款、供款或參加款項 \times 30\%$$

3. 對獎券活動（六合彩）徵稅的計稅方法

$$稅額 = 獎券活動收益 \times 25\%$$

4. 足球博彩稅的計稅方法

足球博彩稅是根據淨投注金收入徵收一定的比例稅率。淨投注金收入的計算如下：

$$淨投注金收入 = A - B$$

其中，A 代表由該舉辦商接受的，與該課稅期有關的投注的總額。

B 代表在該課稅期內變為須由該舉辦商派發的彩金的總額。

同時，在上述基礎上，足球投注舉辦商從舉辦獲批准足球比賽投注而就某課稅期取得的淨投注金收入須作調整，加入運用以下數學程式計算的款額：

$$淨投注金收入調增款項 = (C - D) + (E - F)$$

其中，C 代表由該舉辦商派發的，在該課稅期中變為未被領取

彩金的總額。

D 代表在該課稅期內已由該舉辦商派發的未被領取彩金的總額。

E 代表就該舉辦商作出的對沖投注而在該課稅期內變為須向該舉辦商派發的彩金總額。

F 代表已由或須由該舉辦商支付的，與該課稅期有關的對沖投注的總額。

三、徵收管理

（一）課稅期

課稅期（charging period）就賽馬／足球投注舉辦商而言，指發給該舉辦商的牌照有效的期間，具體為：

1. 在牌照取得當年，該舉辦商的課稅期為從該牌照生效當日開始，到下一年的 3 月 31 日或者該牌照終止有效的日期（兩者中的較早者）結束的這段期間。

2. 在其他年份，該舉辦商的課稅期為從該年的 4 月 1 日開始，到下一年的 3 月 31 日或者該牌照終止有效的日期（兩者中的較早者）結束的這段期間。

完全有關課稅期（wholly relevant charging period）就賽馬投注舉辦商而言，指完全受保證期涵蓋的課稅期。局部有關課稅期（partially relevant charging period）就賽馬投注舉辦商而言，指部分受保證期涵蓋的課稅期。

其中保證期（guarantee period）指賽馬投注舉辦商獲批准自 2013 年 9 月 1 日開始計算，為期三年舉辦賽馬投注的期間。如果該期間多於一段接續的時間（不論是否有間斷），那麼當中第一段期

間自 2013 年 9 月 1 日起計算，並且合共為期三年。[52]

（二）納稅方式和納稅申報期限

有關舉辦商須於每一課稅期結束後 3 個月內，向稅務局局長呈交一份符合指明格式的申報表，列出該舉辦商從舉辦獲批准賽馬投注而就該課稅期取得的淨投注金收入。

該申報表須附有：

1. 符合指明格式的財務報表，該報表須顯示該申報表列明的淨投注金收入是如何得出的，且經合資格人士審計；

2. 由該合資格人士擬備的審計報告。[53]

（三）暫緩付款期限

有關舉辦商須在課稅期內的每一個申報日後的 15 日內，向印花署署長繳納所得的競賽暫繳付款，並在做出該付款時，向印花署署長呈交一份指明格式的計算單，示明繳付的款額是如何得出的。[54]

第五節

飛機乘客離境稅

　　飛機乘客離境稅（Air Passenger Departure Tax）是根據《飛機乘客離境稅條例》（香港法例第 140 章）的規定，向乘搭飛機離開香港的乘客徵稅。機場指香港國際機場或港澳碼頭直升機場。

表 15-5-1　飛機乘客離境稅收入佔稅收總額的比例

財年	飛機乘客離境稅收入（千港元）	佔稅收總額的百分比（%）
2013-14	2,244,034	0.8
2014-15	2,347,047	0.7
2015-16	2,516,348	0.8
2016-17	2,597,908	0.8
2017-18	2,736,811	0.7

數據來源：「香港庫務署公佈的政府帳目（按現金收付制編制）—— 政府一般收入帳目 —— 收入總目及分目的分析報表」具體網址為：https://www.try.gov.hk/sc/charch_annu_statend18.html#p。其中稅收總額為分析報表中應課稅品稅項、一般差餉、內部稅收、車輛稅四個總目相加。

一、納稅人及稅款繳納

　　每名在機場乘搭飛機離開香港的乘客均為飛機乘客離境稅納稅人。須繳付稅款的乘客如擬乘搭某經營商的飛機離開香港，須向該經營商繳付稅款，而該經營商須收取該等稅款，並將稅款付予庫務署署長。財政司司長可批准為收取稅款而支付一項費用予經營商。

但民航處處長（民航處民航處處長）如因任何理由覺得經營商相當可能不會收到任何稅款，可委任另一人代替該經營商收取。

此外民航處處長可在他認為適當的條款及條件下，以書面授權任何人向乘客收取稅款（collecting tax by authorized persons），並可以決定該人收取稅款的方式。其中一種具體方式為民航處處長可為向乘客收取稅款而向獲授權人發出供售賣的稅券（tax coupon），而每張供售賣的稅券的價值須相等於稅款的款額。乘客向擬乘搭離開香港的飛機的經營商出示由他購買或由他人代他購買的稅券，或以民航處處長決定的任何其他方式繳付稅款，並向他擬乘搭離開香港的飛機的經營商出示該付款的證據，則他被視為已繳納稅款。獲授權人須將他收取的任何稅款付予庫務署署長。[55]

二、稅率

12歲或以上的離境乘客，須繳納120港元的離境稅。

三、稅收優惠

（一）稅款的豁免（Exemption from Tax）

以下情況的乘客可獲豁免繳付飛機乘客離境稅：

1.直接過境乘客，即由香港以外的地方乘搭飛機抵達機場的直接過境乘客。此類乘客需同時滿足以下條件：

（1）不經過入境檢查，但如由於非乘客所能控制並獲民航處處長信納的原因而經過入境檢查者則屬例外；

（2）隨後乘搭同一架飛機離開香港，或由於該架飛機被宣佈不能

提供服務而乘坐另一架飛機離開香港。

2. 轉機過境乘客，即從香港以外的地方乘搭飛機抵達機場的過境乘客。此類乘客是指除直接過境乘客外，同時滿足以下條件的乘客：

不經過入境檢查，但如由於非乘客所能控制並獲處長信納的原因而經過入境檢查者則屬例外；隨後乘坐另一架飛機離開香港。

3. 同一天內乘搭飛機抵港及離港的乘客

乘客由香港以外的地方乘搭飛機抵達機場，而在為該到港航程發出乘客機票時，該飛機是預定在某天飛抵機場的。乘客隨後乘搭飛機離開香港，而在為該離港航程發出乘客機票時，該飛機亦是預定飛抵機場的同一天飛離機場的。

4. 屬以下類別的乘客

純粹由於所乘搭的飛機遭遇危難、緊急情況或惡劣天氣降落香港而抵達；並於其後在切實可行範圍內儘快乘搭飛機離開香港者。

5. 乘搭在當時作以下用途的飛機離開香港的乘客

(1) 作特區政府的公務或禮儀用途；

(2) 作任何國家政府的軍事、外交或禮儀用途；

(3) 作聯合國或其屬下專門組織的公務或外交用途。

6. 乘搭民航飛機離開香港並屬下述類別的乘客

屬中國人民解放軍人員或中央人民政府國防部所資助的平民，與香港駐軍一起身處香港，或在與香港駐軍有關聯的情況下而身處香港的乘客及與其同住的家庭成員，而他們的旅費是由有關當局安排或獲有關當局批准，並以香港駐軍最高指揮官或其代表所簽發的證明書作為證據。

7. 離開香港往外國永久定居，並屬根據《入境條例》（第 115 章）第 2 條所界定的越南難民的乘客。

8. 因《國際組織及外交特權條例》（第 190 章）或《國際組織（特權及豁免權）條例》（第 558 章）的實施而有權獲豁免繳付稅款的乘客。

9. 屬以下類別的乘客，但他們須以令處長滿意的方式提出身份證明。

(1)《人事登記規例》（第 177 章，附屬法例 A）第 2 條所指的領事或領事館職員（屬中國公民或香港特別行政區永久性居民的領事或領事館職員除外）及其同住的家庭成員；

(2) 受僱專為駐香港領事館的領事或領事館職員提供私人服務者，而他們是有關領事館所代表國家的國民，並純粹由於提供上述服務而被帶來香港；

(3) 因《領事關係條例》（第 557 章）的實施而有權獲豁免繳付稅款的乘客。

10. 屬《特權及豁免權（聯合聯絡小組）條例》（第 36 章）所適用的人的乘客，但他們須以令民航處處長滿意的方式提出身份證明。

11. 12 歲以下的乘客。

12. 符合以下說明的乘客：

由中國任何地方（香港除外）乘搭獲香港機場管理局批准在香港國際機場碇泊的船舶抵達該機場；隨後乘搭飛機離開香港；在離開香港前的所有時間內均停留在依據《機場管理局條例》（第 483 章）第 37 條指明的限制區內。[56]

（二）稅款的寬免（Waiver of Tax）

政務司司長凡信納由某乘客繳付稅款將會引起或已經引起嚴重困難，或信納在某情況下，徵收該稅實屬不公平或有違公眾利益，

則他可以免除該乘客繳付稅款的法律責任，或指示將稅款退還。[57]

（三）稅款的退還（Refund of Tax）

乘客如已就某次離港行程繳稅予經營商，而後來未有乘搭飛機離開香港，所繳稅款須由經營商退還。如果稅券已經出售，但並沒有使用（乘客向擬乘搭離開香港的飛機的經營商出示由他購買或由他人代他購買的稅券）和損毀，且該稅券被任何人交回民航處處長或交回出售該稅券的獲授權人，那麼民航處處長或該獲授權人須向該人全部或部分退還藉購買該稅券而繳付的稅款。[58]

四、納稅方式與納稅期限

（一）納稅方式

乘客在購買機票時，航空公司、其代理公司（旅行社）或直升機航運公司會向乘客收取離境稅。航空公司只會在登記櫃枱向沒有預先繳付離境稅的乘客收取離境稅。

經營商就乘客須付予他的稅款而不時須繳付的稅款數額，由民航處處長評定。經營商須在民航處處長發出付款通知書的日期後 30 天內，將評定的稅款數額付予庫務署署長。如稅款數額未在指定的期限（民航處處長發出付款通知書的日期後 30 天內）內繳付，則當作為拖欠，而民航處處長可行使酌情決定權下令加徵不超過拖欠稅款數額的 5% 的款項，並與該筆拖欠稅款數額一併追討。凡任何稅款數額在當作拖欠之日起計不少於六個月期內一直拖欠，則民航處處長可行使酌情決定權下令就以上兩項未付款額的總額（拖欠稅款數額及根據前文加徵的款項），加徵不超過該總額 10% 的款項，並

與上述未付款額一併追討。[59]

（二）納稅期限

　　每名擬在機場乘搭飛機離開香港的乘客，均須在為該目的而登上飛機之前，繳納飛機乘客離境稅。乘客如已就某次離港行程向經營商繳稅，而後來未有乘搭飛機離開香港，所繳稅款須由經營商退還。乘客無須就有關退款繳付任何費用。[60]

註釋

1. 1845 年第 2 號條例，即首條《差餉條例》，引入「差役餉項」。

2. https://www.rvd.gov.hk/doc/sc/hist_rate.pdf。

3. 穀志傑（2012）。《香港稅制》，北京：中國財政經濟出版，頁 34。

4. 穀志傑（2012）。《香港稅制》，北京：中國財政經濟出版，頁 20。

5. https://www.rvd.gov.hk/sc/public_services/rates.html。

6. 徵稅對象與納稅人根據《差餉條例》（香港法例第 116 章）：https://www.elegislation.gov.hk/hk/cap116!en-sc.assist.pdf?FROMCAPINDEX=Y。穀志傑（2012）。《香港稅制》，北京：中國財政經濟出版，頁 110-113 整理而得。

7. https://www.rvd.gov.hk/sc/public_services/rates.html。

8. https://www.rvd.gov.hk/sc/public_services/rates.html。

9. https://www.rvd.gov.hk/doc/sc/hist_rate.pdf。

10.《差餉條例》：https://www.elegislation.gov.hk/。

11. https://www.rvd.gov.hk/doc/sc/hist_rate.pdf。

12.《差餉條例》2018 年修訂版：https://www.elegislation.gov.hk/hk/cap116。

13. 1999 年一般差餉和（區域）市政局差餉合計為 5%。臨時市政局和臨時區域市政局於 2000 年 1 月 1 日解散。此後，所徵收的全部差餉均歸納為一般差餉，而全港所有地區的差餉徵收率均相同。

14. https://www.rvd.gov.hk/sc/concession/index.html。

15. 1997 年 4 月 1 日至如今，最低應課差餉租值為 3000 港元。https://www.rvd.gov.hk/doc/sc/hist_rate.pdf。

16. https://www.rvd.gov.hk/sc/public_services/rates.html。

17. 榖志傑（2012）。《香港稅制》，北京：中國財政經濟出版，頁 118。

18. 榖志傑（2012）。《香港稅制》，北京：中國財政經濟出版，頁 118-119。

19. https://www.rvd.gov.hk/doc/sc/hist_rate.pdf。

20. https://www.ird.gov.hk/chs/tax/e_stamp.htm。

21. 榖志傑（2012）。《香港稅制》，北京：中國財政經濟出版，頁 32、34、36。

22. 徵稅範圍與納稅人根據印花稅條例（香港法例第 117 章）整理而來：https://www.elegislation.gov.hk/hk/cap117!en-sc.assist.pdf?FROMCAPINDEX=Y。

23. 榖志傑（2012）。《香港稅制》，北京：中國財政經濟出版，頁 135。

24. https://www.ird.gov.hk/chs/faq/avd.htm。

25. https://www.ird.gov.hk/chs/faq/avd.htm。

26. 《中國內地居民赴香港特別行政區投資稅收指南》：http://www.chinatax.gov.cn/n810219/n810744/n1671176/n1671206/c2069874/content.html。

27. https://www.ird.gov.hk/chs/faq/bsd.htm。

28. 榖志傑（2012）。《香港稅制》，北京：中國財政經濟出版，頁 136。

29. 《稅務局所課徵的稅項指南（2018-2019）》，香港特別行政區政府稅務局。具體網址為：https://www.ird.gov.hk/chs/pdf/2019/tax_guide_sc.pdf。

30. 《印花稅條例》2018 年修訂版：https://www.elegislation.gov.hk/hk/cap117。

31. https://www.ird.gov.hk/chs/faq/shc.htm。

32. 《稅務局所課徵的稅項指南（2018-2019）》：https://www.ird.gov.hk/chs/pdf/2019/tax_guide_sc.pdf。

33. 《稅務局所課徵的稅項指南（2018-2019）》，香港特別行政區政府稅務局。具體網址為：https://www.ird.gov.hk/chs/pdf/2019/tax_guide_sc.pdf。

34. 《印花稅條例》：2018 年修訂版 https://www.elegislation.gov.hk/hk/cap117。

35. 《印花稅條例》：2018 年修訂版 https://www.elegislation.gov.hk/hk/cap117。

36. 《印花稅條例》：2018 年修訂版 https://www.elegislation.gov.hk/hk/cap117。

37. https://www.ird.gov.hk/chs/faq/ssd.htm。

38. 榖志傑（2012）。《香港稅制》，北京：中國財政經濟出版，頁 152。

39. 榖志傑（2012）。《香港稅制》，北京：中國財政經濟出版，頁 153-154。

40. 榖志傑（2012）。《香港稅制》，北京：中國財政經濟出版，頁 153。

41. 榖志傑（2012）。《香港稅制》，北京：中國財政經濟出版，頁 154-156。

42. 榖志傑（2012）。《香港稅制》，北京：中國財政經濟出版，頁 157。

43. 《稅務局所課徵的稅項指南（2018-2019）》，香港特別行政區政府稅務局。具體網址為：https://www.ird.gov.hk/chs/pdf/2019/tax_guide_sc.pdf。

44. 榖志傑（2012）。《香港稅制》，北京：中國財政經濟出版，頁 159-160。

45. 榖志傑（2012）。《香港稅制》，北京：中國財政經濟出版，頁 160。

46. 《汽車（首次登記稅）條例》2017 年修訂版：www.elegislation.gov.hk/hk/cap330。

47. 穀志傑（2012）。《香港稅制》，北京：中國財政經濟出版，頁 32、34-35、37。

48. 穀志傑（2012）。《香港稅制》，北京：中國財政經濟出版，頁 163。

49. 根據穀志傑（2012）。《香港稅制》，北京：中國財政經濟出版，頁 163-165。《博彩稅條例》2014 年修訂版 https://www.elegislation.gov.hk/hk/cap108。

50. 《稅務局所課徵的稅項指南（2018-2019）》，香港特別行政區政府稅務局。https://www.ird.gov.hk/chs/pdf/2019/tax_guide_sc.pdf。

51. 《博彩稅條例》：2014 年修訂版 https://www.elegislation.gov.hk/hk/cap108。

52. 《博彩稅條例》：2014 年修訂版 https://www.elegislation.gov.hk/hk/cap108。

53. 穀志傑（2012）。《香港稅制》，北京：中國財政經濟出版，頁 170。

54. 穀志傑（2012）。《香港稅制》，北京：中國財政經濟出版，頁 170。

55. 《飛機乘客離境稅條例》：2019 年修訂版：https://www.elegislation.gov.hk/hk/cap140。

56. 《中國內地居民赴香港特別行政區投資稅收指南》，國家稅務總局國際稅務司國別投資稅收指南課題組，具體網址為：http://www.chinatax.gov.cn/n810219/n810744/n1671176/n1671206/c2069874/part/3929881.pdf。

57. 《飛機乘客離境稅條例》2019 年修訂版：https://www.elegislation.gov.hk/hk/cap140。

58. 《飛機乘客離境稅條例》2019 年修訂版：https://www.elegislation.gov.hk/hk/cap140。

59. 《飛機乘客離境稅條例》2019 年修訂版：https://www.elegislation.gov.hk/hk/cap140。

60. 穀志傑（2012）。《香港稅制》，北京：中國財政經濟出版，頁 177。

第十六章
香港特區國際稅收概況

▮▮▮▮▮▮ 本 章 導 讀

本章共分為三節，從稅收管轄權、國際稅收協定、國際稅收徵管合作三方面介紹香港特區國際稅收概況。第一節介紹了香港特區實行單一收入來源地稅收管轄權與避稅地的相關情況。第二節介紹了香港特區國際稅收協定概況與內容，香港特區政府旨在建立一個全面性避免雙重課稅協定的網絡，以降低香港居民及另一締約方的居民被雙重徵稅的機會。第三節介紹了香港特區國際稅收徵管協作的情況。香港特區一直致力於提高稅務透明度和打擊跨境逃稅活動，並積極落實經濟合作與發展組織所訂立的自動交換資料和打擊侵蝕稅基及轉移利潤（BEPS）方案，推動國際稅收徵管合作。

稅收管轄權

一、單一地域管轄權

　　稅收管轄權（Tax Jurisdiction）是一國國家主權在稅收方面的體現，說明一國政府可以完全獨立自主地在不受外來干預的條件下，根據本國的政治經濟狀況確定稅收制度、制定稅收政策。與國家主權相似，一國的稅收管轄權在徵稅範圍問題上必須遵從屬人原則和屬地原則。屬人原則（residence-based taxation），指按納稅人的國籍、登記註冊所在地、住所、居所和管理結構所在地等標準確定是否構成一國（地區）的公民或居民。凡是構成該國（地區）公民或者居民的納稅人，都受該國（地區）稅收管轄權管轄，對該國負有納稅義務。屬地原則（source-based taxation），是根據一國的領土疆域範圍，以納稅人的收入來源地或經濟活動所在地為標準，確定其稅收管轄權。該國疆域內的一切人，無論是本國人還是外國人，都受該國稅收管轄權管轄，對該國負有納稅義務。

　　根據屬人原則和屬地原則，所得稅的管轄權可以分為以下三類：

（一）收入來源地稅收管轄權（source of income jurisdiction）

　　收入來源地稅收管轄權也稱地域管轄權（territorial jurisdiction），指根據屬地原則確立的稅收管轄權。一國只對來源於或被認為是來源於本國境內的所得行使徵稅權，而不對來自本國境外的收

入徵稅。

（二）居民稅收管轄權（residence jurisdiction）

居民稅收管轄權是指根據屬人原則確立的稅收管轄權。一國政府要對本國稅法中規定的居民（包括自然人和法人）來源於本國境內、境外的所得行使徵稅權。在一個實行居民管轄權的國家，自然人和法人居民都要對居住國政府承擔無限納稅義務。

（三）公民稅收管轄權（citizenship jurisdiction）

公民稅收管轄權是指根據屬人原則確立的稅收管轄權。一國要對擁有本國國籍的公民所取得的所得行使徵稅權。

從目前世界各國（地區）的稅制來看，所得稅管轄權的實施主要有三種情況。一是同時實行收入來源地稅收管轄權和居民稅收管轄權；二是僅實行收入來源地稅收管轄權；三是同時實行收入來源地稅收管轄權、居民稅收管轄權和公民稅收管轄權。

利得稅（profits tax）、薪俸稅（salaries tax）、物業稅（property tax）是香港設立的三項所得稅。《稅務條例》（香港法例第 112 章）規定：

1.「除本條例另有規定外，凡任何人在香港經營任何行業、專業或業務，而從該行業、專業或業務獲得按照本部被確定的其在有關年度於香港產生或得自香港的應評稅利潤（售賣資本資產所得的利潤除外），則須向該人就其上述利潤，徵收其在每個課稅年度的利得稅。」；

2.「除本條例另有規定外，每個人在每個課稅年度從以下來源所得而於香港產生或得自香港的入息，均須予以徵收薪俸稅。該所得

為任何有收益的職位或受雇工作和任何退休金。」;

3.「除本條例另有規定外，須向每個擁有坐落在香港任何地區的土地或建築物或土地連建築物的擁有人，徵收每個課稅年度的物業稅，物業稅須按該土地或建築物或土地連建築物的應評稅淨值，以標準稅率計算。」

由此可見，香港實行的是單一地域管轄權。對香港的居民和非居民來說，只就其來源於香港的所得徵稅。對香港居民來源於香港境外的所得，一般不予徵稅。

二、國際避稅地

香港是世界著名的自由港和避稅勝地。單一地域管轄權的實行在一定程度上奠定了其世界著名避稅地的地位。跨國納稅人可以在香港設立基地公司（base company）進行國際避稅。跨國納稅人在香港設立受其控制的子公司，並通過該子公司的離岸經濟活動，結合轉讓定價手段，將香港境外的所得和財產匯集到該子公司名下，並利用居住國推遲課稅（tax deferral）的規定，將利潤長期滯留在香港公司不做利潤分配或只分配不匯回，從而減輕或逃避所得或財產真實所有人居住國的所得稅或財產稅。基地公司的主要類型有中介國際貿易公司、中介國際金融公司、中介國際控股公司、信託公司、自保險公司、中介國際許可公司等。以下就香港成為國際避稅地的原因進行細緻分析。

（一）低稅率與簡單稅制

香港的經濟模式以自由貿易、低稅率和最少政府干預著稱[1]。

香港目前只開徵三種所得稅（利得稅、薪俸稅、物業稅），並設有免稅額制度，使稅負得以減輕。法團首 200 萬港元的利得稅稅率為 8.25%，其後的應評稅利潤則為 16.5%；獨資或合夥業務的法團以外人士，兩級的利得稅稅率相應為 7.5% 及 15%。個人薪俸稅標準稅率為 15%。物業稅率定為 15%。此外，銷售稅、消費稅、增值稅、預扣稅、資本增值稅、股息稅、遺產稅等各類稅項一律免徵[2]。在實行單一地域管轄權下，香港對居民的境外所得不徵稅，對居民和非居民的境內所得徵較低的稅，在一定條件下為跨國公司的國際避稅提供了方便。

（二）交通和通信便利

結合避稅地在全球的分佈情況，一些重要的避稅地與主要資本輸出國在地理位置上都很接近，此外，避稅地與主要投資國的交通也很發達。這為避稅地吸引跨國公司前來投資創造了便利條件。香港地理位置優越，是連接北美洲與歐洲的橋樑，與內地和其他東南亞經濟體系聯繫緊密，與世界各地建立了良好的通訊網絡。維多利亞港港闊水深、四面抱擁，被譽為世界三大天然良港之一，有利於船隻航行。截至 2019 年 7 月，香港已與 186 個國家和地區的 472 個港口有航運往來，形成了以香港為樞紐，航線通達五大洲、三大洋的完善的海上運輸網絡。以吞吐量計算，香港的貨櫃（集裝箱）港口是全球最繁忙的貨櫃港口之一。以乘客量和國際貨物處理量計算，香港國際機場是世界最繁忙的機場之一。有超過 100 家航空公司使用香港國際機場，每星期提供大約 5,700 多班航班往來全球約 180 個航點，覆蓋 20 億人口。香港已與內地 56 個城市直接通航。良好的交通環境，滿足跨國投資經營者的需要。[3]

（三）金融環境良好

香港是繼紐約和倫敦之後的世界第三大金融中心，金融機構和市場緊密聯繫，有穩健完善的金融監管制度。香港地區銀行保密制度嚴格，除非有法院的命令，否則銀行不能向他人泄露客戶的情況。此外，香港沒有資金管制約束，資金可以自由流入和流出香港[4]。這在一定程度上方便了跨國公司集團人為地將公司集團利潤從高稅國的關聯公司轉移到香港的基地公司，更好地進行國際避稅活動。

作為國際著名避稅地，香港吸引了大量跨國企業投資。這增加了香港財政收入，促進了本地經濟發展。也吸引了各地先進技術和設備的流入，促進了香港的技術革命。同時刺激了相關部門的配套發展，擴大了香港地區的就業水平，擴大了香港的經濟發展規模。香港在全球貿易經濟體系中排行第七名。2017 年香港本地生產總值為 26,610 億港元，實質增長 3.8%，人均本地生產總值 359,996 港元[5]。但同時也應看到，香港作為國際避稅地帶來的消極作用。香港為國際非法偷漏稅活動和非法經營活動提供渠道，影響了國際資本的正常流動，一定程度上造成跨國投資的分散化。此外，香港的經濟發展會受制於他國，處於被動地位，蘊含不穩定因素。

第二節

國際稅收協定

一、香港特區國際稅收協定概況

　　國際稅收協定一般指國與國之間簽訂的避免對所得和資本雙重徵稅和防止偷漏稅的協定。當兩個或以上的稅務管轄區對某一納稅人的同一項收入或利潤同時擁有稅收司法權並向其徵稅時，便會產生雙重課稅的情況。香港採用地域來源徵稅原則，香港居民只須就源自香港的收入或利潤繳稅，而源自香港以外的收入或利潤，則一般無須在香港課稅。因此，一般而言，香港居民沒有雙重課稅的問題。許多國家雖然會對其居民作全球徵稅，但如該些國家的居民在香港經營業務，並已就其從香港賺取的收入或利潤而在香港繳納稅款，該些國家亦會向其居民提供單方面的稅收抵免。在香港方面，若某項收入須在香港課稅，但同時須在香港以外繳交按營業額計算的稅款，香港在計算該收入的應繳稅款時，該等已繳交的外地稅款可獲准作為開支扣除。因此，在香港經營業務，一般不會有收入被雙重課稅的問題。

　　儘管如此，香港特別行政區政府認為，與香港的貿易夥伴簽訂全面性避免雙重課稅協定有其可取之處[6]。全面性避免雙重課稅協定明確劃分協定雙方的徵稅權，有助投資者更準確地評估其經濟活動

所產生的稅務負擔，同進這也是吸引海外投資者在香港投資的另一因素。同樣地，協定亦會提高本港公司到海外投資的興趣。因此，香港特別行政區政府的政策是建立一個全面性避免雙重課稅協定的網絡，以降低香港居民及另一締約方的居民被雙重徵稅的機會。香港一直以來均積極與貿易夥伴溝通，尋求與他們商定全面性避免雙重課稅協定（涵蓋不同類型的收入）。截至 2019 年 12 月 30 日，香港特區政府已與 43 個國家或地區簽訂全面性避免雙重課稅協定，見表 16-2-1 所示。

由於航空運輸屬國際性質的業務，航空公司較其他納稅人士容易受到雙重課稅的影響。因為就全面性避免雙重課稅協定的談判需時較長，香港的一貫政策是在與香港民航夥伴簽訂的雙邊民用航空運輸協定內，加入為航空公司收入提供雙重課稅寬免的安排（即非全面性避免雙重課稅協定）[7]。

表 16-2-1　香港對外已簽訂的全面性避免雙重課稅的協定

序號	國家 / 地區	簽訂協定日期	稅務條例第 49 條雙重課稅令日期	生效日期	自下列日期或年度起具有效力	稅務條例附屬法例
1	中國內地	1998.02.11	1998.02.24	1998.04.10	1998/1999課稅年度	S
	中國內地	2006.08.21	2006.10.17	2006.12.08	2007/2008課稅年度	AY
	中國內地（第二議定書）	2008.01.30	2008.04.15	2008.06.11	2008.06.11	BB
	中國內地（第三議定書）	2010.05.27	2010.09.28	2010.12.20	2010.12.20	BR
	中國內地（第四議定書）	2015.04.01	2015.09.22	2015.12.29	2015.12.29	CU
	中國內地（第五議定書）	2019.07.19	2019.09.17	2019.12.06	2020/2021課稅年度	DH
2	比利時	2003.12.10	2004.02.03	2004.10.07	2004/2005課稅年度	AJ

序號	國家／地區	簽訂協定日期	稅務條例第49條雙重課稅令日期	生效日期	自下列日期或年度起具有效力	稅務條例附屬法例
3	泰國	2005.09.07	2005.10.18	2005.12.07	2006/2007課稅年度	AX
4	盧森堡	2007.11.02	2008.01.22	2009.01.20	2008/2009課稅年度	BA
	盧森堡（議定書）	2010.11.11	2011.05.03	2011.08.17	2012/2013課稅年度	BA
5	越南	2008.12.16	2009.04.21	2009.08.12	2010/2011課稅年度	BE
	越南（議定書）	2014.01.13	2014.09.30	2015.01.08	2016/2017課稅年度	BE
6	文萊	2010.03.20	2010.06.22	2010.12.19	2011/2012課稅年度	BK
7	荷蘭	2010.03.22	2010.06.22	2011.10.24	2012/2013課稅年度	BL
8	印尼	2010.03.23	2010.06.22	2012.03.28	2013/2014課稅年度	BM
9	匈牙利	2010.05.12	2010.09.28	2011.02.23	2012/2013課稅年度	BN
10	科威特	2010.05.13	2012.04.17	2013.07.24	2014/2015課稅年度	BZ
11	奧地利	2010.05.25	2010.09.28	2011.01.01	2012/2013課稅年度	BO
	奧地利（協定書）	2012.06.25	2013.04.23	2013.07.03	2013.07.03	CE
12	英國	2010.06.21	2010.09.28	2010.12.20	2011/2012課稅年度	BP
13	愛爾蘭	2010.06.22	2010.09.28	2011.02.10	2012/2013課稅年度	BQ
14	列支敦士登	2010.08.12	2011.05.03	2011.07.08	2012/2013課稅年度	BU
15	法國	2010.10.21	2011.05.03	2011.12.01	2012/2013課稅年度	BT
16	日本	2010.11.09	2011.04.12	2011.08.14	2012/2013課稅年度	BS
	日本（互換照會）	2014.12.10	2015.05.12	2015.07.06	2016/2017課稅年度	BS

序號	國家 / 地區	簽訂協定日期	稅務條例第 49 條雙重課稅令日期	生效日期	自下列日期或年度起具有效力	稅務條例附屬法例
17	新西蘭	2010.12.01	2011.05.03	2011.11.09	2012/2013課稅年度	BV
	新西蘭（第二議定書）	2017.06.15	2017.10.03	2018.08.09	2018.08.09	BV
18	葡萄牙	2011.03.22	2011.11.08	2012.06.03	2013/2014課稅年度	BW
19	西班牙	2011.04.01	2011.11.08	2012.04.13	2013/2014課稅年度	BX
20	捷克	2011.06.06	2011.11.08	2012.01.24	2013/2014課稅年度	BY
21	瑞士	2011.10.04	2012.04.17	2012.10.15	2013/2014課稅年度	CA
22	馬耳他	2011.11.08	2012.04.17	2012.07.18	2013/2014課稅年度	CB
23	澤西島	2012.02.22	2013.04.23	2013.07.03	2014/2015課稅年度	CG
24	馬來西亞	2012.04.25	2012.10.09	2012.12.28	2013/2014課稅年度	CC
25	墨西哥	2012.06.18	2012.10.09	2013.03.07	2014/2015課稅年度	CD
26	加拿大	2012.11.11	2013.04.23	2013.10.29	2014/2015課稅年度	CF
27	意大利	2013.01.14	2013.09.24	2015.08.10	2016/2017課稅年度	CI
28	根西島	2013.04.22	2013.09.24	2013.12.05	2014/2015課稅年度	CH
29	卡塔爾	2013.05.13	2013.09.24	2013.12.05	2014/2015課稅年度	CJ
30	韓國	2014.07.08	2014.09.30	2016.09.27	2017/2018課稅年度	CL
31	南非	2014.10.16	2015.05.12	2015.10.20	2016/2017課稅年度	CM
32	阿拉伯聯合酋長國	2014.12.11	2015.05.12	2015.10.20	2016/2017課稅年度	CN
33	羅馬尼亞	2015.11.18	2016.04.26	2016.11.21	2017.01.01或之後取得的收入	CV

序號	國家／地區	簽訂協定日期	稅務條例第 49 條雙重課稅令日期	生效日期	自下列日期或年度起具有效力	稅務條例附屬法例
34	俄羅斯	2016.01.18	2016.04.26	2016.07.29	2017/2018 課稅年度	CW
35	拉脱維亞	2016.04.13	2017.06.27	2017.11.24	2018/2019 課稅年度	CX
36	白俄羅斯	2017.01.16	2017.06.27	2017.11.30	2018/2019 課稅年度	CY
37	巴基斯坦	2017.02.17	2017.06.27	2017.11.24	2018/2019 課稅年度	CZ
38	沙特阿拉伯	2017.08.24	2018.05.08	2018.09.01	2019/2020 課稅年度	DB
39	印度	2018.03.19	2018.09.04	2018.11.30	2019/2020 課稅年度	DD
40	芬蘭	2018.05.24	2018.09.04	2018.12.30	2019/2020 課稅年度	DE
41	柬埔寨	2019.06.26	2019.09.17	2019.12.27	2020/2021 課稅年度	DG
42	愛沙尼亞	2019.09.25	2019.10.08	2019.12.18	2020/2021 課稅年度	DI
43	澳門特別行政區	2019.11.25	2020.05.02	2020.08.18	2021/2022 課稅年度	DK

資料來源：香港特別行政區稅務局官方網站：https://www.ird.gov.hk/chs/tax/dta_inc.htm。

二、香港特區國際稅收協定內容 [8]

（一）所涵蓋的人（Persons Covered）

本協定適用於屬締約一方的居民或同時屬締約雙方的居民的人。

（二）所涵蓋的稅項（Taxes Covered）

1. 本協定適用於締約方或其政治分部或地區主管當局徵收的收入及資本稅項，不論該等稅項以何種方式徵收。

2.對總收入、總資本或收入或資本的組成部分徵收的所有稅項，包括對自轉讓動產或不動產所得的收益、企業支付的工資或薪金總額以及資本增值所徵收的稅項，須視為收入及資本稅項。

3.本協定適用於下述現有稅項：就香港特別行政區而言，利得稅、薪俸稅、物業稅，不論是否按個人入息課稅徵收。

（三）居民（Resident）

1.「一方居民」、「締約方的居民」在香港特別行政區，指：

（1）通常居於香港特別行政區的個人；

（2）在某課稅年度內在香港特別行政區逗留超過 180 天或在連續兩個課稅年度（其中一個是有關的課稅年度）內在香港特別行政區逗留超過 300 天的個人；

（3）在香港特別行政區成立為法團的公司，或在香港特別行政區以外地區成立為法團而通常是在香港特別行政區進行管理或控制的公司；

（4）根據香港特別行政區的法律組成的其它人，或在香港特別行政區以外組成而通常是在香港特別行政區進行管理或控制的其它人。

2.如果同時為雙方居民的個人，身份判定如下：

（1）應認為是其有永久性住所（permanent home）所在一方的居民；如果在雙方同時有永久性住所，應認為是與其個人和經濟關係更密切（重要利益中心，centre of vital interests）所在一方的居民；

（2）如果其重要利益中心所在一方無法確定，或者在任何一方都沒有永久性住所，應認為是其有習慣性居處（habitual abode）所在一方的居民；

（3）如果其在雙方都有，或者都沒有習慣性居處，雙方主管當

局應通過協商解決。

除個人外，同時為雙方居民的人，應認為是其實際管理機構（place of effective management）所在一方的居民。

（四）常設機構（Permanent Establishment）

1. 在香港與各國簽訂的稅收協定中均把常設機構定義為「企業進行全部或部分營業的固定營業場所（a fixed place of business）」。

2. 常設機構特別包括：

（1）管理場所；

（2）分支機搆；

（3）辦事處；

（4）工廠；

（5）作業場所；

（6）礦場、油井或氣井、採石場或者其它開採自然資源的場所；

（7）與為其他人提供貯存設施的人有關的倉庫（香港與泰國、越南、文萊、印度、巴基斯坦的稅收協定中規定）；

（8）銷售點（香港與文萊、卡塔爾、印度的稅收協定中規定）；

（9）為勘探自然資源而使用的裝置構築物或設備（香港與越南、文萊的稅收協定中規定）；

（10）從事農業、林業、種植業或相關活動的農場、種植園或其他場所（香港與文萊、卡塔爾、印度的稅收協定中規定）。

3. 常設機構還包括：

（1）連續持續一定時間以上的建築工地，建築、裝配或安裝工程，或者與其有關的監督管理活動；

（2）一方企業直接或者通過雇員或者雇用的其它人員，在任何

12個月中連續或累計持續一定時間以上，在另一方提供服務（包括顧問服務）。

對於建築工地等被認定為常設機構所需時間的要求，在香港對外簽訂的稅收協定中一般規定為連續 6 個月以上，但也有些例外。例如，香港與文萊、印尼、卡塔爾簽訂的協定中規定連續 183 天以上；香港與列支敦士登、俄羅斯、日本、韓國、羅馬尼亞、白俄羅斯、愛沙尼亞簽訂的協定中規定連續 12 個月以上；香港與馬來西亞、拉脫維亞、芬蘭、西班牙簽訂的協定中規定連續 9 個月以上；香港與瑞士簽訂的協定中規定連續 270 天以上。

對於提供服務被認定為常設機構所需時間的要求，在香港對外簽訂的稅收協定中一般規定為在任何 12 個月中連續或累計超過 183 天，但也有些例外。香港與比利時、泰國、法國、意大利、捷克、拉脫維亞簽訂的協定中規定連續或累計超過 6 個月；香港與盧森堡、越南、科威特簽訂的協定中規定連續或累計超過 180 天；香港與芬蘭、瑞士簽訂的協定中規定連續或累計超過 270 天。

此外，在香港與印尼、新西蘭、阿拉伯聯合酋長國簽訂的協定中規定，為勘探或開發自然資源而使用，並存在或運作超過 183 天的鑽探平台或工作船舶，也構成常設機構。在香港與柬埔寨簽訂的協定中規定這一期間為 90 天。

在香港與新西蘭簽訂的協定中規定，如果某企業在任何 12 個月中連續或累計超過 183 天（香港與巴基斯坦簽訂的協定規定超過 12 個月），在締約一方操作大型設備，則該企業須當作在該締約方設有常設機構，並透過該常設機構經營業務。

4. 雖有上述規定，「常設機構」一語應認為不包括：

（1）專為儲存、陳列或者交付本企業貨物或者商品的目的而使

用的設施；

（2）專為儲存、陳列或者交付的目的而保存本企業貨物或者商品的庫存；

（3）專為另一企業加工的目的而保存本企業貨物或者商品的庫存；

（4）專為本企業採購貨物或者商品，或者搜集信息的目的所設的固定營業場所；

（5）專為本企業進行其它準備性或輔助性活動的目的所設的固定營業場所；

（6）專為本款第（一）項至第（五）項活動的結合所設的固定營業場所，但這種結合所產生的該固定營業場所的全部活動應屬準備性質或輔助性質。

5. 雖有本條第一款和第二款的規定，當一個人（除適用第六款規定的獨立代理人以外）在一方代表另一方的企業進行活動，有權並經常行使這種權力以該企業的名義簽訂合同，這個人為該企業進行的任何活動，應認為該企業在該一方設有常設機構。除非這個人通過固定營業場所進行的活動限於第四款的規定，按照該款規定，不應認為該固定營業場所是常設機構。

6. 一方企業僅通過按常規經營本身業務的經紀人、一般傭金代理人或者任何其它獨立代理人在另一方進行營業，不應認為在該另一方設有常設機構。但如果這個代理人的活動全部或幾乎全部代表該企業，不應認為是本款所指的獨立代理人。

7. 一方居民公司，控制或被控制於另一方居民公司或者在該另一方進行營業的公司（不論是否通過常設機構），此項事實不能據以使任何一方公司構成另一方公司的常設機構。

（五）不動產所得（Income from Immovable Property）

1. 締約一方的居民自位於另一締約方的不動產取得的收入（包括自農業或林業取得的收入），可在該另一方徵稅。

2.「不動產」一詞具有該詞根據有關財產所處的締約方的法律而具有的涵義。該詞在任何情況下須包括：附屬於不動產的財產、用於農業及林業的牲畜和設備、關於房地產的一般法律規定適用的權利、不動產的使用收益權，以及作為開採或有權開採礦藏、石礦、源頭及其他自然資源的代價而取得不固定或固定收入的權利；船舶、船艇及航空器不得視為不動產。

3. 第一款的規定適用於自直接使用、出租或以任何其他形式使用不動產而取得的收入。

4. 第一款及第三款的規定亦適用於來自企業的不動產的收入。

（六）營業利潤（Business Profits）

1. 一方企業的利潤應僅在該一方徵稅，但該企業通過設在另一方的常設機構在該另一方進行營業的除外。如果該企業通過設在該另一方的常設機構在該另一方進行營業，其利潤可以在該另一方徵稅，但應僅以屬該常設機構的利潤為限。

2. 除適用本條第三款的規定以外，一方企業通過設在另一方的常設機構在該另一方進行營業，應將該常設機構視同在相同或類似情況下從事相同或類似活動的獨立分設企業，並視同該常設機構與其所隸屬的企業完全獨立地進行交易。在上述情況下，該常設機構可能得到的利潤，在各方應歸屬於該常設機構。

3. 在確定常設機構的利潤時，應當允許扣除其進行營業發生的各項費用，包括行政和一般管理費用，不論其發生於該常設機構所

在一方或者其它任何地方。此外，在香港與中國內地、比利時、越南、印尼、科威特、法國、墨西哥、巴基斯坦、沙特阿拉伯簽訂的稅收協定中，就歸屬於常設機構的利潤與其可扣除的費用做出了額外規定。具體如下：

「但是，常設機構使用專利或者其它權利支付給企業總機構或該企業其它辦事處的特許權使用費、報酬或其它類似款項，提供具體服務或管理的傭金，以及向其借款所支付的利息，銀行企業除外，都不得作任何扣除（屬償還代墊實際發生的費用除外）。同樣，在確定常設機構的利潤時，也不考慮該常設機構從企業總機構或該企業其它辦事處取得的因使用專利和其它權利的特許權使用費、報酬或其它類似款項，因提供具體服務或管理的傭金，以及因貸款給該企業總機構或該企業其它辦事處所取得的利息，銀行企業除外（屬償還代墊實際發生的費用除外）。」

4. 如果一方習慣於以企業總利潤按一定比例分配給所屬各單位的方法，或是按照其法律規定的其它方法，來確定常設機構的利潤，則第二款規定並不妨礙該一方按上述方法確定其應納稅的利潤。但是，採用的方法所得到的結果，應與本條所規定的原則一致。

5. 不應僅由於常設機構為企業採購貨物或商品，將利潤歸屬於該常設機構。

6. 在上述各款中，除有適當的和充分的理由需要變動外，每年應採用相同的方法確定歸屬於常設機構的利潤。

7. 利潤中如果包括本安排其它各條單獨規定的所得專案時，本條規定不應影響其它各條的規定。

（七）航運和空運（Shipping and Air Transport）

針對航運和空運取得的所得，香港對外簽訂的稅收協定規定「締約方的企業自營運船舶或航空器從事國際運輸所得的利潤，僅在該方徵稅。來自參與聯營、聯合業務或國際營運機構的利潤也適用上述規定。」但在上述規定基礎上，有一些額外規定，具體如下：

香港與泰國、印尼、巴基斯坦、印度、柬埔寨簽訂的協定：「某締約方的企業的收入或利潤，如是在另一締約方自營運船舶從事國際運輸所得的，則可在該另一締約方徵稅，但如此徵收的稅項須扣減相等於其50%的款額。」

香港與日本簽訂的協定：「凡締約一方的企業營運船舶或航空器從事國際運輸，該企業如屬香港特別行政區的企業，在日本國免除事業稅；該企業如屬日本國的企業，在香港特別行政區免除日後可能徵收的類似日本國事業稅的任何稅項。」

香港與新西蘭簽訂的協定：「該等利潤中來自僅限於在另一締約方內的地方之間的運輸的部分，可在該另一方徵稅。」「凡在某締約方以船舶或航空器載運乘客、牲畜、郵件、貨物或商品至該方內某地方，自該等載運而取得的利潤，須視為來自僅限於在該方內的地方之間的運輸的利潤。」

香港與加拿大簽訂的協定：「一方的企業在另一方內不同地方之間以船舶或航空器運載旅客或貨物，所得利潤可在另一方徵稅，但如所有或實質上所有旅客或貨物均從該另一方以外的地方出發，則屬例外。」

在香港與中國內地簽訂的稅收協定中，除了航運和空運，還增加了海運（Shipping, Air and Land Transport）。「一方企業在另一方以船舶、飛機或陸運車輛經營海運、空運和陸運運輸所取得的

收入和利潤，該另一方應予免稅（在內地包括增值稅及其他類似稅種）。上述規定也適用於參加合夥經營、聯合經營或者參加國際經營機構取得的收入和利潤，但僅限於在上述經營中按參股比例取得的收入和利潤部分。」

（八）相聯企業（Associated Enterprises）

1. 一方企業直接或者間接參與另一方企業的管理、控制或資本；或者同一人直接或者間接參與一方企業和另一方企業的管理、控制或資本，在上述任何一種情況下，兩個企業之間的商業或財務關係不同於獨立企業之間的關係，因此，本應由其中一個企業取得，但由於這些情況而沒有取得的利潤，可以計入該企業的利潤，並據以徵稅。

2. 一方將另一方已徵稅的企業利潤包括在該一方企業的利潤內（該部分利潤是按照兩個獨立企業在相同情況下本應由該一方企業所取得），並加以徵稅時，該另一方應對這部分利潤所徵收的稅額作出適當的調整。在確定上述調整時，應對本安排其它規定予以注意，如有必要，雙方主管當局應相互協商。

（九）股息（Dividends）

1. 除了香港與文萊、列支敦士登、馬耳他、澤西島、墨西哥、根西島、愛爾蘭、卡塔爾簽訂的稅收協定規定「由屬某締約方的居民的公司支付予另一締約方的居民的股息，須只在該另一締約方徵稅。」外，在香港對外簽訂的稅收協定中，一方居民公司支付給另一方居民的股息，可以在該另一方徵稅。但是如支付股息的公司屬某締約方的居民，上述股息亦可在該締約方按照該方的法律徵稅，

但如該等股息的實益擁有人（受益所有人）（beneficial owner）是另一締約方的居民，所徵稅款不應超過股息總額的一定比例。限制稅率的確定因締約方不同而不同，同時受到締約方實益擁有人的性質、持股時間、持股比例與持股方式的影響，具體限制稅率如下：

香港與白俄羅斯、沙特阿拉伯、印度、捷克簽訂的協定：股息總額的 5%。

香港與泰國、越南、荷蘭、法國、瑞士、意大利、巴基斯坦、柬埔寨簽訂的協定：股息總額的 10%。

香港與中國內地、印尼簽訂的協定：如果實益擁有人是直接擁有支付股息公司至少 25% 資本的公司，為股息總額的 5%；在其它情況下，為股息總額的 10%。

香港與羅馬尼亞簽訂的協定：如果實益擁有人是直接持有支付股息公司至少 15% 股本的公司（合夥除外），為股息總額的 3%；在其它情況下，為股息總額的 5%。

香港與俄羅斯簽訂的協定：如果實益擁有人是直接持有支付股息公司至少 15% 股本的公司（合夥除外），為股息總額的 5%；在其它情況下，為股息總額的 10%。

香港與加拿大簽訂的協定：如果實益擁有人是直接或間接控制支付股息公司至少 10% 表決權的公司（合夥除外），為股息總額的 5%；在其它情況下，為股息總額的 15%。

香港與新西蘭簽訂的協定：如果實益擁有人是直接持有支付股息公司至少 10% 表決權的公司（合夥除外），為股息總額的 5%；在其它情況下，為股息總額的 15%。

香港與匈牙利、葡萄牙、馬來西亞、南非、芬蘭簽訂的協定：如果實益擁有人是直接持有支付股息公司至少 10% 股本的公司（合

夥除外），為股息總額的 5%；在其它情況下，為股息總額的 10%。

香港與日本簽訂的協定：如果實益擁有人是公司，並在股息享有權決定當日前 6 個月期間，已直接或間接擁有支付股息的公司至少 10% 的有表決權股份，為股息總額的 5%；在其它情況下，為股息總額的 10%。

香港與韓國簽訂的協定：如果實益擁有人是直接擁有支付股息公司至少 25% 股本的公司（合夥除外），為股息總額的 10%；在其它情況下，為股息總額的 15%。

香港與盧森堡簽訂的協定：如果實益擁有人是直接擁有支付股息公司至少 10% 股本，或持有以最少 1,200,000 歐元的成本價而取得的分享權的公司（合夥除外），為股息總額的 0%；在其它情況下，為股息總額的 10%。

香港與西班牙簽訂的協定：如果實益擁有人是直接擁有支付股息公司至少 25% 股本，為股息總額的 0%；在其它情況下，為股息總額的 10%。

香港與拉脫維亞、愛沙尼亞簽訂的協定：如該實益擁有人是一間公司（合夥企業除外），為股息總額的 0%；在其它情況下，為股息總額的 10%。

香港與阿拉伯聯合酋長國、科威特簽訂的協定：如該實益擁有人是該另一締約方的政府或地方政府、或由該另一締約方政府或地方政府全權直接擁有的任何機構或其他實體，為股息總額的 0%；在其它情況下，為股息總額的 5%。

香港與英國簽訂的協定：（除在該股息的實益擁有人是一個退休金計劃的情況下）如該等股息是由一個投資載具，直接或間接自不動產收入條款所指的不動產取得的收入（包括收益）支付的，而該

投資載具每年均派發大部分該項收入且其得自該不動產的收入是獲豁免徵稅的，則首述的締約方課徵的稅款，不得超過該等股息的總額的 5%；在其他情況下，該等股息須在首述的締約方獲豁免徵稅。

香港與奧地利簽訂的協定：股息總額的 10%。如果實益擁有人是直接擁有支付股息公司至少 10% 股本的公司（合夥除外），而且屬某締約方的居民，則該等股息僅在該締約方徵稅。

香港與比利時簽訂的協定：如果實益擁有人是直接持有支付股息公司至少 10% 股本的公司，為股息總額的 5%；在其它情況下，為股息總額的 15%。但如果支付股息的公司是某締約方的居民，而股息的實益擁有人是屬另一締約方的居民的公司，並且在派息時，已至少連續 12 個月持有直接相當於支付股息的公司的股本至少 25% 的股份，則有關股息不須在首述的締約方徵稅。

如某公司從利潤中支付股息，本款並不影響就該等利潤對該公司徵稅。

2. 本條「股息」一詞是指從股份或者非債權關係分享利潤的權利取得的所得，以及按照分配利潤的公司是其居民的一方的法律，視同股份所得同樣徵稅的其它公司權利取得的所得。

3. 如果股息的實益擁有人是某締約方的居民，支付股息的公司則是另一締約方的居民，而該擁有人在該另一締約方內透過設在該另一締約方的常設機構進行營業，或在該另一締約方內自位於該另一締約方的固定基地從事獨立個人勞務，據以支付股息的股份與該常設機構或固定基地有實際聯繫的，不適用上述規定。在這種情況下，適用營業利潤條款或獨立個人勞務條款的規定（視屬何情況而定）。

4. 一方居民公司從另一方取得利潤或所得，該另一方不得對該

公司支付的股息或未分配的利潤徵收任何稅收，即使支付的股息或未分配的利潤全部或部分是發生於該另一方的利潤或所得。但是，支付給該另一方居民的股息或者據以支付股息的股份與設在另一方的常設機構或固定基地有實際聯繫的除外。

（十）利息（Interest）

1. 除了香港與盧森堡、奧地利、列支敦士登、捷克、荷蘭、瑞士、馬耳他、澤西島、根西島、卡塔爾、俄羅斯、沙特阿拉伯、芬蘭簽訂的稅收協定規定「如產生於某締約方的利息是支付予另一締約方的居民的，而該居民為該利息的實益擁有人，則該利息只可在該另一方徵稅。」外，在香港對外簽訂的稅收協定中，發生於一方而支付給另一方居民的利息，可以在該另一方徵稅。但是在某締約方產生的上述利息，亦可在該締約方按照該方的法律徵稅，但如該等利息的實益擁有人（受益所有人）（beneficial owner）是另一締約方的居民，則如此徵收的稅款不得超過該等利息總額的一定比例。該比例的確定因締約方不同而不同，雙方主管當局應協商確定實施限制稅率的方式。具體限制稅率如下：

香港與中國內地簽訂的協定：利息總額的 7%。

香港與匈牙利、科威特、西班牙、阿拉伯聯合酋長國、白俄羅斯簽訂的協定：利息總額的 5%。

香港與比利時、越南、印尼、愛爾蘭、法國、日本、新西蘭、葡萄牙、馬來西亞、加拿大、韓國、南非、巴基斯坦、印度、柬埔寨簽訂的協定：10%。

香港與文萊簽訂的協定：如利息由任何銀行或財務機構收取，為利息總額的 5%；在其它情況下，為利息總額的 10%。

香港與泰國簽訂的協定：如該等利息是由任何財務機構或保險公司實益擁有的，為利息總額的 10%；如該等利息是該另一締約方的居民實益擁有的，並因該另一締約方的居民以信貸方式出售任何設備、商品或服務所引起的債務而支付的，但如該項出售是由兩方並非基於各自獨立的利益作交易的人所進行的則屬例外，為利息總額的 10%；在其它情況下，為利息總額的 15%。

香港與墨西哥簽訂的協定：如該實益擁有人是銀行，為利息總額的 4.9%；在其它情況下，為利息總額的 10%。

香港與意大利簽訂的協定：利息總額的 12.5%。

香港與羅馬尼亞簽訂的協定：利息總額的 3%。

香港與拉脫維亞、愛沙尼亞簽訂的協定：如該等利息是由屬締約一方的居民的公司，支付予屬另一締約方的居民、且為該等利息的實益擁有人的公司（合夥企業除外），為利息總額的 0%；在其它情況下，為利息總額的 10%。

此外，在締約一方產生而為另一締約方的政府或由雙方主管當局認同的機構取得的利息，只可在另一締約方徵稅（在該方獲豁免繳稅）。具體機構參見香港與各國簽訂的稅收協定。

2. 本條「利息」一詞是指從各種債權取得的所得，不論其有無抵押擔保或者是否有權分享債務人的利潤；特別是從公債、債券或者信用債券取得的所得，包括其溢價和獎金。由於延期支付的罰款，不應視為本條所規定的利息。

3. 凡就某項債權支付的利息的實益擁有人是某締約方的居民，並在有關利息產生所在的另一締約方內透過位於該另一締約方的常設機構經營業務，或在該另一締約方內自位於該另一締約方的固定基地從事獨立個人勞務，且該項債權是與該常設機構或固定基地有

實際關連的，不適用上述規定。在這種情況下，適用營業利潤條款或獨立個人勞務條款的規定（視屬何情況而定）。

4.如就某項債務支付利息的人是某締約方的居民，則該利息須當作是在該締約方產生。但如支付利息的人（不論他是否某締約方的居民）在某締約方設有常設機構或固定基地，而該債務是在與該常設機構或固定基地有聯繫的情況下招致的，且由該常設機構或固定基地負擔該利息，則該利息須當作是在該常設機構或固定基地所在的締約方產生。

5.凡因支付人與實益擁有人之間或他們與某其他人之間的特殊關係，以致就有關債權支付利息的款額在顧及該債權的考慮下屬超出支付人與實益擁有人在沒有上述關係時會同意的款額，則本條的規定只適用於最後提及的款額。在此情況下，多付的部分繼續須在充分顧及本協定的其他規定下，按照每一締約方的法律徵稅。

（十一）特許權使用費（Royalties）

1.在香港對外簽訂的稅收協定中，產生於某締約方而支付予另一締約方的居民的特許權使用費，可在該另一方徵稅。但是在某締約方產生的上述特許權使用費，亦可在該締約方按照該方的法律徵稅。但如該等特許權使用費的實益擁有人（受益所有人）（beneficial owner）是另一締約方的居民，則如此徵收的稅款不得超過該等特許權使用費總額的一定比例。該比例的確定因締約方不同而不同，雙方主管當局應協商確定實施限制稅率的方式。具體限制稅率如下：

香港與中國內地簽訂的協定：對飛機和船舶租賃業務支付的特許權使用費，為特許權使用費總額的 5%；在其它情況下，為特許權使用費總額的 7%。

香港與比利時、文萊、印尼、匈牙利、科威特、日本、新西蘭、葡萄牙、西班牙、卡塔爾、南非、阿拉伯聯合酋長國、愛沙尼亞簽訂的協定：特許權使用費總額的 5%。

香港與馬來西亞簽訂的協定：特許權使用費總額的 8%。

香港與法國、捷克、墨西哥、加拿大、韓國、巴基斯坦、印度、柬埔寨簽訂的協定：特許權使用費總額的 10%。

香港與英國、盧森堡、荷蘭、奧地利、愛爾蘭、列支敦士登、瑞士、馬耳他、羅馬尼亞、俄羅斯、芬蘭簽訂的協定：特許權使用費總額的 3%。

香港與澤西島、根西島簽訂的協定：特許權使用費總額的 4%。

香港與意大利簽訂的協定：特許權使用費總額的 15%。

香港與白俄羅斯簽訂的協定：如作為使用或有權使用航空器，為特許權使用費總額的 3%；在其它情況下，為特許權使用費總額的 5%。

香港與越南簽訂的協定：如該等特許權使用費是作為使用或有權使用任何專利、設計或模型、圖則、秘密程式或程序的代價，為特許權使用費總額的 7%；在其它情況下，為特許權使用費總額的 10%。

香港與沙特阿拉伯簽訂的協定：如該等特許權使用費是作為使用或有權使用工業、商業或科學設備而支付的，為特許權使用費總額的 5%；在其它情況下，為特許權使用費總額的 8%。

香港與拉脫維亞簽訂的協定：如作為使用或有權使用工業、商業或科學設備，或作為就取得關於工業、商業或科學經驗的資料而支付的特許權使用費，是由屬締約一方的居民的公司，支付予屬另一締約方的居民、且為該等特許權使用費的實益擁有人的公司（合

夥除外），為特許權使用費總額的 0%；在其它情況下，為特許權使用費總額的 3%。

香港與泰國簽訂的協定：如該等特許權使用費是作為使用或有權使用任何文學作品、藝術作品或科學作品的任何版權的代價，為特許權使用費總額的 5%；如該等特許權使用費是作為使用或有權使用任何專利、商標、設計或模型、圖則、秘密程式或程序的代價，為特許權使用費總額的 10%；在其它情況下，為特許權使用費總額的 15%。

2. 本條「特許權使用費」一詞是指使用或有權使用文學、藝術或科學著作（包括電影影片、無線電或電視廣播使用的膠片、磁帶）的版權，專利、商標、設計或模型、圖則、秘密配方或秘密程序所支付的作為報酬的各種款項，或者使用或有權使用工業、商業、科學設備或有關工業、商業、科學經驗的信息所支付的作為報酬的各種款項。

3. 凡就某權利或財產支付的特許權使用費的實益擁有人是某締約方的居民，並在該特許權使用費產生所在的另一締約方內，透過位於該另一方的常設機構經營業務，或在該另一方內自位於該另一方的固定基地從事獨立個人勞務，且該權利或財產是與該常設機構或固定基地有實際聯繫的，不適用上述規定。在這種情況下，適用營業利潤條款或獨立個人勞務條款的規定（視屬何情況而定）。

4. 如支付特許權使用費的人是某締約方的居民，則該特許權使用費須當作是在該方產生。但如支付特許權使用費的人在某締約方設有常設機構或固定基地（不論他是否某締約方的居民），而支付該特許權使用費的法律責任，是在與該常設機構或固定基地有聯繫的情況下招致的，且該特許權使用費是由該常設機構或固定基地負

擔的，則該特許權使用費須當作是在該常設機構或固定基地所在的一方產生。

5. 凡因支付人與實益擁有人之間或他們兩人與某其他人之間的特殊關係，以致所支付的特許權使用費的款額，超出支付人與實益擁有人在沒有上述關係時會議定的款額，則本條的規定只適用於該會議定的款額。在此情況下，多付的部分仍須在充分顧及本協定的其他規定下，按照每一締約方的法律徵稅。

（十二）技術費用（Technical Fees）

在香港與文萊、馬來西亞、巴基斯坦、印度、柬埔寨簽訂的稅收協定中，專門就技術費用如何徵稅進行了規定。

1. 在某締約方產生並由另一締約方的居民所得的技術費用，可在該另一締約方徵稅。然而，在某締約方產生的上述技術費用，亦可在該締約方按照該締約方的法律徵稅，但如該等技術費用的實益擁有人是另一締約方的居民，則如此徵收的稅款不得超過該等技術費用總額的一定比例。該比例的確定因締約方不同而不同，雙方主管當局應協商確定實施限制稅率的方式。具體限制稅率如下：

香港與文萊簽訂的協定：技術費用總額的 15%。

香港與馬來西亞簽訂的協定：技術費用總額的 5%。

香港與巴基斯坦簽訂的協定：技術費用總額的 12.5%。

香港與印度、柬埔寨簽訂的協定：技術費用總額的 10%。

2. 「技術費用」一詞用於本條中時，指作為任何屬技術、管理或顧問性質的服務的代價，因而支付予任何人（支付人的雇員除外）的各種款項。

3. 凡就某權利或財產支付的技術費用的實益擁有人是締約一方

的居民，並在該技術費用產生所在的另一締約方內，透過位於該另一方的常設機構經營業務，或在該另一方內自位於該另一方的固定基地從事獨立個人勞務，而該權利或財產是與該常設機構或固定基地有實際聯繫的，不適用上述規定。在這種情況下，適用營業利潤條款或獨立個人勞務條款的規定（視屬何情況而定）。

4. 凡支付技術費用的人是締約一方的居民，則該等技術費用須當作是在該方產生。然而，如支付技術費用的人在締約一方設有常設機構或固定基地（不論該人是否締約一方的居民），而支付該等技術費用的法律責任，是在與該常設機構或固定基地有聯繫的情況下招致的，且該等技術費用是由該常設機構或固定基地負擔的，則該等技術費用須當作是在該常設機構或固定基地所在的締約方產生。

5. 凡因支付人與實益擁有人之間或他們兩人與某其他人之間的特殊關係，以致所支付的技術費用的款額，超出支付人與實益擁有人在沒有上述關係時會議定的款額，則本條的規定只適用於該會議定的款額。在此情況下，多付的部分仍須在充分顧及本協定的其他規定下，按照每一締約方的法律徵稅。

（十三）資本收益（Capital Gains）

1. 一方居民轉讓第六條所述位於另一方的不動產取得的收益，可以在該另一方徵稅。

2. 轉讓一方企業在另一方的常設機構營業財產部分的動產，包括轉讓常設機構（單獨或者隨同整個企業）取得的收益，可以在該另一方徵稅。

3. 一方企業自轉讓被營運從事國際運輸的船舶或航空器所得的收益，或自轉讓與上述船舶或航空器的營運有關的動產所得的收

益，只可在該方徵稅。

4. 對於一國居民轉讓另一國公司的股票或股份，而當所持有股份價值主要由不動產構成時，在香港對外簽訂的稅收協定中，除了與中國內地、越南和愛沙尼亞簽訂的協定外，均規定「如某締約方的居民自轉讓公司的股份或相當於股份的權益而取得收益，而該公司超過 50% 的資產值是直接或間接來自位於另一締約方的不動產的，則該收益可在該另一方徵稅。」同時，對不適用本款的股份類型進行了說明。

「但是本款不適用於來自轉讓以下股份的收益：

（1）在認可證券交易所上市的股份；或

（2）在一間公司重組、合併、分拆或同類行動的框架內轉讓或交換的股份；或

（3）符合以下說明的公司的股份：該公司有超過 50% 的資產值，是來自其進行業務所在的不動產。」

香港與中國內地簽訂的協定除此以外，還就持股時間做出了規定：「一方居民轉讓股份或類似於股份的權益（如在合夥或信託中的權益）取得的收益，如果在轉讓行為前三年內的任一時間，這些股份或類似於股份的權益超過 50% 的價值直接或間接來自於位於另一方的不動產，可以在該另一方徵稅。」

香港與越南簽訂的協定沒有給出 50% 的規定，「如某締約方的居民自轉讓某公司的股份或相當於股份的參與方式而取得收益，而該公司的資產主要是直接或間接由位於另一締約方的不動產組成的，則該收益可在該另一方徵稅。」

香港與愛沙尼亞簽訂的協定也就持股時間做出了規定，「如締約一方的居民自轉讓股份或相當於股份的權益（例如合夥、信託或投

資基金權益）而取得收益，而在於轉讓前 365 天內的任何時間，該等股份或相當於股份的權益超過 50% 的價值是直接或間接來自位於另一締約方屬第六條所界定的不動產的，則該收益可在該另一締約方徵稅。」

5. 對於一國居民轉讓另一國公司的股票或股份，而當所持有股份價值並不主要由不動產構成時，香港在與中國內地、越南、墨西哥簽訂的協定中做了具體規定。

香港與中國內地簽訂的協定：「一方居民轉讓其在另一方居民公司資本中的股份或其他權利取得的收益，如果該收益人在轉讓行為前的 12 個月內，曾經直接或間接參與該公司至少 25% 的資本，可以在該另一方徵稅。」

香港與越南簽訂的協定：「凡某公司是某締約方的居民，自轉讓不少於該公司全部股權的 15% 的股份所得的收益，可在該方徵稅。」

香港與墨西哥簽訂的協定：「同一公司集團的成員之間的財產轉讓，如轉讓人收取的代價包含對受讓人、或對屬同一締約方居民並直接或間接擁有受讓人 80% 或以上的投票權及價值的另一公司的資本的分享或其他權利，且符合以下條件的，則不予徵稅：

（1）轉讓人和受讓人屬同一締約方的居民的公司；

（2）在轉讓前及緊接轉讓後，轉讓人或受讓人直接或間接擁有對方 80% 或以上的投票權及價值，或屬同一締約方居民的某公司直接或間接（透過屬同一締約方居民的公司）擁有轉讓人及受讓人各 80% 或以上的投票權及價值；及

（3）為斷定任何其後處置的收益，受讓人資產的期初成本是根據轉讓人就該資產所承擔的成本、加上已支付的任何現金或其他財產而斷定的；或該收益是按照能產生實質相同結果的另一方法訂定的。」

6.轉讓上述財產以外的其它財產取得的收益，應僅在轉讓者為其居民的一方徵稅。

（十四）勞務所得（Personal Services）

香港對外簽訂的稅收協定中，針對勞務所得，大部分僅涉及受雇所得（Income from Employment）。香港與泰國、越南、印尼、葡萄牙、瑞士、馬來西亞、墨西哥、意大利、卡塔爾、俄羅斯、巴基斯坦、沙特阿拉伯、印度等國簽訂的協定中，將勞務分為獨立個人勞務（Independent Personal Services）和非獨立個人勞務（Dependent Personal Services）。

1.獨立個人勞務所得

協定中將獨立個人勞務所得定義為從專業服務或其他獨立性質的活動取得的收入，其中專業服務特別包括獨立的科學、文學、藝術、教育或教學活動，以及醫生、律師、工程師、建築師、牙醫及會計師的獨立活動。如果某締約方居民取得此類所得，只可在該締約方徵稅，但如有以下情況之一，該收入也可在另一締約方徵稅：

（1）如他在另一締約方有可供他經常使用的固定基地（fixed base）讓他從事其活動；在該情況下，該收入中只有屬可歸因於該基地的收入可在該另一締約方徵稅（固定基地標準）；

（2）如他在於有關的財政年度內開始或結束的任何 12 個月的期間中，在另一締約方一次或多於一次停留達 183 天或總計超過 183 天；在該情況下，該收入中只有自在該另一方進行的活動取得的收入可在該另一方徵稅（停留時間標準）。

在香港與俄羅斯簽訂的稅收協定中，沒有停留時間標準，只有固定基地標準。即「締約一方的居民自專業服務或其他具獨立性質

的活動取得的收入，只可由該方徵稅，但如該人在另一締約方有可供其經常使用的固定基地讓該人從事其活動則除外。如該人有上述的固定基地可供其使用，該收入中只有屬可歸因於該固定基地的收入可由該另一方徵稅。」

2. 非獨立個人勞務所得（受雇所得）

協定規定，除適用董事費、退休金、政府服務、學生等條款的規定外，一方居民因受雇取得的薪金、工資和其它類似報酬，除在另一方從事受雇的活動以外，應僅在該一方徵稅。在另一方從事受雇的活動取得的報酬，可以在該另一方徵稅。但同時符合以下三個條件的，仍應由其居住國徵稅：

（1）收款人在有關納稅年度開始或終了的任何 12 個月中在另一方停留連續或累計不超過 183 天；

（2）該項報酬由並非該另一方居民的雇主支付或代表該雇主支付；

（3）該項報酬不是由雇主設在另一方的常設機構所負擔。

3. 雖有上述規定，在一方企業經營海運、空運和陸運的船舶、飛機或陸運車輛上從事受雇的活動取得的報酬，應僅在該一方徵稅。

（十五）董事費（Directors' Fees）

一方居民作為另一方居民公司的董事會成員取得的董事費和其它類似款項，可以在該另一方徵稅。

（十六）藝術家和運動員（Artistes and Sportsmen）

1. 雖有前述款項規定，一方居民，作為表演家，如戲劇、電影、廣播或電視藝術家、音樂家或作為運動員，在另一方從事其個

人活動取得的所得，可以在該另一方徵稅。

2.雖有前述款項規定，表演家或運動員從事其個人活動取得的所得，並非歸屬表演家或運動員本人，而是歸屬於其它人，可以在該表演家或運動員從事其活動的一方徵稅。

（十七）退休金（Pensions）

1.一般退休金

（1）優先獨佔行使居民管轄權徵稅

針對退休金所得（非與政府服務有關），在香港與其他國家簽訂的稅收協定中，大多承認居住國享有獨佔徵稅權。但如果退休金及其他類似報酬是在另一締約方產生的，則可在該另一方徵稅。香港與中國內地、泰國、盧森堡、文萊、越南、印尼、科威特、奧地利、愛爾蘭、馬耳他、澤西島、馬來西亞、墨西哥、根西島、卡塔爾、阿拉伯聯合酋長國、拉脫維亞、沙特阿拉伯、列支敦士登、印度、芬蘭、意大利、新西蘭、葡萄牙、巴基斯坦、柬埔寨簽訂的稅收協定中規定：

「①因以前的雇傭關係支付給一方居民的退休金和其它類似報酬（不論是分次支付或一次支付），應僅在該一方徵稅。

②雖有上述規定，但從以下退休金計劃支付的退休金和其它類似款項（不論是分次支付或一次支付），應僅在實施計劃的一方徵稅：

一是一方政府或地方當局作為社會保障制度一部分而推行的公共計劃；

二是可讓個別人士參與以確保取得退休福利的安排，且該等安排是按照一方法律為稅務目的而獲認可的；

三是強制性公積金計劃以及在任何其他為取代該計劃而設立的

計劃或安排。」

此外，香港與巴基斯坦的稅收協定中額外規定，「如該等退休金及其他類似報酬是由另一締約方的居民或位於該另一方的常設機構支付的，則該等退休金及其他類似報酬亦可在該另一方徵稅。」

（2）僅行使收入來源管轄權徵稅

香港與南非、英國、匈牙利、捷克、瑞士、韓國、羅馬尼亞、俄羅斯、白俄羅斯、比利時、荷蘭、法國、加拿大、愛沙尼亞簽訂的稅收協定中則規定，退休金所得只可在該退休金及其他類似報酬產生地徵稅。具體規定為：

「在締約一方產生的、作為過往的受雇工作的代價而支付予另一締約方的居民的退休金及其他類似報酬（包括整筆付款），以及社會保障退休金，只可在首述一方徵稅（shall be taxable only in the first-mentioned Party）或在該等款項產生所在的締約方徵稅（be taxed in the Contracting Party in which they arise）。」

（3）僅行使居民管轄權徵稅

香港與西班牙、日本簽訂的稅收協定只承認居住國的獨佔徵稅權。具體規定為：

「因過往的受雇工作或過往的自雇工作而支付予某締約方的居民的退休金及其他類似報酬（包括整筆付款），只可在該方徵稅。」

此外，針對生活費或其他贍養費（any alimony or other maintenance payment），香港在與比利時、日本簽訂的稅收協定中做了特別規定：「由締約一方的居民支付予另一締約方的居民的生活費或任何其他供維持生活的類似款項，只可在首述締約方徵稅。」

2. 政府職員的退休金

在香港與中國內地、文萊、越南、印尼、科威特、荷蘭、愛爾

蘭、葡萄牙、西班牙、馬耳他、澤西島、馬來西亞、墨西哥、根西島、卡塔爾、南非、阿拉伯聯合酋長國、拉脫維亞、巴基斯坦、新西蘭、芬蘭、柬埔寨簽訂的稅收協定中，對政府職員的退休金有兩條具體規定：一是如果對締約國一方政府從其建立的社會保障基金中支付的退休金，應僅在支付者所在國徵稅；二是如果該職員是締約國另一方的國民或居民，則應由締約國另一方徵稅。

在香港與比利時、泰國、盧森堡、奧地利、列支敦士登、法國、日本、意大利、沙特阿拉伯簽訂的稅收協定中則規定，無論職員是否是締約國另一方的國民或居民，對締約國一方政府從其建立的社會保障基金中支付的退休金，應僅在支付者所在國徵稅。

（十八）政府服務（Government Service）

香港與各國簽訂的稅收協定中，對政府職員所得（除上述特別提到的退休金所得外）規定如下：

「一方政府或地方當局對履行政府職責向其提供服務的個人支付退休金以外的薪金、工資和其它類似報酬，應僅在該一方徵稅。

但是，如果該項服務是在另一方提供，而且提供服務的個人是該另一方居民，並且該居民不是僅由於提供該項服務而成為該另一方的居民，該薪金、工資和其它類似報酬，應僅在該另一方徵稅。

（十九）學生（Students）

如學生在緊接前往某締約方之前曾是另一締約方的居民或現在是該另一締約方的居民，而他逗留在首述的一方純粹是為了接受教育，則該學生為了維持其生活或教育的目的而收取的付款，如是在首述的一方以外的來源產生，則不得在該方徵稅。

（二十）教師及研究人員（Teachers and Researchers）

在香港與沙特阿拉伯簽訂的稅收協定中，專門對教師及研究人員取得的收入進行了說明。

凡某個人是或在緊接前往締約一方之前曾是另一締約方的居民，而該人逗留在首述的締約方，純粹是為了在首述一方的教育機構從事教學或研究的目的，則該人由於該等教學或研究而從該另一方或其行政分部或地方當局取得的報酬，該另一方只可在該人第一次到達首述一方當日起兩年內，對該等報酬予以徵稅。

（二十一）資本（Capital）

在香港與比利時、盧森堡、奧地利、列支敦士登、法國、白俄羅斯簽訂的稅收協定中，專門對資本收入進行了說明。

1. 不動產收入條款所題述的不動產所代表的資本，如由某締約方的居民擁有並位於另一締約方，則可在該另一方徵稅。

2. 如任何動產構成某常設機構的業務財產的一部分，而該常設機構是某締約方的企業在另一締約方設立的，則該動產所代表的資本，可在該另一方徵稅。

3. 由某締約方的企業擁有並營運用於從事國際運輸的船舶和航空器所代表的資本，以及與該等船舶和航空器的營運有關的動產所代表的資本，均只可在該方徵稅。

4. 某締約方的居民的所有其他資本組成部分，只可在該方徵稅。

（二十二）其他所得（Other Income）

1. 一方居民取得的各項所得，不論在什麼地方發生的，凡本安排上述各條未作規定的，應僅在該一方徵稅。

2.不動產條款規定的不動產所得以外的其它所得，如果所得收款人為一方居民，通過設在另一方的常設機構在該另一方進行營業，據以支付所得的權利或財產與該常設機構有實際聯繫的，不適用本條第一款的規定。在這種情況下，適用營業利潤條款的規定。

3.雖有本條第一款和第二款的規定，一方居民取得的源於另一方的各項收入如在本安排以上各條中未有規定，亦可在該另一方按照該方的法律徵稅。

第三節
國際稅收徵管協作

　　香港作為國際金融中心，一直致力於提高稅務透明度和打擊跨境逃稅活動，並積極落實經濟合作與發展組織所訂立的自動交換資料和打擊侵蝕稅基及轉移利潤（BEPS）方案。由於國際社會間交換稅務資料的範圍及網絡不斷擴大，香港須改變以往沿用的雙邊模式實施各項新稅務標準，並以《多邊稅收徵管互助公約》（以下簡稱《多邊公約》）作為實施有關措施的基礎。

　　二十國集團在 2015 年 11 月通過一套由經濟合作與發展組織發佈的應對 BEPS 的方案，有關方案涵蓋 15 個具體行動，目的包括確保跨國企業就其利潤承擔應繳稅款，以及避免稅務管轄區之間就企業利潤出現雙重不徵稅的漏洞等。2016 年 6 月 20 日，香港特區政府正式接受經合組織的邀請，以中國香港的名義參加落實應對 BEPS 方案的包容性框架，成為 Associate 一員，與經合組織、二十國集團及多個國家及稅務管轄區在平等的基礎上一起工作，以實施 BEPS 方案及制訂相關標準。在此背景下，香港集中落實四項最低標準（包括打擊損害性的稅務措施、防止濫用稅收協定的情況、訂立國別報告的規定，以及改善跨境爭議解決機制），並維持簡單低稅制。

　　基於 2018 年 2 月 2 日刊憲的《2018 年稅務（修訂）條例》（以下簡稱《2018 修訂條例》）提供法律框架，香港實施多邊稅務安

排，從而更有效地落實自動交換資料安排和打擊侵蝕稅基及轉移利潤（BEPS）方案下的自動交換國別報告及自發交換稅務裁定資料。在《2018 修訂條例》獲通過後，中央人民政府於 2018 年 5 月向經合組織交存聲明，把《稅收徵管互助公約》（以下簡稱《公約》）的適用範圍延伸至香港。《公約》提供多方平台，讓參與的稅務管轄區可與其他參與方就評稅和徵稅事宜商定各種方式的徵管合作，包括交換資料。[9]

一、資料交換

香港作為國際社會負責任的一員，透過兩種類型的資料交換工具：一是把資料交換條文加進全面性避免雙重課稅協定內，二是稅務資料交換協定，致力於提高稅務透明度和防止逃稅。香港的締約夥伴可根據全面性避免雙重課稅協定中的資料交換條文或稅務資料交換協定向香港主管當局請求交換資料。在交換資料的機制下，香港會在接獲締約夥伴的主管當局的特定請求後提供資料；批准交換有關全面性避免雙重課稅協定或稅務資料交換協定所涵蓋的稅項的資料；披露關乎全面性避免雙重課稅協定或稅務資料交換協定開始實施之後的資料；除非遇有特殊情況，否則會在交換資料前事先知會標的的人；及盡力在收到資料交換請求後的 90 天內提供資料給締約夥伴[10]。截至 2020 年 1 月 14 日，香港已與七個國家或地區簽訂稅務資料交換協定，見表 16-3-1 所示。

表 16-3-1　香港對外已簽訂的稅務資料交換協定

序號	國家／地區	簽訂協定日期	稅務條例第49條雙重課稅令日期	生效日期	自下列日期或年度起具有效力	稅務條例附屬法例
1	丹麥	2014.08.22	2015.09.22	2015.12.04	2016/2017 課稅年度	CO
2	法羅群島	2014.08.22	2015.09.22	2015.12.04	2016/2017 課稅年度	CP
3	格陵蘭	2014.08.22	2015.09.22	2016.02.17	2016/2017 課稅年度	CQ
4	冰島	2014.08.22	2015.09.22	2015.12.04	2016/2017 課稅年度	CR
5	挪威	2014.08.22	2015.09.22	2015.12.04	2016/2017 課稅年度	CS
6	瑞典	2014.08.22	2015.09.22	2016.01.16	2016/2017 課稅年度	CT
7	美國	2014.03.25	2014.04.15	2014.06.20	2014.06.20	CK

資料來源：香港特別行政區稅務局官方網站：https://www.ird.gov.hk/chs/tax/dta_tiea_agreement.htm。

二、自動交換資料

自動交換資料是一項新機制，涉及把財務帳戶資料由香港傳送至與香港簽訂了自動交換資料協議的海外稅務管轄區（自動交換資料夥伴）。有關資料只涉及屬自動交換資料夥伴的稅務管轄區的稅務居民。一般而言，要斷定某人是否屬一個稅務管轄區的稅務居民，會根據該人身處之地或逗留於該地的時間（例如一個課稅年度超過 183 天），或如屬公司的情況，根據該公司成為法團的地點或中央管理及控制的地點。任何人士即使在某稅務管轄區繳稅（例如預扣稅、消費稅或資本增值稅），並不會使該人士自動成為該稅務管轄區的稅務居民。

以自動的形式交換財務資料是新的國際標準，旨在提高稅務透明度及打擊跨境逃稅活動。國際社會提倡自動交換資料，以作為一種更有效率的國際稅務合作模式，並將其訂為新的國際標準。經濟

合作與發展組織在 2014 年 7 月公佈了就稅務事宜自動交換財務帳戶資料的標準，呼籲各地政府從其財務機構取得相關的財務帳戶資料，並每年與帳戶持有人所屬居留司法管轄區自動交換該等資料。截至 2017 年 5 月 5 日，全球已有 100 個稅務管轄區承諾實施自動交換資料。作為國際社會負責任的成員及國際金融中心，香港在 2014 年 9 月表示支持實施自動交換資料，並在 2018 年年底前進行首次資料交換。於 2016 年 6 月 30 日生效的《2016 年稅務（修訂）（第 3 號）條例》，為香港進行自動交換資料訂立了法律框架。

任何個人或實體若因其居民身份而在某稅務管轄區有繳稅責任，而該稅務管轄區為香港的自動交換資料夥伴，則居於（位於）香港的財務機構便須識辨由該個人或實體所持有的財務帳戶。財務機構須每年搜集和向稅務局提交已識辨的帳戶持有人（個人或實體）的資料及其財務帳戶資料。稅務局會將有關資料傳送至該帳戶持有人作為稅務居民所屬的相關稅務管轄區的稅務機關。申報稅務管轄區的稅務居民是指，該些在屬與香港已簽訂自動交換資料安排的稅務管轄區因其居民身分而有繳稅責任的人。

申報財務機構有責任申報由申報對象持有的財務帳戶。香港的納稅人如非任何香港以外地區的稅務居民，不會被申報。《稅務條例》規定申報財務機構須應用盡職審查程序，向帳戶持有人收集所需資料和文件。為了識辨誰是申報對象，申報財務機構可要求帳戶持有人填寫自我證明以核實其稅務居民身分。而有關的自我證明將會由申報財務機構備存六年。

自我證明是帳戶持有人就其稅務居民身分做出的一份正式聲明。根據《修訂條例》訂明的盡職審查程序（該等程序是按國際標準的需要而訂定的），所有新帳戶（即 2017 年 1 月 1 日或之後所

開立的帳戶）的帳戶持有人均須提交自我證明。至於先前帳戶（即 2017 年 1 月 1 日之前開立的帳戶），如相關申報財務機構就有關帳戶持有人的稅務居民身分存疑，可要求帳戶持有人提供自我證明以確認其稅務居民身分。

財務機構包括託管機構、存款機構、投資實體及指明保險公司。在香港的自動交換資料框架下，只有居於香港的財務機構，或某財務機構位於香港的分支機構（而該財務機構本身並非居於香港），才屬申報財務機構定義的機構，須履行自動交換資料安排下的責任。[11]

註釋

1. 香港特別行政區政府一站通官方網站：https://www.gov.hk/tc/about/abouthk/facts.Htm。

2. 香港特別行政區投資推廣署官方發網站：https://www.investhk.gov.hk/zh-hk/settinghong-kong/tax-basics.htm。

3. 《中國內地居民赴香港特別行政區投資稅收指南》，國家稅務總局國際稅務司國別投資稅收指南課題組，具體網址為：http://www.chinatax.gov.cn/n810219/n810744/n1671176/n1671206/c2069874/part/3929881.pdf。

4. 朱青（2016）。《國際稅收：第七版》，北京：中國人民大學出版社，頁 116。

5. 香港特別行政區政府一站通官方網站：https://www.gov.hk/tc/about/abouthk/facts.Htm。

6. 香港特別行政區稅務局官方網站：https://www.ird.gov.hk/chs/pol/dta.htm。

7. 香港特別行政區稅務局官方網站 https：//www.ird.gov.hk/chs/pol/dta.htm。

8. 根據香港目前已簽訂的全面性避免雙重課稅的協定整理而得。

9. 《香港特別行政區政府稅務局 2017-18 年報》。

10. 香港特別行政區稅務局官方網站：https://www.ird.gov.hk/。

11. 香港特別行政區稅務局官方網站：https://www.ird.gov.hk/chs/tax/dta_aeoi.htm。

主要參考文獻

[1]《飛機乘客離境稅條例》2019 年修訂版：https://www.elegislation.gov.hk/hk/cap140。

[2]《中華人民共和國香港特別行政區基本法》：http://www.gov.cn/test/2005-07/29/content_18298.htm。

[3]《中國內地居民赴香港特別行政區投資稅收指南》：http://www.chinatax.gov.cn/n810219/n810744/n1671176/n1671206/c2069874/content.html。

[4]《中國財政年鑒 2018》：http://data.cnki.net/Yearbook/Single/N2019030082。

[5]《公開資料守則》2009 年修訂版：https://www.access.gov.hk/tc/home/index.html。

[6]《公共收入保障條例》2015 年修訂版：https://www.elegislation.gov.hk/hk/cap120。

[7]《公共財政條例》2017 修訂版：https://www.elegislation.gov.hk/hk/cap2。

[8]《印花稅條例》2018 年修訂版：https://www.elegislation.gov.hk/hk/cap117。

[9]《外匯基金條例》2019 年修訂版：https://www.elegislation.gov.hk/hk/cap66。

[10]《汽車（首次登記稅）條例》2017 年修訂版：https://www.elegislation.gov.hk/hk/cap330。

[11]《英皇制誥（香港）》：http://zh.wikipedia.org/wiki/ 英皇制誥 _（香港）。

[12]《香港金融管理局 2018 年年報》：https://www.hkma.gov.hk/gb_chi/datapublications-and-research/publications/annual-report/2018/。

[13]《香港金融管理局 2018 年年報》：https://www.hkma.gov.hk/gb_chi/datapublications-and-research/publications/annual-report/2018/。

[14]《香港特別行政區歷年財政預算案》：https://www.budget.gov.hk/2019/sim/previous.html。

[15]《香港特別行政區立法會議事規則》2019 年修訂版：https://www.legco.gov.hk/general/chinese/procedur/content/rop.htm。

[16]《皇室訓令（香港）》：http://zh.wikipedia.org/wiki/ 皇室訓令。

[17]《差餉條例》2018 年修訂版：https://www.elegislation.gov.hk/hk/cap116。

[18]《核數條例》2018 年修訂版：https://www.elegislation.gov.hk/hk/cap66。

[19]《借款條例》2014 年修訂版：https://www.elegislation.gov.hk/hk/cap61。

[20]《博彩稅條例》2014 年修訂版：https://www.elegislation.gov.hk/hk/cap108。

[21]《稅務條例》2019 年修訂版：https://www.elegislation.gov.hk/hk/cap112。

[22] 香港特區政府《一九九七年施政報告》：https://www.policyaddress.gov.hk/pa97/。

[23] 香港特區政府《一九九八年施政報告》：https://www.policyaddress.gov.hk/pa98/chinese/policyc2.htm#2。

[24] 香港特區政府《二零一七至一八年度財政預算案演辭》https://www.budget.gov.hk/2017/sim/speech.html。

[25] 香港特區政府《二零一九至二零年度財政預算案演辭》https://www.budget.gov.hk/2019/sim/speech.html。

[26] 香港特區政府財經事務及庫務局（庫務科）《資源增值計劃：2000-01》小冊子引言：https://www.fstb.gov.hk/tb/sc/epp-booklet-2000-2001-introduction.htm。

[27] 香港特區政府建築署《可持續發展報告2019》：https://www.archsd.gov.hk/archsd/html/report2019/。

[28] 香港特區政府效率促進辦公室《衡量服務表現（摘要）》：https://www.effo.gov.hk/tc/reference/publications/pm_chinese_executive_summary.pdf。

[29] 香港特區政府效率促進辦公室《衡量服務表現程序指引》：https://www.effo.gov.hk/en/reference/publications/step_by_step_guide_to_pm.pdf。

[30] 香港特別行政區政府稅務局《稅務局所課徵的稅項指南（2018-2019）》：https://www.ird.gov.hk/chs/pdf/2019/tax_guide_sc.pdf。

[31]《香港特別行政區政府稅務局2017-18年報》。

[32] 港英政府《一九八五至八六年財政年度收支預算案》二讀演辭。

[33] 港英政府《一九八七至八八年財政年度收支預算宰》二讀演辭。

[34] 王羚，程敏（2005）。〈香港特別行政區衡工量值式審計給我們的啟示〉，《審計與經濟研究》，（2），頁52-54。

[35] 方國強（2003）。〈中國境內個人所得稅與香港薪俸稅之比較〉，《冶金財會》，（4），頁31，36。DOI:10.3969/j.issn.1004-7336.2003.04.015。

[36] 白積洋（2016）。〈香港特區政府採購制度的可取之處〉，《中國政府採購》，（03），頁66-69。

[37] 劉偉（1988）。〈香港的財政管理及其對深圳特區的借鑒意義〉，財政研究，（08），頁18-23。

[38] 劉群（2009）：〈港特別行政區財稅體制的特點與經驗借鑒〉，《涉外稅務》，（04），頁49-52。

[39] 蘇育楷（2014）。〈香港財政儲備制度的發展現狀及趨勢〉，商業時代，（05），頁109-110。

[40] 李瑛，崔曉雁，李陽（2007）。〈香港衡工量值審計與深圳政府績效審計的比較研究〉，《會計之友（上旬刊）》，（07），頁85-86。

[41] 李雷（2012）。〈香港政府會計體系及其借鑒〉，《財會通訊》，（07），頁49-50。

[42] 吳曉華，盧哲宇（2012）。〈淺析香港財政運行及其對內地財政的啟示〉，商場現代化，（10），頁90-91。

[43] 張再欣，卓越（2005）。〈公共部門績效評估的內在機制與環境建設〉，《中共福建省委黨校學報》，（8），頁2-5。

[44] 張再欣（2006）。〈香港公共部門的績效評估〉，《中國行政管理》，（3），頁25-27。

[45] 陳長英（2013）。〈試析 2012 年香港財政預算報告的特點〉，《青海師範大學民族師範學院學報》，（01），頁 31-33。

[46] 林志成，袁星侯（2002）。〈從香港預算管理看內地預算改革〉，《中國財政》，（06），頁 26-27。

[47] 林宏（2002）。〈香港特別行政區政府的採購制度〉，《中國政府採購》，（05），頁 44-47。

[48] 金軼（2008）。〈香港公共財政管理的特點及對我們的啟示〉，江蘇科技信息，（06），頁 45-47。

[49] 河北省財政集中支付考察團，齊守印，張振川，曹春芳（2002）。〈香港的公共財政管理及借鑒〉，《四川財政》，（02），頁 44-46。

[50] 荊新，何淼（2015）。〈香港政府綜合財務報告體系建設的借鑒與啟示〉，《財務與會計》，（15），頁 66-68。

[51] 草西（1997）。〈香港財政預算草案編制的決策程序〉，《預算會計》，（06），頁 44-45。

[52] 草西（1997）。〈香港財政預算概況〉，《預算會計》，（05），頁 37-39。

[53] 鐘堅（2013）。〈香港與新加坡財政預算制度之借鑒〉，特區實踐與理論，（03），頁 57-58。

[54]〈香港政府怎樣做預算〉（2010），《上海人大月刊》，（04），頁 46。

[55]〈香港特別行政區的政府採購管理〉（2002），開放潮，（01），頁 70-71。

[56] 高陽，王惠姍（2013）。〈「派糖」難以解決財稅結構問題 —— 芻議 2013-2014 財年香港預算案〉，《國際稅收》，（08），頁 72-75。

[57] 高閣（2013）。〈從公務開支看香港廉政〉，《決策探索》，（12），88。

[58] 麻志華（2002）。〈香港特區的政府採購制度〉，經濟研究參考，（78），頁 21-24、38。

[59] 蔣敏娟（2015）。〈新時期香港行政體系的特徵及面臨的挑戰〉，《重慶社會主義學院學報》，18（03），頁 25-30。

[60] 雁秋（1997）。〈香港的政府收支預算管理與政府會計管理〉，《預算會計》，（07），頁 23-28。

[61] 樊靜（1998）。〈香港稅法與大陸稅法的比較研究〉，煙台大學學報（哲學社會科學版），（03），頁 37-41。

[62] 朱青（2016）。《國際稅收：第七版》，北京：中國人民大學出版社。

[63] 楊奇（1990）。《香港概論》，三聯書店（香港）有限公司，頁 223。

[64] 穀志傑（2012）。〈香港稅制〉，北京：中國財政經濟出版社。

[65] 夏鼎基：《香港政府對某些方面的政策的制定》，載［英］戴維·萊思布里奇編著、楊力義等翻譯（1984）：《香港的營業環境》，上海翻譯出版公司，頁 8-9。

[66] 陳廣漢（2013）。〈《香港基本法》與香港經濟制度〉，《當代港澳研究》。第 9 輯：中山大學港澳珠江三角洲研究中心，頁 17。

[67] 韓志成（2011）。〈全球化條件下中國財政後備制度研究〉，北京：財政部財政科學研究所。

[68] 百度百科。〔薪俸稅〕: https://baike.baidu.com/item/%E8%96%AA%E4%BF%B8%E7%A8%8E/774818?fr=aladdin#1.2019-11-13。

[69] 張輝。〈香港金融市場為何有着迷之吸引？〉, https://www.sohu.com/a/192803685_99950449.2019-10-29。

[70] 香港特區政府效率促進辦公室（2000）。〈衡量服務表現程序指引〉, 中國香港。

[71] 香港廉政公署防止貪污處處長歐陽呂妙群（2019）。財政預算公開——防腐問責的體現, https://www.doc88.com/p-672304145760.html.2019-10-14。

[72] [英]弗蘭克·韋爾什（FrankWelsh）（2007）。《香港史》, 中央編譯出版社, 第460頁。

[73] Hong Kong Hansard 1963, p.50.

[74] 電子版香港法例官方網站: https://www.elegislation.gov.hk/。

[75] 香港特別行政區外匯基金諮詢委員會官方網站: https://www.hkma.gov.hk/。

[76] 香港特別行政區立法會官方網站: https://www.legco.gov.hk/。

[77] 香港特別行政區立法會政府帳目委員會官方網站: https://sc.legco.gov.hk/sc/www.legco.gov.hk/general/chinese/pac/pac_1620.htm。

[78] 香港特別行政區發展局官方網站: https://www.devb.gov.hk/。

[79] 香港特別行政區創新及科技局官方網站: https://www.itb.gov.hk/zh-cn/index.html。

[80] 香港特別行政區投資推廣署官方網站: https://www.investhk.gov.hk/zh-hk/aboutinvesthk.html。

[81] 香港特別行政區財經事務科官方網站: https://www.fstb.gov.hk/fsb/simpchi/aboutus/welcome/index.htm。

[82] 香港特別行政區財政司司長辦公室官方網站: https://www.fso.gov.hk/。

[83] 香港特別行政區庫務科官方網站: https://www.fstb.gov.hk/。

[84] 香港特別行政區庫務署官方網站: https://www.try.gov.hk/。

[85] 香港特別行政區金融管理局官方網站: https://www.hkma.gov.hk/gb_chi。

[86] 香港特別行政區審計署官方網站: https://www.aud.gov.hk/。

[87] 香港特別行政區政府物流服務署官方網站: https://www.gld.gov.hk/。

[88] 香港特別行政區政府審計署帳目審計科官方網站: https://www.aud.gov.hk/sc/aboutus/about_rad.htm。

[89] 香港特別行政區政府經濟顧問辦公室官方網站: https://www.oge.gov.hk/。

[90] 香港特別行政區政府效率促進辦公室官方網站: https://www.effo.gov.hk/tc/index.Html。

[91] 香港特別行政區差餉物業估價署官方網站: https://www.rvd.gov.hk/。

[92] 香港特別行政區商務及經濟發展局官方網站: https://www.cedb.gov.hk/。

[93] 香港特別行政區稅務局官方網站: https://www.ird.gov.hk/。

[94] 香港特別行政區廉政公署官方網站: https://www.icac.org.hk/。

附錄一

《2019 年撥款條例》

2019 年第 8 號條例

香港特別行政區
2019 年第 8 號條例

印章位置

行政長官

林鄭月娥

2019 年 5 月 23 日

本條例旨在將一筆不超逾 $515,794,785,000 的款項，撥作截至 2020 年 3 月 31 日為止的財政年度的政府服務開支。

[2019 年 5 月 24 日]

由立法會制定。

1. 簡稱

   本條例可引稱為《2019 年撥款條例》。

2. 授權撥款

   現授權按附表所列分配方式，從政府一般收入撥出一筆不超逾 $515,794,785,000 的款項，以用作自 2019 年 4 月 1 日起至 2020 年 3 月 31 日止的財政年度的政府服務開支。

《2019 年撥款條例》

附表

[第 2 條]

撥款編號	開支總目	撥款額
		$
21	行政長官辦公室	120,545,000
22	漁農自然護理署	1,821,273,000
23	醫療輔助隊	107,321,000
24	審計署	182,882,000
25	建築署	2,379,893,000
26	政府統計處	817,789,000
27	民眾安全服務處	124,004,000
28	民航處	1,157,484,000
30	懲教署	4,228,478,000
31	香港海關	4,943,961,000
33	土木工程拓展署	3,040,354,000
37	衞生署	13,300,751,000
39	渠務署	2,935,378,000
42	機電工程署	1,176,102,000
44	環境保護署	6,959,161,000
45	消防處	7,161,588,000
46	公務員一般開支	4,106,593,000

2019 年第 8 號條例
A1042 　　　　　　　　　　　　　　　　　　　　　附表

撥款編號	開支總目	撥款額
		$
47	政府總部：政府資訊科技總監辦公室	806,504,000
48	政府化驗所	538,622,000
49	食物環境衛生署	8,434,909,000
51	政府產業署	2,227,077,000
53	政府總部：民政事務局	2,265,617,000
55	政府總部：商務及經濟發展局（通訊及創意產業科）	903,866,000
59	政府物流服務署	568,389,000
60	路政署	4,175,667,000
62	房屋署	357,962,000
63	民政事務總署	3,260,297,000
70	入境事務處	6,152,753,000
72	廉政公署	1,167,704,000
74	政府新聞處	545,982,000
76	稅務局	1,721,902,000
78	知識產權署	185,778,000
79	投資推廣署	144,307,000
80	司法機構	2,109,451,000
82	屋宇署	1,656,263,000
90	勞工處	2,062,711,000

《2019 年撥款條例》

2019 年第 8 號條例
A1044   附表

撥款編號	開支總目	撥款額 $
91	地政總署	3,017,840,000
92	律政司	2,329,724,000
94	法律援助署	1,590,214,000
95	康樂及文化事務署	9,916,896,000
96	政府總部：海外經濟貿易辦事處	531,495,000
100	海事處	1,623,339,000
106	雜項服務	33,152,664,000
112	立法會行政管理委員會	954,274,000
114	申訴專員公署	122,055,000
116	破產管理署	223,201,000
118	規劃署	788,965,000
120	退休金	39,596,125,000
121	獨立監察警方處理投訴委員會	95,852,000
122	香港警務處	20,682,101,000
135	政府總部：創新及科技局	751,008,000
136	公務員敍用委員會秘書處	27,694,000
137	政府總部：環境局	1,795,931,000
138	政府總部：發展局（規劃地政科	1,015,941,000
139	政府總部：食物及衞生局（食物科）	178,304,000
140	政府總部：食物及衞生局（衞生科）	71,181,690,000

撥款編號	開支總目	撥款額
		$
141	政府總部：勞工及福利局	937,078,000
142	政府總部：政務司司長辦公室及 財政司司長辦公室	1,030,663,000
143	政府總部：公務員事務局	733,778,000
144	政府總部：政制及內地事務局	766,755,000
147	政府總部：財經事務及庫務局（庫務科）	305,311,000
148	政府總部：財經事務及庫務局（財經事務科）	872,510,000
151	政府總部：保安局	819,927,000
152	政府總部：商務及經濟發展局 （工商及旅遊科）	3,171,327,000
155	政府總部：創新科技署	820,794,000
156	政府總部：教育局	67,944,609,000
158	政府總部：運輸及房屋局（運輸科）	337,151,000
159	政府總部：發展局（工務科）	708,532,000
160	香港電台	1,021,055,000

《2019 年撥款條例》

2019 年第 8 號條例
A1048   附表

撥款編號	開支總目	撥款額
		$
162	差餉物業估價署	689,846,000
163	選舉事務處	796,430,000
166	政府飛行服務隊	735,367,000
168	香港天文台	381,364,000
169	截取通訊及監察事務專員秘書處	25,158,000
170	社會福利署	85,115,708,000
173	在職家庭及學生資助事務處	18,717,089,000
174	公務及司法人員薪俸及服務條件諮詢委員會聯合秘書處	48,349,000
180	電影、報刊及物品管理辦事處	51,627,000
181	工業貿易署	929,794,000
186	運輸署	6,727,739,000
188	庫務署	432,932,000
190	大學教育資助委員會	22,500,710,000
194	水務署	8,674,551,000
		508,720,785,000
184	轉撥各基金的款項	7,074,000,000
	總額	515,794,785,000

資料來源：中華人民共和國香港特別行政區立法會官網：https://www.legco.gov.hk/
yr18-19/chinese/bc/b201902271/general/b201902271.htm。

附錄二

《追加撥款 (2017—2018 年度) 條例》

2018 年第 36 號條例
A2698

香港特別行政區
2018 年第 36 號條例

行政長官

林鄭月娥

2018 年 12 月 6 日

本條例旨在批准對截至 2018 年 3 月 31 日為止的財政年度政府服務開支追加撥款。

[2018 年 12 月 7 日]

由立法會制定。

1. 簡稱

    本條例可引稱為《追加撥款 (2017—2018 年度) 條例》。

2. 授權撥款

    現批准按附表所列分配方式，從政府一般收入撥出一筆 $4,722,520,549.17 的款項，以用作截至 2018 年 3 月 31 日為止的財政年度政府服務開支。

《追加撥款 (2017—2018 年度) 條例》

2018 年第 36 號條例
A2700   附表

附表

[第 2 條]

撥款編號	開支總目	撥款額
		$
24	審計署	356,562.71
25	建築署	22,452,813.89
28	民航處	8,324,345.84
30	懲教署	25,731,747.88
39	渠務署	10,273,898.13
48	政府化驗所	9,407,858.57
49	食物環境衞生署	2,815,753.53
72	廉政公署	6,056,314.54
74	政府新聞處	6,566,057.65
78	知識產權署	978,183.06
79	投資推廣署	3,955,265.98
82	屋宇署	11,131,812.48
91	地政總署	56,391,429.84
94	法律援助署	9,028,892.02
95	康樂及文化事務署	58,164,196.97
100	海事處	19,288,127.31
112	立法會行政管理委員會	11,662,453.83
114	申訴專員公署	2,576,000.00
116	破產管理署	508,518.97

《追加撥款 (2017—2018 年度) 條例》

附表

撥款編號	開支總目	撥款額
		$
121	獨立監察警方處理投訴委員會	1,280,000.00
122	香港警務處	289,283,139.68
140	政府總部：食物及衛生局 (衛生科)	1,070,906,965.17
156	政府總部：教育局	2,693,979,955.58
160	香港電台	13,197,884.19
162	差餉物業估價署	5,552,789.48
188	庫務署	4,562,827.87
190	大學教育資助委員會	338,084,704.70
194	水務署	40,002,049.30
	總額	4,722,520,549.17

資料來源：中華人民共和國香港特別行政區立法會官網：https://www.legco.gov.hk/
yr18-19/chinese/bc/b201810191/general/b201810191.htm。